D1574795

Ein Leben für die Kultur

Julian Traut

Ein Leben für die Kultur

Reinhard Raffalt (1923–1976) zwischen Bayern,
Deutschland und Italien

Verlag Friedrich Pustet
Regensburg

Bibliografische Information der Deutschen Nationalbibliothek
Die Deutsche Nationalbibliothek verzeichnet diese Publikation
in der Deutschen Nationalbibliografie; detaillierte bibliografische Daten
sind im Internet über http://dnb.dnb.de abrufbar.

ISBN 978-3-7917-2936-7
© 2018 by Verlag Friedrich Pustet, Regensburg
Reihen-/Einbandgestaltung und Layout: Martin Veicht, Regensburg
Satz: Vollnhals Fotosatz, Neustadt a. d. Donau
Druck und Bindung: Friedrich Pustet, Regensburg
Printed in Germany 2018

Diese Publikation ist auch als eBook erhältlich:
eISBN 978-3-7917-7175-5 (pdf)

Weitere Publikationen aus unserem Programm
finden Sie auf www.verlag-pustet.de
Kontakt und Bestellungen unter verlag@pustet.de

Inhalt

Vorwort 9

Verzeichnis der Siglen und Abkürzungen 11

A Einleitung 13
   I. Hinführung 13
   II. Stand der Forschung und Methode 15
   III. Quellenlage 26
   IV. Fragestellung und Aufbau 29

B Ein Leben für die Kultur – Reinhard Raffalt (1923–1976) zwischen Bayern, Deutschland und Italien 31
   I. Biographische Skizze 31
      1. Elternhaus, Kindheit und Schulzeit 31
      2. Als Soldat im Zweiten Weltkrieg 35
      3. Neuanfang nach dem Zweiten Weltkrieg 37
      4. Erste berufliche Schritte 38
      5. Umsiedlung nach Rom 40
      6. Als Organist in Santa Maria dell'Anima 42
      7. Berufliche Hochphase 46
      8. Krankheit und Tod 51

   II. Sozialisation in der Jugend 54

   III. Weltbild und Profil 60
      1. Bayern- und Europabild 60
      2. Streben nach Unabhängigkeit 63

   IV. Gesellschaftliche Vernetzung 70
      1. Gremien und Beiräte 75
      2. Schlüsselpersonen 79
         a. Alois Fink 79
         b. Dieter Sattler 82

      c. Franz Josef Strauß 84
      d. Gabriele Henkel 87
      e. Bruno Wüstenberg 88

V. Reinhard Raffalt und die katholische Kirche – Das Zweite
    Vatikanische Konzil, Liturgiereform und Ostpolitik 90

VI. Reinhard Raffalt als Publizist 94
    1. Journalistisches Schaffen 94
    2. Literarisches Schaffen 98
      a. Reise- und Romliteratur 98
      b. „Wohin steuert der Vatikan?" 103
    3. Dramaturgisches Schaffen 111
      a. „Der Nachfolger" 111
      b. „Das Gold von Bayern" 116
      c. Dramaturgischer Berater am Staatsschauspiel 122
    4. Musikalisches Schaffen 124
    5. Vorträge und Reden 127

VII. Reinhard Raffalt und Rom 130
    1. Vermittlung seines Rombildes 130
    2. Reinhard Raffalt als deutsch-römische Institution 132
    3. Die Gründung der Römischen Bach-Gesellschaft 133

VIII. Reinhard Raffalt und das Auswärtige Amt 140
    1. Direktor der Deutschen Bibliothek in Rom 140
      a. Gründung der Deutschen Bibliothek 140
      b. Wirken und Arbeitsweise der Deutschen Bibliothek . . 144
      c. Kontroverse über die programmatische Ausrichtung . . 148
      d. Konflikte und Neuorientierung 155
      e. Das Ende der Deutschen Bibliothek 160
    2. Sonderbeauftragter für die deutschen Kulturinstitute
      in Asien und Afrika 162
      a. Kulturpolitische Wirkungsfelder 162
      b. Asienreise des Trachtenballetts 167
      c. Produktionsaufgaben als freier Mitarbeiter 172

IX. Reinhard Raffalt und der Bayerische Rundfunk 174
    1. Durchbruch als Reisejournalist 174
    2. Das BR-Auslandsstudio in Rom 175
      a. Erste Überlegungen 175
      b. Die Gründung des BR-Auslandsstudios in Rom 178
      c. Entwicklung nach der Gründung 182

3. Zwischen Hörfunk und Fernsehen 185
   a. „Phantasie über Orlando di Lasso" 187
   b. „Variationen über Bayern" 189

X. Reinhard Raffalt und die Hanns-Seidel-Stiftung –
   Aufbau der Auslandsabteilung und politische
   Berichterstattung aus Rom 194

XI. Reinhard Raffalt und sein Werk im Bild der Öffentlichkeit . . 199
   1. Wahrnehmung der Person 199
   2. Leser-, Hörer- und Zuschauerpost 203
      a. Beschäftigung mit Rom und Italien 204
      b. Beschäftigung mit der katholischen Kirche 206
   3. Analysen des Bayerischen Rundfunks 208

C Schlussbetrachtung 215

D Anhang 219
   I. Programmatische Schriften 219
       1. Editionsrichtlinien 219
       2. Edition ausgewählter Schriften und Reden 220

   II. Verzeichnis der für den Bayerischen Rundfunk
       produzierten Sendungen 249
       1. Hörfunksendungen 249
       2. Fernsehsendungen 265

   III. Quellen- und Literaturverzeichnis 268
       1. Ungedruckte Quellen 268
       2. Gedruckte Quellen und Literatur 271
       3. Publikationen von Reinhard Raffalt 285
       4. Zeitungsartikel und elektronische Quellen 286

   IV. Personenregister 298

Vorwort

Die vorliegende Studie wurde im Wintersemester 2015/2016 von der Fakultät für Geschichts- und Kunstwissenschaften der Ludwig-Maximilians-Universität München als Dissertation angenommen und nun für die Druckfassung geringfügig überarbeitet.

Besonderer Dank gilt dabei meinem Doktorvater Prof. Dr. Ferdinand Kramer, der meine Forschungen zur Biographie Reinhard Raffalts stets mit großem Interesse gefördert und begleitet hat. Prof. Dr. Dieter J. Weiß bin ich für die Übernahme des Zweitgutachtens sowie für wertvolle Hinweise zur Druckfassung zu Dank verpflichtet. PD Dr. Christian Schwaabe danke ich für die Übernahme der Funktion als Drittprüfer.

Herzlich bedanken möchte ich mich ebenfalls bei Nina Raffalt, die mir Zugang zum textlichen wie bildlichen Nachlass ihres Mannes gewährt hat. Reinhard Raffalts langjährige Sekretärin Gerda Hörl hat mir viele Zusammenhänge erläutert, mich mit Weggefährten Reinhard Raffalts bekannt gemacht und mir dadurch sehr geholfen, Mosaiksteinchen an Mosaiksteinchen zu setzen.

Darüber hinaus seien alle Archive, Bibliotheken und Zeitzeugen bedankt, die meinen Anliegen offen gegenüberstanden und tatkräftig meine Recherchen unterstützten. Vor allem Mario Puhane M. A. und seinem Team vom Universitätsarchiv Passau sowie Dr. Helmut Böhm vom Verein für Ostbairische Heimatforschung möchte ich für Rat und Hilfe danken.

Der Konrad-Adenauer-Stiftung gilt mein großer Dank für die Gewährung eines Promotionsstipendiums. Sie hat mich mein gesamtes Studium wohlwollend begleitet und ich verdanke ihr viele Impulse. Darüber hinaus hat mir das Deutsche Historische Institut in Rom ein Forschungsstipendium zugedacht, das einen ausgedehnten Archivaufenthalt in Italien ermöglichte.

Der Dr. Hans-Karl Fischer Stiftung, der Stiermann Stiftung, Prof. Gabriele Henkel, Gerda und Tobias Hörl sowie vor allem Peter Prusik danke ich für die großzügige finanzielle Förderung der Drucklegung.

Für viele fachliche Impulse und schöne Gespräche möchte ich meinen Kommilitonen im Oberseminar danken. Vor allem Dr. Georg Schulz hat meine Arbeit mit einer Vielzahl von thematischen Anstößen sowie Korrekturen begleitet.

Für die immerwährende Anteilnahme und Förderung meiner Studien gilt mein herzlichster Dank meinen Eltern Ingeborg und Johannes Traut sowie meinem Bruder Manuel Traut.

Ganz besonders möchte ich zum Abschluss meiner wundervollen Frau Lisa Maria Traut danken. Sie hat mich nicht nur immer motiviert und das Fortschreiten meiner Dissertation mit größtem Interesse begleitet, sondern sie hat auch ganz maßgeblichen Anteil an den finalen Korrektur- und Drucklegungsarbeiten – ihr und unserer bald auf die Welt kommenden Tochter sei dieses Werk in unendlicher Liebe und Dankbarkeit gewidmet.

München | Trostberg | Rom, an Mariä Lichtmess 2018　　　　Julian Traut

Verzeichnis der Siglen und Abkürzungen

AA	Auswärtiges Amt
ACGU	Archiv des Collegium Germanicum et Hungaricum
ACSP	Archiv für Christlich-Soziale Politik
ARA	Arbeitsring Ausland für Kulturelle Aufgaben
ARD	Arbeitsgemeinschaft der öffentlich-rechtlichen Rundfunkanstalten der Bundesrepublik Deutschland
ASMA	Archiv der Santa Maria dell'Anima
AZ	Abendzeitung München
BArch	Bundesarchiv
BDA	Bundesvereinigung der Deutschen Arbeitgeberverbände
BDI	Bundesverband der Deutschen Industrie
BND	Bundesnachrichtendienst
BR	Bayerischer Rundfunk
BR HistArch	Historisches Archiv des Bayerischen Rundfunks
CEDI	Centre Européen de Documentation et Information
CSU	Christlich-Soziale Union
CV	Cartellverband der katholischen deutschen Studentenverbindungen
DHI	Deutsches Historisches Institut
DIHK	Deutscher Industrie- und Handelskammertag
DM	Deutsche Mark
DZ	Donau-Zeitung Passau
FAZ	Frankfurter Allgemeine Zeitung
GI	Goethe-Institut
HJ	Hitlerjugend
HSS	Hanns-Seidel-Stiftung
IfZ	Institut für Zeitgeschichte
JM	Jungmädelbund
KPÖ	Kommunistische Partei Österreichs
MdB	Mitglied des Bundestags
MdL	Mitglied des Bayerischen Landtags
MKKZ	Münchner Katholische Kirchenzeitung
MM	Münchner Merkur
NL	Nachlass
NSDAP	Nationalsozialistische Deutsche Arbeiterpartei
NZZ	Neue Zürcher Zeitung
OECD	Organization for Economic Cooperation and Development

OSB	Ordo Sancti Benedicti
PAAA	Politisches Archiv des Auswärtigen Amtes
PNP	Passauer Neue Presse
QFIAB	Quellen und Forschungen aus italienischen Archiven und Bibliotheken
RAI	Radiotelevisione Italiana
RIAS	Rundfunk im amerikanischen Sektor Berlin
RIGG	Römisches Institut der Görres-Gesellschaft
SJ	Societas Jesu
SPD	Sozialdemokratische Partei Deutschlands
StA	Staatsarchiv
SZ	Süddeutsche Zeitung
UA	Universitätsarchiv
UN	Vereinte Nationen
VfZ	Vierteljahrshefte für Zeitgeschichte
WASt	Deutsche Dienststelle für die Benachrichtigung der nächsten Angehörigen von Gefallenen der ehemaligen deutschen Wehrmacht
ZDF	Zweites Deutsches Fernsehen

> *„Vom Barock herauf bis in unsere Tage gibt es in*
> *Mitteleuropa kaum eine römische Provinz,*
> *die so beharrlich wie Bayern daran festhielt,*
> *Fremdes aufzunehmen,*
> *zu verwandeln und dabei immer wieder*
> *aufs Neue zu eigenem Wesen zu gelangen."*[1]
>
> (Reinhard Raffalt)

A Einleitung

I. Hinführung

Bayern und der Barock sind in der europäischen Geistesgeschichte untrennbar miteinander verbunden. Auch die Persönlichkeit, das Leben und Wirken Reinhard Raffalts ist ohne diese beiden Komponenten nicht vorstellbar. Denn Bayern war seine irdische und der Barock seine geistige Heimat.

Reinhard Raffalt lebte ein barockes Leben im 20. Jahrhundert. Er fühlte sich gemäß dem barocken Elogium „terrae caeloque natus" – für die Erde und den Himmel geboren. Allen Genüssen und den schönen Dingen zugetan sowie mit einem wendigen Geist ausgestattet, vermochte es diese schillernde Persönlichkeit, sich Nischen zu suchen und zu finden, in denen sie wirken konnte.

Ist es die Ironie oder vielmehr der Lauf der Geschichte, dass die populäre wie wissenschaftliche Wiederentdeckung des Barock in Bayern mit Reinhard Raffalts Jugendjahren[2], sein Lebensende jedoch mit der „Liquidation des Barock"[3] aufgrund von politischen und kulturellen Neuausrichtungen, der wirtschaftlich-technischen Entwicklung der Nachkriegsjahrzehnte sowie den innerkirchlichen Veränderungen des Zweiten Vatikanischen Konzils eingeläutet wurde?

---

[1] Raffalt, Reinhard: Europa – von Bayern aus gesehen, in: Huber, Ludwig (Hrsg.): Bayern. Deutschland. Europa. Festschrift für Alfons Goppel. Passau 1975, S. 199 f.
[2] Vgl. Hubensteiner, Benno: Vom Geist des Barock. Kultur und Frömmigkeit im alten Bayern. 2., durchgesehene Ausgabe. München 1978, S. 11–19.
[3] Vgl. dazu Hersche, Peter: Muße und Verschwendung. Europäische Gesellschaft und Kultur im Barockzeitalter. Freiburg / Basel / Wien 2006, S. 1061–1073. Barocke Elemente leben freilich durchaus bis heute in Kunst, Musik und Architektur fort. Vgl. Flemming, Victoria von / Kittner, Alma-Elisa (Hrsg.): Barock – Moderne – Postmoderne. Ungeklärte Beziehungen. Wiesbaden 2014.

Dem Barockmenschen und Eklektiker Raffalt dürften solche Gedankenspiele a posteriore nicht fremd gewesen sein, war für ihn das Leben doch erst mit dem Tod und der Perspektive des Ewigen wirklich vollkommen. Für seinen Weggefährten Benno Hubensteiner waren die Grundpfeiler der bayerischen Barockkultur „fürstliche Prunkfreude und tragende Katholizität, fremde Anregung und die Atmosphäre des eigenen Landes, europäischer Zeitgeist und [...] tastende Bereitschaft"[4]. Das waren auch die Maximen, unter denen Reinhard Raffalts Leben und Wirken gesehen werden kann.

Denn in den Jahrzehnten nach dem Zweiten Weltkrieg war Raffalt auf dem internationalen Parkett zwischen München, Rom und Delhi zu Hause: Geboren und aufgewachsen in Passau sowie Bayern besonders verbunden, war er zeit seines Lebens journalistisch und publizistisch für verschiedene Auftraggeber tätig. Er arbeitete im Auftrag des Auswärtigen Amtes in Europa, Asien und Afrika. Er vermittelte deutschsprachige Kultur im Ausland und italienische Kultur in Deutschland, berichtete für Zeitungen, Hörfunk und Fernsehen, schrieb Theaterstücke und Sachbücher, war Vatikanexperte, lebte parallel in Rom und München, beriet Politiker und war einer der namhaftesten Autoren der 1950er-, 60er- und 70er-Jahre.

Zu den bekanntesten Arbeiten des im Jahre 1976 verstorbenen Reinhard Raffalt zählt der Sprach- und Reiseführer „Eine Reise nach Neapel ... e parlare italiano".[5] Auch wenn der Autor dieses frühe Werk später ironisch als „Jugendsünde"[6] bezeichnete, ist es sein einziges Werk, das bis ins 21. Jahrhundert in immer neuen Auflagen ohne Überarbeitung gedruckt wurde.[7] Generationen von deutschsprachigen Italienreisenden näherten sich mit diesem Buch in der Hand der Sprache und Kultur der Apenninenhalbinsel.

Wer war also dieser Mann, der in den Jahrzehnten nach dem Zweiten Weltkrieg in Bayern, Deutschland und auch Italien einen so klingenden Namen hatte? Warum, unter welchen Voraussetzungen, wie und mit welchen Zielen vermittelte er Kultur zwischen Bayern, Deutschland und Italien?

---

[4] Hubensteiner, Benno: Bayerische Geschichte. Staat und Volk – Kunst und Kultur. 17. Auflage. Rosenheim 2009, S. 295.
[5] Vgl. Raffalt, Reinhard: Eine Reise nach Neapel ... e parlare italiano. Ein Sprachkurs durch Italien. München 1957.
[6] Vgl. Gespräch mit Nina Raffalt vom 03.08.2011.
[7] Vgl. Raffalt, Reinhard: Eine Reise nach Neapel ... e parlare italiano. Ein Sprachkurs durch Italien. 16. Auflage. München 2006. Bis heute werden jedes Jahr noch gut 1500 Stück dieses Sprachkursklassikers verkauft. Vgl. Gespräch mit Nina Raffalt vom 24.08.2015.

II. Stand der Forschung und Methode

Eine frühe Annäherung an Leben und Werk Raffalts ermöglichten zwei kleinere Publikationen, die sich mit seiner Person als Träger des Werner-Egk-Preises[8] sowie mit Raffalts Vorfahren im Nordschwäbischen[9] beschäftigen. Darüber hinaus zeichnen mehrere kurze Nachrufe von Schulfreunden[10] sowie ehemaliger beruflicher Weggefährten[11] ein persönliches Bild von Reinhard Raffalt. An seine Person haben zudem kleinere Ausstellungen erinnert, die auf Anregung seiner Witwe Nina Raffalt im Juni und Juli 1996 in der Bibliothek des Deutschen Museums in München, im November 1996 in Potsdam sowie im September und Oktober 1998 in Eutin präsentiert wurden.[12] In diesem Rahmen entstand auch eine 1998 erschienene Werksbibliographie.[13] Als erste wissenschaftliche Veröffentlichung zu Reinhard Raffalt ist die 2004 erschienene biographische Skizze für die Reihe „Ostbairische Lebensbilder"[14] von Bernhard Löffler zu nennen, die das Leben Raffalts nachzeichnet. Darauf basierend breitet Konrad Maria Färber in aller Kürze die Lebensstationen Reinhard Raffalts für den „Passauer Almanach" des Jahres 2010 aus.[15]

Es würde in diesem Rahmen zu weit führen, eine Definition von Kultur zu erörtern.[16] In Anlehnung an Max Weber kann Kultur als auf Ideen und

---

[8] Vgl. Böswald, Alfred: Die Seele suchen. Werner Egk und der Donauwörther Kulturpreis. Erinnerungen und Erfahrungen. Donauwörth 1994, S. 78–87.
[9] Vgl. Heinle, Fritz: Deutsch-Römer aus nordschwäbischem Geschlecht. Reinhard Raffalts Vorfahren aus dem Donauwörther Raum, in: Nordschwaben. Zeitschrift für Landschaft, Geschichte, Kultur und Zeitgeschehen. 5. Jahrgang (Heft 2). Aalen 1977, S. 91–93.
[10] Vgl. Neumann, Karl: Zum 75. Geburtstag Reinhard Raffalt. Erinnerungen eines Schulfreunds, in: Europäisches Gymnasium Leopoldinum Passau. Jahresbericht 1997/98. Passau 1998, S. 95–100; Greipl, Michael: In Memoriam Dr. Reinhard Raffalt, in: Ostbairische Grenzmarken 18. Passau 1976, S. 152–154.
[11] Vgl. Fink, Alois: Reinhard Raffalt, in: Festschrift der Festspiele Europäische Wochen Passau, hrsg. vom Verein Europäische Wochen Passau. Passau 1982, S. 158–162; Schwarz, Manfred: Ein Nachruf an Reinhard Raffalt, in: Festschrift der Festspiele Europäische Wochen Passau, hrsg. vom Verein Europäische Wochen Passau. Passau 1987, S. 49–52.
[12] Siehe dazu den kurzen Abriss über die Ausstellungsintention der Kuratorin. Vgl. Reineke, Eva: Rom über die Alpen tragen, in: Baudach, Frank / Walter, Axel E. (Hrsg.): Festschrift für Ingrid Bernin-Israel. München 2000, S. 517–520.
[13] Vgl. Raffalt, Nina / Raffalt, Reinhard: In memoriam Reinhard Raffalt. Daten und Fakten – Reinhard Raffalt zum 75. Geburtstag. Murnau 1998. Vgl. auch die von Nina Raffalt betriebene Homepage http://reinhard-raffalt.de/pages/home.html.
[14] Vgl. Löffler, Bernhard: Reinhard Raffalt – Publizist, Bildungsbürger, Deutsch-Römer, in: Ostbairische Lebensbilder. Passau 2004, S. 165–181.
[15] Vgl. Färber, Konrad Maria: Ein Römer aus der Dreiflüssestadt. Auf den Spuren von Reinhard Raffalt. Direktor der Biblioteca Germanica in Rom, in: Passauer Almanach 7. Hrsg. von Edith Rabenstein, Gerhard Braunsperger und Karl-August Friedrichs. Passau 2010, S. 67–73.
[16] Eine Übersicht über die mannigfaltigen Definitionen des Kulturbegriffs findet sich etwa bei Hardtwig, Wolfgang / Wehler, Hans-Ulrich (Hrsg.): Kulturgeschichte heute. Göttingen 1996;

Werten gründende Schöpfung des Menschen in allen Lebensgebieten angesehen werden. Darunter fallen neben sozialem Handeln auch literarische und künstlerische Werke, Lebensformen sowie Rituale.[17] Für die Erforschung von Kulturbeziehungen und -transfers ist unter anderem die Frage von Bedeutung, welche kulturellen Inhalte instrumentalisiert, welche Ziele angestrebt und welche Wirkungen erzielt werden. Für die Instrumentalisierung ist zunächst die Auseinandersetzung mit den Merkmalen, Codes und der Geschichte der eigenen Kultur eine Voraussetzung.[18] Die vorliegende Arbeit geht von einem offenen, universellen Kulturbegriff analog zur allgemeinen Verwendung im Grundgesetz und in der bayerischen Verfassung aus. Hierbei lässt sich das Wirken des freiheitlich-demokratischen Kulturstaats in die Bereiche Bildung, Wissenschaft, Kunst und Religion untergliedern, worin auch Reinhard Raffalts Betätigungsfeld lag.

Die auswärtige Kulturpolitik[19], neben der Wirtschafts- und Sicherheitspolitik eine der „drei Säulen" der Außenpolitik der Bundesrepublik Deutschland, gilt immer noch als ein eher vernachlässigtes Forschungsfeld[20], was auch durch das Fehlen einer Thematisierung von Kultur als eigenes Feld der Außenpolitik in den politikwissenschaftlichen Standardwerken zur Außenpolitik sowie in der grundlegenden Literatur zur Geschichte der Bundesrepublik Deutschland deutlich wird.[21] Zwar wurde auf nationalstaatlicher Ebene schon 1921 eine eigene Kulturabteilung im Auswärtigen Amt des Deutschen Reiches eingerichtet, die auf Strömungen eines „Kulturimperialismus" der Kaiserzeit aufbauen konnte[22], jedoch nahm sie von der „Kultur-

---

Hansen, Klaus P.: Kultur und Kulturwissenschaft. Eine Einführung. 4., vollständig überarbeitete Auflage. Tübingen 2011; Brunner, Otto / Conze, Werner / Koselleck, Reinhart (Hrsg.): Geschichtliche Grundbegriffe. Historisches Lexikon zur politisch-sozialen Sprache in Deutschland 7. Stuttgart 1992, S. 697–774.

[17] Vgl. Oexle, Otto Gerhard: Geschichte als Historische Kulturwissenschaft, in: Hardtwig, Wolfgang / Wehler, Hans-Ulrich (Hrsg.): Kulturgeschichte heute. Göttingen 1996, S. 14–40.

[18] Vgl. Werner, Michael: Konzeptionen und theoretische Ansätze zur Untersuchung von Kulturbeziehungen, in: Colin, Nicole [u.a.] (Hrsg.): Lexikon der deutsch-französischen Kulturbeziehungen nach 1945. Tübingen 2013, S. 23–31, hier S. 23.

[19] Der Begriff „auswärtige Kulturpolitik" wurde erstmals 1912 von Karl Lamprecht in einem Vortrag verwendet. Vgl. Lamprecht, Karl: Über auswärtige Kulturpolitik. Leipzig 1913.

[20] Dass freilich eine auswärtige Kulturpolitik nicht nur auf höchster Staatsebene, sondern auch von nichtstaatlichen Organisationen und Einzelakteuren betrieben werden kann, soll in diesem Rahmen besonders betont werden.

[21] Vgl. Stoll, Ulrike: Kulturpolitik als Beruf. Dieter Sattler (1906–1968) in München, Bonn und Rom. Paderborn 2005, S. 23. Bezeichnend reiht sich auch die Tatsache, dass das erste auf Deutsch erschienene Standardwerk zur auswärtigen Kulturpolitik 1956 von einem Schweizer geschrieben wurde, in dieses Bild ein. Vgl. Doka, Carl: Kulturelle Aussenpolitik. Zürich 1956.

[22] Vgl. Paulmann, Johannes: Auswärtige Repräsentationen nach 1945. Zur Geschichte der deutschen Selbstdarstellung im Ausland, in: Ders. (Hrsg.): Auswärtige Repräsentationen. Deutsche Kulturdiplomatie nach 1945. Köln 2005, S. 1–32, hier S. 1.

propaganda" und dem „Kulturkrieg" im Dritten Reich abgesehen[23] eine untergeordnete Rolle in den auswärtigen Beziehungen Deutschlands ein.[24] Nach der Etablierung der Länder 1946 wurde mit der Gründung der Bundesrepublik Deutschland am 23. Mai 1949 die auswärtige Gewalt auf Bundesebene zentralisiert, was auch auswärtige Kulturbeziehungen betraf.[25] Die Kulturhoheit der Länder erlaubte jedoch eine Interpretation des Grundgesetzes[26], die den Ländern auf dem Gebiet der auswärtigen Kulturpolitik die Möglichkeit eigener Außenbeziehungen eröffnete.[27] Mit der Gründung der Bundesrepublik wurde die auswärtige Kulturpolitik für Bayern[28] und die anderen Länder auch zu einem Mittel der Föderalismuspolitik.[29] Grund-

---

[23] Vgl. Petersen, Jens: Vorspiel zu „Stahlpakt" und Kriegsallianz: das deutsch-italienische Kulturabkommen vom 23. November 1938, in: VfZ 36 (1988), S. 41–77, hier bes. S. 62 und 76.

[24] Diese Rolle änderte sich erst nach und nach, als das Auswärtige Amt seine 1951 wiedergegründete Kulturabteilung in den ersten Jahren der jungen Bundesrepublik auch langsam personell von ihrem Schattendasein befreite. Vgl. Michels, Eckard: Von der Deutschen Akademie zum Goethe-Institut. Sprach- und auswärtige Kulturpolitik. 1923–1960. München 2005, S. 233.

[25] Vgl. Grundgesetz der Bundesrepublik Deutschland, Art. 32 Abs. 1: „Die Pflege der Beziehungen zu auswärtigen Staaten ist Sache des Bundes."

[26] Zum Verhältnis zwischen Bayern und der Bundesrepublik vgl. Kilper, Heiderose / Lhotta, Roland: Föderalismus in der Bundesrepublik Deutschland. Eine Einführung, Opladen 1996, S. 157. Zur Entstehung des Grundgesetzes und zur bayerischen Mitwirkung vgl. Blasche, Sebastian: Die grundsätzliche Mitwirkung der Länder bei der Gesetzgebung. Eine verfassungsdogmatische Untersuchung zu Art. 79 Abs. 3, 2. Var. GG vor dem Hintergrund einer möglichen Einführung von Volksgesetzgebung in das Grundgesetz. Baden-Baden 2006; Vogel, Hans-Jochen: Bayern und das Grundgesetz, in: Ders. (Hrsg.): Demokratie lebt auch vom Widerspruch. Zürich 2001, S. 159–177; Bayerischer Landtag (Hrsg.): Bayern und das Grundgesetz, München 1999; Deutscher Bundesrat (Hrsg.): 50 Jahre Herrenchiemseer Verfassungskonvent – zur Struktur des Deutschen Föderalismus. Tagungsband zum wissenschaftlichen Symposium vom 19. bis 21. August 1998. Bonn 1999; März, Peter / Oberreuter, Heinrich (Hrsg.): Weichenstellung für Deutschland. Der Verfassungskonvent von Herrenchiemsee. München 1999; Fait, Barbara / Treml, Manfred: Auf dem Weg zum Grundgesetz. Verfassungskonvent Herrenchiemsee 1948. Augsburg 1998.

[27] Die Kulturhoheit der Länder leitet sich aus der Kompetenzregelung nach Art. 30 GG ab: „Die Ausübung der staatlichen Befugnisse und die Erfüllung der staatlichen Aufgaben ist Sache der Länder, soweit dieses Grundgesetz keine andere Regelung trifft oder zulässt." Vgl. Nawiasky, Hans / Leusser, Klaus: Die Verfassung des Freistaates Bayern vom 2. Dezember 1946. Systematischer Überblick und Handkommentar. München 1948; Hoegner, Wilhelm: Lehrbuch des Bayerischen Verfassungsrechts. München 1948; Hoegner, Wilhelm: Die Grundlagen der Bayerischen Verfassung, in: Politische Studien 66 (1955), S. 6–23; Nawiasky, Hans: Die Verfassung des Freistaats Bayern vom 2. Dezember 1946. Ergänzungsband zum Handkommentar unter Mitarbeit von Hans Lechner. München 1953.

[28] Aus der Perspektive eines Landes hat Thomas Jehle eine grundlegende Studie für den Freistaat Bayern erarbeitet. Vgl. Jehle, Thomas: Die auswärtige Kulturpolitik des Freistaates Bayern von 1945 bis 1978. München 2018.

[29] Zum bayerischen Föderalismusverständnis siehe Gelberg, Karl-Ulrich: Staatsbewusstsein und Föderalismus in Bayern nach 1945, in: Hanns-Seidel-Stiftung (Hrsg.): Politische Studien. Orientierung durch Information und Dialog. München 2003, S. 64–78; Sturm, Roland: Föderalismus in Deutschland, Opladen 2001; Laufer, Heinz / Münch, Ursula: Das föderative System

legend war dabei das auf der langen Staatstradition beruhende Selbstverständnis des Kulturstaats Bayern[30], Beziehungen mit dem Ausland zu unterhalten und zu pflegen.[31]

Ab Mitte der 1960er-Jahre wurden aufgrund des Engagements des Leiters der Kulturabteilung im Auswärtigen Amt, Dieter Sattler, mit dem „Jahresbericht der Kulturabteilung des Auswärtigen Amtes" sowie dem „Jahrbuch für auswärtige Kulturpolitik" zwei regelmäßig erscheinende Periodika gegründet, die sich mit dem Feld der auswärtigen Kulturpolitik beschäftigten.[32] Diese Thematisierung schlug sich auch in ersten wissenschaftlichen Abhandlungen nieder, welche sich jedoch meist auf Materialsammlungen und überblicksartige Werke beschränkten.[33] Schließlich führte die Einsetzung einer Enquête-Kommission des Bundestages zur auswärtigen Kulturpolitik im

---

der Bundesrepublik Deutschland. München 1997; Kock, Peter Jakob: Bayerns Weg in die Bundesrepublik. München 1988; Nipperdey, Thomas: Der Föderalismus, in: Nachdenken über die deutsche Geschichte. München 1986, S. 60–109; Oberreuter, Heinrich: Föderalismus, in: Staatslexikon der Görres-Gesellschaft 1986, S. 632–638.

[30] Die Definition des Freistaats als Kulturstaat dokumentierte dabei, nicht zuletzt auf den Arbeiten Max Spindlers beruhend, den Willen zur Staatlichkeit: „Man kann nicht den Reichtum der Kulturerscheinungen in Bayern schwärmerisch bewundern und vom Staat ihre vermehrte Pflege leidenschaftlich fordern – und gleichzeitig den durch die Jahrhunderte behaupteten, sich immer wieder durchsetzenden Willen Bayerns zur Staatlichkeit belächeln und ablehnen." Spindler, Max: Die Grundlagen der Kulturentwicklung in Bayern (Kultur und Politik). München 1949, S. 37.

[31] Für einen ersten Zugriff auf die bayerische Kulturpolitik vgl. Dünninger, Eberhard: Öffentliche Kulturpflege seit 1918, in: Spindler, Max (Hrsg.): Handbuch der bayerischen Geschichte (Band IV/2). München 1975, S. 1234–1280; Büttner, Frank: Kunst nach 1945, in: Spindler, Max / Schmid, Alois (Hrsg.): Handbuch der bayerischen Geschichte (Band IV/2). München 2007, S. 672–686; Kulturpolitische Gesellschaft Landesgruppe Bayern (Hrsg.): Bausteine Bayerischer Kulturpolitik. Eine Diskussionsgrundlage. Nürnberg 2008; Zehetmair, Hans: Kultur bewegt. Kulturpolitik für Bayern. München 2001; Lanzinner, Maximilian: Reorganisation und Reform. Kultur- und Bildungspolitik in Bayern 1945–1968, in: Bayerische Landeszentrale für Politische Bildungsarbeit (Hrsg.): Kulturstaat Bayern. 19. und 20. Jahrhundert. München 1997, S. 65–90.

[32] Vgl. Jahresbericht der Kulturabteilung des Auswärtigen Amts 1964 / 1966 / 1968. Bonn 1964 / 1966 / 1968; Martin, Berthold: Jahrbuch für auswärtige Kulturbeziehungen. Band 1–2. Bonn 1964/1965. Fortsetzung unter dem Titel: Martin, Berthold: Auswärtige Kulturbeziehungen. Band 3–4. Neuwied / Berlin 1966/1967.

[33] Vgl. Braun, Dieter: Deutsche Kulturpolitik im Ausland. 1955 bis heute. Dokumente, Kommentare, Tendenzen. München 1966; Emge, Richard Martinus: Auswärtige Kulturpolitik. Eine soziologische Analyse einiger ihrer Funktionen, Bedingungen und Formen. Berlin 1967; Abelein, Manfred: Die Kulturpolitik des Deutschen Reiches und der Bundesrepublik Deutschland. Ihre verfassungsrechtliche Entwicklung und ihre verfassungsrechtlichen Probleme. Köln 1968; Abelein, Manfred: Deutsche Kulturpolitik. Dokumente. Düsseldorf 1970; Froese, Leonhard: Auswärtige Kulturpolitik – kulturelle Außenpolitik, in: Schneider, Christian (Hrsg.): Die deutsche Schule im Ausland. Beiträge zur auswärtigen Kulturpolitik. Heidelberg 1969, S. 7–17.

[34] Vgl. Bericht der Enquête-Kommission „Auswärtige Kulturpolitik" vom 23.02.1973 gemäß Beschluss des Deutschen Bundestages, in: Zeitschrift für Kulturaustausch. Hrsg. vom Institut für Auslandsbeziehungen. Band 28. Regensburg 1978, S. 48–71.

Jahre 1969[34] zu einem gesteigerten Interesse, das sich in mehreren grundsätzlichen Publikationen manifestierte.[35] Auch das Auswärtige Amt formulierte erstmals in dieser Zeit Leitsätze für die auswärtige Kulturpolitik[36] und konnte damit eine theoretische Grundlage für seine Arbeit vor Ort bieten.

Die auswärtige Kulturpolitik der jungen Bundesrepublik bis Ende der 1960er-Jahre beanspruchte zwar, unpolitisch zu sein, war jedoch in der Programmatik stark antikommunistisch ausgerichtet. Dabei dominierten Hochkultur und Selbstrepräsentation, ohne dass der auswärtigen Kulturpolitik eine eigenständige kulturelle Aufgabe jenseits der schmückenden Begleitung der Außenpolitik zugewiesen wurde.[37] Mit dem sogenannten Peisert-Gutachten[38] wurde gegen Ende der 1970er-Jahre in der Bundesrepublik schließlich der eigentliche Grundstein für eine intensive Beschäftigung mit der auswärtigen Kulturpolitik gelegt.[39] In der historischen Forschung ist vor allem der Sammelband von Kurt Düwell und Werner Link zu nennen, der einen ersten umfassenden und methodisch ansprechenden Ansatz zur deutschen auswärtigen Kulturpolitik bietet.[40] Auch in der Politikwissenschaft hat

---

[35] Vgl. Kahn-Ackermann, Georg: Die auswärtigen Kulturbeziehungen der Bundesrepublik Deutschland. Ein kritischer Überblick über die ersten 25 Jahre, in: Europa-Archiv 24 (1973), S. 854–862; Twardowski, Fritz von: Anfänge der deutschen Kulturpolitik zum Ausland. Bonn 1970; Bauer, Rudolph: Bundestag und Kulturpolitik. Untersuchung und Darstellung der Entwicklung, Zusammensetzung und Arbeit des Kulturpolitischen Ausschusses des Bundestages 1949–65. Erlangen-Nürnberg 1969.

[36] Vgl. Auswärtiges Amt (Hrsg.): Leitsätze zur auswärtigen Kulturpolitik. Bonn 1970.

[37] Vgl. Schulte, Karl-Sebastian: Auswärtige Kulturpolitik im politischen System der Bundesrepublik Deutschland. Konzeptionsgehalt, Organisationsprinzipien und Strukturneuralgien eines atypischen Politikerfeldes am Ende der 13. Legislaturperiode. Berlin 2000, S. 44–48. Einen Überblick über die Anfänge der auswärtigen Kulturpolitik in der DDR liefern Lindemann und Müller, auch wenn in dem bereits 1974 erschienenen Werk die kulturpolitischen Ambitionen des Ostblocks in Italien nur sehr kursorisch abgehandelt werden. Vgl. Lindemann, Hans / Müller, Kurt: Auswärtige Kulturpolitik in der DDR. Die kulturelle Abgrenzung der DDR von der Bundesrepublik. Bonn-Bad Godesberg 1974. Intensiver werden die auswärtigen Beziehungen der DDR zu Italien in den fast gleichzeitig erschienenen Studien von Pöthig und Lill behandelt. Vgl. Pöthig, Charis: Italien und die DDR. Die politischen, ökonomischen und kulturellen Beziehungen von 1949–1980. Frankfurt am Main 2000; Lill, Johannes: Völkerfreundschaft im Kalten Krieg? Die politischen, kulturellen und ökonomischen Beziehungen der DDR zu Italien 1949–1973. Frankfurt am Main 2001.

[38] Vgl. Peisert, Hans Georg: Die auswärtige Kulturpolitik der Bundesrepublik Deutschland. Stuttgart 1978.

[39] Vgl. Arnold, Hans: Auswärtige Kulturpolitik. Ein Überblick aus deutscher Sicht. München / Wien 1980; Rossbach, Udo: Die auswärtige Kulturpolitik der Bundesrepublik Deutschland. Grundlagen, Ziele, Aufgaben. Stuttgart 1980.

[40] Vgl. Düwell, Kurt / Link, Werner (Hrsg.): Deutsche auswärtige Kulturpolitik seit 1871. Köln / Wien 1981.

[41] Vgl. Beyme, Klaus von: Kulturpolitik und nationale Identität. Studien zur Kulturpolitik zwischen staatlicher Steuerung und gesellschaftlicher Autonomie. Wiesbaden 1998; Schneider, Wolfgang (Hrsg.): Auswärtige Kulturpolitik. Dialog als Auftrag – Partnerschaft als Prinzip.

sich die auswärtige Kulturpolitik inzwischen als „dritte Säule der Außenpolitik" etabliert.[41]

Allgemein ist mit dem verstärkten Interesse an kulturgeschichtlichen Fragestellungen in den vergangenen Jahren eine intensivere Beschäftigung mit den verschiedenen Ausprägungen einer auswärtigen Kulturpolitik zu erkennen. So sind neben bilateral angelegten Studien[42] einige Arbeiten entstanden, welche sich mit den (halb- bzw. nichtstaatlichen) Mittlerorganisationen der auswärtigen Kulturpolitik beschäftigen.[43] Einen konzisen Überblick über die auswärtige Kulturpolitik der Bundesrepublik bietet eine vom Wissenschaftlichen Dienst des Bundestages verfasste Studie[44], während das Werk von Matthias Bode eine profunde Beschreibung der Konfliktlinien in der auswärtigen Kulturpolitik zwischen Bund und Ländern liefert.[45] Als umfassende Arbeit hat der Germanist Frank Trommler zudem kürzlich ein Überblickswerk über die deutschen auswärtigen Kulturbeziehungen im 20. Jahrhundert vorgelegt, das seinen Schwerpunkt jedoch auf die erste Hälfte des Jahrhunderts setzt.[46]

Essen 2008; Schreiner, Patrick: Außenkulturpolitik. Internationale Beziehungen und kultureller Austausch. Bielefeld 2011; Maaß, Kurt-Jürgen (Hrsg.): Kultur und Außenpolitik. Handbuch für Wissenschaft und Praxis. 3., vollständig überarbeitete und erweiterte Auflage. Baden-Baden 2015.

[42] Vgl. Kettenacker, Lothar (Hrsg.): Kulturpräsenz im Ausland: Deutschland, Frankreich, Schweiz. Basel 1998; Znined-Brand, Victoria: Deutsche und französische Kulturpolitik. Eine vergleichende Analyse. Das Beispiel der Goethe-Institute in Frankreich sowie der Instituts und Centres Culturels Français in Deutschland seit 1945. Frankfurt am Main 1999; Lejeune, Carlo: Die deutsch-belgischen Kulturbeziehungen 1925–1980. Wege zur europäischen Integration? Köln / Wien 1992; Lippert, Barbara: Auswärtige Kulturpolitik im Zeichen der Ostpolitik. Verhandlungen mit Moskau 1969–1990. Münster 1996; Tan, Jinfu: Die Entwicklung der deutsch-chinesischen Kulturbeziehungen 1949–1989. Ein Beitrag zur Geschichte der auswärtigen Kulturpolitik der Bundesrepublik Deutschland. Regensburg 1997.

[43] Vgl. Michels, Eckard: Von der Deutschen Akademie zum Goethe-Institut. Sprach- und auswärtige Kulturpolitik. 1923–1960. München 2005; Kathe, Steffen R.: Kulturpolitik um jeden Preis. Die Geschichte des Goethe-Instituts von 1951 bis 1990. München 2002; Kaussen, Helga: 50 Jahre Goethe-Institut. Murnau, Manila, Minsk. München 2001; Wittek, Bernhard: Und das in Goethes Namen. Das Goethe-Institut von 1951 bis 1976. Berlin 2006; Trommer, Siegfried Johannes: Die Mittlerorganisationen der auswärtigen Kulturpolitik. Tübingen 1984; Witte, Barthold C.: Deutsche Kulturpolitik im Ausland. Ziele – Chancen – Grenzen, in: Karl Dietrich Bracher / Manfred Funke / Hans-Peter Schwarz (Hrsg.): Deutschland zwischen Krieg und Frieden. Beiträge zur Politik und Kultur im 20. Jahrhundert. Bonn 1990, S. 371–383; Dombrowski, Beate: Nationale Imagepflege oder authentische Kulturarbeit? Strukturen und Ergebnisse auswärtiger Kulturpolitik unter besonderer Berücksichtigung der Arbeit des Goethe-Instituts in Rom. Hildesheim 1995 [unveröffentlichte Diplomarbeit].

[44] Vgl. Singer, Otto: Auswärtige Kulturpolitik in der Bundesrepublik Deutschland. Konzeptionelle Grundlagen und institutionelle Entwicklung seit 1945. Berlin 2003.

[45] Vgl. Bode, Matthias: Die auswärtige Kulturverwaltung der frühen Bundesrepublik. Eine Untersuchung ihrer Etablierung zwischen Norminterpretation und Normgenese. Tübingen 2014, v. a. Kapitel V bis VIII.

[46] Vgl. Trommler, Frank: Kulturmacht ohne Kompass. Deutsche auswärtige Kulturbeziehungen im 20. Jahrhundert. Köln 2014.

Mit einem demgegenüber akteurszentrierten Ansatz bei Berücksichtigung landesgeschichtlicher Aspekte nähert sich Ulrike Stoll dieser Thematik in ihrer Dissertation an[47], in der sie neben einer Biographie auch eine tiefergehende Analyse der auswärtigen Kulturpolitik der ersten Jahrzehnte der Bundesrepublik Deutschland leistet.

Während viele Standardwerke der deutsch-italienischen Beziehungen nur in Einzelaspekten die Kulturpolitik beider Staaten thematisieren[48], wurde dieser Bereich in profunder Art und Weise durch das Werk von Andrea Hindrichs behandelt.[49] Daneben sind in den vergangenen 15 Jahren eine Reihe von Arbeiten entstanden[50], die ihren Kulminationspunkt in dem Projekt „ItaliaGermania" der Villa Vigoni gefunden haben[51].

Die genuin bayerisch-italienischen Beziehungen, welche sich über die Jahrhunderte durch die geographische Nähe der beiden Länder, die aktiven Handelsbeziehungen, den Katholizismus und nicht zuletzt durch den kultu-

---

[47] Vgl. Stoll, Ulrike: Kulturpolitik als Beruf. Dieter Sattler (1906–1968) in München, Bonn und Rom. Paderborn 2005.
[48] Vgl. Dipper, Christof (Hrsg.): Deutschland und Italien 1860–1960. Politische und kulturelle Aspekte im Vergleich. München 2005; Große, Ernst / Trautmann, Günther: Italien verstehen. Darmstadt 1997; Lill, Rudolf: Deutsch-italienische Beziehungen seit dem Zweiten Weltkrieg, in: Jahrbuch der Villa Vigoni 1985–1989. Tübingen 1990, S. 152–163; Vordemann, Christian: Deutschland – Italien. 1949–1961. Die diplomatischen Beziehungen. Frankfurt am Main / New York 1994; Wölke, Gabriele: Auswärtige Kulturpolitik und Außenwirtschaft. Köln 1983; Brütting, Richard [u.a.] (Hrsg.): Konflikt und Konsens. Deutschland, Italien und Russland auf dem Weg zum vereinten Europa: Ergebnisse des 5. Internationalen Seminars 1999 / Conflitto e consenso: la Germania, l'Italia e la Russia verso l'Europa unita: atti del V Seminario internazionale 1999. Frankfurt am Main / New York 2001; Brütting, Richard / La Salvia, Adrian: Italien-Ansichten. Italien in Selbst- und Fremdwahrnehmung. Akten des 6. Internationalen Seminars. Belluno. 1.–5. Oktober 2001 / Immaginario dell'Italia in patria e all'estero: atti del VI Seminario Internazionale. Belluno. 1–5 ottobre 2001. Frankfurt am Main 2005; Burkhard, Claudia: Kulturpolitik als Strukturpolitik? Konzepte und Strategien deutscher und italienischer Kulturpolitik im Vergleich. Frankfurt/Main u.a. 2015.
[49] Vgl. Hindrichs, Andrea: „Teutonen" in Arkadien. Deutsche auswärtige Kulturpolitik und Kulturvermittlung in Italien von 1949–1970 zwischen Steuerungsversuch und dem Wunsch nach Anerkennung. München 2010. Aufschlussreiche Aspekte über den Vatikan und die katholische Presse in Rom liefert zudem die biographische Studie über Edmund Freiherr Raitz von Frentz. Vgl. Burtscheidt, Andreas: Edmund Freiherr Raitz von Frentz. Rom-Korrespondent der deutschsprachigen katholischen Presse 1924–1964. Paderborn 2008.
[50] Vgl. Schmidt-Bergmann, Hansgeorg: Zwischen Kontinuität und Rekonstruktion. Kulturtransfer zwischen Deutschland und Italien nach 1945. Tübingen 1998; Herkendell, Andreas W.: Deutsch-italienischer Kulturaustausch in der Schlagerwelt der fünfziger und sechziger Jahre, in: Italienisch 18/2 (1996), S. 74–87; Kindler, Gabriele: Wenn bei Capri die rote Sonne … Die Italiensehnsucht der Deutschen im 20. Jahrhundert. Karlsruhe 1997; Petersen, Jens: Das deutschsprachige Italienbild nach 1945, in: QFIAB 76 (1996), S. 455–495; Petersen, Jens: Italienbilder – Deutschlandbilder. Gesammelte Aufsätze. Köln 1999; Rieder, Maximiliane: Deutsch-italienische Wirtschaftsbeziehungen. Kontinuitäten und Brüche 1936–1957. Frankfurt 2003; Manning, Till: Die Italiengeneration. Stilbildung durch Massentourismus in den 1950er und 1960er Jahren. Göttingen 2011.
[51] Vgl. Roeck, Bernd / Schuckert, Charlotte (Hrsg.): Deutsche Kulturpolitik in Italien. Entwicklungen, Instrumente, Perspektiven. Ergebnisse des Projektes „ItaliaGermania". Tübingen 2002.

rellen transalpinen Transfer herausgebildet hatten, stellen darüber hinaus eine eigene Größe dar.[52]

Das Genre der Biographie erlebt eine wiederkehrende Renaissance, in Form, Inhalt und Umfang jeweils angepasst an aktuelle wissenschaftliche Strömungen und Trends.[53] Gerade in den 2000er-Jahren ist eine Vielzahl von hervorragenden Arbeiten erschienen, die einen biographischen Ansatz verfolgen, ohne sich auf das „oft geradezu dogmatisierte Individualitätsprinzip des deutschen Historismus"[54] beschränken zu lassen. Dieser breit begriffene biographische Ansatz schafft dabei vielfältige Erkenntnismöglichkeiten, die – über die einzelnen Akteure hinaus – Netzwerke, Strukturen und Weltbilder in die jeweiligen Zeitumstände einschließen.[55] Dabei ist für die Erstellung einer modernen Biographie die Einbindung des Individuums in die zeittypischen kulturellen, politischen und sozialen Gegebenheiten unerlässlich. Ohne den Rückgriff auf historische Strömungen sowie Ereignisse bleiben der Lebenslauf und die Erfahrungen des Individuums im „luftleeren Raum der Geschichte" und können keinen allgemeinen Erkenntnismehrwert zu der Erforschung individueller Lebenszusammenhänge liefern.[56] Zudem gilt es, nicht bloß einen Lebensweg nachzuzeichnen, sondern auch bewusste oder unbewusste Konstruktions- und Inszenierungselemente in der Biographie zu untersuchen. Dabei kommt der eigenen Narration der Biographie des Protagonisten eine besondere Bedeutung zu. So können durch Vor- und

---

[52] Vgl. Riepertinger, Rainhard (Hrsg.): Bayern – Italien. Die Geschichte einer intensiven Beziehung. Darmstadt 2010; Schmid, Alois (Hrsg.): Von Bayern nach Italien. Transalpiner Transfer in der Frühen Neuzeit. München 2010; Körner, Hans-Michael / Schuller, Florian (Hrsg.): Bayern und Italien. Kontinuität und Wandel ihrer traditionellen Bindungen. Lindenberg im Allgäu 2010; Wüst, Wolfgang (Hrsg.): Schwaben und Italien. Zwei europäische Kulturlandschaften zwischen Antike und Moderne. Aufsätze zur Bayerischen Landesausstellung 2010 „Bayern – Italien" in Füssen und Augsburg. Augsburg 2010; Seidl, Daniella: „Wenn man aus Bayern kommt, ist man ein südlicher Mensch". Münchens „neue" Italianità: Die Sommerhauskultur in Italien, in: Bayerisches Jahrbuch für Volkskunde 2008, S. 97–111; Baumeister, Martin: Ankommen, um zurückzukehren? Italienische Arbeitsemigranten im Nachkriegsbayern, in: Schmid, Alois / Weigand, Katharina (Hrsg.): Bayern – mitten in Europa. Vom Frühmittelalter bis ins 20. Jahrhundert. München 2005, S. 402–418; Rieder, Maximiliane: 50 Jahre Anwerbevertrag zwischen Deutschland und Italien. Italienische „Gastarbeiter" und Unternehmer in Bayern und München, in: Münchner Statistik 3 (2005), S. 1–14; Dopsch, Heinz: Bayern und Italien. Politik, Kultur, Kommunikation (8.–15. Jahrhundert). Festschrift für Kurt Reindel zum 75. Geburtstag. München 2001.
[53] Vgl. Fetz, Bernhard: Die vielen Leben der Biographie. Interdisziplinäre Aspekte einer Theorie der Biographie, in: Ders. (Hrsg.): Die Biographie – Zur Grundlegung ihrer Theorie. Berlin 2009, S. 3–66.
[54] Vgl. Wehler, Hans-Ulrich: Zum Verhältnis von Geschichtswissenschaft und Psychoanalyse, in: Ders. (Hrsg.): Geschichte und Psychoanalyse. Frankfurt am Main 1974, S. 7–26, hier S. 9 f.
[55] Vgl. Hemecker, Wilhelm: Die Biographie. Beiträge zu ihrer Geschichte. Berlin [u.a.] 2009.
[56] Vgl. von Berlepsch, Hans-Jörg: Die Wiederentdeckung des „wirklichen Menschen" in der Geschichte. Neue biographische Literatur, in: Archiv für Sozialgeschichte 29 (1989), S. 488–510, hier S. 491–493.

Rückblenden eine rein statisch-chronologisch anmutende Form des Geschehens durchbrochen und damit gezielt auch einzelne thematische Schwerpunkte gesetzt werden.[57] Ob nun ein eher essentialistischer oder konstruktivistischer Zugriff[58] bei der Genese der Biographie gewählt wird, darf jedoch nicht als ein sich ausschließender Dualismus betrachtet werden. In einer „guten Biographie" werden einerseits Mythen und Klischees dekonstruiert, andererseits aber auch Inhalte, die die Persönlichkeit, das Werk und Wirken des Protagonisten transportieren, erst einmal aufgebaut, um sie dann in Kontexte gebettet einzuordnen.

Es ist kein Geheimnis, dass in einer sich globalisierenden und immer weiter vernetzenden Welt eine Geschichtsschreibung auf nationaler Ebene komplexen Ansprüchen nicht mehr gerecht werden kann.[59] Entsprechend entstehen zunehmend Forschungsarbeiten mit einem transnationalen Ansatz.[60] Transnationale Perspektiven[61] verbunden mit dem Blick auf Prozesse des

---

[57] Vgl. Bödecker, Hans Erich: Biographie. Annäherung an den gegenwärtigen Forschungs- und Diskussionsstand, in: Ders. (Hrsg.): Biographie schreiben. Göttingen 2003, S. 9–63.

[58] Vgl. Etzemüller, Thomas: Biographien. Lesen – erforschen – erzählen. Frankfurt am Main 2012, S. 102–105.

[59] Für Problemfelder, Methodologien und Anforderungen der Zeitgeschichte vgl. Gehler, Michael: Zeitgeschichte im dynamischen Mehrebenensystem – Zwischen Regionalisierung, Nationalstaat, Europäisierung, internationaler Arena und Globalisierung. Bochum 2001.

[60] Vgl. in diesem Zusammenhang u. a. Loth, Wilfried / Osterhammel, Jürgen (Hrsg.): Internationale Geschichte. Themen – Ergebnisse – Aussichten. München 2000; Osterhammel, Jürgen: Sklaverei und die Zivilisation des Westens. München 2000; Osterhammel, Jürgen: Geschichtswissenschaft jenseits des Nationalstaats. Studien zur Beziehungsgeschichte und Zivilisationsvergleich. Göttingen 2001; Werner, Michael / Zimmermann, Benedicte: Vergleich, Transfer, Verflechtung. Der Ansatz der Histoire croisée und die Herausforderung des Transnationalen, in: Geschichte und Gesellschaft 28 (2002), S. 607–636; Patel, Kiran Klaus: Überlegungen zu einer transnationalen Geschichte, in: Zeitschrift für Geschichtswissenschaft. 52. Jahrgang. Heft 1. Berlin 2004, S. 626–645; Conrad, Sebastian / Osterhammel, Jürgen (Hrsg.): Das Kaiserreich transnational. Deutschland in der Welt 1871–1914. Göttingen 2004; Paulmann, Johannes: Grenzüberschreitung und Grenzräume. Überlegungen zur Geschichte transnationaler Beziehungen von der Mitte des 19. Jahrhunderts bis in die Zeitgeschichte. Gerhard A. Ritter zum 75. Geburtstag, in: Conze, Eckhart / Lappenküper, Ulrich / Müller, Guido (Hrsg.): Geschichte der internationalen Beziehungen. Erneuerung und Erweiterung einer historischen Disziplin. Köln 2004, S. 169–197; The Palgrave dictionary of transnational history. From the mid-19th century to the present day. Basingstoke [u. a.] 2009; Budde, Gunilla-Friederike (Hrsg.): Transnationale Geschichte. Themen, Tendenzen und Theorien. Göttingen 2006; Pernau, Margrit: Transnationale Geschichte. Göttingen 2011.

[61] Zu den Unterschieden in der Begriffsdefinition von „transnational" und „international" sowie der transnationalen Annäherung an Bezugsgrößen wie „Identität" und „Öffentlichkeit" vgl. Zimmermann, Susan: International – transnational: Forschungsfelder und Forschungsperspektiven, in: Unfried, Berthold (Hrsg.): Transnationale Netzwerke im 20. Jahrhundert. Historische Erkundungen zu Ideen und Praktiken, Individuen und Organisationen. Leipzig 2008, S. 27–46, bes. S. 32–41; Kaelble, Hartmut / Kirsch, Martin / Schmidt-Gernig, Alexander: Zur Entwicklung transnationaler Öffentlichkeiten und Identitäten im 20. Jahrhundert. Eine Einleitung, in: Dies. (Hrsg.): Transnationale Öffentlichkeiten und Identitäten im 20. Jahrhundert. Frankfurt am Main / New York 2002, S. 7–33.

Kulturtransfers lassen sich auch für landesgeschichtliche Zugriffe fruchtbar machen.[62] Entsprechende Studien wurden vor allem im sächsisch-französischen Kontext[63] mit dem Ergebnis durchgeführt, dass Kulturtransfers über nationale Grenzen innerhalb derselben Zivilisation in der Regel deren kulturelle Solidarität stärken.

Ein Import und Export von kulturellen Elementen, etwa aus Italien in den deutschen Handlungskontext bzw. vice versa, würde demnach eine Stärkung europäischer Identitäten zur Folge haben.[64] Dieses Phänomen wird bei Reinhard Raffalt zu beobachten sein. Er war mit seinem Lebens- und Wirkungshorizont in Bayern, Deutschland und Italien über Jahrzehnte als Grenzgänger zwischen Kulturräumen aktiv.[65] Sein Leben in verschiedenen Kulturen fand dementsprechend in zahlreichen biographischen Zeugnissen Ausdruck.[66]

Ein relativ neues Gebiet der Außenbeziehungsforschung stellen die Felder einer akteurszentrierten Außenpolitik mit einer Vielzahl an Konzepten und Anregungen dar.[67] Raffalt selbst lässt sich nur schwer mit den Kategorien eines staatlichen Akteurs erfassen. In seiner Karriere war er mehrere Jahre mit staatlichem Auftrag des Auswärtigen Amtes kulturpolitisch tätig, zu anderen Zeiten wirkte er jedoch für den Bayerischen Rundfunk oder die Hanns-Seidel-Stiftung in halb- bzw. nichtstaatlicher Funktion.[68]

---

[62] Vgl. Egger, Christine: Transnationale Biographien. Die Missionsbenediktiner von St. Ottilien in Tanganjika 1922–1965. Köln 2016.

[63] Vgl. Espagne, Michel / Middell, Matthias (Hrsg.): Von der Elbe bis an die Seine. Kulturtransfer zwischen Sachsen und Frankreich im 18. und 19. Jahrhundert. Leipzig 1993.

[64] Vgl. Osterhammel, Jürgen: Transferanalyse und Vergleich im Fernverhältnis, in: Kaelble, Hartmut / Schriewer, Jürgen (Hrsg.): Vergleich und Transfer. Frankfurt am Main / New York 2003, S. 439–469, bes. S. 448.

[65] Vgl. Jordan, Lothar / Kortländer, Bernd (Hrsg.): Nationale Grenzen und internationaler Austausch. Studien zum Kultur- und Wissenschaftstransfer in Europa. Tübingen 1995; Kokorz, Gregor / Mitterbauer, Helga (Hrsg.): Übergänge und Verflechtungen. Kulturelle Transfers in Europa. Bern / Wien 2004; Mitterbauer, Helga / Scherke, Katharina (Hrsg.): Ent-grenzte Räume. Kulturelle Transfers um 1900 und in der Gegenwart. Wien 2005; Keller, Thomas: Kulturtransferforschung – Grenzgänge zwischen den Kulturen, in: Moebius, Stephan / Quadflieg, Dirk (Hrsg.): Kultur. Theorien der Gegenwart. Wiesbaden 2011, S. 101–128.

[66] Vgl. Keller, Thomas: Einleitung – Ein Leben in und zwischen verschiedenen Kulturen führen, in: Thum, Bernd / Keller, Thomas (Hrsg.): Interkulturelle Lebensläufe. Tübingen 1998, S. 1–29.

[67] Vgl. Thiessen, Hillard von / Windler, Christian (Hrsg.): Akteure der Außenbeziehungen. Netzwerke und Interkulturalität im historischen Wandel. Köln [u. a.] 2010; Mumme, Martin: Strategien auswärtiger Bewußtseinspolitik. Von der Macht der Ideen in der Politik. Würzburg 2006; Paulmann, Johannes: Deutschland in der Welt. Auswärtige Repräsentationen und reflexive Selbstwahrnehmung nach dem Zweiten Weltkrieg – eine Skizze, in: Hockerts, Hans Günter (Hrsg.): Koordinaten deutscher Geschichte in der Epoche des Ost-West-Konflikts. München 2004, S. 63–78; Paulmann, Johannes (Hrsg.): Auswärtige Repräsentationen. Deutsche Kulturdiplomatie nach 1945. Köln 2005; Raphael, Lutz: Geschichtswissenschaft im Zeitalter der Extreme. Theorie, Methoden, Tendenzen von 1900 bis zur Gegenwart. München 2010.

[68] Eine umfassende Darstellung auswärtiger Kulturbeziehungen unter Berücksichtigung akteurszentrierter staatlicher sowie nichtstaatlicher Außenpolitik und transnationaler Fragestellungen

In Reinhard Raffalts Leben und Wirken nehmen seine Netzwerke eine besondere Rolle ein. Soll die Quantität und Qualität dieser untersucht werden, kann dies durch Ansätze der Netzwerkanalyse[69] vonstattengehen. Für die Anwendung netzwerktheoretischer Modelle in der historischen Forschung ist nach den Anfängen von Wolfgang Reinhard[70] in den letzten Jahren viel publiziert worden.[71] Dabei wird deutlich, dass, je mehr sich die biographische Wirklichkeit in weiter gefassten kulturellen, internationalen, sozialen oder politischen Kontexten bewegt, diese Methodik zur Gewinnung von weiterführenden Erkenntnissen hinzugezogen werden kann.[72]

Die vorliegende Arbeit bedient sich folglich in Ansätzen der Netzwerktheorie, jedoch werden dabei verschiedene methodische Konzepte in der Forschungspraxis pragmatisch angewandt.[73] Insbesondere wird Zurückhaltung bei der quantitativen Abbildung von Netzwerken geübt. Die Verbreitung des Telefons und die Bedeutung persönlicher Gespräche verhindern eine präzise und aussagekräftige quantitative Abbildung. Vielmehr sollen die konkrete Interaktion und die sozialisierende Funktion der Netzwerke Raffalts stärker in das Zentrum der Analyse rücken. Dieses hermeneutische Vorgehen bietet sich gerade auch bei einem biographischen Zugriff an.[74]

---

bietet ein Aufsatzband des „Centre national de la recherche scientifique". Vgl. Dulphy, Anne / Frank, Robert / Matard-Bonucci, Marie-Anne / Ora, Pascal (Hrsg.): Les relations culturelles internationales au XXe siècle. De la diplomatie culturelle à l'acculturation. Brüssel 2010.

[69] Vgl. Stegbauer, Christian: Netzwerkanalyse und Netzwerktheorie. Ein neues Paradigma in den Sozialwissenschaften. Wiesbaden 2008; Thiessen, Hillard von / Windler, Christian (Hrsg.): Nähe in der Ferne. Personelle Verflechtung in den Außenbeziehungen der Frühen Neuzeit. Berlin 2005.

[70] Vgl. Reinhard, Wolfgang: Familie und Klientel. Untersuchungen zur gesellschaftlichen Struktur und Dynamik des Papsttums und der politischen Sozialgeschichte der frühen Neuzeit. Freiburg 1973; Reinhard, Wolfgang: Freunde und Kreaturen. „Verflechtung" als Konzept zur Erforschung historischer Führungsgruppen. Römische Oligarchie um 1600. München 1979.

[71] Vgl. Reitmayer, Morten / Marx, Christian: Netzwerkansätze in der Geschichtswissenschaft, in: Stegbauer, Christian / Häußling, Roger (Hrsg.): Handbuch Netzwerkforschung. Wiesbaden 2010, S. 869–880; Gamper, Markus / Düring, Marten / Reschke, Linda (Hrsg.): Knoten und Kanten III. Soziale Netzwerkanalyse in der Politik- und Geschichtsforschung. Bielefeld 2014; Düring, Marten / Eumann, Ulrich: Diskussionsforum Historische Netzwerkforschung: Ein neuer Ansatz in den Geschichtswissenschaften, in: Geschichte und Gesellschaft 39/3. Göttingen 2013, S. 369–390; Düring, Marten / Keyserlingk, Linda von: Netzwerkanalyse in den Geschichtswissenschaften. Historische Netzwerkanalyse als Methode für die Erforschung von historischen Prozessen, in: Schützeichel, Rainer / Jordan, Stefan: Prozesse – Formen, Dynamiken, Erklärungen. Wiesbaden 2015, S. 337–350.

[72] Vgl. Lenger, Friedrich: Netzwerkanalyse und Biographieforschung – eine Überlegung, in: BIOS 2 (2005), S. 180–185, hier S. 180.

[73] Vgl. Reitmayer, Morten / Marx, Christian: Netzwerkansätze in der Geschichtswissenschaft, in: Stegbauer, Christian / Häußling, Roger (Hrsg.): Handbuch Netzwerkforschung. Wiesbaden 2010, S. 869–880.

[74] Vgl. Pyta, Wolfram: Geschichtswissenschaft, in: Klein, Christian (Hrsg.): Handbuch Biographie. Methoden, Techniken, Theorie. Stuttgart 2009, S. 331–338, hier S. 332 f.

III. Quellenlage

Den Hauptquellenbestand der vorliegenden Arbeit stellt der persönliche Nachlass von Reinhard Raffalt dar, den seine Witwe Nina Raffalt im Frühjahr 1989 der Universität Passau übergab. In Ermangelung eines eigenen Universitätsarchivs wurde der Bestand zunächst im Magazin der Universitätsbibliothek Passau untergebracht. Im Juli 2011 entschied sich die Universitätsleitung, den Nachlass Raffalts schließlich in das neu gegründete Universitätsarchiv zu überführen.[75] Bis dato ist der umfangreiche Bestand noch nicht archivalisch erschlossen, geordnet und verzeichnet.[76] In den kommenden Jahren ist die archivalische Aufarbeitung im Universitätsarchiv Passau geplant.

Der Nachlass Reinhard Raffalts besteht insgesamt aus ca. zwölf Regalmetern Akten, die sich in 95 Ordner und ca. 30 Konvolute untergliedern. Ganz grundsätzlich ist festzuhalten, dass der Nachlass einen vollständigen und geschlossenen Eindruck vermittelt. Mit großer Sorgfalt, in alphabetischer und meist auch chronologischer Reihenfolge abgelegt, finden sich neben erhaltenen Briefen sogar die Durchschläge eigener Korrespondenzen. Die Ordnung der Schriftstücke nach Themengebieten und Jahren erfolgte durch Reinhard Raffalt selbst sowie durch seine Witwe Nina Raffalt.

Den größten Teil des Bestandes nehmen dabei Korrespondenzen ein, die von Anfang der 1950er-Jahre bis zum Tod Raffalts 1976 reichen. Neben den in dienstlich und privat unterteilten Korrespondenzen gibt es eigene Ordner zu einzelnen Institutionen wie etwa dem Bayerischen Rundfunk, dem Auswärtigen Amt, dem Goethe-Institut, der Deutschen Bibliothek, einzelnen Verlagen etc., welche die Wirkungsfelder Raffalts verdeutlichen.

Wegen der besonderen Bedeutung von Korrespondenzen in Reinhard Raffalts Nachlass sei an dieser Stelle auf die germanistische Forschung zur Briefkultur verwiesen. Sie beschäftigt sich seit den 1990er-Jahren in großer Breite mit dieser eigenständigen literarischen Form.[77] Während die Literatur bislang oft nur Gelehrtenkorrespondenzen des 18. und 19. Jahrhunderts sowie bloße Briefsammlungen zum Gegenstand nahm[78], treten in neueren Studien zur Untersuchung der Briefkultur auch Fragestellungen hervor, die eine Brücke zwischen Brief-Anthologien und wissenschaftlichen Monographien schlagen. Dabei ist es von allgemeiner Wichtigkeit, den besonderen

---

[75] Vgl. Universitätsarchiv Passau (UA Passau, NL Raffalt).
[76] In der vorliegenden Arbeit sind aus diesem Grunde die einzelnen Dokumente genau nach Absender und Empfänger, Ort und Datum gekennzeichnet.
[77] Vgl. Beyrer, Klaus / Abels, Norbert (Hrsg.): Der Brief. Eine Kulturgeschichte der schriftlichen Kommunikation. Heidelberg 1996.
[78] Vgl. Baasner, Rainer (Hrsg.): Briefkultur im 19. Jahrhundert. Tübingen 1999; Vellusig, Robert: Schriftliche Gespräche. Briefkultur im 18. Jahrhundert. Wien 2000; Krauße, Erika (Hrsg.): Der Brief als wissenschaftshistorische Quelle. Berlin 2005; Bernard, Andreas / Raulff, Ulrich (Hrsg.): Briefe aus dem 20. Jahrhundert. Frankfurt am Main 2005.

Status von Briefen als kulturhistorischen Dokumenten mit inhärenten Inszenierungspotentialen in Form von „Textualität, Materialität und Medialität"[79] zu erkennen. Briefe verfügen demnach über mehr als einen „vermeintlich neutrale[n] Dokumentenstatus [zur Abrufung] biographischer und historischer Daten"[80]. In der Auswertung von Korrespondenzen und Briefwechseln sollten vielmehr neben der inhaltlichen Verwertung als Quellen auch die Ästhetik der Textform, Kontexte der Entstehungszeit sowie ihre Überlieferung Beachtung finden.

Darüber hinaus können Briefe als Mittel zur späteren Memoria benutzt werden, da sie durch die Eigenart ihres dokumentatorischen Status so zu einer „Objektivierung des Subjektiven"[81] beitragen, was für Absender wie Empfänger zu einem Mittel der epistolaren Selbstinszenierung werden kann.[82]

Neben den Korrespondenzen nimmt das journalistische wie künstlerische Œuvre Reinhard Raffalts einen bedeutenden Anteil des Nachlasses ein. Darunter fallen diverse Manuskripte für Print, Hörfunk und Fernsehen, Vorträge, Gutachten, Theaterstücke sowie handschriftliche wissenschaftliche Aufzeichnungen aus seiner Studentenzeit. Die umfassende Sammlung von Kritiken, Zeitungsausschnitten, Hörer-, Leser- und Zuschauerbriefen verdeutlicht die enorme publizistische Schaffenskraft Raffalts.

Aufgrund der großen Geschlossenheit des Nachlasses konnte bei der Recherche in anderen Quellenbeständen oftmals auf eine bereits bekannte Überlieferung zurückgegriffen werden. Hierbei war ebenso die dienstliche sowie halbdienstliche Korrespondenz von größter Bedeutung, welche sich anhand der diversen Arbeitgeber Raffalts auf verschiedene Archive erstreckt. Im Historischen Archiv des Bayerischen Rundfunks waren neben den Personenmappen zu Reinhard Raffalt und Alois Fink die Bestände für das Studio Rom sowie die Akten der juristischen Verwaltungsdirektion und der Hörfunkdirektion besonders aufschlussreich.[83]

Das Politische Archiv des Auswärtigen Amtes verfügt über wertvolle Bestände bezüglich Raffalts kulturpolitischer Arbeit. Darunter fallen die Personalakten, Schriftstücke zur Kulturabteilung des Auswärtigen Amtes, der Deutschen Botschaft in Rom sowie den deutschen Kulturinstituten im Ausland.[84]

---

[79] Schuster, Jörg (Hrsg.): Briefkultur. Texte und Interpretationen von Martin Luther bis Thomas Bernhard. Berlin 2013, S. XV.
[80] Ebd.
[81] Schöttger, Detlev (Hrsg.): Adressat: Nachwelt. Briefkultur und Ruhmbildung. München 2008, S. 9.
[82] Vgl. Nickisch, Reinhard M. G.: Brief. Stuttgart 1991.
[83] Vgl. Historisches Archiv des Bayerischen Rundfunks (BR HistArch GR, BR HistArch HD, BR HistArch HF, BR HistArch VJ, BR HistArch Personenmappe).
[84] Vgl. Politisches Archiv des Auswärtigen Amtes (PAAA B1, PAAA B11, PAAA B90, PAAA B95, PAAA B96, PAAA B97, PAAA Personalakten).

Was Raffalts politische Netzwerke und seine Tätigkeit für die Hanns-Seidel-Stiftung betraf, fanden sich im Archiv für Christlich-Soziale Politik Korrespondenzen mit Franz Josef Strauß sowie einige Briefwechsel mit Josef Müller.[85]

Zur Auseinandersetzung mit der Person und dem Wirken Raffalts ist eine eigene Handakte im Stadtarchiv Passau zu nennen, in welcher neben verschiedenen Zeitungsausschnitten auch mehrere Nachrufe lagern.[86]

Der Nachlass seines langjährigen Freundes und Wegbereiters Dieter Sattler befindet sich im Institut für Zeitgeschichte und ist in Bezug auf seine Korrespondenz mit Raffalt sowie auf dienstliche Schriftwechsel mit dem Auswärtigen Amt einschlägig.[87]

Für einige spezifische Fragen bezüglich Raffalts Jugend, Kriegs- und Studentenzeit waren des Weiteren das Staatsarchiv Landshut, das Archiv der Zentrale des Cartellverbandes der katholischen deutschen Studentenverbindungen, das Bundesarchiv Berlin bzw. Koblenz sowie das Archiv der Deutschen Dienststelle von Bedeutung.[88]

Die vollständige Aufzeichnung der Biographie Reinhard Raffalts ist jedoch nur mit den Quellenbeständen in seiner Wahlheimat Italien möglich. Hierbei sind vor allem diverse römische Archive einschlägig. Für Raffalts erste Jahre in der Ewigen Stadt ist dies besonders das Archiv der deutschen Nationalkirche Santa Maria dell'Anima. Das Archiv des Deutschen Historischen Instituts in Rom verfügt über die Nachlässe seiner Korrespondentenkollegen Josef Schmitz van Vorst und Erich B. Kusch.[89] Daneben liefern das Archiv des Collegium Germanicum et Hungaricum sowie das Archiv des Campo Santo Teutonico Antworten für verschiedene Einzelaspekte seines Lebens.[90]

Darüber hinaus gaben ausführliche Zeitzeugengespräche[91] mit der Witwe Nina Raffalt, seiner langjährigen Sekretärin Gerda Hörl, seinen Jugendfreun-

---

[85] Vgl. Archiv für Christlich-Soziale Politik (ACSP NL Strauß, ACSP NL Müller Josef).
[86] Vgl. Stadtarchiv Passau (Handakte R 8).
[87] Vgl. Institut für Zeitgeschichte (IfZ ED 145).
[88] Vgl. Staatsarchiv Landshut (StALa); Bischöfliches Zentralarchiv Regensburg; Archiv der Zentrale des Cartellverbandes der katholischen deutschen Studentenverbindungen (CV); Bundesarchiv Berlin (BArch); Bundesarchiv Koblenz (BArch); Archiv der Deutschen Dienststelle für die Benachrichtigung der nächsten Angehörigen von Gefallenen der ehemaligen deutschen Wehrmacht (WASt).
[89] Zur politischen Dimension der Auslandskorrespondenten und ihrer medialen Berichterstattung vgl. Hafez, Kai: Die politische Dimension der Auslandsberichterstattung. Baden-Baden 2002; Robinson, Piers: The CNN Effect: The Myth of News, Foreign Policy and Intervention. London 2002.
[90] Vgl. Archiv der Santa Maria dell'Anima (ASMA A, ASMA K); Archiv des DHI Rom (N 28, N 29); Archiv des Collegium Germanicum et Hungaricum (ACGU); Archiv des Campo Santo Teutonico.
[91] Zur Problematik der „Oral History" vgl. Niethammer, Lutz: Lebenserfahrung und kollektives Gedächtnis. Die Praxis der „Oral History". Frankfurt am Main 1985; Vorländer, Herbert

den Irene von Kutzschenbach und Karl Neumann sowie Weggefährten aus römischen Tagen wie Pater Remigius Rudmann, Oriol Schaedel, Gabriele Henkel, Franz Georg Strauß oder Gisela Stiermann weitere wertvolle Einblicke in das Leben von Reinhard Raffalt.[92]

IV. Fragestellung und Aufbau

Wenn sich also im Rahmen des Quellenstudiums zunächst grundsätzliche Fragen in Bezug auf Reinhard Raffalt stellten – wer dieser war, durch welche Tätigkeiten er sich auszeichnete, was die Ursachen und Ziele seines Schaffens waren –, kristallisierte sich dabei mehr und mehr der Eindruck einer vielseitig kulturell wirkenden Persönlichkeit heraus, womit sich gewissermaßen schon die Hypothese für die vorliegende Arbeit ergab. Daher steht Reinhard Raffalt hier als Publizist mit kulturellen, wenn nicht gar kulturpolitischen Ambitionen im Zentrum.

Wie kann die Persönlichkeit und das Leben von Reinhard Raffalt umrissen werden? In welcher Form war er durch Elternhaus und Jugend mental-ideell sowie sozial verortet? In welchen gesellschaftlichen Kreisen bewegte er sich, wie können seine Netzwerke umrissen werden und welche Bedeutung erlangten sie für ihn? Wie gestaltete sich Reinhard Raffalts berufliches Wirken? Auf welchen Gebieten war er tätig und wie versuchte er, seine verschiedenen Arbeitsbereiche in Bayern, Deutschland und Italien miteinander zu vereinen?

Welches Bild hatte Raffalt, der beinahe 30 Jahre seine Wahlheimat in Rom besaß, jedoch nie komplett ausgewandert war, von seiner Heimat Bayern? Wie war sein Verhältnis zu Rom und Italien? Inwiefern gestaltete sich sein gleichsam transnationales kulturelles Wirken zwischen Bayern, Deutschland, Italien und anderen Ländern? Wie stellte sich sein Verhältnis zur katholischen Kirche und zu den politischen, gesellschaftlichen sowie theologischen Umbrüchen der Nachkriegsjahrzehnte dar? Was war Raffalts Bild in der Öffentlichkeit und auf welche Weise wurde seine publizistische Arbeit rezipiert? Wie ist Raffalts rasanter beruflicher sowie gesellschaftlicher Aufstieg zu erklären und warum ist er heute beinahe vergessen?

(Hrsg.): Oral History. Mündlich erfragte Geschichte. Göttingen 1990; Geppert, Alexander C.T.: Forschungstechnik oder historische Disziplin? Methodische Probleme der Oral History, in: Geschichte in Wissenschaft und Unterricht 45.5 (Mai 1994), S. 303–323.

Vgl. Hockerts, Hans Günther: Zeitgeschichte in Deutschland. Begriff, Methoden, Themenfelder, in: HJ 113 (1993), S. 98–127, hier S. 108.

[92] Im vorliegenden Fall boten die Zeitzeugengespräche vor allem vertiefende Erkenntnisse über die Persönlichkeit und den biographischen Werdegang von Reinhard Raffalt. Sie wurden an verschiedenen Tagen von August 2011 bis November 2015 geführt.

Diesen Fragestellungen nachkommend gliedert sich die Arbeit wie folgt:

Zu Beginn ermöglicht eine biographische Skizze nicht nur einen Überblick zu den einzelnen Lebensstationen Reinhard Raffalts, sondern sie weitet den Blick auf die Vielschichtigkeit seiner Persönlichkeit. In den darauffolgenden, zeitlich sowie räumlich übergreifenden Kapiteln geht es zunächst um die Annäherung an seine Sozialisation in der Jugend. Anschließend soll die mental-ideelle Einordnung seines Weltbilds und Profils, was sich in seinem kulturellen Wirken und in seinen publizistischen Werken widerspiegelt, ein weiteres Schlaglicht auf ihn werfen.

Im Folgenden steht die grundsätzliche Stellung von Reinhard Raffalt in der Gesellschaft im Fokus, bevor auf besonders zu untersuchende Fälle der beruflichen Vernetzung eingegangen werden soll.

Im Anschluss an die Einordnung der Persönlichkeit geht es im zweiten Teil der Arbeit um deutliche Manifestationen seines kulturellen Wirkens. Dabei wird Reinhard Raffalt als journalistisch, literarisch und dramaturgisch Schaffender beleuchtet. Seine besondere Beziehung zu Rom und zur katholischen Kirche wird ebenso thematisiert wie seine Tätigkeit für das Auswärtige Amt, den Bayerischen Rundfunk, die Hanns-Seidel-Stiftung und andere Auftraggeber. Darüber hinaus soll seine Rezeption als Publizist mit kulturpolitischen Ambitionen erörtert werden.

Letztlich ermöglicht ein Editionsteil von ausgewählten programmatischen Schriften und Reden dem Leser einen direkten Zugang zu Raffalts Gedankenwelt. Ein Verzeichnis aller für den Bayerischen Rundfunk produzierten Sendungen veranschaulicht die Bandbreite seines kulturellen Schaffens und rundet so die Arbeit thematisch ab.

„Jedes Buch, jeder Film, jede Reise,
jede Funksendung, jedes Hörspiel, jede Fernsehsendung
ist eine Initiative des kulturellen Austausches."[93]
(Dieter Sattler)

B Ein Leben für die Kultur – Reinhard Raffalt (1923–1976) zwischen Bayern, Deutschland und Italien

I. Biographische Skizze

1. Elternhaus, Kindheit und Schulzeit

Im Folgenden soll ein Überblick des Lebens von Reinhard Raffalt geliefert werden, um eine bessere Orientierung und Einordnung der später im Detail charakterisierten Lebensstationen zu ermöglichen.

Reinhard Karl-Maria Michael Raffalt wurde am 15. Mai 1923 als einziger Sohn von Hildegard (1888–1975) und Michael Raffalt (1882–1951) in Passau geboren. Michael Raffalt stammte aus einer Metzgersfamilie in Ingolstadt.[94] Er hatte sein Buchdruckerhandwerk von 1895 bis 1899 als Geselle in Ingolstadt sowie in den ersten Jahren des 20. Jahrhunderts auf ausgedehnten Reisen mit vielen Arbeitsstationen in der Schweiz sowie in Österreich-Ungarn erlernt. So war er unter anderem als Schriftsetzer beim „Münchener Zeitungsverlag", in Laibach, Graz sowie bei der Wiener „Neuen Freien Presse" tätig und schließlich nach einer Fortbildung in der Wiener Handelsschule E. Löw von 1907 bis 1919[95] als technischer Direktor, Betriebs- und

---

[93] Sattler, Dieter: „Die Stunde der Kulturpolitik", in: Landeszentrale für politische Bildung Baden-Württemberg (Hrsg.): Der Bürger im Staat, Heft 4. Filderstadt 1960, S. 83.
[94] Vgl. Raffalt an Ludwig Herold, ohne Ort, 10.06.1955, in: UA Passau, NL Raffalt.
[95] Im Ersten Weltkrieg diente Michael Raffalt von Juni 1915 bis zu einer schweren Verwundung im Februar 1917 im 337. Bataillon des 1. Bayerischen Fußartillerieregiments an der Westfront in Frankreich. Schließlich wurde er, ausgezeichnet mit dem Eisernen Kreuz II. Klasse, zum Arbeitsdienst an seine alte Arbeitsstelle in Brünn entlassen. Vgl. Militärpass von Michael Raffalt, in: Privatbesitz Nina Raffalt.

Reinhard Raffalt mit Vater Michael, Mutter Hildegard und Halbbruder Gerhard, Mitte der 1920er-Jahre[96]

Bureaubeamter bei dem österreichischen Schulbuchverlag Rohrer in Brünn.[97] Dort lernte er auch seine zukünftige Frau kennen.[98]

Hildegard Raffalt war eine geborene Edle von Reichenbach und stammte aus dem mährischen Landadel.[99] Sie war in erster Ehe mit Richard Prusik verheiratet, von dem sie sich noch vor dem Ersten Weltkrieg trennte. Aus dieser Verbindung entstammte Gerhard Prusik, zu dem Reinhard Raffalt als Halbbruder eine ausgesprochen freundschaftliche Beziehung hatte.[100] Die Hochzeit von Raffalts Eltern fand im August 1922 in München statt.[101]

---

[96] Vgl. Privatbesitz Nina Raffalt, Bildbestand Reinhard Raffalt.
[97] Vgl. Arbeitszeugnisse und berufliche Unterlagen des Michael Raffalt, in: Privatbesitz Nina Raffalt.
[98] Vgl. Rede zur Gedächtnismesse an seine Mutter am 09.05.1975 in der Kathedrale von St. Stephan zu Wien, in: UA Passau, NL Raffalt.
[99] Beide Elternteile von Reinhard Raffalt waren im Kindesalter schon zu Halbwaisen geworden. Während Michael Raffalt mit nur sechs Jahren den Vater verlor, verstarb die Mutter von Hildegard von Reichenbach bereits ein Jahr nach der Geburt. Vgl. Sterbeanzeigen und Ahnenpässe der Familien Raffalt sowie von Reichenbach, in: Privatbesitz Nina Raffalt.
[100] Vgl. Gespräch mit Nina Raffalt vom 03.08.2011; Gespräch mit Gerda Hörl vom 24.08.2011; Neffe Peter Prusik an Raffalt, München, 20.05.1967 sowie 23.07.1967, in: UA Passau, NL Raffalt.
[101] Vgl. Hochzeitsanzeige des Buchdruckereibesitzers Michael Raffalt und Frau Hilda Raffalt, geborene Edle von Reichenbach, in: Stadtarchiv Passau, Handakte R 8.

1. Elternhaus, Kindheit und Schulzeit | 33

Klassenfoto der Klasse 4b des Humanistischen Gymnasiums Passau, Mai 1937 (Reinhard Raffalt in der zweiten Reihe von oben ganz links)[102]

Die Familie besaß eine Druckerei in Passau und Michael Raffalt war Verleger der „Passauer Zeitung", die das liberale Gegenstück zur katholisch-konservativen „Donau-Zeitung" darstellte.[103]

Reinhard Raffalt wuchs in seinem Elternhaus am Rindermarkt 12 in der Passauer Altstadt auf und besuchte von 1934 bis 1942 das Humanistische Gymnasium der Stadt. Hier bekam er einen klassisch-humanistischen Bildungskanon vermittelt, der ihn für die Zeit seines Lebens prägte. Raffalt war eher ein mittelmäßiger Schüler, sehr gute Zensuren erreichte er allerdings in Deutsch und Latein.[104]

Nach dem Unterricht war der junge Gymnasiast auf Weisung seines Vaters oft in der familieneigenen Druckerei tätig, um sich mit Hilfe der zu setzenden Texte sowohl ein Gespür für journalistischen Sprachstil als auch für das Handwerk des Vaters anzueignen.[105] Dieses intensive Bemühen des Vaters trat

---

[102] Vgl. Privatbesitz Nina Raffalt, Bildbestand Reinhard Raffalt.
[103] Michael Raffalt konnte seiner Zeitung in den 1920er-Jahren zu einer ausgesprochenen Blüte verhelfen und bestimmte von 1922 bis zur inhaltlichen Gleichschaltung der Presse 1933 maßgeblich die Geschicke des Blattes.
[104] Vgl. Neumann, Karl: Zum 75. Geburtstag Reinhard Raffalt. Erinnerungen eines Schulfreunds, in: Europäisches Gymnasium Leopoldinum Passau. Jahresbericht 1997/98. Passau 1998, S. 96.
[105] Vgl. Vortrag „Der Meister und sein Werk" anlässlich der Fusion der Handwerkskammer Niederbayern-Oberpfalz am 08.02.1974 in Straubing, in: UA Passau, NL Raffalt: „Als ich im ersten Jahr des Gymnasiums Zeichen von Intelligenz von mir gab, die meinen Vater zu über-

Reinhard Raffalt an der Orgel, Ende der 1930er-Jahre[107]

auch bei der Förderung von Raffalts musikalischem Talent zutage. Reinhard erhielt bereits als Jugendlicher Orgelunterricht durch den Passauer Domorganisten Otto Dunkelberg und wurde 1941 mit dem neu gestifteten Preis des Musikalischen Vereins Passau ausgezeichnet.[106]

Als nächsten Schritt erwog der Vater ein Orgelstudium für seinen Sohn und schickte ihn kurz vor dem Abitur im Februar 1942 zum Vorspielen an die Musikhochschule Leipzig, wo der renommierte Thomaskantor Günther Ramin lehrte. Der junge Raffalt konnte in der Heimat von Johann Sebastian Bach überzeugen, denn Ramin schrieb Ende Februar 1942 nach Passau, dass er Raffalt „für außerordentlich begabt halte und daß sein Wunsch, sich ganz der Musik zu widmen, durchaus berechtigt erscheint. Da er neben der technischen Veranlagung auch improvisatorische Begabung zeigt, habe [er] den Eindruck, daß er für den Beruf eines Kirchen-

---

zeugen begannen, kommandierte er mich eines Tages in die Setzerei. Der Lateinprofessor hatte uns in langen Schulstunden einen selbstverfaßten Traktat über die äußerst wichtigen Präpositionen, die im Lateinischen den Akkusativ regieren, diktiert. Mein Vater drückte mir einen Winkelhaken in die Hand und ließ mich – in je nach Sprache verschiedenen Schrifttypen – einen Handsatz herstellen über die Präpositionen des Akkusativs. Dabei traten mehrere Wirkungen gleichzeitig ein. Erstens lernte ich den Latein-Stoff besser, als wenn ich ihn gebüffelt hätte. Zweitens verabreichte mir der mich beaufsichtigende Setzer auf Geheiß meines Vaters bei jeder Zeile, die mir beim Herausnehmen zusammenfiel, die obligatorische Ohrfeige, was meinen Sinn für die Realität der Materie außerordentlich förderte. Drittens durfte ich das Werk auch noch selber drucken, wodurch trotz weiterer Ohrfeigen mein Selbstbewußtsein in ein Gleichgewicht geriet, das pubertäre Schwierigkeiten überwinden half. Und schließlich diskutierte mein Vater mit mir wie mit einem Fachkollegen die Gestaltung der Titelseite, wobei er sich als Beispiel der Reproduktion einer Abhandlung über die römische Antiqua bediente, die aus dem Ende des fünfzehnten Jahrhunderts stammt und im Original der Vatikanischen Bibliothek angehört, wo ich sie bisweilen mit einer Rührung betrachte, die nichts mit Sentimentalität und alles mit Dankbarkeit zu tun hat."

[106] Vgl. Urkunde des Musikpreises des Musikalischen Vereins Passau, Passau, 15.07.1941, in: UA Passau, NL Raffalt.

[107] Vgl. Privatbesitz Nina Raffalt, Bildbestand Reinhard Raffalt.

musikers durchaus überdurchschnittliche Voraussetzungen mitbringt."[108] Somit konnte er dem Sohn zu einem Orgelstudium nur raten und ihn aufgrund seiner Vorkenntnisse gleich ins fünfte Semester immatrikulieren.

2. Als Soldat im Zweiten Weltkrieg

Nach dem Abitur 1942 begann Reinhard Raffalt ein Musikstudium in Leipzig, das er aber nicht beenden konnte. Denn schon nach wenigen Monaten erhielt der 19-Jährige am 23. Juli 1942 seinen Einberufungsbefehl in die Wehrmacht. Raffalt wurde zunächst der Artillerie-Ersatz-Abteilung 231 in Nürnberg zugeordnet und schließlich zum 5. Artillerie-Regiment 230 an die Ostfront verlegt. Hier wurde ihm am 25. Februar 1943 schließlich das Eiserne Kreuz II. Klasse für die Bergung von Verwundeten bei Artilleriefeuer verliehen, bis er kurz darauf mit leichten Erfrierungen ins Lazarett nach Brünn und später nach Passau verlegt wurde.[109]

Im Anschluss hatte er das Glück, dass ihn ein Oberst des Oberkommandos der Wehrmacht aufgrund seiner Orgelbegabung für sechs Monate zu Orgelkonzerten in den Kathedralen der besetzten Gebiete Belgiens und Frankreichs abstellte. Hier war er zur musikalischen Truppenbetreuung eingesetzt und konnte sogar im Oktober 1943 in Bourges, Dijon und Reims Orgelkonzerte geben, die von den Feuilletons der französischen Presse sehr positiv besprochen wurden.[110]

---

[108] Thomaskantor Günther Ramin an Michael Raffalt, Leipzig, 28.02.1942, in: UA Passau, NL Raffalt.

[109] Vgl. Soldbuch von Reinhard Raffalt, in: Privatbesitz Nina Raffalt; Schriftliche Auskunft des Archivs der Deutschen Dienststelle (WASt) aus dem Wehrstammbuch des Reinhard Raffalt vom 01.10.2015.

[110] Vgl. Kritik der „La Dépêche de Berry" über das Orgelkonzert vom 10.10.1943 in Bourges; Kritik des „Le Progès de Dijon" über das Orgelkonzert vom 16.10.1943 in Dijon; Kritik des „Le Journal de Reims" über das Orgelkonzert vom 21.10.1943 in Reims, in: UA Passau, NL Raffalt. Dies illustriert recht anschaulich die ganze Groteske des Krieges, aber auch die persönlichen Lebensumstände Raffalts, die er in seinen fragmentarischen Tagebucheinträgen im Sommer 1943 festhielt. Hierbei beschrieb er vom 30.08. bis zum 18.09.1943 neben Konzert- und Kirchenbesuchen in Belgien und Frankreich eher die Tage eines kunstsinnigen Bildungsreisenden als das Kriegsgeschehen. Zum Zeitpunkt der ersten Aufzeichnung befand sich Raffalt noch in Berlin und schrieb über besuchte Theateraufführungen im Schauspielhaus oder im Schillertheater, welche er ausführlich besprach. Doch auch in seiner privilegierten Situation rückte das Kriegsgeschehen näher an ihn heran. Erst noch indirekt: „Kürzlich fiel mir aus der neugekauften Frankfurter Zeitung ein Zettel in die Hände, worauf mitgeteilt wird, daß die Zeitung am 01.09. ihr Erscheinen einstellt. Schade um sie – es wäre wert, ihr einen Nekrolog zu singen." Am nächsten Tag dann sehr direkt: „Großangriff auf Berlin. Eine Phosphorbombe fiel in unseren Hof. Die Nachbarhäuser brannten. Als ich auf das Dach kam, bot sich ein unerhörtes Bild – von zahllosen Bränden erhellt und Funkenregen übersprüht ein feuriges Firmament und aus dem Himmel blutigrot hängt der Herrgott den Kriegsmantel runter." Schließlich konnte er diese Schrecken des Krieges durch den Beginn der Reise ins

Reinhard Raffalt als Wehrmachtssoldat, 1943[113]

Im vorletzten Kriegsjahr wurde Raffalt in der Sanitätsersatz- und Ausbildungsabteilung 8 in Loben (Oberschlesien) zum Krankenträger ausgebildet und in Polen und der Karpatenfront eingesetzt. Wieder versetzt an die Westfront, wurde er als Teil der Stabskompanie des Grenadier-Regimentes 164 am 30. Januar 1945 durch Granatensplitter verletzt. Mit dem schwarzen Verwundetenabzeichen ausgezeichnet kam Raffalt daraufhin ins Reservelazarett Lippstadt/Westfalen. Kurz vor Kriegsende wurde er nochmals am 3. April 1945 in das Reservelazarett seiner Heimatstadt Passau verlegt.[111] Für ihn endete dort der Zweite Weltkrieg, den er insgesamt glimpflich überstanden hatte.[112]

---

besetzte Belgien hinter sich lassen. Dies spiegelt sich auch in seinen Tagebucheinträgen wider: „In der Nacht die endlich erreichte, seit Tagen ersehnte Abfahrt nach Brüssel. [...] Ab der belgischen Grenze gab es Speisewagen und da begannen auch schon die wunderbaren Genüsse der französischen Küche. Mit dem Martini-Wermuth begann der Wein des Westens uns zu entzücken, es folgte ein alter St. Argèle (Burgunder). Nachmittags Ankunft in Brüssel, wo man uns zu verstehen gab, daß zunächst an kein Auftreten zu denken sei – wir also Ferien haben. Nicht schlecht in einer solchen Stadt." Es folgen ausgedehnte Beschreibungen des Doms, des Rathauses der Stadt und der Rundgänge Raffalts bis hin zur Fortführung der Reise über Antwerpen nach Gent. Mit einer Vielzahl an kunstgeschichtlichen Beschreibungen und der Nennung der gegebenen Konzerte bricht das Tagebuch schließlich ab. – Darüber hinaus finden sich in seinem Nachlass zwei Texte mit dem Obertitel „Reise in Frankreich 1943" und den Untertiteln „Berry ist ein Land des Sommers" sowie „Nächtliche Wanderung durch Paris". Hierin beschreibt er mit den schöngefassten, essayistisch-schwärmerischen Worten eines literarisch anspruchsvollen Reiseführers seine Erfahrungen in Frankreich. Daneben verfasste Raffalt im Juli 1944 für ein Orgelkonzert in der Pfarrkirche zu Loben in Oberschlesien einen ausformulierten Einführungsvortrag über Johann Sebastian Bach, dessen Werk und den Genius der Musik. Er selbst war davon überzeugt, dass die Kunst der Musik eine wichtige psychologische Wirkung ausüben könne: „Ich will vielmehr meine Worte als einen mahnenden Aufruf verstanden wissen, der Sie aus Not und Leiden, Sorge und Alltag zur Besinnung auf jene Quellen führen möchte, aus welchen das Wesentliche entspringt."

111 Vgl. Soldbuch von Reinhard Raffalt, in: Privatbesitz Nina Raffalt.
112 Allein aus Raffalts Abschlussklasse 7b des Humanistischen Gymnasiums waren über ein Drittel der Abiturienten im Krieg gefallen. Vgl. Schulkamerad Hans-Karl Fischer an Raffalt, Passau, ohne Datum, in: UA Passau, NL Raffalt.
113 Vgl. Privatbesitz Nina Raffalt, Bildbestand Reinhard Raffalt.

3. Neuanfang nach dem Zweiten Weltkrieg

Bereits wenige Monate nach Kriegsende begann Raffalt ein Studium der mittelalterlichen Geschichte und scholastischen Philosophie an der Philosophisch-Theologischen Hochschule Passau. Darüber hinaus betätigte er sich in seiner Heimatstadt musikalisch, reaktivierte den Passauer Singkreis und führte ihn unter seiner Leitung zu einem renommierten Konzertchor.[114]

Ziel von Raffalts anspruchsvollen Aufführungen war es, durch kulturell hochstehende Genüsse und die Hinwendung an die schönen Künste eine Gegenwelt zu den menschlichen wie wirtschaftlichen Notlagen nach 1945 zu schaffen[115], die den Menschen geistigen Halt und zugleich neue Ermutigung und Anregung gab.[116] So sind neben einer Vielzahl von Orgelkonzerten bereits im September 1945 ein Barockkonzert im Jagdsaal der Bischöflichen Residenz sowie vor allem mehrere „Höfische Abende" zu nennen, die im Frühjahr 1946 zur Aufführung gebracht wurden. Raffalt leitete trotz seines jungen Alters von noch nicht einmal 23 Jahren den Chor, spielte Cembalo und dirigierte das Orchester.[117] Des Weiteren war er auch dramaturgisch tätig, indem er im Herbst 1946 eine eigene Fassung des „Dr. Johannes Faust" in Passau und Burghausen auf die Bühne brachte. Er komponierte ferner die Musik für die Don-Juan-Tragödie „Der Sturz" aus der Feder seines Schulkameraden Carl Amery[118] und leitete selbst die Aufführung im Mai 1947.[119]

1948 setzte Raffalt seine Studien an der Universität Tübingen fort, wo er sich in Musikwissenschaft und Philosophie immatrikulierte. In Tübingen stu-

---

[114] Vgl. Raffalt, Nina / Raffalt, Reinhard: In memoriam Reinhard Raffalt. Daten und Fakten – Reinhard Raffalt zum 75. Geburtstag. Murnau 1998, S. 76 sowie 61 f. Eindrückliche bildliche und textliche Zeugnisse aus der Zeit direkt vor und nach dem Zweiten Weltkrieg illustrieren Raffalts junge Erwachsenenzeit in Passau. Vgl. Schäffer-Huber, Gisela: Passau 1930 bis 1970. Erfurt 2011.
[115] Vgl. Pimmer, Hans: Redemokratisierung des Konzertlebens in Ostbayern nach dem II. Weltkrieg. Wiederaufbau in drei Stadtkreisen. Egelsbach 1993.
[116] Vgl. Manuskript „Rundfunkpioniere aus Ostbayern. Erinnerungen an Reinhard Raffalt und Benno Hubensteiner", gesendet am 16.06.1996, in: BR HistArch, HF/23240.16; Gespräch mit Karl Neumann vom 19.09.2011. Vergleiche zwischen den Ideen und der Programmatik seines späteren Freundes und Wegbereiters Dieter Sattler, der 1947 zum Bayerischen Staatssekretär der Schönen Künste ernannt wurde, sind hierbei durchaus zu ziehen. Vgl. Stoll, Ulrike: Kulturpolitik als Beruf. Dieter Sattler (1906–1968) in München, Bonn und Rom. Paderborn 2005, S. 153–161. Darüber hinaus kann auch auf eine allgemeine Kulturbegeisterung im Deutschland der Nachkriegsjahre verwiesen werden. Vgl. Lepenies, Wolf: Kultur und Politik. Deutsche Geschichten. München / Wien 2006, S. 284–291.
[117] Vgl. Kutzschenbach, Irene von / Sporer, Marianne (Hrsg.): Alltag, der nicht alltäglich war. Passauer Schülerinnen erinnern sich an die Zeit zwischen 1928 und 1950. Passau 1999, S. 205–209.
[118] Damals nannte er sich noch nach dem Mädchennamen seiner Mutter Christian Schneller, später Christian Mayer und schließlich Carl Amery.
[119] Vgl. Neumann, Karl: Zum 75. Geburtstag Reinhard Raffalt. Erinnerungen eines Schulfreunds, in: Europäisches Gymnasium Leopoldinum Passau. Jahresbericht 1997/98. Passau 1998, S. 99.

dierte er besonders bei dem renommierten Pädagogen Eduard Spranger sowie dem Dirigenten Carl Leonhardt und wurde schließlich im April 1950 mit einer Arbeit zur Problematik der Programm-Musik mit „cum laude" promoviert.[120] Hierbei untersuchte Raffalt auf 90 Seiten, inwieweit bestimmte Elemente bei der Pastoralsymphonie Ludwig van Beethovens, der Berg-Symphonie Franz Liszts sowie der Alpensinfonie von Richard Strauss einem gedanklichen Konzept folgen könnten. Am Ende seiner Arbeit kommt er zu dem Ergebnis, dass „das Programm in der Musik durchaus seine Berechtigung haben kann; nur muß es sich der Eigengesetzlichkeit des Musikalischen unterwerfen, daß seine Fremdinhaltlichkeit vom innermusikalischen Leben eines Werkes ohne einen künstlerischen Bruch getragen werden kann"[121]. Hier wird eine Überzeugung deutlich, die sich wie ein roter Faden durch Reinhard Raffalts Leben ziehen sollte: Gefühlvolles Erleben und Empfinden ist im Zweifelsfalle einer rationalen, vernunftgesteuerten Sachebene vorzuziehen.[122]

Kurz vor Beendigung seines Studiums brach Raffalt mit einer Studentengruppe zu seiner ersten großen Auslandsreise auf, die ihn im April 1949 durch Norditalien führte, wo er unter anderem in Padua in der Chiesa di S. Nicolo konzertierte.[124] Dies markierte den Beginn einer innigen Beziehung des Passauers zu Italien, die sein ganzes Leben andauern sollte.

4. Erste berufliche Schritte

Nach der Promotion und der Rückkehr aus Tübingen nach Passau verdichteten sich Raffalts Verbindungen zu einem weiteren Metier, das für seine Zukunft enorme Bedeutung haben sollte: dem Journalismus.

Auf Empfehlung von Alois Fink, einem Redakteur des Bayerischen Rundfunks, wurde Reinhard Raffalt freier Mitarbeiter in der neu gegründeten Abteilung „Hörbild" des BR, für die er im August 1948 das erste Mal in einem eigenen Beitrag über eine Fahrt auf der Donau berichtete.[124] Dies wie-

---

[120] Vgl. Personalbogen von Reinhard Raffalt, Rom, 02.05.1956, in: PAAA, Personalakten NA 55415.
[121] Raffalt, Reinhard: Über die Problematik der Programm-Musik. Ein Versuch ihres Aufweises an der Pastoral-Symphonie von Beethoven, der Berg-Symphonie von Liszt und der Alpensinfonie von Strauß. Passau 1949, S. 80.
[122] Vgl. Löffler, Bernhard: Reinhard Raffalt – Publizist, Bildungsbürger, Deutsch-Römer, in: Ostbairische Lebensbilder. Passau 2004, S. 170.
[123] Vgl. Kritik des „Il Gazzettino. Giornale del Veneto" über das Orgelkonzert vom 18.04.1949, in: UA Passau, NL Raffalt.
[124] Vgl. Verzeichnis der für den Bayerischen Rundfunk produzierten Sendungen im Anhang dieser Arbeit. Zu seiner Anfangszeit berichtete er zumeist zusammen mit Alois Fink in diversen Sendungen über ihre niederbayerische Heimat. Vgl. Fink, Alois: Reinhard Raffalt, in: Festschrift der Festspiele Europäische Wochen Passau, hrsg. vom Verein Europäische Wochen Passau. Passau 1982, S. 159.

derum war der Beginn einer knapp 30 Jahre andauernden Zusammenarbeit, bei der im Laufe der Zeit knapp 200 Rundfunksendungen und gut 30 teilweise mehrteilige Fernsehfilme folgen sollten.¹²⁵ Raffalts wohl beste und wirkungsmächtigste Darbietungsform war dabei das „Hörbild", das „Fernsehen der Phantasie"¹²⁶, wo seine geschliffene Sprache mit dem angenehmen Tonus seiner dunklen Stimme in bayerisch-österreichischem Einschlag perfekt harmonierte. So nahm er seine Hörer mit auf Reisen nach Italien, in den Fernen Osten oder in vergangene Geisteswelten wie Antike, Renaissance oder Barock.

Porträt von Reinhard Raffalt, Ende der 1940er-Jahre¹²⁷

Journalistisch schuf sich Raffalt ein zweites Standbein, als er im März 1950 vom Verleger der „Passauer Neuen Presse", Hans Kapfinger, eine Festanstellung in der Feuilleton-Redaktion der PNP als Redakteur erhielt. In den ersten Monaten schrieb er besonders über musikalische wie dramaturgische Themen seiner Heimatstadt.¹²⁸ Raffalt muss die Umstellung weg von seinem akademischen und hin zu einem journalistischen Schreibduktus am Anfang noch einige Probleme bereitet haben¹²⁹; einen eigenen Stil konnte er sich allerdings recht schnell erarbeiten.¹³⁰

---

¹²⁵ Vgl. Raffalt, Nina / Raffalt, Reinhard: In memoriam Reinhard Raffalt. Daten und Fakten – Reinhard Raffalt zum 75. Geburtstag. Murnau 1998, S. 23–48.
¹²⁶ „Das Hörbild ist das Fernsehen der Phantasie. Zur Programmgestaltung des Radio-Features am Beispiel des Bayerischen Rundfunks" in der SZ vom 21.05.1986, in: UA Passau, NL Raffalt.
¹²⁷ Vgl. Privatbesitz Nina Raffalt, Bildbestand Reinhard Raffalt.
¹²⁸ Vgl. Ordner mit frühen Zeitungsausschnitten der PNP, in: UA Passau, NL Raffalt.
¹²⁹ Vgl. Festrede anlässlich der Jubiläumsfeier „25 Jahre Passauer Neue Presse" am 06.02.1971 in Passau, in: UA Passau, NL Raffalt: „Als mich Dr. Kapfinger in die Redaktion der ‚Passauer Neuen Presse' aufnahm, übertrug er mir den Kultur- und Unterhaltungsteil. Ich hatte gerade fertig studiert, hatte eine Doktorarbeit geschrieben, von der ich heute bestenfalls noch die Hälfte verstehe, und war überhaupt ein Mensch, der im Begriffe stand, die Welträtsel ein für allemal zu lösen. Folgerichtig nahm ich in meine erste selbständig gestaltete Zeitungsseite eine philosophische Betrachtung auf, die von Fremdwörtern überfloß und somit meiner damaligen intellektuellen Höhenlage voll entsprach. Dr. Kapfinger ließ sich mein Werk kommen und gleich darauf auch mich. ‚Gell, Raffalt', sagte er, ‚das schmeißen S' wieder weg. Ich mach' meine Zeitung für einfache Menschen. Und Ihnen sag' ich, wenn Sie nicht lernen, besonders in komplizierten Fällen, zu denken, wie ein einfacher Mensch, dann werden Sie nie ein gebildeter Mann.' Von allen moralischen Ohrfeigen meines Lebens habe ich mir diese am besten gemerkt."
¹³⁰ Im Rahmen seiner journalistischen Tätigkeit reiste Raffalt in den 1950er-Jahren mehrmals durch Südeuropa, Afrika und Asien und berichtete über seine Erlebnisse. Exemplarisch sei

5. Umsiedlung nach Rom

Im April 1951 entschloss sich Reinhard Raffalt, seinen Lebensmittelpunkt komplett nach Rom zu verlagern.[131] Liest man Raffalts eigene Ausführungen über die Beweggründe seiner Übersiedlung nach Rom, so wird nicht ganz deutlich, warum er gerade zu diesem Zeitpunkt einen so großen Schritt wagte.[132] Ganz ohne Zweifel übte Rom mit seiner Geschichte und Kultur,

---

    hierbei auf mehrere Berichte zur schwierigen wirtschaftlichen Lage in Kalabrien oder die journalistische Auswertung seiner ersten Spanienreise verwiesen. Vgl. „Aufstand in Calabrien" in der PNP vom 17.04.1950; „Es ist kein Friede unter den Oliven Italiens. Die hungernden Menschen in Calabrien fühlen sich verlassen und revoltieren" in der PNP vom 23.11.1950; „Spanien – Land der Gegensätze. Bericht von einer Spanienreise im Januar 1951" in der PNP vom 08.03.1951, in: UA Passau, NL Raffalt. – Anfang 1952 reiste Raffalt für zwei Wochen nach Madrid und Salamanca, um einige Orgelkonzerte zu geben sowie auf Vermittlung des Rektors der deutschen katholischen Gemeinde in Madrid den Madrilener Erzbischof bei der Anschaffung einer neuen, aus Deutschland stammenden Orgel zu beraten. Vgl. Raffalt an Carmen Bartak, Rom, 11.01.1952; Raffalt an Carmen Bartak, Rom, 21.02.1952, in: UA Passau, NL Raffalt. – Im Sommer 1952 wurde er vom BR auf eine fünfmonatige Reportagefahrt nach Afrika geschickt, wo er Ägypten, Israel, den Libanon, Syrien, Jordanien, Äthiopien, Kenia sowie den Tanganjika- und Nyassa-See bereiste. Mehrere, teilweise über 60 Minuten lange Hörbilder zeugen von den dort gewonnenen Eindrücken. Vgl. „Land am Nil", gesendet am 12.10.1952; „Jerusalem und die östliche Christenheit", gesendet am 13.10.1952; „Tanganjikafahrt", gesendet am 11.12.1952, in: UA Passau, NL Raffalt. – In den Jahren 1954 bis 1956 folgten zwei weitere ausgedehnte Reisen nach Indien sowie Südostasien, die Raffalt für den Bayerischen Rundfunk unternahm und ebenfalls in Hörbilder umsetzte. Vgl. u.a. „Drei Wege durch Indien", gesendet am 28./30.12.1954 sowie 03.01.1955; „Welt der Männer: Aurangseb – Der letzte Kaiser Indiens", gesendet am 12.08.1955; „Städte, die die Welt bedeuten: Hongkong", gesendet am 13.12.1956; „Die kleine und die große Überfahrt", gesendet am 28.12.1956 sowie 02./04.01.1957; „Städte, die die Welt bedeuten: Kalkutta", gesendet am 09.05.1957, in: UA Passau, NL Raffalt.

[131] Vgl. Raffalt an Hans Kühner-Wolfskehl, Rom, 08.07.1957, in: UA Passau, NL Raffalt. Die Übersiedlung aus seiner Heimatstadt Passau nach Rom fand ihren Niederschlag auch in einem Zeitungsartikel aus dem Feuilleton der PNP im Sommer 1951: „Reinhard Raffalt, dessen Können schon weit über die Grenzen seines Vaterlandes hinaus bekannt geworden ist, nahm am Abend des 06. Juli mit einer Orgelfeierstunde im überfüllten Dom förmlich Abschied von seiner Vaterstadt. Es ist sehr erfreulich, daß ihm zu diesem Zwecke die sonst streng verschlossenen Pforten zur der Welt größten Kirchenorgel geöffnet wurden. Raffalt wird am 01. August 1951 als Organist an der deutschen Nationalkirche Santa Maria dell'Anima in Rom mitarbeiten, um das künstlerische Leben an diesem Kolleg wieder auf jene Höhe zu heben, die es vor dem Kriege innehatte. Seine Entwicklung als Organist war eine steile Aufwärtskurve. Von seinem ersten Orgelunterricht im Passauer Gymnasium bis zu seinen Studien bei Günther Ramin in Leipzig brach neben der intensiven Beschäftigung mit den alten Orgelmeistern immer seine eigene schöpferische Ader durch, die sich frühzeitig in der ihm angeborenen Gabe der freien Improvisation äußerte." Vgl. „Aus dem Passauer Kulturleben von Dr. Saam. Reinhard Raffalt an der Domorgel" in der PNP, 10.07.1951, in: UA Passau, NL Raffalt.

[132] Reinhalt Raffalt beschrieb seine ersten Eindrücke der Stadt Rom nach seiner Übersiedlung so: „Die Sehnsucht hat mich nach Rom getrieben. Was ich dort suchte, weiß ich eigentlich nicht, auch nicht, was für eine Sehnsucht es war. Ich bin weder besonders fromm noch sentimental, und ich hatte keinen brauchbaren Grund. Es überfiel mich einfach die Vorstellung, es wäre gut, in Rom zu sein. Und so bin ich gefahren – und nachdem ich nun zwei Tage

mit dem Vatikan als Zentrum des Katholizismus und seinem kosmopolitischen Charme eine enorme Anziehungskraft auf den jungen Raffalt aus.[133]

Ein Grund für Raffalts Umsiedlung nach Rom war auch die Bekanntschaft mit Madeleine Mollier[134], die in seinen ersten Jahren zu seiner beruflichen wie privaten Gefährtin werden sollte. Sie unterstützte Raffalt bei der Wohnungssuche[135], stellte Kontakte für eine (niemals erfolgte) Konzertreise durch Norditalien sowie für journalistische Projekte auf Sardinien und in Venedig her[136]. Darüber hinaus lieh sie dem beinahe mittellosen Raffalt von 1951 bis 1953 ganz erhebliche Geldsummen.[137] So musste Raffalt stets flexibel

---

durch die Stadt gewandert bin, sträube ich mich dagegen, diese Reise für eine Laune zu halten", aus: „Städte, die die Welt bedeuten – Rom", in: UA Passau, NL Raffalt.

[133] Einen sehr plastischen Einblick in Raffalts erste Zeit in Rom gibt ein im September 1953 verfasster Brief an eine französische Freundin: „Seit zwei Jahren schon habe ich Deutschland verlassen, um nach Rom zu gehen. Unmittelbar vor Beendigung meiner Studien war ich zum ersten Male hier und habe mich in diese Stadt so sehr verliebt, dass ich es wagte, ohne einen Pfennig Geld und ohne die Sprache zu kennen, hier meine Zelte aufzuschlagen. Mit Gottes Hilfe ist das Experiment geglueckt und heute bin ich gluecklich über das Erreichte. Ich arbeite an vielen Dingen. Meinen Lebensunterhalt verdiene ich mir durch eine ausgedehnte Korrespondenten-Tätigkeit fuer Radio Muenchen, als dessen roemischer Vertreter ich gelte. Auch schreibe ich in manchen deutschen Zeitungen, hauptsaechlich ueber vaticanische Dinge. Was die Musik angeht, die ja mein eigentlicher Beruf ist, so gibt es hier ein weites Feld. Sie werden sich erinnern, dass mein Instrument die Orgel ist, und so bin ich Organist an der deutschen Nationalkirche und zugleich am Collegium Germanicum als Musiklehrer taetig – beides ist schoen und befriedigend, wenngleich alles zusammen mir manchmal ein bisschen viel wird. Verheiratet bin ich noch nicht und werde es auch in der naechsten Zukunft wohl nicht werden, denn noch ist – in meinen eigenen Augen – meine Ausbildung keineswegs abgeschlossen und ich bin auch noch viel zu viel auf Reisen, um schon eine Familie mit Erfolg gruenden zu koennen. Reisen – das ist neben der Musik vielleicht meine groesste Passion geworden, und gluecklicherweise gibt mir meine Taetigkeit als Journalist genuegend Gelegenheit dazu. So war ich voriges Jahr viereinhalb Monate unterwegs, zuerst in Aegypten, in Kenya und in Tanganyika und bin bis zum Nyassa-See vorgedrungen. Naechstes Jahr werde ich, wenn Gott will, nach Indien gehen, und nach Indonesien, bis hinauf nach Japan – wieder fuer ein halbes Jahr. […] Vor zwei Jahren verlor ich meinen sehr geliebten Vater, dessen Rat und Hilfe ich jetzt oft schmerzlicher vermisse, als damals, als er noch lebte. Meine Mutter lebt jetzt allein in Passau und dies wirft einen gewissen Schatten auf meine Gedanken, denn nach Rom kann und will sie auf Dauer nicht kommen, und ich kann aus tausend Gruenden nicht mehr von Rom fort." Vgl. Raffalt an Denise Foyaud, Rom, 21.09.1953, in: UA Passau, NL Raffalt.

[134] Madeleine Mollier war in erster Ehe mit dem ehemaligen Presseattaché der Deutschen Botschaft in Rom, Hans Mollier, verheiratet und ebenfalls Journalistin. Sie hatte Benito Mussolini bereits 1938 auf der Höhe seiner Macht für die deutsche Presse interviewt und publizierte nach dem Zweiten Weltkrieg die Aufzeichnungen ihrer letzten Gespräche, die sie mit Mussolini noch im Januar 1945 kurz vor seinem politischen wie persönlichen Ende geführt hatte. Vgl. Mollier, Madeleine: Pensieri e previsioni di Mussolini al tramonto. Rom 1948.

[135] Madeleine Mollier an Raffalt, Rom, 18.09.1954, in: UA Passau, NL Raffalt.

[136] Madeleine Mollier an Raffalt, Rom, 31.07.1951, in: UA Passau, NL Raffalt.

[137] Vgl. Schuldschein vom 15.03.1954 über verschiedene zwischen dem 26.06.1951 und dem 30.04.1953 gemachte Darlehen in Höhe von 845 500 Lire durch Madeleine Mollier an Reinhard Raffalt, in: UA Passau, NL Raffalt. 845 500 Lire entsprachen bei dem damals üblichen Wechselkurs in etwa 5700 DM. – Raffalts bescheidene finanzielle Verhältnisse seiner römischen Anfangsjahre werden auch durch mehrere Briefe in die Heimat deutlich. „Was ich

seine Talente zu seinem Broterwerb einsetzen. Er versuchte deshalb im Sommer 1951 mit den Amerika-Häusern in Kontakt zu kommen, um eine Orgel-Konzerttournee durchführen zu können. Die Antwort des Amerika-Hauses in München war vielversprechend, jedoch verlief die Sache schließlich doch im Sande.

Zusammen mit Madeleine Mollier knüpfte Raffalt in journalistischer Hinsicht erste Kontakte zur Zeitschrift „Weltbild", in der er über die Venezianer Modewoche berichtete.[138] Zudem schrieb Raffalt natürlich für seine Passauer Heimatzeitung aus der Ewigen Stadt und konnte ab August 1951 zusätzlich als offizieller Rom- und Vatikan-Korrespondent für „Die Neue Zeitung" aus München tätig sein.[139]

6. Als Organist in Santa Maria dell'Anima

Eine berufliche Folge seiner Umsiedlung nach Rom war die Anstellung bei der deutschen Nationalkirche Santa Maria dell'Anima. Dort gelang es ihm im November 1951, neben der normalen Orgelbegleitung zu den Gottesdiensten mit dem Konzertformat der „Kirchenmusikalischen Weihestunden" an eine Tradition der Anima in den 1920er-Jahren anzuknüpfen, die der amtierende Rektor Alois Hudal sehr befürwortete. So notierte der musisch interessierte Hudal hochgestimmt in die Chronik der Anima über die erste kirchenmusikalische Weihestunde: „ungefähr 150 Besucher, Organist erstklassig, ebenso Sängerin"[140].

---

mache: einen Haufen Musik, von der hin und wieder mal ueber das Radio zu hoeren ist, Korrespondenz fuer den Muenchner Rundfunk, die Neue Zeitung, u. s. w. Es ist dasselbe, was ich im Grunde die ganzen letzten Jahre getrieben habe, nur sehr intensiviert und leider nicht von jenen zuverlaessigen wirtschaftlichen Erfolgen begleitet, die man sich immer ertraeumt. Der Wahnsinn ist eben, dass wir alle unsere Existenz ohne einen Knopf aufbauen muessen und die Lebensarbeit unserer Vaeter, die uns eigentlich Grundlage haette sein koennen, ins Nichts verpufft." Vgl. Raffalt an Heinz-Eugen Eberbach, Rom, 08.05.1953, in: UA Passau, NL Raffalt. Vgl. Raffalt an Einkommensstelle des Finanzamts Passau, Kairo, 23.06.1952; Abschrift an das Finanzamt Passau vom 01.10.1951: „Im Auftrage und im Namen von Herrn Dr. Raffalt bitte ich höflichst um Stundung der Einkommensteuer nebst Notopfer Berlin für das 3. Quartal 1951, nachdem Herr Dr. Raffalt bereits am 10.09., 10.10. und 10.11. Einkommensteuerraten für das Jahr 50 und das 1. und 2. Quartal 1951 zu zahlen hat, und z. Zt. infolge der gegebenen Verhältnisse noch nicht in der Lage ist, darüber hinaus Zahlungen zu leisten", in: UA Passau, NL Raffalt.

[138] Vgl. Raffalt an Gullan Schündler von der Redaktion „Weltbild", Rom, 12.09.1951; Raffalt an Gullan Schündler von der Redaktion „Weltbild", Rom, 20.09.1951; Gullan Schündler von der Redaktion „Weltbild" an Raffalt, München, 21.09.1951; Raffalt an Gullan Schündler von der Redaktion „Weltbild", Rom, 25.09.1951; Gullan Schündler von der Redaktion „Weltbild" an Raffalt, München, 02.10.1951, in: UA Passau, NL Raffalt.

[139] Vgl. Hans Wallenberg von der „Neuen Zeitung" an Raffalt, München, 26.08.1951, in: UA Passau, NL Raffalt.

[140] Eintrag in der Chronik der Anima vom 28.10.1951, in: ASMA A.IV c, Fol. 108.

*Reinhard Raffalt im Gespräch mit Bischof Alois Hudal,
Anfang der 1950er-Jahre[141]*

Dabei ließ er Raffalt bei der Programmgestaltung wie auch der sonstigen Organisation der Abende relativ freie Hand[142] und Raffalt versuchte durch Zuschüsse von der Deutschen Botschaft sowie deutschen Rundfunkanstalten die „Kirchenmusikalischen Weihestunden" nicht nur dauerhaft vor Ort zu etablieren, sondern sie zu einer festen Größe im ganzen römischen Konzertbetrieb zu machen.[143] Im Winter 1951/52 konnten deshalb mit großem Elan für ein wachsendes Publikum zehn solcher Konzertabende durchgeführt werden.[144]

---

[141] Vgl. Privatbesitz Nina Raffalt, Bildbestand Reinhard Raffalt.
[142] Vgl. Beleg für den Druck von Programmen für die „Kirchenmusikalischen Weihestunden" vom 25.11.1951, 30.11.1951 sowie 02.12.1951, in: ASMA K 22, Fol. 742.
[143] Raffalt konzertierte auch für Bundeskanzler Adenauer bei dessen Besuch im Sommer 1951. Vgl. „Was nicht auf dem Programm stand. Als der Bundeskanzler in die Anima in Rom zur Messe kam" in der PNP vom 28.06.1951.
[144] Einträge in der Chronik der Anima vom 25.11.1951, 27.11.1951, 30.11.1951, 02.12.1951, 30.12.1951, 27.01.1952, 02.03.1952, 16.03.1952 sowie 30.03.1952, in: ASMA A.IV c, Fol. 108 f. Eine Aufnahme aus dieser Reihe, die Raffalt im Dezember 1951 in der deutschen Nationalkirche Santa Maria dell'Anima mit dem Symphonieorchester der RAI sowie einigen Solisten der Accademia Santa Cecilia gemacht hatte, bot er dem Bayerischen Rundfunk sowie Radio Stuttgart an, da „es sich bei den vorliegenden Konzertaufnahmen um die erste Veranstaltungsreihe handelt, die seit dem Kriege von den Deutschen Roms realisiert wurde". Seine Idee verfing, und so wurde die Konzertreihe kirchenmusikalischer Werke von Johann Sebastian Bach, Georg Friedrich Händel und Wolfgang Amadeus Mozart im Bayerischen Rundfunk sowie in der Radiotelevisione Italiana (RAI) zur Ausstrahlung gebracht. Vgl. Raffalt an

Bundeskanzler Konrad Adenauer mit seiner Tochter beim Festgottesdienst in Santa Maria dell'Anima in Rom, Sommer 1951[145]

Hudal war sehr angetan von dem jungen Organisten sowie dessen Aktivitäten und man stand in regem Austausch, was auch eine Sammlung von Zeitungsausschnitten mit dem Vermerk „Von bzw. für Herrn Dr. Raffalt" im Nachlass Hudal belegt.[146] Dieses gute Verhältnis wurde erst getrübt, als Raffalt den Bayerischen Rundfunk überzeugt hatte, ihn über den Sommer 1952 für die Erstellung von Hörbildern zu den Missionsbenediktinern nach Afrika zu schicken. Obwohl Raffalt während dieser Reise auch seinen eigentlichen Arbeitgeber in Rom auf dem Laufenden hielt, schien sich das Verhältnis verschlechtert zu haben.[147] So teilte man Raffalt über Umwege mit, dass er nicht

---

Götze vom Bayerischen Rundfunk, München, 13.12.1951; Raffalt an Langenbeck von Radio Stuttgart, München, 15.12.1951; Raffalt an von Brentano, Rom, 29.11.1951; Rektor der Anima Alois Hudal an den Intendanten des Bayerischen Rundfunks Rudolf von Scholtz, Rom, 17.11.1951, in: UA Passau, NL Raffalt.

[145] Vgl. Privatbesitz Nina Raffalt, Bildbestand Reinhard Raffalt.
[146] Vgl. diverse Zeitungsausschnitte, in: ASMA K 72, Fol. 345 sowie 635.
[147] Vgl. Raffalt an Alois Hudal, Kairo, 02.07.1952, in: ASMA K 47, Fol. 314; Raffalt an Alois Hudal, Kairo, ohne Datum, in: ASMA K 47, Fol. 703.

mehr im Sonntagsgottesdienst in der Anima die Orgel spielen dürfe. Auch seine Briefe an Hudal, die eine Klärung dieser für ihn unverständlichen Situation herbeirufen sollten, blieben unbeantwortet.[148]

Hudal selbst war jedoch im Sommer 1952 verstärkten medialen Angriffen aufgrund seiner Rolle als Fluchthelfer im und nach dem Zweiten Weltkrieg sowie seiner Vergangenheit als Sympathisant einer Verständigung der katholischen Kirche mit der NS-Ideologie ausgesetzt.[149] Schließlich war er als Rektor der Anima nicht mehr zu halten und wurde von Papst Pius XII. zum Rücktritt gezwungen.[150] Er wurde noch im Jahr 1952 durch Weihbischof Jakob Weinberger ersetzt, unter dem Raffalt schließlich weiterhin sein Engagement an der Anima fortsetzte[151] – freilich jedoch in weitaus geringerem Umfang als zur Anfangszeit, was zum einen dem geringeren kirchenmusikalischen Interesse Weinbergers[152], zum anderen auch Raffalts sich verdichtenden Tätigkeiten für den BR sowie verschiedene Zeitungen geschuldet war.

Trotzdem blieb Reinhard Raffalt kirchenmusikalisch dem deutschsprachigen Klerus in Rom erhalten, denn er erteilte im Collegium Germanicum et Hungaricum in den Jahren 1952 bis 1954 praktischen wie theoretischen kirchenmusikalischen Unterricht und leitete unregelmäßig den Chor sowie das Orchester des Jesuitenkollegs.[153] Daneben verfasste er ein Gutachten über die neuerworbene Orgel und konnte auf dieser bei ihrer Weihe konzertieren.[154] Auch probte er im Landgut des Kollegs bei Palestrina mit dem Orchester und Chor des Germanicums für eine Primiz Mitte Oktober 1953.[155]

Zusammenfassend war Raffalt seit seiner Ankunft in Rom im Jahre 1951 bis zu seiner vorläufigen Abreise im Jahre 1960 für die „Kirchenmusikalischen Weihestunden" der deutschen Nationalkirche Santa Maria dell'Anima

---

[148] Vgl. Raffalt an Alois Hudal, Addis Abeba, 28.07.1952, in: ASMA K 47, Fol. 759–761.
[149] Vgl. Brechenmacher, Thomas: Alois Hudal. Der „braune Bischof"?, in: Freiburger Rundbrief, Nr. 2 (14). Freiburg 2007, S. 130–132; Burkard, Dominik: Alois Hudal – ein Anti-Pacelli? Zur Diskussion um die Haltung des Vatikans gegenüber dem Nationalsozialismus, in: Zeitschrift für Religions- und Geistesgeschichte 59,1. Leiden / Boston 2007, S. 61–89.
[150] Vgl. Gespräch mit Oriol Schaedel vom 09.05.2014.
[151] Vgl. „Musica religiosa a S. Maria dell'Anima" in „L'Osservatore Romano" vom 28.05.1953, in: ASMA A.IV c, Fol. 122; Programm der „Papstfeierstunde" vom 07.03.1956, in: ASMA A.IV c, Fol. 139.
[152] Vgl. Raffalt an Elisabeth Dryander, ohne Ort, 13.10.1952, in: UA Passau, NL Raffalt: „Ich […] wohne allerdings nicht mehr in der Anima, sondern in der Via Cavour Nr. 305 im VI. Stock – das Appartment trägt zurecht den Namen ‚Residenca Bellevue'. Mit der Anima wird sich nichts mehr tun. Der neue Mann macht keinerlei Eindruck; im übrigen scheint Hudal ihm deutliche Winke gegeben zu haben, mich auf irgendeine trostreiche Weise abzuwimmeln."
[153] Vgl. Raffalt an Hochw. Herrn Komposch, Rom, 24.02.1954; Stefan Otto an Raffalt, Rom, 20.06.1953, in: UA Passau, NL Raffalt.
[154] Vgl. Raffalt an Firma E. Kemper Orgelbauanstalt, ohne Ort, 22.10.1952, in: UA Passau, NL Raffalt.
[155] Vgl. Eintrag im Diarium des Philosophenpräfekten des Collegium Germanicum vom 24.09.1953, in: ACGU Hist 470, Bl. 20v.

verantwortlich. In den Jahren gelang es ihm, mit Hilfe eines jährlichen Zuschusses der Deutschen sowie der Österreichischen Botschaft in Rom jedes Jahr fünf bis sechs Konzerte mit zum Teil sehr aufwendigem Programm zusammenzustellen. Honorar wurde dabei nur den Solisten bezahlt, er selbst organisierte, dirigierte oder konzertierte zumeist ehrenamtlich.[156]

Die Konzerte erfuhren dabei große Anteilnahme bei Mitgliedern der deutschsprachigen Kolonie Roms, der vatikanischen Geistlichkeit und auch bei musikinteressierten Römern, die etwa 25 % der Besucher ausmachten.[157]

7. Berufliche Hochphase

Nach längeren Vorverhandlungen wurde Reinhard Raffalt im Herbst 1954 zum Direktor der neu gegründeten und am 15. März 1955 eröffneten Deutschen Bibliothek in Rom ernannt, was er für sechs Jahre bleiben sollte.[158]

Um seine kulturpolitische Arbeit in Rom auch bei den Römern stärker zu verankern, gründete Reinhard Raffalt schließlich im November 1957 die „Associazione Romana Giovanni Sebastiano Bach"[159], die neben einem illustren Kreis von Deutsch-Römern einen Großteil der römischen Hautevolee zu ihren Mitgliedern zählen konnte.[160] Die Römische Bach-Gesellschaft veranstaltete eine Vielzahl von Konzertabenden, die meist in der exklusiven Umgebung einer Villa oder eines Landgutes der alten römischen Adelsfamilien stattfanden. Da Raffalt diese Soireen quasi „in Personalunion" auch als Direktor der Deutschen Bibliothek organisierte, fiel auf das deutsche Kulturinstitut viel von dem Glanz dieser Veranstaltungen ab.[161]

Mitte der 1950er-Jahre begann auch Raffalts schriftstellerische Karriere, indem er für den renommierten Münchner Prestel-Verlag mit „Concerto Romano" einen charmanten Führer über die Stadt Rom und die Römer schrieb.[162] Im Laufe von Raffalts Leben sollte ein beachtliches Œuvre von

---

[156] Vgl. Verwendungsnachweise der Konzertsaisons 1953/54, 1954/55, 1955/56, 1956/57, 1957/58, 1958/59 sowie 1959/60, in: UA Passau, NL Raffalt.
[157] Vgl. Eingehende Darstellung der Durchführung der Konzerte, ihres Erfolges und ihrer Auswirkungen aus den Jahren 1953/54, 1954/55, 1955/56, 1956/57, 1957/58, 1958/59 sowie 1959/60, in: UA Passau, NL Raffalt.
[158] Vgl. dazu Kapitel VIII der vorliegenden Arbeit.
[159] Vgl. dazu Kapitel VII der vorliegenden Arbeit.
[160] Vgl. Gründungsurkunde der „Associazione Romana Giovanni Sebastiano Bach" vom 07.11.1957, in: UA Passau, NL Raffalt.
[161] Vgl. Wittek, Bernhard: Und das in Goethes Namen. Das Goethe-Institut von 1951 bis 1976. Berlin 2006, S. 216 f.
[162] Dieser enorme Publikumserfolg hätte eigentlich von dem anerkannten Archäologen Ludwig Curtius geschrieben werden sollen, der jedoch verstarb, ohne die Arbeit begonnen zu haben. Raffalt selbst beschrieb seinen ersten Kontakt mit dem Sujet so: „Wenig später kam ein Anruf: Prestel-Verlag – ich sollte hinkommen. Das ist die Chance, sagten sie im Rundfunk, vermut-

knapp 30 Monographien[163] vor allem für den Prestel-, den Süddeutschen sowie für den Piper-Verlag entstehen.[164]

Ab Februar 1960 stellte sich Raffalt auf neue kulturpolitische Aufgaben ein.[165] Er bereiste im Frühjahr 1960 Asien, um sich auf seinen zukünftigen Posten als „Sonderbeauftragter des Auswärtigen Amtes für die deutschen Kulturinstitute in Asien und Afrika" vorzubereiten. Diese Funktion übte Raffalt offiziell von Oktober 1960 bis Mai 1962 aus. Hierbei führte er von Dezember 1960 bis Februar 1961 mehrere Institutskontrollreisen in Asien und Nordafrika durch und verfasste umfangreiche Gutachten über deren Arbeit und kulturpolitische Perspektiven.[166]

Des Weiteren stammen Entwürfe für die Gründung einer Produktionsgesellschaft für die Herstellung einer deutschen Filmwoche in Entwicklungsländern[167] sowie die Konzeption und Durchführung der Tournee eines Trachtenballetts durch Asien aus dieser Zeit.[168] Auch wirkte Raffalt ab Dezember 1960 als Mitglied im Programmausschuss des Goethe-Instituts, das damals „von der Kulturabteilung des Auswärtigen Amts beauftragt worden [war], die vom Auswärtigen Amt geschaffenen deutschen Kulturinstitute im Ausland zu übernehmen"[169]. Er nahm diese Aufgabe bis Juli 1963 wahr, bevor er sich entschloss, „aus sachlichen wie zeitlichen Gründen in Zukunft nicht mehr […] dem Programmausschuss des Goethe-Instituts anzugehören"[170].

Zudem war Reinhard Raffalt bei der Einrichtung des ersten Auslandsstudios einer deutschen Rundfunkanstalt, des BR-Studios in Rom, in den Jahren 1962/63 entscheidend mitbeteiligt.[171] Ebenso konnte er von Mai bis

---

lich erleichtert. Ich glaubte es und ging hin. Bücher, Bücher, Kaffee, Kognak, Zigaretten – unwiderstehliche Bonhomie. Man wünschte ein Buch über Rom von mir – bitte, gerne. Zum Schluß kam ein Pferdefuß heraus: eigentlich hätte das Buch der alte Curtius schreiben sollen, aber der hatte es immer wieder hinausgeschoben. Und als ich das hörte, wollte ich nicht mehr. Ich ging zu Curtius und erzählte es ihm. ‚Ach, Raffalt', sagte er, ‚glauben Sie mir, ich schreibe das nicht mehr.' Er sah frisch und lebendig aus. ‚Warum denn nicht, Herr Professor?' – ‚Nein, machen Sie's!' Drei Wochen später war er tot. Hatte er mir den Auftrag gegeben?", aus: „Die Begegnung", in: UA Passau, NL Raffalt.

163 Vgl. dazu Kapitel VI der vorliegenden Arbeit.
164 Vgl. Raffalt, Nina / Raffalt, Reinhard: In memoriam Reinhard Raffalt. Daten und Fakten – Reinhard Raffalt zum 75. Geburtstag. Murnau 1998, S. 76–85.
165 Vgl. Legationsrat Büschges an Raffalt, Bonn, 06.02.1960, in: UA Passau, NL Raffalt.
166 Vgl. Mappen mit Gutachten zu den deutschen Kulturinstituten in Asien und Afrika, in: UA Passau, NL Raffalt.
167 Vgl. „Entwurf für die Gründung einer Produktions-Gesellschaft zur Herstellung einer deutschen Filmwoche für Entwicklungsländer" vom 11.07.1961, in: UA Passau, NL Raffalt.
168 Vgl. dazu Kapitel VIII der vorliegenden Arbeit.
169 Vorsitzender des Vorstands des Goethe-Instituts, Kurt Magnus, an Raffalt, Wiesbaden, 22.11.1960, in: UA Passau, NL Raffalt.
170 Raffalt an den Präsidenten des Goethe-Instituts, Peter H. Pfeiffer, München, 20.07.1963, in: UA Passau, NL Raffalt.
171 Vgl. dazu Kapitel IX der vorliegenden Arbeit.

September 1964 eine große Lateinamerikareise[172] teilweise im Auftrag des Auswärtigen Amts, aber vorrangig für den Bayerischen Rundfunk durchführen.[173] Diese Reise stellte den umfassenden Beginn von Raffalts Arbeit für das Fernsehen dar, für das er eine dreiteilige Reihe über seine Eindrücke in den Anden, Mexiko und Brasilien produzierte.[174] Später sollte Reinhard Raffalt unter anderem im Rahmen der Olympischen Spiele von München 1972 einen Film drehen, der ein Porträt Bayerns zum Inhalt hatte.[175]

Nach dem Ausscheiden aus dem Auswärtigen Amt schrieb Raffalt im Frühjahr 1962 das Theaterstück „Der Nachfolger", welches auf seinen Erfahrungen beim Konklave anlässlich des Todes von Papst Pius XII. beruhte und mit großem Erfolg im Oktober 1962 in Stuttgart und München unter August Everding uraufgeführt wurde.[176] In den kommenden Jahren wurde „Der Nachfolger" unter anderem am Burgtheater in Wien sowie in Amsterdam, Linz, Basel, Dublin, Antwerpen, Brüssel, Trier, Hamburg und Aachen inszeniert und begründete Raffalts Karriere als Dramatiker.[177] Im Oktober 1966 folgte schließlich mit „Das Gold von Bayern" Raffalts zweites großes Bühnenwerk, das in einer heiteren Komödie die Affäre um die Betrügerin Adele Spitzeder in den 1870er-Jahren thematisierte, jedoch nach der Uraufführung im Cuvilliéstheater in München nur schwache Kritiken erhielt und kaum gespielt wurde.[178] Darüber hinaus wirkte Reinhard Raffalt als dramaturgischer Berater des Bayerischen Staatsschauspiels von Juli 1966 bis Februar 1967.[179]

In den folgenden Jahren bildeten größere Filmprojekte den Hauptteil seines Schaffens[180] sowie eine rege Vortragstätigkeit, die besonders sein letztes Lebensjahrzehnt prägte.[181]

---

[172] Die Vereinigten Staaten von Amerika blieben Raffalt dagegen relativ fremd. Nur einmal führte ihn im Oktober 1969 eine kurze Reise in die USA.Vgl. Gerda Hörl an Raffalt, München, 13.10.1969, in: UA Passau, NL Raffalt.
[173] Vgl. Sattler an Raffalt, Bonn, 06.05.1964; Raffalt an BR-Fernsehdirektor Clemens Münster, München, 24.04.1964, in: UA Passau, NL Raffalt.
[174] Vgl. Raffalt, Nina / Raffalt, Reinhard: In memoriam Reinhard Raffalt. Daten und Fakten – Reinhard Raffalt zum 75. Geburtstag. Murnau 1998, S. 47.
[175] Vgl. dazu Kapitel IX der vorliegenden Arbeit.
[176] Vgl. dazu Kapitel VI der vorliegenden Arbeit.
[177] Vgl. Manuskripte, Kritiken und Zeitungsausschnitte dazu, in: UA Passau, NL Raffalt sowie Raffalt, Nina / Raffalt, Reinhard: In memoriam Reinhard Raffalt. Daten und Fakten – Reinhard Raffalt zum 75. Geburtstag. Murnau 1998, S. 55–57.
[178] Vgl. Kritiken der „Süddeutschen Zeitung", des „Münchner Merkur" sowie der „Abendzeitung" vom 18.10.1966, in: UA Passau, NL Raffalt.
[179] Vgl. „Wie berät Raffalt das Münchner Residenz-Theater? Ein Gespräch mit dem neuernannten dramaturgischen Beirat des Staatsschauspiels" im „Münchner Merkur" vom 15.07.1966; „Raffalt geht als Dramaturg des Residenztheaters" im „Münchner Merkur" vom 25./26.02.1967, in: UA Passau, NL Raffalt.
[180] Vgl. Übersicht der Fernsehsendungen von Reinhard Raffalt im Anhang der vorliegenden Arbeit.
[181] Vgl. Raffalt, Nina / Raffalt, Reinhard: In memoriam Reinhard Raffalt. Daten und Fakten – Reinhard Raffalt zum 75. Geburtstag. Murnau 1998, S. 97–101.

Im Jahr 1968 wurde Reinhard Raffalt mit dem von der Energieversorgung Ostbayern AG (OBAG) gestifteten Kulturpreis Ostbayern „als Anerkennung [der] schriftstellerischen und musikwissenschaftlichen Arbeit, durch [die er seinem] ostbayerischen Heimatland und dessen kultureller Tradition große Ehre erwiesen habe"[182], ausgezeichnet.

Es folgte im November 1969 die Verleihung des Bayerischen Poeten-Talers in München sowie am 8. Juni 1970 die Verleihung des Bayerischen Verdienstordens.[183] 1975 wurde Reinhard Raffalt zudem mit dem 1973 neu gestifteten Werner-Egk-Preis der Stadt Donauwörth ausgezeichnet.

Porträt von Reinhard Raffalt, Ende der 1960er-Jahre[184]

In seinem letzten Lebensjahrzehnt war er neben seiner beruflichen Tätigkeit auch in einer Vielzahl von Gremien und kulturpolitischen Beiräten tätig. Als großes Kontinuum ist hierbei seine Mitgliedschaft im Allgemeinen Rat der Katholischen Akademie zu nennen, dem er von 1967 bis zu seinem Tod 1976 über drei Amtsperioden angehörte.[185] Daneben wurde Raffalt in den Kulturbeirat der Christlich-Sozialen Union (CSU)[186], in den Kulturausschuss der Stadt München[187] sowie in das Kuratorium für die Gründung der Universität Passau[188] berufen.

---

[182] Vorstand der Energieversorgung Ostbayern AG (OBAG) an Raffalt, Regensburg, 22.04.1968, in: UA Passau, NL Raffalt.
[183] Protokollchef der Bayerischen Staatskanzlei Josef Huber an Raffalt, München, 20.05.1970, in: UA Passau, NL Raffalt.
[184] Vgl. Privatbesitz Nina Raffalt, Bildbestand Reinhard Raffalt.
[185] Vgl. Eberts, Gerhard: Katholische Akademie in Bayern. 1957–2007. 50 Jahre intellektuell, spirituell, aktuell. München 2008, S. 199; Direktor der Katholischen Akademie Karl Forster an Raffalt, München, 05.01.1967; Direktor der Katholischen Akademie Franz Henrich an Raffalt, München, 08.09.1971; Direktor der Katholischen Akademie Franz Henrich an Raffalt, München, 02.07.1975, in: UA Passau, NL Raffalt.
[186] Vgl. Einladung zur konstituierenden Sitzung des Kulturbeirats der Union am 24.06.1964 in München; Satzungsentwurf des Kulturbeirats der Union e.V., ohne Datum, in: UA Passau, NL Raffalt.
[187] Vgl. Protokoll der Sitzung des Kulturausschusses der Stadt München vom 28.10.1964, in: UA Passau, NL Raffalt.
[188] Vgl. Geschäftsführer der Stadt Passau Karl Geisenberger an Raffalt, Passau, 24.03.1970, in: UA Passau, NL Raffalt.

50 | I. Biographische Skizze

Reinhard Raffalt mit dem Münchner Oberbürgermeister Hans-Jochen Vogel, Frühjahr 1972[189]

Im Vorfeld der Olympischen Sommerspiele von München 1972 war er des Weiteren im Kunstausschuss des Organisationskomitees tätig und wirkte dort an der Gestaltung des kulturellen Nebenprogrammes sowie der Eröffnungs- und Schlussfeier mit.[190]

Empört über die vatikanische Ostpolitik unter Papst Paul VI. sowie die Abkehr von Tradition und Humanismus in der katholischen Kirche verfasste Raffalt 1973 im Piper-Verlag das Werk „Wohin steuert der Vatikan?", welches sehr kontrovers aufgenommen wurde.[191]

Darüber hinaus beteiligte sich Raffalt an der stilistischen Planung der Thermalbäder von Bad Griesbach im niederbayerischen Bäderdreieck.[192]

---

[189] Vgl. Privatbesitz Nina Raffalt, Bildbestand Reinhard Raffalt.
[190] Vgl. u. a. Raffalt an den Präsidenten des Organisationskomitees für die Spiele der XX. Olympiade München 1972, Willi Daume, München, 03.01.1968, in: UA Passau, NL Raffalt.
[191] Vgl. dazu Kapitel VI der vorliegenden Arbeit.
[192] So wurde Reinhard Raffalt im Sommer 1974 von dem Unternehmer Alois Hartl beauftragt, die Griesbacher Brunnengesellschaft bei der Erstellung des Bebauungsplanes in künstlerischer Hinsicht zu beraten und seine Gedanken in einem Exposé zusammenzufassen. Auch eine weitere Tätigkeit für anschließende Einzelprojekte, die Kurzeitung sowie die Erstellung eines Films über Griesbach und Umgebung wurden ins Auge gefasst. Raffalt fertigte ein 20-seitiges Gutachten über verschiedene grundsätzliche stilistische Überlegungen zu Architektur, Gestaltung, Umfang und Beschaffenheit der Kuranlagen, Kliniken, des Hauses des Gastes sowie des Kongresshotels an. In allgemeinen Aussagen beschrieb Raffalt dabei die zu erwartende Klientel, die benötigte Infrastruktur und bemühte verschiedene Rückgriffe auf die Vergangenheit für sein Plädoyer um einen harmonisch-ausgewogenen Stil der gesamten Anlage. Des Weite-

Durch seine in den 1970er-Jahren geknüpften Kontakte mit der Bayerischen Staatsregierung und seine Freundschaft mit dem CSU-Vorsitzenden Franz Josef Strauß war Reinhard Raffalt von September 1974 bis Dezember 1975 als Referent für die Hanns-Seidel-Stiftung (HSS) in der Auslandsberichterstattung aus Rom tätig.[193]

Insgesamt ist festzuhalten, dass Reinhard Raffalt bei jeder einzelnen Fokussierung auf ein Projekt oder eine berufliche Tätigkeit nie seine anderen Aktivitäten außer Acht ließ. Publizistisch in Zeitungen und Verlagen, journalistisch für Hörfunk und Fernsehen, kulturell-politisch in Vorträgen, Gremien und Beiräten – zeit seines Lebens versuchte Reinhard Raffalt auf allen drei Gebieten zu wirken.

8. Krankheit und Tod

Im Jahre 1975 verschlechterte sich Reinhard Raffalts bereits angegriffener Gesundheitszustand[194] erheblich. So wurde er Anfang August 1975 als Notfall in die II. Medizinische Klinik der Universität München stationär aufgenommen. Er blieb fast einen Monat in Behandlung und die Diagnose einer „Sepsis mit Verbrauchskoagulopathie mit der Folge eines schweren Leberschadens"[195] ließ nichts Gutes hoffen. Der leitende Oberarzt der Klinik bescheinigte Raffalt „akute Lebensgefahr"[196] sowie eine berufliche Einsatzfähigkeit nicht

---

     ren sollte Raffalt das Projekt dem Ministerpräsidenten Alfons Goppel vorstellen. Hartl wollte also von Raffalts guten Kontakten zur Bayerischen Staatsregierung profitieren, als es um die strittige Frage eines dritten niederbayerischen Kurortes nach Bad Füssing und Bad Birnbach ging. Das komplette Bauvorhaben wurde schließlich von dem renommierten Münchner Architekten Alexander Freiherr von Branca realisiert, der in stilistischen Fragen immer wieder Raffalts Meinung einholte. Die Fertigstellung und Eröffnung des Kurparkes im Jahre 1977 sowie den stetigen Ausbau des Dreiquellenbades Bad Griesbach sollte Raffalt jedoch nicht mehr erleben.

[193] Vgl. dazu Kapitel X der vorliegenden Arbeit.

[194] Allgemein ist festzuhalten, dass Reinhard Raffalt ab Ende der 1950er-Jahre immer wieder an verschiedenen kleineren Leiden laborierte. Regelmäßig begab er sich zur Kur nach Bad Gastein. Im Frühjahr 1962 musste sich Raffalt wegen einer toxischen Infektion des Verdauungstraktes nach einer Afrikareise im Auftrag des Auswärtigen Amtes für zwei Monate im Universitätsklinikum München in stationäre Behandlung begeben. Eine Infektion mit Hepatitis erscheint dabei wahrscheinlich. Vgl. Ärztliches Attest vom Oberarzt der Klinik, Prof. Dr. K. Stuhlfanth, vom 03.04.1962, in: UA Passau, NL Raffalt. – Auch schien sich Raffalt wie einige Schriftsteller und Künstler in seinem kreativen Schaffen vom Alkohol inspirieren zu lassen. Da dies bei der Fülle seiner Werke problematische Auswirkungen auf seine Gesundheit hatte, ist dabei nicht von der Hand zu weisen. Vgl. u.a. Margit Wagner an Raffalt, München, 11.03.1952, in: UA Passau, NL Raffalt: „Ich seufze, wenn ich an Deinen Schluckauf denke. Kannst Du niemals nicht eine Sendung in nüchternem Zustand aufnehmen??"

[195] Ärztliche Bescheinigung des Leitenden Oberarztes der Universitätsklinik München, Prof. Dr. M. M. Forell, vom 28.08.1975, in: UA Passau, NL Raffalt.

[196] Ebd.

vor dem 15. Oktober des Jahres. Auf seinen dringenden Wunsch kehrte Raffalt in seine Wohnung zurück, jedoch wurde ihm Bettruhe sowie eine ständige Kontrolle der Blut- und Leberwerte angeraten. Des Weiteren untersagten ihm die Ärzte jegliche gesellschaftliche Funktion in den kommenden Monaten, da sie „mit akuter Rückfallgefahr verbunden"[197] wäre.

Raffalts Sekretärin musste in einer Vielzahl an Briefen wartende Korrespondenzpartner vertrösten und sprach von einer „schlimmen Infektionskrankheit"[198] oder einer „bösen Leberinfektion, [die] es ihm nicht erlaubt – und für längere Zeit nicht erlauben wird [...] – seine Arbeit wieder aufzunehmen"[199]. Raffalt selbst schrieb im Januar 1976 an seinen Freund und Bayerischen Staatsminister für Bundesangelegenheiten Franz Heubl, dass ihm „der böse Doktor noch einmal vier Wochen totaler Ruhe und Abstinenz zwangsverordnet"[200] habe und er sich auf Capri kuriere.

Raffalts Leber erholte sich jedoch nur schwer und sein Gesundheitszustand besserte sich somit nicht merklich. Im Frühjahr des Jahres 1976 war Raffalt körperlich schwer gezeichnet.[201] Auch ein lang anberaumtes Festessen am Pfingstmontag 1976 musste er absagen.[202] Am Mittwoch nach Pfingsten wurde Raffalt wiederum in das Münchner Universitätsklinikum eingewiesen, wo er kurz vor Fronleichnam am 16. Juni 1976 verstarb.[203]

Auf dem Sterbebett heiratete er seine Freundin Nina Bertram; die Einladungen für ihre am 25. Juni in Klosterneuburg bei Wien geplante Hochzeit waren bereits verschickt worden.[204]

Reinhard Raffalt wurde auf dem Passauer Innstadtfriedhof im Grab seiner Eltern beigesetzt. Sein früher Tod fand enormen Niederschlag in der Presse.[205] Besonders die Heimatzeitung des gebürtigen Passauers erinnerte

---

[197] Ärztliche Bescheinigung des Leitenden Oberarztes der Universitätsklinik München, Prof. Dr. M. M. Forell, vom 28.08.1975, in: UA Passau, NL Raffalt.
[198] Gerda Hörl an Gerhard Heger, München, 14.09.1975, in: UA Passau, NL Raffalt.
[199] Gerda Hörl an Norbert Gildemeier, München, 15.09.1975, in: UA Passau, NL Raffalt.
[200] Raffalt an Franz Heubl, ohne Ort, 21.01.1976, in: UA Passau, NL Raffalt.
[201] Vgl. Gespräch mit Gerda Hörl vom 22.05.2014.
[202] Vgl. Gespräch mit Pater Remigius Rudmann OSB vom 06.06.2014.
[203] Akut befand sich Reinhard Raffalt wegen eines Durchbruchs der Darmfollikel (Divertikulitis) sowie einer Bauchfellentzündung im Krankenhaus. Nach der geglückten Operation wurde im Krankenhaus am 15. Juni 1976 nachmittags durch eine Standesbeamtin die Nothochzeit mit Nina Bertram geschlossen. Wegen multiplen Organversagens musste Raffalt jedoch bereits am Abend desselben Tages künstlich beatmet werden. Er verstarb am Morgen des 16. Juni. Vgl. Gespräch mit Nina Raffalt vom 24.08.2015.
[204] Vgl. Rundfunk-Manuskript von Alois Fink „Nachruf auf Reinhard Raffalt", gesendet am 16. Juni 1976, in: BR HistArch, Personenmappe Reinhard Raffalt.
[205] Vgl. u.a. „Nachruf an Reinhard Raffalt" in der PNP vom 18.06.1976; „Reinhard Raffalt gestorben" in der SZ vom 18.06.1976; „Er konnte die Zeit deuten aus dem Wissen um die Vergangenheit" in der PNP vom 21.06.1976; „Von der barocken Vielseitigkeit eines bayerischen Publizisten – Zum Tode Reinhard Raffalts" in der SZ vom 02.07.1976, in: Stadtarchiv Passau, Handakte R 8; „Reinhard Raffalt wurde beerdigt" in der AZ vom 21.06.1976;

bis in die jüngere Vergangenheit in regelmäßigen Abständen an das Leben und Wirken ihres ehemaligen Mitarbeiters.[206]

Nach Raffalts Tod zeugt auch die schiere Masse an Kondolenzschreiben[207], die seine Witwe Nina von Freunden aus der bayerischen Politik, der Bundespolitik, dem hohen Klerus, den Medien sowie der Wirtschaft erhielt, von seiner großen Bekanntheit.[208] Besonders treffend fasste Landtagspräsident Rudolf Hanauer dabei den Tenor der Würdigungen in seinem Kondolenztelegramm zusammen: „Reinhard Raffalt hat es verstanden, die

---

„Reinhard Raffalt zum Gedenken" in der „Münchner Katholischen Kirchenzeitung" vom 20.06.1976, in: ACSP, NL Müller Josef G 84/13.

[206] Vgl. u.a. „Dr. Reinhard Raffalt – ein bayerischer Europäer. Zum 5. Todestag des berühmten Passauers. Er war tief in der Heimat verwurzelt" in der PNP vom 16.06.1981; „Reinhard Raffalt: Unter den Vielseitigen ein Allseitiger" in der PNP vom 15.06.1996, in: Stadtarchiv Passau, Handakte R 8.

[207] Aufgrund eines Wasserschadens sind die noch in Nina Raffalts Privatbesitz befindlichen Kondolenzen leider nicht ganz vollständig.

[208] Vgl. Ordner mit Kondolenzschreiben zum Tod Reinhard Raffalts, in: Privatbesitz Nina Raffalt. So kamen Kränze für die Beerdigung unter anderem von der Familie Franz Josef Strauß, Siegfried Lengl, Fritz Pirkl, der Passauer Neuen Presse, dem Bayerischen Rundfunk sowie der Katholischen Akademie in Bayern. – Mit den bayerischen Ministern und Staatssekretären Ludwig Huber, Hans Maier, Anton Jaumann (vgl. Anton Jaumann an Nina Raffalt, München, 24.06.1976, in: Privatbesitz Nina Raffalt: „Mit Herrn Dr. Raffalt ist ein Mann von uns gegangen, dessen Lebenswerk der geistigen Durchdringung und Darstellung des europäischen Erbes aus Antike und Christentum in Religion, Philosophie und Kunst galt, der sich daneben aber auch den Kulturen Amerikas, Afrikas und Asiens widmete und dabei immer ein Sohn seiner bayerischen Heimat blieb"), Fritz Pirkl, Otto Schedl, Max Streibl und Alfred Dick (vgl. Alfred Dick an Nina Raffalt, München, 18.06.1976, in: Privatbesitz Nina Raffalt: „Mit Ihnen trauern viele Freunde und Bewunderer um einen großen Repräsentanten des bayerischen und deutschen Geistes, dessen weltoffenes Wesen ihn auch außerhalb seiner geliebten bayerischen Heimat zum Inbegriff eines universellen Menschen werden ließ. Reinhard Raffalt hat sich durch seine Werke und seine Persönlichkeit schon zu Lebzeiten ein Denkmal gesetzt") kondolierte neben Ministerpräsident Alfons Goppel (vgl. Alfons Goppel an Nina Raffalt, München, 18.06.1976, in: Privatbesitz Nina Raffalt: „Mit dem Namen Reinhard Raffalt verbindet sich die Vorstellung von seltenem Kunst- und Geschichtssinn, von profunder Kenntnis Roms, Bayerns und ihren kulturellen Wechselbeziehungen. Diesen Reichtum an Wissenschaft seinen Lesern und Hörern vermitteln zu können, sie in ihm so wohl vertraute Welten mitzunehmen, war Reinhard Raffalt gegeben") beinahe das ganze Kabinett des Freistaates. Mit Karl Carstens und Hans Filbinger kann dieser Kreis noch auf die Bundespolitik erweitert werden. Prinz Franz von Bayern sandte ein Kondolenztelegramm. – Auch der Klerus nahm mit Julius Kardinal Döpfner (vgl. Julius Kardinal Döpfner an Nina Raffalt, München, 25.06.1976, in: Privatbesitz Nina Raffalt: „Mit Reinhard Raffalt ist ein Mann von uns gegangen, der überzeugt das christlich-abendländische Erbe in seinem umfassenden Sinn aufgenommen hat und es verstand, es überzeugend weiterzugeben und lebendig werden zu lassen. Brennpunkt dieses Erbes war für ihn die Stadt Rom von den Anfängen bis zur Gegenwart"), Bischof Antonius Hofmann, Erzbischof Franz Kardinal König, Bischof Franz Hengsbach, Weihbischof Karl August Siegel, Joseph Kardinal Schröffer und Monsignore Carlo Bayer regen Anteil an Raffalts Tod. – Von den Kulturschaffenden Werner Egk, August Everding und Renato Guttuso, welcher in Rom im Palazzo del Grillo Raffalts Nachbar war, sind ebenso Kondolenzen nachweisbar wie von dem Medienunternehmer Leo Kirch und dem Geschäftsmann Friedrich Jahn.

weltweite Urbanität eines Römers mit der Liebe zu seiner bayerischen Heimat zu verbinden."[209]

II. Sozialisation in der Jugend

Reinhard Raffalts Kindheit und Jugend[210] wurde an erster Stelle vom katholischen Umfeld seiner Geburtsstadt Passau und dabei besonders von der religiösen Überzeugung seiner Mutter beeinflusst.[211] Christliche Werte und die katholische Kirche als Institution sollten dabei sein ganzes Leben die „Grundpfeiler seiner Existenz"[212] darstellen. Dies schlug sich aber nicht etwa in regelmäßigen Gottesdienstbesuchen oder einer „Hörigkeit" gegenüber der katholischen Kirche nieder.[213] Vielmehr beschäftigte er sich kritisch mit kirchenpolitischen Themen. Gleichzeitig war er mit einer Vielzahl von Priestern und Ordensleuten befreundet, die er im Vatikan kennengelernt hatte und mit denen er Briefwechsel pflegte.[214]

Durch Raffalts Vater als Verleger der liberalen „Passauer Zeitung" herrschten neben der katholischen Grundkomponente im Elternhaus allerdings auch eine gewisse Freigeistigkeit und humanistische Bildungsorientierung vor.[215] Er förderte seinen Sohn schon früh musikalisch mit Orgelunterricht. Ebenso wiesen viele von Raffalts späteren publizistischen wie kulturellen Projekten eine eindeutige musikalische Ausrichtung auf. Ferner verstand er seine kulturpolitische Arbeit meist unter musikalischen Prämissen bzw. sah die Musik als Schlüssel für eine erfolgreiche kulturpolitische Arbeit besonders im Ausland.[216]

Insgesamt war Raffalt seinem bereits im Februar 1951 nach längerer Krankheit verstorbenen Vater[217] und vor allem seiner Mutter herzlich ver-

---

[209] Rudolf Hanauer an Nina Raffalt, München, 21.06.1976, in: Privatbesitz Nina Raffalt.
[210] Ein literarisches Denkmal haben Reinhard Raffalts Ferienaufenthalte bis 1938 in Südböhmen in einem Roman seiner Jugendfreundin Renata Lumbe Edle von Mallonitz erhalten. Vgl. Mallonitz, Renata Lumbe Edle von: Der letzte Herbst. Ein historischer Roman aus Böhmen. Heidelberg 2009.
[211] Vgl. Rede zum Requiem seiner Mutter am 20.03.1975 in der St.-Johannis-Kirche zu Passau, in: UA Passau, NL Raffalt: „Ihre Frömmigkeit war ähnlicher Natur. Sie war mit dem lieben Gott sehr vertraut, er begleitete sie durch ihr langes Leiden und ihre steigende Hinfälligkeit Stunde um Stunde. Aber Sonntag für Sonntag hat sie sich bei Ihm entschuldigt, dass sie zu schwach war, in die Kirche zu gehen, ‚wie sich das gehört'."
[212] Vgl. Gespräch mit Nina Raffalt vom 03.08.2011.
[213] Vgl. ebd.
[214] Vgl. ebd.
[215] Vgl. Gespräch mit Irene von Kutzschenbach vom 05.09.2011.
[216] Vgl. Gespräch mit Karl Neumann vom 19.09.2011.
[217] Reinhards Vater Michael hatte im April 1950 trotz Krankheit versucht, seine alte „Passauer Zeitung" wiederzubeleben und an die Blütezeit der 1920er-Jahre anzuknüpfen. Dieses Vor-

Reinhard Raffalt mit Vater Michael, Mutter Hildegard und Halbbruder Gerhard, Weihnachten 1934[218]

bunden und wurde von ihnen in seiner Entwicklung positiv geprägt.[219] Die Bildung, die er auf dem Humanistischen Gymnasium in Passau erhielt, stellte den Grundstock für sein späteres Betätigungsfeld, die Kultur im weitesten Sinne, dar.

Seine klassisch-humanistische Bildung war es auch, zusammen mit seiner katholischen Sozialisation, die einer geistigen Annäherung an die NS-Ideologie entgegenstand. Dies spiegelt sich unter anderem in einem Schulaufsatz wider, den Raffalt auf dem Gymnasium zu dem Thema „Heimat ist Kraft"

---

haben realisierte sich jedoch nicht, und so musste er die „Passauer Zeitung" kurz vor seinem Tod wieder einstellen. Vgl. Sterbeanzeige und Nachruf an Michael Raffalt, in: Privatbesitz Nina Raffalt.

[218] Vgl. Privatbesitz Nina Raffalt, Bildbestand Reinhard Raffalt.

[219] Vgl. Gespräch mit Nina Raffalt vom 03.08.2011; Gespräch mit Gerda Hörl vom 24.08.2011; Christa Cochius an Raffalt, Bremerhaven, 28.10.1957, in: UA Passau, NL Raffalt: „Du schreibst von deinem Vater. Ich kann mich so genau an ihn erinnern als hätte ich ihn eben noch vor mir. Ich habe ihn sehr verehrt und mir damals manchmal gewünscht, daß mein Vater

schrieb. So leitet er ihn mit Gedanken über die Welt als Geschenk Gottes an den Menschen ein. Ebenso erläutert er, dass der Drang in die Ferne bei den Deutschen besonders ausgebildet sei. Mit dem Menschen könne die Heimat auch wandern und das sei der Ursprung für ihre besondere Kraft. Ein weiteres wichtiges Element sah er in der irdischen Heimat mit den verschiedenen Bindungen sowie den daraus entspringenden Kräften durch „die heimatliche Landschaft und Natur, das heimatliche Brauchtum sowie die heimatliche Kunst in Literatur, Liedgut sowie bildende Kunst"[220]. Nur einen kurzen Absatz widmet er schließlich dem Themenkomplex Heimat als Vaterland, bevor er sich dem großen Komplex der geistigen Heimat und ihrer Kräfte vor allem in der Wissenschaft sowie in den freien Künsten zuwendet. Er endet mit den Schlussfolgerungen über die geistige Heimat als Trost in allen Lebenslagen sowie die irdische und geistige Heimat als Refugium der Seele.

Darüber hinaus findet sich in seinen Jugendschriften ein Artikelentwurf für eine nicht näher benannte katholische Jugendzeitschrift aus den Jahren 1941/42, in dem er sich historisierend kritisch mit der Gegenwart von Tod und Krieg in der aktuellen Zeit auseinandersetzt.[221] Seine christliche Haltung wird in einem Glückwunschschreiben vom Oktober 1941 deutlich, in dem Raffalt dem Passauer Bischof Simon Konrad Landersdorfer „im Namen der katholischen Jugend"[222] versicherte, dass man sich angesichts der gegenwärtigen Lage besonders auf die Größe zu besinnen habe, „die uns das Wort des Herrn, aus dem wir alle Lebenskraft schöpfen, wahr und unverfälscht durch die Jahrtausende bewahrt hat: die Kirche"[223]. Daher müsse man sie beharrlich „gegen alle Angriffe von außen [verteidigen] und die Pforten der Hölle [würden] sie nicht überwältigen"[224].

Ferner forderte Raffalt in seiner Abschlussrede zum Abitur 1942 eine Rückbesinnung auf die Ideale der klassischen Kultur der Antike und einen neuen deutschen Humanismus in der gegenwärtigen Zeit.[225] In raffinierter, unterschwelliger Art und Weise besetzte er den Begriff „edelstes Deutschtum" rein künstlerisch bzw. sakral, wenn er „von dem profunden Geheim-

---

so wäre wie er. Dieser weißhaarige Herr, der immer so versteckt schmunzelte und Dir schon vor der Schulzeit die Welt von einer Seite gezeigt hat, die wir anderen erst viel später und alleine entdecken mußten. Er hat, scheint mir, ganz wesentlich zu Deiner Entwicklung und zu Deinem Wissen beigetragen. Das ist sehr selten."

[220] Aufsatz sowie Disposition zum Thema „Heimat ist Kunst", ohne Datum, in: UA Passau, NL Raffalt.
[221] Vgl. Entwurf für einen Artikel in einer katholischen Jugendzeitschrift 1941/42, in: UA Passau, NL Raffalt.
[222] Glückwunschschreiben von Reinhard Raffalt an den Passauer Bischof Simon Konrad Landersdorfer zu dessen Namenstag, Passau, 28.10.1941, in: UA Passau, NL Raffalt.
[223] Ebd.
[224] Ebd.
[225] Vgl. „Abschiedsworte des Abiturienten Reinhard Raffalt des Gymnasiums Passau 1942", gehalten am 01.04.1942, in: UA Passau, NL Raffalt.

nisse der Naumburger Figuren über die niederwerfende Tragik des Isenheimer Altars bis zu dem rauschenden Farbenfeste der Wieskirche"[226] sprach. Auffällig und mutig war auch, was der damals 19-Jährige in seiner Rede alles nicht sagte; die sonst fast in jeder Ansprache im NS-Deutschland inflationär gebrauchten Begriffe wie „Volk", „Führer", „Vaterland", „Ehrendienst", „Soldatentum" oder „Entscheidungskampf" sucht man in seinem Text vergeblich. Raffalt war für die Abschlussrede des Jahrgangs ausgewählt worden.[227] Die öffentliche Nichtbetonung von nationalsozialistischem Gedankengut brachte ihm auch auf dem Humanistischen Gymnasium einen missbilligenden Hinweis des stellvertretenden Schuldirektors ein.[228]

Dennoch werden an einzelnen Äußerungen während seiner Zeit als Soldat der Wehrmacht einige Ambivalenzen deutlich. So betonte Raffalt Ende 1942 in einer Rede für einen gefallenen Kameraden: „Sie haben die Hakenkreuzfahne im Feindesland in beispiellosem Ansturm überall siegreich gehisst, [ob unter der Wüstensonne oder in] Eis und Schnee des unendlichen russischen Reiches [waren sie sich immer ihrer] hohen weltgeschichtlichen Forderung [bewusst]."[229] Noch vor seiner Einziehung in die Wehrmacht war Raffalt aktiver Teil des HJ-Bannorchesters Passau[230] und der Hitlerjugend, der er am 1. Oktober 1933 beigetreten war. Bis zum Ende seiner Schulzeit stieg er zum Oberkameradschaftsführer auf, was in dem Führungsgefüge der HJ einer mittleren Ebene entsprach. Darüber hinaus war er Fachwart für Presse und schrieb Zeitungsartikel über verschiedene Aktivitäten der HJ.[231]

Trotz seiner Sozialisation in einem katholischen Umfeld und seines Desinteresses an tagespolitischen Geschehnissen wurde die Aufnahme in die NSDAP kurz nach seinem 18. Geburtstag am 29. Mai 1941 beantragt. Sie erfolgte im Herbst des gleichen Jahres.[232] Reinhards Vater Michael Raffalt war ebenfalls NSDAP-Mitglied.[233] Er war bereits zum 1. Mai 1933 in die

---

[226] „Abschiedsworte des Abiturienten Reinhard Raffalt des Gymnasiums Passau 1942", gehalten am 01.04.1942, in: UA Passau, NL Raffalt.
[227] Vgl. „Einladung zur Abschiedsfeier der Reifeschüler am Mittwoch, den 01. April 1942 um 9 Uhr in der Turnhalle des Gymnasiums Passau", in: UA Passau, NL Raffalt.
[228] Vgl. Neumann, Karl: Zum 75. Geburtstag Reinhard Raffalt. Erinnerungen eines Schulfreunds, in: Europäisches Gymnasium Leopoldinum Passau. Jahresbericht 1997/98. Passau 1998, S. 97 f.
[229] Löffler, Bernhard: Reinhard Raffalt – Publizist, Bildungsbürger, Deutsch-Römer, in: Ostbairische Lebensbilder. Passau 2004, S. 168 f.
[230] Vgl. Kutzschenbach, Irene von / Sporer, Marianne (Hrsg.): Alltag, der nicht alltäglich war. Passauer Schülerinnen erinnern sich an die Zeit zwischen 1928 und 1950. Passau 1999, S. 80 f.; Gabriel, Thomas: Walter Hornsteiner. Portrait. Erstdruck: Drei Hymnen. Passau 2004, S. 9.
[231] Vgl. Meldebogen von Reinhard Raffalt, ausgefüllt am 04.05.1946, in: StALa, Spruchkammer Passau Nr. 4543.
[232] Vgl. BArch Berlin, NSDAP-Gaukartei Mitgliedsnummer 8591164.
[233] Von 1923 bis 1933 hatte er politisch dem Bayerischen Bauernbund angehört. Vgl. Beantworteter Fragebogen der Deutschen Buchdrucker-Berufsgenossenschaft Leipzig, in: Privatbesitz Nina Raffalt.

Reinhard Raffalt in HJ-Uniform, Mitte der 1930er-Jahre[234]

Partei eingetreten und gehörte wohl damit zu denjenigen, die meinten, aus gefühltem Druck aufgrund ihrer beruflichen Tätigkeit der NSDAP beitreten zu müssen.[235] Hinzu kommt auch, dass die berufliche Existenz Michael Raffalts an die Zugehörigkeit zur Deutschen Buchdrucker-Berufsgenossenschaft in Leipzig gekoppelt war, die bereits im Juni 1933 auf die Einsendung eines detaillierten Fragebogens mit Abstammungsnachweisen der Familie drängte.[236]

Über die eigentlichen Gründe Reinhard Raffalts zum Eintritt in die NSDAP kann nur spekuliert werden. Wahrscheinlich glichen seine Motive denen des Vaters und er kam zusammen mit seinem Freund Walter Hornsteiner der allgemeinen Weisung nach, die Parteimitgliedschaft der NSDAP anlässlich des 18. Geburtstags zu beantragen, etwa um keine Nachteile bei einem späteren Studium zu haben.[237]

In der Folgezeit gehörte Raffalt von April bis Juni 1942 während seines kurzen Orgelstudiums an der Staatlichen Akademie für Musik in Leipzig der Deutschen Studentenschaft an.[238] Am 23. Juli 1942 wurde er schließlich in die Wehrmacht eingezogen und als Teil der Sanitätstruppe am 1. Dezember 1944 zum Gefreiten befördert, was seinen höchsten militärischen Rang darstellte und somit ein bezeichnendes Licht auf sein militärisches Engagement wirft.[239]

---

[234] Vgl. Privatbesitz Nina Raffalt, Bildbestand Reinhard Raffalt.
[235] Michael Raffalt war zu dieser Zeit Direktor der Druckerei und des Verlagshauses Ablaßmeier & Penninger. Vgl. BArch Berlin, NSDAP-Gaukartei Mitgliedsnummer 2537545.
[236] Vgl. Schreiben und Fragebogen der Deutschen Buchdrucker-Berufsgenossenschaft Leipzig an Michael Raffalt vom 03.06.1933, in: Privatbesitz Nina Raffalt. Im Deutschen Buchdruckerverein der Weimarer Republik hatte Raffalt sogar dem Vorstand angehört und war Vorsitzender des Bezirksvereins Niederbayern sowie Vorsitzender des Lehrlingsprüfungsausschusses gewesen. Vgl. Nachruf an Michael Raffalt, in: Privatbesitz Nina Raffalt.
[237] Vgl. Gespräch mit Karl Neumann vom 23.03.2015.
[238] Vgl. Meldebogen von Reinhard Raffalt, ausgefüllt am 04.05.1946, in: StALa, Spruchkammer Passau Nr. 4543.
[239] Ebd.

Raffalt kategorisierte sich nach dem Zweiten Weltkrieg im Meldebogen zur Entnazifizierung selbst als „Entlasteter" und bemerkte dazu: „Mitgliedschaft der Partei erfolgte durch Überweisung aus der Hitlerjugend ohne vorherige Befragung. Stellung in der Hitlerjugend ohne jeden Einfluss, da völlig ohne Befehlsermächtigung"[240]. In seinem Vernehmungsprotokoll zum Spruchkammerverfahren geht Raffalt dabei etwas ausführlicher auf die Umstände seiner Mitgliedschaften ein: „Ich trat als 10-jähriger Schüler auf Anraten meines Schulkameraden am 01.10.1933 dem Jungvolk bei, wo ich nach Erlangen der Altersgrenze der HJ überwiesen wurde. Zur NSDAP kam ich automatisch am 09.11.1941 seitens der HJ. Im Jahre 1940 wurde ich vor die Wahl gestellt, entweder innerhalb der HJ die Tätigkeit eines Gefolgschaftsführers auszuüben oder das Fachgebiet der Presse als Berichterstatter für Passau zu übernehmen. Mithin übte ich ab 1940 bis 1942 als bestätigter Oberkameradschaftsführer die Fachwartschaft für Presse aus. Nachdem ich zu meiner akademischen Ausbildung nach Leipzig kam, musste ich von April 1942 bis Juni 1942 der Deutschen Studentenschaft angehören. Im Juli 1942 kam ich zur Wehrmacht, wo ich am 06.05.1945 [sic!] aus der Gefangenschaft entlassen wurde. In parteipolitischer Hinsicht habe ich mich nicht betätigt. Auch habe ich die Partei in keiner Art und Weise, sei es propagandistisch oder werbetätig gestützt oder gefördert."[241]

Seine Aussagen wurden für stichhaltig befunden und es kam zu einer Aufhebung des Beschäftigungsverbotes.[242] Raffalt selbst hatte im November 1945 ein Studium der Philosophie und Geschichte an der Philosophisch-Theologischen Hochschule Passau begonnen, dessen Genehmigung ihm nach zwei Semestern im September 1946 jedoch aufgrund seiner NSDAP-Mitgliedschaft von der US-amerikanischen Militärverwaltung zunächst entzogen wurde.[243]

In der Klageschrift des Spruchkammerverfahrens wurde schließlich empfohlen, Raffalt in die Gruppe III der Minderbelasteten (Bewährungsgruppe) einzuordnen, da trotz der Mitgliedschaften in HJ, NSDAP und Deutscher Studentenschaft keine weitere politische Belastung ermittelt werden könne und er der Jugendamnestieverordnung berechtigt erscheine. Ende Februar 1947 stand dann das Urteil der Spruchkammer Passau unter dem stellvertre-

---

[240] Meldebogen von Reinhard Raffalt, ausgefüllt am 04.05.1946, in: StALa, Spruchkammer Passau Nr. 4543. – Eine automatische Überweisung aus der HJ in die NSDAP ohne weitere Willensäußerung durch Unterschrift auf Sammellisten oder Mitgliedsanträgen erscheint jedoch sehr unwahrscheinlich. Vgl. Benz, Wolfgang (Hrsg.): Wie wurde man Parteigenosse? Die NSDAP und ihre Mitglieder. Frankfurt am Main 2009.
[241] Vernehmungsprotokoll von Reinhard Raffalt, Passau, 03.02.1947, in: StALa, Spruchkammer Passau Nr. 4543.
[242] Vgl. Vorsitzender Grehn der Spruchkammer Passau-Stadt und Land an Raffalt, Passau, 17.02.1947, in: StALa, Spruchkammer Passau Nr. 4543.
[243] Vgl. Military Government Liaison and Security Office an Raffalt, Landkreis Passau, 26.09.1946, in: StALa, Spruchkammer Passau Nr. 4543.

tenden Vorsitzenden Benedikt Hirschenauer fest: Reinhard Raffalt wurde gemäß der Klageschrift zwar als Minderbelasteter (Bewährungsgruppe) eingestuft, das Verfahren gegen ihn jedoch aufgrund des Jugendamnestiegesetzes eingestellt.[244]

Einer Fortführung des Studiums stand somit nichts mehr im Wege und er immatrikulierte sich an der Universität Tübingen. In Tübingen war Raffalt in der katholischen Studentengemeinde aktiv, jedoch kein Mitglied einer katholischen Studentenverbindung, obwohl dies sein kirchliches Engagement sowie seine Herkunft als naheliegend hätten erscheinen lassen.[245]

III. Weltbild und Profil

1. Bayern- und Europabild

Obwohl Raffalts Wirkungsschwerpunkt ab 1951 in Rom und damit außerhalb von Deutschland und Bayern lag, mag die Bezeichnung „exemplarischer Bayer"[246] vielleicht etwas pathetisch klingen, ist aber durchaus zutreffend. Raffalt war durch seine Sozialisation in Niederbayern und seine ersten beruflichen Stationen bei der „Passauer Neuen Presse" sowie beim Bayerischen Rundfunk tief im Land verwurzelt. Dies blieb er auch in Rom. München hingegen fungierte als sein geschäftlicher Brückenkopf, auch wenn ihn ausgedehnte Reisen nach Asien, Afrika oder Lateinamerika führten.[247] In dieser hochfrequentiven Reisetätigkeit wird nicht nur jene eingangs erwähnte transnationale Komponente deutlich erkennbar, sondern auch einer seiner grundlegenden Wesenszüge, die Ungebundenheit.

In seinen letzten Lebensjahren hingegen verstärkten sich die Hinwendung zu seinen Wurzeln sowie die Auseinandersetzung mit bayerischen Themen

---

[244] Vgl. Spruch der Spruchkammer Passau vom 27.02.1947, in: StALa, Spruchkammer Passau Nr. 4543.

[245] Vgl. Schriftliche Auskunft des Archivs der Zentrale des Cartellverbandes der katholischen deutschen Studentenverbindungen (CV) vom 05.07.2011.

[246] Ansprache von Levin Freiherr von Gumppenberg bei der Matinee am 15.05.1977 im Künstlerhaus München zum Andenken an Reinhard Raffalt, in: UA Passau, NL Raffalt.

[247] Hier verhandelte er mit dem Bayerischen Rundfunk, dem Prestel-Verlag oder anderen Institutionen über neue Projekte sowie Verträge und koordinierte über seine Sekretärin die Vortrags- und Reisetermine. Dabei ist bezüglich Reinhard Raffalts langjähriger Sekretärin Gerda Hörl (geb. Mauerberger) festzuhalten, dass diese nicht nur seine Termine, Abrechnungen und Steuerbescheide verwaltete, sondern auch sämtliche Korrespondenz, Einnahmen wie Ausgaben sowie auch andere, persönliche Angelegenheiten regelte. Zu einem großen Teil kann es somit auch als ihr Verdienst gesehen werden, dass Raffalt in den 1960er-Jahren so produktiv auf vielen Gebieten wirken konnte.

und der Zukunft seines Geburtslandes.[248] In Raffalts gedanklicher Weltkarte waren Bayern und Italien nicht durch die Alpen getrennt. Bayern knüpfte vielmehr als eine „privilegierte Provinz"[249] an das Erbe des Römischen Weltreiches an.

Das Bild von Bayern, welches Raffalt besaß und auch prägen wollte, manifestierte sich vor allem in der Geschichte und Kultur des Landes. Diese Identität speiste sich aus dem historischen Glaubens- und Gedankenerbe, d.h. der katholischen Kirche auf der einen und dem ideellen Erbe der Antike, des Humanismus und des Barock auf der anderen Seite. So begründete sich für Raffalt das Selbstverständnis Bayerns, und dies machte er auch in seinen Werken deutlich.[250]

Drei Beispiele seien hierfür angeführt: In seiner Tätigkeit im Kunstausschuss des Organisationskomitees der Olympischen Spiele 1972 in München verteidigte er erfolgreich den geplanten Auftritt der Goaßlschnalzer bei der Eröffnungszeremonie der Spiele. Kritiker hatten die Gefahr einer Assoziation des Goaßlschnalzens mit dem Auspeitschen in Konzentrationslagern befürchtet, doch Raffalt entgegnete, dass ihm „gemessen an der Unbefangenheit und dem Alter des bayerischen Fuhrmannsbrauchs [...] eine solche Interpretation nichts anderes zu verraten [scheint] als Unsicherheit. Wenn man aber zu einem solchen Grade unsicher ist, dann fragt es sich, ob man die Olympischen Spiele überhaupt in einer Stadt veranstalten kann, die die ‚Hauptstadt der Bewegung' hieß und 20 Kilometer von Dachau entfernt liegt. Zweitens finde ich, daß in einer Assoziation wie der angeführten ein bemerkenswerter Affront gegen das bayerische Volkstum überhaupt liegt. Böswillige Leute werden, auch wenn wir auf die Goaßlschnalzer verzichten, noch viele andere Ansatzpunkte finden, um das bayerische Element aus den Spielen endgültig zu entfernen. Was davon übrig geblieben ist, scheint mir, verglichen mit dem ursprünglichen Entwurf, den Herr Dr. Hohenemser vor drei Jahren dem Kunstrat vortrug, kaum mehr der Rede wert zu sein, und ich frage mich, warum man dann die Olympischen Spiele nicht gleich nach Düsseldorf gelegt hat. Dann hätte man sich die Verlegenheit, mit einem noch immer lebendigen Stammesbrauchtum nicht fertig zu werden, ohne weiteres sparen können."[251]

---

[248] Vgl. Gespräch mit Gerda Hörl vom 24.08.2011.
[249] Vgl. Manuskript „Europa und die Provinz oder Vom standfesten Ort in Krisenzeiten"; Festrede anlässlich der Jubiläumsfeier „25 Jahre Passauer Neue Presse" am 06.02.1971 in Passau, in: UA Passau, NL Raffalt.
[250] Vgl. v.a. Rede anlässlich der Verleihung des Bayerischen Poetentalers im November 1969; Rede zum Jahrestag der bayerischen Verfassung am 29.11.1974 in Landshut, in: UA Passau, NL Raffalt. Für den genauen Wortlaut seiner Rede zum Jahrestag der bayerischen Verfassung sowie zur Verleihung des Bayerischen Poetentalers in Auszügen vgl. Kapitel „Programmatische Schriften".
[251] Raffalt an den Choreographen der Eröffnungsfeier für die Spiele der XX. Olympiade in München 1972, Franz Bauer-Pantoulier, München, 27.10.1971, in: UA Passau, NL Raffalt.

In Raffalts Nachlass finden sich Schriftwechsel mit der Katholischen Bayerischen Studentenverbindung Rhaetia – die einzige Studentenverbindung, mit der Raffalt Kontakt hatte –, in denen es um Vorträge sowie Bitten um die Abtretung von Nachdruckrechten ging.[252] In diesem Kontext wirkte Raffalt auf dem Verfassungstag der „Bayerischen Einigung" im November 1974 in Landshut als Hauptredner mit und war auch bis zu seinem Tod mit dieser Institution verbunden.[253]

Ganz grundsätzlich und im Speziellen, was seine Aktivitäten in Rom betraf, sah sich Raffalt selbst wohl gerne als eine Art „Stellvertreter und heimlicher Botschafter Bayerns in der Ewigen Stadt"[254], der seine Tätigkeiten zu einem großen Teil als Repräsentation von Interessen und Zusammenführung von Persönlichkeiten verstand. Raffalt selbst charakterisierte sich „als Bayer und Europäer"[255], Deutschland als Bezugspunkt musste hierbei hintenanstehen.[256] Er hing dabei immer wieder Ideen eines Alpenstaates nach: „Wann wird Bayern sich entschließen, Kapital aus der Tatsache zu schlagen, daß es in Österreich und der Schweiz Verbündete hat, die durch eine gewachsene alpenländische Nachbarschaft die natürlichen Freunde Bayerns sind – so sehr man sich in der Vergangenheit auch gezankt haben mag? […] Die alpenländische Nachbarschaft […] wäre das Herz Europas, das endlich zu schlagen beginnen sollte."[257]

Er war deshalb auch Verfechter der europäischen Idee in einer anderen Form, als sie heute durch die Europäische Union verwirklicht ist. Raffalt sah

---

[252] Vgl. K.B. St.V. Rhaetia an Raffalt, München, 29.05.1974, in: UA Passau, NL Raffalt.
[253] Vgl. Präsident der „Bayerischen Einigung" Anton Besold an Raffalt, München, 24.02.1975, in UA Passau, NL Raffalt.
[254] Laudatio zur Verleihung des Bayerischen Poetentalers an Reinhard Raffalt, gehalten von Manfred Schwarz im November 1969, in: UA Passau, NL Raffalt.
[255] Gespräch mit Nina Raffalt vom 03.08.2011. Zu Europabildern und -diskursen in Bayern und der Bundesrepublik vgl. Kommission für Bayerische Landesgeschichte bei der Bayerischen Akademie der Wissenschaften (Hrsg.): Wege nach Europa. Zeitschrift für Bayerische Landesgeschichte 78 (1), München 2015; Trunk, Achim: Europa, ein Ausweg. Politische Eliten und europäische Identität in den 1950er Jahren. München 2007; Salzmann, Bernhard: Europa als Thema katholischer Eliten, Fribourg 2006; Conze, Vanessa: Das Europa der Deutschen. Ideen von Europa in Deutschland zwischen Reichstradition und Westorientierung (1920–1970). München 2005; Hübler, Martin: Die Europapolitik des Freistaats Bayern. Von der Einheitlichen Europäischen Akte bis zum Amsterdamer Vertrag. München 2002; Loth, Wilfried: Der Prozess der europäischen Integration. Antriebskräfte, Entscheidungen, Perspektiven, in: Gewerkschaftliche Monatshefte 46 (1995), S. 703–714; Loth, Wilfried: Die Europa-Diskussion in den deutschen Besatzungszonen, in: Ders. (Hrsg.): Die Anfänge der europäischen Integration 1945–1950, Bonn 1990; Loth, Wilfried: Deutsche Europa-Konzeptionen in der Eskalation des Ost-West-Konflikts 1945–1949, in: Geschichte in Wissenschaft und Unterricht 7 (1984), S. 453–470.
[256] Vgl. Gespräch mit Gerda Hörl vom 24.08.2011.
[257] Rede zum Jahrestag der bayerischen Verfassung am 29.11.1974 in Landshut, in: UA Passau, NL Raffalt. Für den gesamten Wortlaut seiner Rede zum Jahrestag der bayerischen Verfassung vgl. Kapitel „Programmatische Schriften".

Anknüpfungspunkte eher im Mittelmeerraum sowie beim Römischen Reich der Antike.[258] Sein Europa sollte so neben den Alpenstaaten Bayern, Österreich und Schweiz die Mittelmeerländer Italien, Frankreich und Spanien sowie auch Nordafrika umfassen. Diese Ideen tauschte er in verschiedenen Gesprächen auch mit Franz Josef Strauß und Otto von Habsburg aus und vertrat sie auf einer Tagung der „Liga Europa" in Venedig, welches die Hauptstadt dieses neuen Europas darstellen sollte.[260] Die Proklamation der Stadt als „Europa-Kulturzentrum" war als erster Schritt eines solchen Planes gedacht, der jedoch nie konkrete Form annahm.[261]

2. Streben nach Unabhängigkeit

Trotz seiner unverkennbaren Sympathie für konservative Politik, seiner Freundschaft zu Dieter Sattler und diversen Staatsministern der CSU bis hin zu Franz Josef Strauß sowie seiner Tätigkeit für die Hanns-Seidel-Stiftung war Reinhard Raffalt nie Mitglied der CSU.[262] Vielmehr schien Raffalt insgesamt wenig von festen Mitgliedschaften gehalten zu haben.[263] Einzig eine Mitgliedschaft im Verein für Ostbairische Heimatforschung in Passau[264] sowie im Römischen Institut der Görres-Gesellschaft (RIGG)[265] ist in den Quellen belegbar. Auch der Erzbruderschaft des Campo Santo Teutonico fühlte er sich nachweislich verbunden. Doch obwohl es Reinhard Raffalt gegenüber Freunden sowie seiner Ehefrau Nina des Öfteren bekundete, ist eine Mit-

---

[258] Vgl. Auszug aus dem Vortrag „Europa und der goldene Meilenstein", in: UA Passau, NL Raffalt: „Europa ist heute wirtschaftlich, mehr noch aber politisch verwirrt. Doch kann man – in einem Augenblick der Besinnung – immerhin an der Tatsache festhalten, daß die Idee Europas von Anfang an ihre vitale Kraft empfängt aus einer Kommunikation zwischen Orient und Okzident. Die Brücke, die solch wechselseitige Durchdringung ermöglichte, entsprach ganz dem Charakter Europas. Sie war kein festes Bauwerk, sondern ein schwankendes, geheimnisvolles Element: das Meer – das Mittelmeer. […] In der ganzen Antike hat man den Begriff Europa gekannt. Es wäre aber unmöglich gewesen, dieses Europa ohne die Gesamtheit der anrainenden Völker des Mittelmeeres zu sehen. Dies ist uns heute ein durchaus fremdes Vorstellungsbild geworden. Wir sprechen heute von Europa und meinen damit – unter anderem – eine klare Abgrenzung gegenüber den Völkern des südlichen und östlichen Mittelmeeres. Die Revision dieser Frage scheint mir der Anfang aller Überlegungen, welche sich mit der Realisierung eines künftigen Europas tiefer als nur auf pragmatische Weise befaßt. Es ist – gewiß – eine Utopie, doch wage ich zu behaupten: So lange die Nordküste des Mittelmeeres identisch ist mit der Südküste eines zu bauenden Europas, wird es dieses Europa nicht geben."
[259] Vgl. Raffalt an Hans-Walter Berg, Rom, 22.01.1973, in: UA Passau, NL Raffalt.
[260] Vgl. Vortrag „Gewissensforschung eines Europäers im Hof des Dogenpalastes", Tagung der „Liga Europa" am 26./27.10.1973 in Venedig, in: UA Passau, NL Raffalt.
[261] Vgl. Franz Riedweg an Raffalt, München, 10.01.1974, in: UA Passau, NL Raffalt.
[262] Vgl. Auskunft des Archivs für Christlich-Soziale Politik in München vom 29.08.2011.
[263] Vgl. Gespräch mit Nina Raffalt vom 03.08.2011.
[264] Vgl. Oberbürgermeister Emil Brichta an Raffalt, Passau, 19.05.1969, in: UA Passau, NL Raffalt.
[265] Vgl. Jahres- und Tagungsbericht der Görres-Gesellschaft 1976. Köln 1977, S. 156.

gliedschaft in der Erzbruderschaft zur schmerzhaften Muttergottes der Deutschen und Flamen am Campo Santo Teutonico mit dem damit verbundenen Recht auf ein Begräbnis in direkter Nähe zum Petersdom in den Quellen nicht zu belegen.[266] Ebenso dürfte die immense Reisetätigkeit Raffalts ein gewisses Hindernis für eine aktive Gestaltung der Mitgliedschaft sowie den regelmäßigen Besuch der Bruderschafts-Gottesdienste dargestellt haben.

Die eben skizzierte Ungebundenheit offenbarte sich vor allem in seinem beruflichen Kontext – etwa in der Variabilität, mit der er seinen Lebensunterhalt verdiente. Für die Aussicht, eine Reise antreten zu können, die sich durch journalistische Auswertung derselbigen finanzieren ließe, schlug er andere, oftmals lukrativere, aber örtlich gebundene Angebote aus.[267] Dieser Wesenszug führte zu einem bestimmenden Charakteristikum in Reinhard Raffalts Profil: seinem ausgeprägten Drang zum selbstständigen Arbeiten und zu einer unabhängigen Stellung.[268] So war er zeit seines Lebens als freier Mitarbeiter für die PNP und den Bayerischen Rundfunk tätig und hegte keinerlei Ambitionen, dieses Verhältnis in eine feste Anstellung umzuwandeln. Vielmehr sah er in seiner Stellung die Möglichkeit, parallel und ohne lästige bürokratische Fesseln in verschiedenen Feldern und für verschiedene Arbeit-

---

[266] Vgl. Bruderschaftsbuch der Erzbruderschaft zur schmerzhaften Muttergottes der Deutschen und Flamen, in: Archiv des Campo Santo Teutonico; Verzeichnis der Mitglieder der Erzbruderschaft unserer Lieben Frau auf dem Gottesacker bei St. Peter in Rom, in: Archiv des DHI, N29 K 532. Trotzdem ist es möglich, dass Raffalt in die Erzbruderschaft eintrat, aber in den kommenden Jahren nicht mehr aktiv am Bruderschaftsgeschehen teilnahm, denn es gibt eine Lücke im Mitgliedsbuch der Bruderschaft von 1938 bis 1954. Vgl. Weiland, Albrecht: Der Campo Santo Teutonico in Rom und seine Grabdenkmäler. Rom 1988.

[267] Vgl. Gespräch mit Gerda Hörl vom 24.08.2011.

[268] Dies wird etwa auch in der Vielzahl seiner Umzüge und Wohnungswechsel in den 1950er- und 1960er-Jahren deutlich. So wohnte Raffalt von seiner Umsiedlung nach Rom im April 1951 bis Mai 1952 in der Via Torino 95 bei den Schwestern der Anima. Später zog er nach der Rückkehr von seiner ersten großen Reportagereise für den BR im Herbst 1952 in die Via Cavour 305, wo die Hausherrin seine spätere erste Ehefrau Anna Maria Sprovieri war. Im Frühsommer des Jahres 1958 bezog er sein Domizil im Palazzo del Grillo, welches seine römische Heimstatt bis an sein Lebensende bleiben sollte. Für die Bezahlung einer so repräsentativen und geräumigen Mietwohnung in bester Lage direkt am Trajans-Forum nahm Raffalt sogar mehrere Kredite auf. In den 1960er-Jahren verfestigten sich seine Bande mit der bayerischen Landeshauptstadt auch wieder örtlich. So bezog er im Herbst 1960 eine Wohnung am Nördlichen Schlossrondell in Nymphenburg zur Zwischenmiete, die der Württemberger Staatsschauspielerin Edith Heerdegen gehörte. Ab Herbst 1961 mietete er dann endgültig eine Wohnung in München in der Palestrinastraße 2. Zusätzlich mietete er ab Oktober 1962 in Breitbrunn am Chiemsee für sich und seine damalige Freundin Eva Vaitl-Billig eine kleine Wohnung, die er aber wohl nur wenig nutzte. Im Juli 1965 kündigte Raffalt schließlich seine Wohnung in der Palestrinastraße und zog in die Knollerstraße 3 nach Schwabing. Dabei kümmerte sich in Rom stets seine Haushälterin Pina di Blasio um seine Wohnung im Palazzo del Grillo, wenn Raffalt auf Reisen oder in München war. Ab dem Jahr 1967 verlagerte Raffalt seinen Lebensmittelpunkt wieder stark nach Rom und wohnte, wenn er in München war, meist in einer kleinen Dachgeschosswohnung in der Utzschneiderstraße 4 in der Nähe des Viktualienmarktes.

geber tätig zu sein.²⁶⁹ Dies zeigt sich sehr deutlich in seinem gleichzeitigen Wirken für Zeitung, Rundfunk, Publizistik und Kulturpolitik.

Wie das Arbeitsleben Reinhard Raffalts in seinen verschiedenen Funktionen als Direktor der Deutschen Botschaft, Journalist für den Bayerischen Rundfunk und Musiker in etwa aussah, illustriert auch folgender Ausschnitt aus einem Brief vom Oktober 1955: „Nun noch schnell meine Daten für die nächste Zeit: 30. Oktober bis 01. November einschliesslich München. Adresse: Bayerischer Rundfunk und Bahnhofshotel. 02. November bis 19. November Rom. 19., 20., 21. November München. Adresse ebenso. Dann Rom bis 11. Dezember. 12. bis 15. Dezember München. 15. Dezember bis 15. Januar Indien. (4 Orgelkonzerte in Delhi, Calcutta, Madras und Bombay.) Dann bis etwa 01. März wieder Rom."²⁷⁰

Diese Beispiele zeigen, dass ihm seine freie Stellung ein wirkliches Anliegen war, obwohl sie ihm finanziell wenig Sicherheit einbrachte und er sich des Öfteren um Vorschüsse sowie Bürgschaften kümmern musste.²⁷¹ Auch während seiner Zeit als Angestellter des Auswärtigen Amtes konnte er in seinen Verträgen immer einige Monate im Jahr als unbezahlten Urlaub aushandeln, in denen er sich seinen freien Tätigkeiten widmete.²⁷² Nach gut acht Jahren entschloss sich Raffalt im Jahre 1962, gänzlich aus dem zwischenzeitlichen Angestelltenverhältnis des Öffentlichen Dienstes auszuscheiden.²⁷³

Freilich ist festzuhalten, dass sich Raffalts freie Mitarbeit mit den Jahren, besonders was den Bayerischen Rundfunk betraf, mehr zu einer „fest-freien"

---

²⁶⁹ Bezeichnend ist auch die Tatsache, dass Raffalt bei seinem ersten richtigen Angestelltenvertrag als Direktor der Deutschen Bibliothek ausdrücklich auf eine Einzahlung des Auswärtigen Amtes in die Rentenversicherung verzichtete, um mehr finanziellen Spielraum zu besitzen. Vgl. von Strachwitz an das Auswärtige Amt, Rom, 02.03.1956, in: PAAA, Personalakten NA 55415.

²⁷⁰ Raffalt an Elisabeth Treviranus von Dryander, ohne Ort, 22.10.1955, in: UA Passau, NL Raffalt.

²⁷¹ Vgl. Raffalt an die Direktion des Bankhauses Merck, Finck & Co. mit der Bitte um ein Arbeitsdarlehen in Höhe von DM 14 000, Rom, 18.04.1958; Prestel-Verlag an Raffalt bzgl. der Gewährung eines Vorschusses von insgesamt DM 19 000, München, 26.03.1958; Raffalt an BR-Fernsehdirektor Clemens Münster mit der Bitte um Übernahme von Flugkosten in Höhe von DM 4462, München, 24.04.1964; Alois Fink an Raffalt bzgl. einer Erhöhung des Autorenhonorars, München, 09.01.1975, in: UA Passau, NL Raffalt.

²⁷² Vgl. Provisorischer Dienstvertrag zwischen dem Auswärtigen Amt und Reinhard Raffalt vom 29.10.1954, in: PAAA, Personalakten NA 55415: „Artikel 7. Besondere Vereinbarungen: a) Herrn Dr. Raffalt ist es freigestellt, im Einvernehmen mit der Botschaft der BRD in Rom innerhalb eines Urlaubsjahres bis zu 2 Monate unbezahlten Urlaub zu nehmen; b) der bezahlte Urlaub beträgt 1 Monat im Urlaubsjahr."

²⁷³ Vgl. Raffalt an Helmut Metzing, München, 23.05.1962, in: UA Passau, NL Raffalt: „Ich bin soeben dabei, ein neues Stadium meiner Tätigkeit heraufzuführen: der Vertrag mit dem Auswärtigen Amt erlischt auf meinen Wunsch am 31. Mai. Ich habe einfach das Gefühl, dass ein Mensch nur eine bestimmte Anzahl von Gutachten schreiben darf, von denen er weiss, dass sie nichts bewirken werden. Wahrscheinlich wende ich mich wieder dem Rundfunk zu und damit auch wieder mehr meinem römischen Wohnsitz." – Vgl. Raffalt an Oberstudiendirektor i. R. Mengler, München, 20.07.1963, in: UA Passau, NL Raffalt: „Ich arbeite Gott sei Dank nicht mehr für das Auswärtige Amt, sondern habe mich in die Freiheit zurückbegeben."

66 | III. Weltbild und Profil

Zusammenarbeit entwickelte.[274] Jedes Jahr aufs Neue wurde eine Vereinbarung über die Jahresproduktion an Filmen bzw. Hörfunkbeiträgen geschlossen[275] und er durfte Spesen abrechnen.[276] Auch war Raffalt von 1962 bis zu seinem Tod über 15 Jahre durchgehend mit verschiedenen „Beraterverträgen" für das BR-Studio in Rom ausgestattet, die ihm neben seinen einzelnen Hörfunk- und Filmprojekten einen regelmäßigen monatlichen Betrag einbrachten.[277] Dennoch zog er im Jahr vor seinem Tod nun doch die Möglichkeit einer Festanstellung beim Bayerischen Rundfunk in Betracht.[278] Dieser Schritt war seiner zu dieser Zeit finanziell sowie gesundheitlich sehr angeschlagenen Situation geschuldet.

Denn trotz einer großen Zahl an Aufträgen und seiner stetig steigenden, sich dem Grad seiner Berühmtheit anpassenden Entlohnung kam Raffalt finanziell gerade so über die Runden. Das lag zu einem großen Teil an seinem aufwendigen Lebensstil, der sich neben seiner repräsentativen Wohnung im Palazzo del Grillo in Rom auch in luxuriösen Empfängen, Restaurantbesuchen oder einer Zweitwohnung in München niederschlug. So war Raffalt etwa beim noblen Münchner Herrenschneider Lotz & Leusmann Stammkunde und kaufte dort für größere Summen ein.[279] Auch liebte Raffalt teure

---

[274] Dass sich die monatlichen Zahlungen des BR an Raffalt für noch umzusetzende Produktionen jedoch auch zu einer großen Bringschuld anhäufen konnten, zeigen die Jahre 1972/73, wo der BR Raffalt etwa 90 000 DM mehr überwiesen hatte, als er filmisch umsetzte. So wurde verabredet, die Summe mit der Lieferung von zehn detaillierten Manuskripten à 45 Minuten abzugelten. Dies war ein faires Angebot, jedoch musste Raffalt nun in den Jahren 1974/75 die Treatments verfassen, ohne dafür neue Einnahmen zu erwirtschaften. Vgl. Raffalt an Helmut Oeller, ohne Ort, 23.01.1974; Raffalt an Helmut Oeller, ohne Ort, 05.02.1974, in: UA Passau, NL Raffalt.

[275] Vgl. Raffalt an Günther Lehner, ohne Ort, 18.01.1973; Helmut Oeller an Raffalt, München, 21.11.1973, in: UA Passau, NL Raffalt.

[276] Dies waren neben einer Telefonpauschale in Höhe von 100 DM monatlich immerhin die fallweise Einreichung von Arbeitsessen sowie die Kosten für Abonnements der Tageszeitungen „Il Messaggero", „Il Tempo", „L'Osservatore Romano" sowie der Monatszeitschriften „Lo Specchio" sowie „Il Borghese". Vgl. Gerda Hörl an Ralf Richter, München, 13.07.1972; Abrechnungen für 01.07.–31.12.1972; Abrechnungen für 01.01.–30.06.1973, in: UA Passau, NL Raffalt.

[277] Vgl. Verträge mit Reinhard Raffalt vom 01.04.1963 sowie vom 01.04.1965, in: BR HistArch, VJ/5099; Vertrag mit Reinhard Raffalt vom 01.01.1969, in: BR HistArch, VJ/5102; Verträge mit Reinhard Raffalt vom 01.10.1973 sowie vom 22.05.1974, in: BR HistArch, VJ/5104. Während Raffalt bis 1969 ein Monatsgehalt von 1000 DM für seine Beratertätigkeit bezog, stiegen seine Bezüge ab 1969 auf 2000 DM und schließlich ab Mai 1974 auf 3000 DM bei gleichbleibendem Vertragsinhalt an.

[278] Vgl. Vormerkung von Friedrich Geyer aus der BR-Fernsehdirektion über ein Gespräch mit Reinhard Raffalt vom 11.12.1975, in: BR HistArch, VJ/510: „Ich habe Herrn Dr. Raffalt nach vorheriger Rücksprache mit Herrn Dr. Oeller auf seine Bitten hin gesagt, daß die Entscheidung über seine Festanstellung voraussichtlich erst zum Jahresende 1976 erfolgen kann (November oder Dezember). Es sieht so aus, als ob für ihn die Funktion eines leitenden Redakteurs mit besonderen Aufgaben und als Korrespondent für Hörfunk und Fernsehen beim Studio Rom in Aussicht genommen wird."

[279] Vgl. Rechnung des Herrenschneiders Lotz & Leusmann in München vom 28.12.1964 in Höhe von 3608,10 DM, in: UA Passau, NL Raffalt.

Reinhard Raffalt mit seinem OSI-Ford 20 M TS, Ende der 1960er-Jahre[280]

Sportwagen. Gegen Ende der 1960er-Jahre besaß er einen BMW 2000 CS Coupé sowie die italienischen Oberklassewagen Lancia Flaminia Cabriolet und OSI-Ford 20 M TS.[281]

Gegen Anfang der 1970er-Jahre spitzten sich Raffalts finanzielle Nöte weiter zu, denn er wollte einen langgehegten Traum verwirklichen und aus seiner römischen Stadtwohnung in die Campagna ziehen. Auf dem Monte Sant'Angelo bei Poli, etwa 50 Kilometer ostwärts von Rom in den Monti Prenestini gelegen, plante er ein großes Landgut zu errichten und abseits vom städtischen Trubel zu leben und zu arbeiten. Hierzu waren jedoch enorme Erschließungs- und Bauarbeiten nötig, die seinen finanziellen Spielraum weit überstiegen.[282] Für finanzielle Entlastung sollte ein Ende 1974

---

[280] Vgl. Privatbesitz Nina Raffalt, Bildbestand Reinhard Raffalt.
[281] Vgl. Rechnung des BMW-Händlers Schorsch Meier an Raffalt, München, 11.11.1966, in: UA Passau, NL Raffalt; Gespräch mit Gerda Hörl vom 26.08.2015.
[282] Möglich wurde dieses Vorhaben durch die Überlassung eines weitläufigen Grundstücks durch seine langjährige Gönnerin Hertha von Diergardt. Für sein Refugium am Monte S. Angelo ließ sich Raffalt darüber hinaus eine Orgel beim Passauer Orgelbaumeister Ludwig Eisenbarth anfertigen. Raffalt lag diese Anschaffung sehr am Herzen. Er versuchte die Bezahlung in verschiedenen Raten über Vorschüsse für seine Arbeiten oder Zugriff auf sein Festgeldkonto sicherzustellen, was jedoch nur mit großer Mühe gelang. Insgesamt plante Raffalt, am Monte S. Angelo einen großen Anwesenkomplex im Stil der Castelli Romani zu errichten. Befreundete Künstler wie Eugen Jochum, Herbert von Karajan oder Wolfgang Sawallisch hatten ebenfalls ihr Interesse bekundet, dort eine Ferienwohnung zu erwerben. Verwaltet und bewacht werden sollte das Areal durch die Ansiedlung eines Benediktinerklosters. Aus diesen

68 | III. Weltbild und Profil

Reinhard Raffalt mit seiner späteren ersten Ehefrau Anna Maria Sprovieri, Mitte der 1950er-Jahre[287]

abgeschlossenes großes Filmprojekt sorgen, welches jedoch zu seinen Lebzeiten nicht mehr verwirklicht wurde.[283]

In der Rückschau wird ein Muster der freien Mitarbeit von Reinhard Raffalt deutlich, das eine Doppelstrategie seiner Verdienstmöglichkeiten aufweist: Raffalt war zwar offiziell in einem Status als freier Mitarbeiter und somit nicht fest angestellt, jedoch führte er durch seine verschiedenen Vertragsverhältnisse ein relativ abgesichertes Leben. So befand sich Raffalt neben einer Vielzahl an Projektverträgen für den Bayerischen Rundfunk, die PNP, den Prestel-Verlag etc. ab 1955 stets in einem gesicherten Vertragsverhältnis auf Zeit, was ihm regelmäßige monatliche Einkünfte garantierte. Von 1954 bis 1962 war dieser Vertragspartner das Auswärtige Amt, das Raffalt als Direktor der Deutschen Bibliothek in Rom bis 1960 sowie als „Sonderbeauftragten für die deutschen Kulturinstitute in Asien und Afrika" bis 1962 angestellt hatte. Ab 1962 übernahm der Bayerische Rundfunk diese Funktion, indem Raffalt das neu gegründete Auslandsstudio Rom mit Rat und Tat unterstützte.[284] Somit relativierte sich die komplett freie Mitarbeit von Reinhard Raffalt natürlich ein wenig, auch wenn er nie wirklich festangestellter Mitarbeiter war.

---

hochtrabenden Plänen wurde jedoch nichts. Kurz vor Raffalts Tod wurde seine Orgel an die Heilig-Geist-Kirche am Viktualienmarkt in München verkauft, mit deren Pfarrer Prälat Konrad Miller er gut befreundet war. Das Grundstück und die bereits gebauten Gebäude am Monte S. Angelo fanden über Raffalts Sekretärin Gerda Hörl schließlich den Weg zu dem Augsburger Bauunternehmer Walter Stiermann. Vgl. Gespräch mit Gisela Stiermann vom 15.05.2015; Gespräch mit Pater Remigius Rudmann OSB vom 06.06.2014.

[283] Für eine 26-teilige Fernsehreise mit dem Titel „Renaissance in Europa" wurde im Dezember 1974 mit der Taurus-Film GmbH von Leo Kirch ein Vertrag über 650 000 DM geschlossen. Vgl. Taurus-Film GmbH an Raffalt, München, 11.12.1974; Raffalt an Leo Kirch, ohne Ort, 10.06.1974, in: UA Passau, NL Raffalt.

[284] Vgl. dazu Kapitel IX der vorliegenden Arbeit.

Reinhard Raffalt mit seiner späteren Ehefrau Nina Bertram, 1974[291]

Treffend lässt sich Raffalt wohl als großer Individualist in dem Sinne charakterisieren, dass er sich nie ganz einer Organisation, Weltanschauung oder auch einzelnen Personen zugehörig fühlen wollte und konnte.[285]

Privat schlug sich Reinhard Raffalts Drang nach Freiheit in einem Kuriosum nieder: Er war zeit seines Lebens immer wieder liiert und zwei Mal verheiratet – Letzteres jedoch insgesamt nur für knapp zwei Tage. Seine erste Frau, die Römerin Anna Maria Sprovieri, mit der er bei der Erstellung des Sprachkurses „Eine Reise nach Neapel" zusammengearbeitet hatte, heiratete er auf ihren dringenden Wunsch an ihrem Sterbebett im November 1959. Die Schauspielerin, die Raffalt in den ersten Jahren seiner Zeit in Rom sehr unterstützt hatte, war an Hautkrebs erkrankt und wollte nicht unverheiratet sterben.[286] Bei der zweiten Hochzeit im Juni 1976 war es schließlich Reinhard Raffalt, der auf dem Sterbebett seine Freundin Nina Bertram ehelichte.

---

[285] Vgl. Gespräch mit Karl Neumann vom 19.09.2011.
[286] Vgl. Telegramm von Reinhard Raffalt an Freund Paul Geier, Rom, 07.11.1959, in: UA Passau, NL Raffalt; Gespräch mit Gerda Hörl vom 24.08.2011.

Er selbst betonte im Jahre 1971 in einer Antwort auf eine Zuschauerpost, dass er „keiner Partei, keiner literarischen Gruppe, keinem Club an[gehöre]"[288]. Insgesamt waren ihm seine persönliche Freiheit und die Möglichkeit zu Reisen von höchster Wichtigkeit. Diesen Prämissen hatten sich Partnerschaft oder auch Beruf unterzuordnen.[289]

Das bedeutete jedoch nicht, dass er sich durch die Arbeit auf sich selbst beschränkt hätte, d.h. „sich selbst genug war" – im Gegenteil, er verspürte einen großen Drang, seine Gedanken und Überzeugungen der Öffentlichkeit mitzuteilen, was sein großes Œuvre eindrucksvoll belegt. Mit allem, was er tat, „drängte sein Wirkungsbewußtsein mit Macht in die Welt der Großen"[290].

IV. Gesellschaftliche Vernetzung

Grundsätzlich lässt sich für die knapp 30 Berufsjahre von Reinhard Raffalt konstatieren, dass er über eine Vielzahl von sich überschneidenden Netzwerken verfügte. Bevor im Folgenden auf einzelne Personen etwas genauer eingegangen wird, die eine entscheidende Rolle in Raffalts beruflichem wie persönlichem Werdegang gespielt haben, soll zunächst das soziale Beziehungsgefüge von Reinhard Raffalt beleuchtet werden.

Reinhard Raffalt war eine Person, die über einen großen Kreis an beruflichen und privaten Kontakten verfügte. Das Ausmaß der Korrespondenz in seinem Nachlass zeugt von einem Bekanntenkreis, der sehr international ausgerichtet war. Die Quantität der Korrespondenzpartner schlug sich auch direkt in den Briefwechseln nieder, bei denen es Raffalt oftmals erst nach Wochen und Monaten gelang, auf einen eingegangenen Brief zu antworten. Seine zwei Wohnsitze in Rom und München sowie seine vielen Reisen verschärften diese Problematik, was zur Folge hatte, dass Raffalt fast jeden zweiten Brief mit einer originellen Entschuldigung wegen der langen Wartedauer eröffnen musste.

Auffallend bei der Qualität der Korrespondenzpartner ist der relativ hohe Anteil an Adligen, Akademikern und Klerikern, was treffend Raffalts Freundeskreis, aber auch dessen Bild in der Öffentlichkeit widerspiegelt. Mit dem Be-

---

[287] Vgl. Privatbesitz Nina Raffalt, Bildbestand Reinhard Raffalt.
[288] Raffalt an E. Franzky, ohne Ort, 03.05.1971, in: UA Passau, NL Raffalt.
[289] Vgl. Raffalt an Madeleine Mollier, Bombay, 29.06.1954, in: UA Passau, NL Raffalt: „Ich kann nicht mit jemand auskommen, der meine Arbeit und meine Freiheit nicht respektiert – oder vielleicht nur soweit respektiert, als er dieser Arbeit und dieser Freiheit keine Opfer zu bringen braucht. […] Der langen Rede kurzer Sinn: Doris Hotz wird nicht geheiratet!!"
[290] Neumann, Karl: Zum 75. Geburtstag Reinhard Raffalt. Erinnerungen eines Schulfreunds, in: Europäisches Gymnasium Leopoldinum Passau. Jahresbericht 1997/98. Passau 1998, S. 100.
[291] Vgl. Privatbesitz Nina Raffalt, Bildbestand Reinhard Raffalt.

ginn seines beruflichen wie auch gesellschaftlichen Aufstiegs durch seine Tätigkeit als Institutsdirektor in Rom ab 1955 häuften sich zudem die Einladungen zu Empfängen, Galadiners und anderen gesellschaftlichen Veranstaltungen.[292]

Ferner gehörte es zu Raffalts Gewohnheiten, seine frisch erschienenen Bücher an bekannte oder auch nur entfernt bekannte Persönlichkeiten des öffentlichen Lebens zu verschicken und so einen bereits geknüpften Kontakt wiederzubeleben. Zu nennen sind hierbei unter anderem die in Rom lebende Schriftstellerin Marie Luise Kaschnitz[293], die römische Adlige Daria Borghese[294], Herzog Albrecht von Bayern, Reichsminister a. D. Andreas Hermes, Außenminister Heinrich von Brentano, Staatssekretär Karl Carstens, der Vizepräsident des Deutschen Bundestages, Carlo Schmid[295], oder der Bischof von Berlin, Alfred Kardinal Bengsch, bzw. der Bischof von Regensburg, Rudolf Graber.[296] Meistens bezog Raffalt sich dabei auf das letzte Treffen und stellte so gleich Vertrautheit her. Der Schriftsteller und Lyriker Arnold Krieger begann von sich aus 1958 eine kleine Korrespondenz mit ihm, in welcher er ihn mit Lob geradezu überschüttete.[297]

Einladungen zu gesellschaftlichen Ereignissen von hochrangigen Politikern[298], Angehörigen des Hauses Wittelsbach[299], dem Kunst- und Kultur-

---

[292] Vgl. Einladung zum Empfang anlässlich der Unterzeichnung des Abkommens über die Rückgabe der deutschen wissenschaftlichen Institute in Italien am 30.04.1953 in Rom; Einladung zum Empfang anlässlich des Besuchs des Bundeskanzlers Konrad Adenauer und des Außenministers Heinrich von Brentano am 04.07.1956 in Rom; Einladung zum Empfang des Presidente della Repubblica Italiana Giovanni Gronchi anlässlich des Besuchs des Bundespräsidenten Theodor Heuss am 19.11.1957 in Rom; Einladung zum Empfang anlässlich des Besuchs des Bundespräsidenten Theodor Heuss am 20.11.1957 in Rom, in: UA Passau, NL Raffalt.

[293] Vgl. Raffalt an Marie Luise Kaschnitz, Passau, 16.09.1955, in: UA Passau, NL Raffalt.

[294] Vgl. Raffalt an Donna Daria Borghese, Rom, 15.01.1958, in: UA Passau, NL Raffalt.

[295] Vgl. Heinrich von Aretin an Raffalt, München, 03.05.1961; Andreas Hermes an Raffalt, Bonn, 05.05.1961; Heinrich von Brentano an Raffalt, Bonn, 06.05.1961; Karl Carstens an Raffalt, Bonn, 05.05.1961; Raffalt an Carlo Schmid, München, 04.05.1961, in: UA Passau, NL Raffalt.

[296] Vgl. Bischöflicher Sekretär an Raffalt, Berlin, 07.03.1974; Bischof Rudolf Graber an Raffalt, Regensburg, 07.12.1973, in: UA Passau, NL Raffalt.

[297] Vgl. Arnold Krieger an Raffalt, Darmstadt, 30.06.1958; Raffalt an Arnold Krieger, Rom, 14.07.1958; Arnold Krieger an Raffalt, Darmstadt, September 1958, in: UA Passau, NL Raffalt.

[298] Vgl. u.a. Einladung des Bayerischen Ministerpräsidenten zum Empfang anlässlich der Großen Kunstausstellung 1964 am 08.07.1964; Einladung des Bayerischen Staatsministers der Finanzen anlässlich des 400-jährigen Bestehens der Schatzkammer der Residenz vom 18.03.1965; Einladung des Bundespräsidenten Heinrich Lübke zum Empfang auf Schloss Augustusburg am 06.07.1965; Einladung des Bayerischen Staatsministers der Finanzen zur Einweihung eines neues Traktes der Residenz vom 21.07.1966; Einladung des Bundespräsidenten Gustav Heinemann zum Frühstück am 23.03.1973, in: UA Passau, NL Raffalt.

[299] Vgl. Einladung von Herzog Max in Bayern zum Musikanten- und Sängertreffen in Kreuth am 13.10.1973; Einladung von Herzog Max in Bayern zum Musikanten- und Sängertreffen in Kreuth am 09.06.1974; Einladung des Prinzen Konstantin von Bayern zur Silvesterfeier mit anschließender Aufführung der „Zaubergeige" am 31.12.1966, in: UA Passau, NL Raffalt.

betrieb³⁰⁰ oder anderen gesellschaftlichen Eliten³⁰¹ waren ein weiterer Ausdruck von Raffalts steigender Berühmtheit und seinen hervorragenden gesellschaftlichen Kontakten. Darüber hinaus diente ab den späten 1960er-Jahren Raffalts Wohnsitz in Rom als Anlaufstelle für hochrangige bayerische und deutsche Politiker, wenn sie Rom besuchten.³⁰² Hier sind vor allem die Besuche von Bundeskanzler Kurt Georg Kiesinger³⁰³, Franz Josef Strauß, der gesamten CSU-Landtagsfraktion³⁰⁵ sowie von Ministerpräsidenten, Staatsministern, Staatssekretären und Bundestagsabgeordneten³⁰⁶ zu nennen.

---

[300] Vgl. u.a. Einladung der Bayerischen Verwaltung der Staatlichen Schlösser, Gärten und Seen zum Richtfest für den Fürstenbau der Burg Trausnitz in Landshut am 31.10.1963; Einladung zur öffentlichen Sitzung der Bayerischen Akademie der Schönen Künste am 10.07.1964; Einladung des Erzbischofs von München und Freising Julius Kardinal Döpfner zum Empfang ins Antiquarium der Residenz für den „Aschermittwoch der Künstler" am 12.02.1964; Einladung des Präsidenten des Goethe-Instituts zum Empfang anlässlich der Neubesetzung des Direktorenpostens am 28.01.1965, in: UA Passau, NL Raffalt.

[301] Vgl. u.a. Einladung des Club Preysing-Palais unter Vorsitz von Alois Graf Waldburg-Zeil am 24.03.1964; Einladung des Europäischen Instituts für politische, wirtschaftliche und soziale Fragen (Deutsche Sektion des CEDI) in den Räumen des Palais-Preysing-Club am 26.05.1964; Georg von Gaupp-Berghausen des CEDI an Raffalt, Hohenweiler, 26.01.1965; jährliche Einladung des Kaufhausbesitzers Gustl Feldmeier (Beck am Rathauseck) der „Heimatschriftsteller, Volksschauspieler und Dialektsprecher zum vorösterlichen Abendessen" ab 1965; Einladung der „Confrérie de la Chaine des Rotisseurs" zur Mitgliedschaft vom 10.06.1970; Einladung der Paulaner Salvator-Thomasbräu AG zur Salvator-Probe am 14.03.1974, in: UA Passau, NL Raffalt.

[302] Dass sich Raffalts Gastgebertätigkeiten jedoch nicht nur auf Politiker beschränkten, zeigen andere Personen wie der Schauspieler Joachim „Blacky" Fuchsberger, der langjährige Intendant des Nordwestdeutschen Rundfunks bzw. ehemalige Kultusminister Preußens sowie Niedersachsens Adolf Grimme oder die Inhaber der Münchner Privatbank Reuschel & Neuvians, bei der Raffalt selbst auch ein Konto besaß. Vgl. Raffalt an Joachim Fuchsberger, Rom, 30.01.1957; Adolf Grimme an Raffalt, Hamburg, 18.11.1955; Josefine Grimme an Raffalt, Hamburg, 21.11.1955; Raffalt an Adolf Grimme, ohne Ort, 28.01.1956; Wilhelm Reuschel an Raffalt, München, 10.08.1966, in; UA Passau, NL Raffalt.

[303] Vgl. Raffalt an Botschafter Heinrich Röhreke, München, 15.02.1968, in: UA Passau, NL Raffalt: „Interessieren wird Dich noch, daß ich anläßlich des letzten Staatsbesuches von Kiesinger in Rom ihn zum Abendessen im Grillo hatte. Er wünschte sich das selber und wir waren zu acht: Kiesinger, Guttenberg, Diehl, Sattler, Herwarth, Schauff, der Rektor des Germanikums und ich. Essen von Pina gekocht, zum Nachtisch Comedia dell'arte – Madrigale, hinreißend gesungen vom Sestetto Luca Marencio. Alle überschlugen sich vor Begeisterung, es war wirklich geglückt. Ich benützte die Gelegenheit, Kiesinger ein paar bedeutsame Worte über China zu sagen, die offenbar auf fruchtbaren Boden fielen. Er lud mich dringend nach Bonn ein, was ich auch bei nächster Gelegenheit wahrnehmen will. Der Seitenblick auf Dich war natürlich auch enthalten." –Vgl. Raffalt an Alix von Fransecky, ohne Ort, 29.08.1967, in: UA Passau, NL Raffalt: „Vielleicht kann man ja doch ein bißchen etwas für Dich tun. Im Mai, als Kiesinger zuletzt hier war, schloß ich mit ihm und Guttenberg große Freundschaft, und das wäre ja doch ein dicker Draht."

[304] Vgl. dazu Kapitel IV der vorliegenden Arbeit.

[305] Vgl. Programm der Romreise der CSU-Landtagsfraktion vom 31.10.–03.11.1969 sowie Landtagspräsident Rudolf Hanauer an Raffalt, München, 10.01.1972, in: UA Passau, NL Raffalt.

[306] Vgl. Ministerpräsident des Landes Baden-Württemberg Hans Filbinger an Raffalt, Stuttgart, 26.02.1976: „Sehr verehrter Herr Raffalt! Schon lange wollte ich Ihnen schreiben, um Ihnen

IV. Gesellschaftliche Vernetzung | 73

Reinhard Raffalt führt Ministerpräsident Alfons Goppel und die CSU-Landtagsfraktion über das Forum Romanum, November 1969[307]

Auch als Willy Brandt im Juli 1970 für eine Audienz bei Papst Paul VI. in Rom war, kam es zu einem privaten Treffen und Abendessen des Bundeskanzlers mit Raffalt in dessen Stammlokal „Angelino ai Fori".[308] Meist stellte Raffalt selbst ein aufwendiges Besuchsprogramm der römischen Sehenswürdigkeiten inklusive Restaurantbesuchen sowie Empfängen im Palazzo del Grillo mit musikalischer Begleitung zusammen.[309] Für ausgewählte Rompilger, wie etwa die Diözesan-Pilgerfahrt des Passauer Bischofs Antonius Hofmann an Pfingsten 1972, nahm Raffalt Gastgebertätigkeiten wahr und führte die Gruppe durch die Vatikanischen Museen sowie über das

---

zugleich im Namen meiner Frau den herzlichen Dank für Ihre Führung, die Sie uns in Rom angedeihen ließen, auszusprechen. [...] Unvergeßlich ist uns der freundliche Empfang in Ihrem ‚Palazzo', der mit so viel Charme und Annehmlichkeit ausgestattet war. Sehr würden meine Frau und ich wünschen, Sie einmal hier zu sehen, wenn es eine Gelegenheit gibt"; Bayerischer Staatsminister des Innern Bruno Merk an Raffalt, München, 14.10.1971; Rheinland-pfälzischer Minister für Unterricht und Kultus Bernhard Vogel an Raffalt, Mainz, 01.04.1974; Staatssekretär Günter Diehl an Raffalt, Bonn, 06.02.1968; Bundesminister für Raumordnung, Bauwesen und Städtebau Hans-Jochen Vogel an Raffalt, Bonn, 18.10.1973; Raffalt an Hans A. Lücker MdB, Rom, 28.02.1972; Walter Althammer MdB an Raffalt, Bonn, 09.04.1974, in: UA Passau, NL Raffalt.

[307] Vgl. Privatbesitz Nina Raffalt, Bildbestand Reinhard Raffalt.
[308] Vgl. Gespräch mit Gerda Hörl vom 22.05.2014.
[309] Vgl. Programm der Romreise der CSU-Landtagsfraktion vom 31.10.–03.11.1969, in: UA Passau, NL Raffalt.

Forum Romanum.[310] Ferner fand im Namen des Bayerischen Rundfunks eine Reihe von hochrangigen Zusammentreffen mit Vertretern der RAI in Raffalts Privatwohnung statt.[311] Er selbst organisierte diese Empfänge und bestritt in erheblichem Maße die Repräsentation des Bayerischen Rundfunks in Rom.[312] Darüber hinaus betreute er unter anderem Reisen des BR-Verwaltungsrates nach Rom[313] oder gab etwa nach der Aufführung der Johannes-Passion für die Mitwirkenden und die leitenden Mitarbeiter der RAI ein großes Souper im Palazzo del Grillo.[314]

Seine guten Kontakte zur Bayerischen Staatsregierung[315] brachten ihm die Ehre einer Festrede zur Verleihung des Bayerischen Verdienstordens 1971 ein[316] und ermöglichten ihm die Mitwirkung an der Festschrift zum 70. Geburtstag von Ministerpräsident Alfons Goppel im Jahre 1975.[317] Bereits 1970 war ihm selbst der Bayerische Verdienstorden verliehen worden.[318]

Exemplarisch wird seine gesellschaftliche Vernetzung auch durch die Vielzahl der Kondolenzschreiben von hochrangigen Persönlichkeiten des öffentlichen Lebens beleuchtet, die Raffalt zum Tod seiner Mutter im Frühjahr 1975 erhielt.[319] Eine Analyse der Widmungen seiner Publikationen ermög-

---

[310] Vgl. Raffalt an Bischof Antonius Hofmann, Rom, 10.04.1972, in: UA Passau, NL Raffalt.
[311] Vgl. Gästeliste für den Empfang des römischen Studios der ARD am 22.09.1968 im Palazzo del Grillo, in: UA Passau, NL Raffalt.
[312] Vgl. BR-Intendant Wallenreiter an Raffalt, München, 15.10.1964, in: UA Passau, NL Raffalt.
[313] Vgl. Rudolf Hanauer an Raffalt, München, 15.10.1964; Raffalt an BR-Verwaltungsdirektor Spieß bzgl. der Studienreise des Verwaltungsrates des Bayerischen Rundfunks nach Rom vom 10.–14. Oktober 1964, München, 25.11.1964, in: UA Passau, NL Raffalt.
[314] Vgl. BR-Fernsehdirektor Helmut Oeller an Raffalt, München 14.03.1973, in: UA Passau, NL Raffalt.
[315] Er war unter anderem gut mit dem Staatsminister für Bundesangelegenheiten, Franz Heubl, befreundet und oft bei diesem zu Gast. Vgl. Franz Heubl an Raffalt, München, 06.05.1969; Raffalt an Franz Heubl, Rom, 16.02.1970; gegenseitige Geburtstagsbriefe und Telegramme von Franz Heubl und Reinhard Raffalt jährlich ab 1971, in: UA Passau, NL Raffalt.
[316] Vgl. Leiter der Bayerischen Staatskanzlei Rainer Keßler an Raffalt, München, 25.01.1971; Protokollabteilung der Bayerischen Staatskanzlei an Raffalt, München, 17.09.1971, in: UA Passau, NL Raffalt.
[317] Vgl. Bayerischer Staatsminister der Finanzen Ludwig Huber an Raffalt, München, 18.03.1975; Bayerischer Staatsminister der Finanzen Ludwig Huber an Raffalt, München, 28.10.1975, in: UA Passau, NL Raffalt. Für die Festschrift zum 70. Geburtstag von Ministerpräsident Alfons Goppel „Bayern. Deutschland. Europa" verfasste Raffalt einen Beitrag über „Bayerische Kultur in ihrer europäischen Verflechtung" mit dem Titel „Europa – von Bayern aus gesehen". Vgl. Raffalt, Reinhard: Europa – von Bayern aus gesehen, in: Huber, Ludwig (Hrsg.): Bayern. Deutschland. Europa. Festschrift für Alfons Goppel. Passau 1975, S. 191–210.
[318] Vgl. Raffalt an Alfons Goppel, ohne Ort, 25.06.1970, in: UA Passau, NL Raffalt: „Ungemindert bleibt aber die Verpflichtung, die ich durch die hohe Auszeichnung Ihnen und unserem Lande gegenüber fühle. Ich habe immer versucht, mein Wirken in Rom von jener blassen Internationalität freizuhalten, die Herkunft und Heimatgefühl verleugnet. Umso mehr freut es mich, daß Sie, sehr verehrter Herr Ministerpräsident, meiner Arbeit und meiner Intension eine so ehrenvolle Anerkennung zuteil werden ließen."
[319] So schrieb an Raffalt mit Ministerpräsident Alfons Goppel, Kultusminister Hans Maier, Franz Josef Strauß, Staatsminister für Bundesangelegenheiten Franz Heubl, Arbeitsminister

licht weitere Rückschlüsse auf Reinhard Raffalts Beziehungsgefüge. So sind der Mehrzahl seiner Werke dezidiert persönliche Zeilen vorangestellt[320] – nur fünf seiner Bücher blieben ohne Widmung.[321]

1. Gremien und Beiräte

Was sich ebenfalls gegen Ende der 1960er-Jahre häufende Anfragen für Vorträge, Tagungsteilnahmen, informelle Beteiligung oder Gremienarbeit betraf, sind neben unzähligen Anfragen von katholischen Bildungseinrichtungen, lokalen Kulturinitiativen sowie Wirtschaftsunternehmen und -verbänden auch Raffalts Kontakte zu konservativen, halbprivaten Politikzirkeln von Interesse.

Fritz Pirkl, Umweltminister Max Streibl, Finanzminister Ludwig Huber, Wirtschaftsminister Anton Jaumann, Minister a.D. Otto Schedl sowie Staatssekretär Alfred Dick fast das gesamte bayerische Kabinett. Auch die hohe Geistlichkeit kondolierte mit Erzbischof Julius Kardinal Döpfner, Bischof Antonius Hofmann, Franz Kardinal König, Weihbischof Karl August Siegel und dem Apostolischen Nuntius Bruno Wüstenberg. Vgl. Alfons Goppel an Raffalt, München, 27.03.1975; Hans Maier an Raffalt, München, 14.04.1975; Telegramm von Franz Josef Strauß an Raffalt, 19.03.1975; Franz Heubl an Raffalt, München, 20.03.1975; Fritz Pirkl an Raffalt, München, 26.03.1975; Max Streibl an Raffalt, München, 27.03.1975; Ludwig Huber an Raffalt, München, 07.04.1975; Anton Jaumann an Raffalt, München, 25.03.1975; Otto Schedl an Raffalt, München, 27.03.1975; Alfred Dick an Raffalt, München, 17.04.1975; Julius Kardinal Döpfner an Raffalt, München, 29.03.1975; Antonius Hofmann an Raffalt, Passau, 26.03.1975; Telegramm von Franz Kardinal König an Raffalt, 05.04.1975; Telegramm von Karl August Siegel an Raffalt, ohne Datum; Bruno Wüstenberg an Raffalt, Abidjan, 23.04.1975, in: UA Passau, NL Raffalt.

[320] Er nutzte das Erscheinen seiner Werke fast ausschließlich, um das Andenken kürzlich Verstorbener zu ehren. Das waren bei „Concerto Romano" sein Vater Michael Raffalt und Ludwig Curtius, bei „Fantasia Romana" seine erste Ehefrau Anna Maria Sprovieri sowie bei „Sinfonia Vaticana" seine väterlichen Freunde Johannes Schlaaf und Rudolf Zorn. „Die kleine und die große Überfahrt" widmete Raffalt dem ersten Intendanten des BR Rudolf von Scholtz, „Das Gold von Bayern" dem Gedenken an Joseph Vaitl, den Vater seiner damaligen Freundin. „Der Papst in Jerusalem" galt dem Andenken des von Raffalt geschätzten Papstes Johannes XXIII. Aus der Reihe der Widmungen für Verstorbene fällt einzig und allein das Werk „Drei Wege durch Indien" heraus, welches er seiner damaligen Freundin Mirta Mantero Clerici zueignete.

[321] Vgl. Raffalt, Reinhard: Eine Reise nach Neapel … e parlare italiano. Ein Sprachkurs durch Italien. München 1957; Raffalt, Reinhard: Ein römischer Herbst. München 1958; Raffalt, Reinhard: Wie fern ist uns der Osten? München 1961; Raffalt, Reinhard: Der Nachfolger. Ein Schauspiel. München 1962; Raffalt, Reinhard: Wohin steuert der Vatikan? Papst zwischen Religion und Politik. München 1973. Ohne Widmung blieben meist Sonderdrucke und nicht zum Verkauf bestimmte Publikationen. Explizit einer Person gewidmet war jedoch natürlich der Sonderdruck „Zwei Reden auf eine Mutter", welcher Raffalts Trauerreden in Passau und Wien zum Tod seiner Mutter Hildegard Raffalt im Jahre 1975 umfasste.

[322] Vgl. Otto Alexander von Müller an Raffalt, München, 01.12.1960; Otto Alexander von Müller an Raffalt, München, 08.03.1961; Otto Alexander von Müller an Raffalt, München, 13.06.1961; Raffalt an Otto Alexander von Müller, Rom, 25.06.1961; Otto Alexander von Müller an Raffalt, München, 21.02.1966, in: UA Passau, NL Raffalt.

Der sogenannte „Club Preysing Palais"[322] unter der Führung des Münchner Arztes Franz Riedweg, Otto Alexander von Müller[323] sowie Alois Graf Waldburg-Zeil kann als Kristallisationspunkt für eine Vielzahl von konservativen Thinktanks gesehen werden, die in den 1960er- und 1970er-Jahren europapolitisch aktiv waren.[324] Zu ihnen zählte neben dem „Centre Européen de Documentation et Information" (CEDI)[325] auch die „Liga Europa", auf deren Tagungen Raffalt mehrmals referierte und für die er einen Aufsatz publizierte.[326] Darüber hinaus stand Raffalt mit der „Europäischen Kulturstiftung" und der „Deutschen Afrika-Gesellschaft" zeitweilig in engem Kontakt.[327]

Auf Wunsch des Passauer Bundestagsabgeordneten und Bundesministers der Justiz, Fritz Schäffer, wurde er im April 1959 in das Kuratorium der seit 1952 stattfindenden Europäischen Wochen in Passau berufen.[328] Unter seiner Mitarbeit erfolgte die dauerhafte Institutionalisierung der Europäischen

---

[323] Dies ist der Sohn des im Münchner Bürgertum der Zwischenkriegszeit sowie des Dritten Reiches äußerst wirkungsmächtigen Historikers Karl Alexander von Müller.

[324] Zur Bedeutung von konservativen europapolitischen Ideen und des Begriffs des Abendlandes vgl. Conze, Vanessa: Das Europa der Deutschen. Ideen von Europa in Deutschland zwischen Reichstradition und Westorientierung (1920–1970). München 2005, bes. S. 25–206; Plichta, Vanessa: Reich – Europa – Abendland, in: Im Sog des Westens. Sonderheft der Vorgänge. Zeitschrift für Bürgerrechte und Gesellschaftspolitik 154 (2001), S. 60–69; Plichta, Vanessa: „Eine Erneuerung des Abendlandes wird eine Erneuerung des Reiches sein". Europaideen in der Zeitschrift „Neues Abendland" (1946–1958), in: Grunewald, Michel / Bock, Hans Manfred (Hrsg.): Der Europadiskurs in den deutschen Zeitschriften (1945–1955). Bern [u.a.] 2001, S. 319–343; Schildt, Axel: Zwischen Abendland und Amerika. Studien zur westdeutschen Ideenlandschaft der 50er Jahre. München 1999; Plichta, Vanessa / Müller, Guido: Zwischen Rhein und Donau. Abendländisches Denken zwischen deutsch-französischen Verständigungsinitiativen und konservativ-katholischen Integrationsmodellen 1923–1957, in: Journal of European Integration History 5 (1999), Heft 2, S. 17–47; Jost, Jonas: Der Abendland-Gedanke in Westdeutschland nach 1945. Versuch und Scheitern eines Paradigmenwechsels in der deutschen Geschichte nach 1945. Hannover 1994; Hürten, Heinz: Der Topos vom christlichen Abendland in Literatur und Publizistik nach den beiden Weltkriegen, in: Albrecht Langer (Hrsg.): Katholizismus, nationaler Gedanke und Europa seit 1800. Paderborn 1985, S. 131–154.

[325] Zu Aufbau, Struktur und Bedeutung des „Centre Européen de Documentation et Information" (CEDI) vgl. Großmann, Johannes: Ein Europa der „Hintergründigen". Antikommunistische christliche Organisationen, konservative Elitenzirkel und private Außenpolitik in Westeuropa nach dem Zweiten Weltkrieg, in: Wienand, Johannes / Wienand, Christiane (Hrsg.): Die kulturelle Integration Europas. Wiesbaden 2010, S. 303–340.

[326] Vgl. Franz Riedweg an Raffalt, München, 05.09.1972; Raffalt an Franz Riedweg, Rom, 14.10.1972; Franz Riedweg an Raffalt, München, 03.03.1974; Raffalt an Franz Riedweg, Rom, 17.04.1974; Schriften-Reihe der Liga Europa, Reinhard Raffalt: „Europa und der Goldene Meilenstein" (Heft 5), München 1973, in: UA Passau, NL Raffalt.

[327] Vgl. Europäische Kulturstiftung an die Teilnehmer des VI. Kongresses der Europäischen Kulturstiftung in Athen, Amsterdam, 30.06.1964; Präsident der Deutschen Afrika-Gesellschaft Eugen Gerstenmaier an Raffalt, Bonn, 27.09.1963; Präsident der Deutschen Afrika-Gesellschaft Eugen Gerstenmaier an Raffalt, Bonn, 20.12.1963, in: UA Passau, NL Raffalt.

[328] Vgl. Fritz Schäffer an Raffalt, Bonn, 08.04.1959; Raffalt an Fritz Schäffer, Rom, 01.12.1959, in: UA Passau, NL Raffalt.

Wochen mit der Gründung eines eigenen Vereins.[329] Für die ersten Europäischen Wochen in Passau unter neuer Trägerschaft im Jahre 1961 sollte Raffalt ein eigenes Festspiel schreiben, das auf der Grundlage des barocken Mysterienspiels „Cenodoxus" des bayerischen Jesuitenpaters Jakob Bidermann eine Neubearbeitung des Stoffes zum Thema haben sollte. Geplant war eine Aufführung des Werkes Ende Juli 1961 unter der Intendanz von Hans Reinhard Müller. So wollte man in Passau wohl in Anlehnung an die Salzburger Tradition eigene Festspielwochen begründen.[330] Bundesminister Schäffer konnte in der Folge für die Europäischen Wochen 1961 über 100 000 DM an Spenden akquirieren[331], doch übernahm weder Hans Reinhard Müller die Intendanz noch schrieb Raffalt seinen „Cenodoxus". Die Etablierung von international renommierten Festspielen in Passau war damit vorerst gescheitert.

Am Beispiel der Europäischen Wochen Passau zeigt sich auch, wie klein das Umfeld in der bayerischen Kulturpolitik war. Im Kuratorium für die Europäischen Wochen besprach Raffalt etwa mit Walter Keim, dem Ministerialdirigenten im Bayerischen Staatsministerium für Unterricht und Kultus, die Neuorganisation der Festspiele. Später hatte Raffalt wieder mit Keim zu tun, als es um die Organisation der Asienreise des Trachtenballetts ging.[332] Hier wird die enorme Bedeutung und Stellung dieses Ministerialdirigenten im Kultusministerium deutlich, über dessen Schreibtisch von Ende der 1950er- bis in die 1970er-Jahre nahezu jede Initiative aus Bayern stammender bzw. in Bayern durchzuführender Kulturarbeit gehen musste.[333] Im Kunstausschuss des „Organisationskomitees für die Spiele der XX. Olympiade München 1972" saß neben Raffalt ebenfalls Keim. Auch als es um die Beurteilung möglicher Spielorte für Raffalts Theaterstücke „Der Nachfolger" und „Das Gold von Bayern" ging, wandte sich Raffalt vertrauensvoll an diesen.[334]

In den 1960er-Jahren bekam Raffalt so viele Anfragen zur Gremienmitarbeit, dass er nicht allen Verpflichtungen nachkommen konnte. Der Bischöflichen Studienförderung Cusanuswerk musste Raffalt ebenso absagen wie dem Ordinariat des Erzbistums München und Freising, welche ihn gerne als Referenten gewonnen hätten.[335] Es ist offensichtlich, dass Raffalt bei seinen

---

[329] Bisher hatte die Stadt Passau unter enormen finanziellen Defiziten die Trägerschaft der dortigen Festspiele innegehabt und deren Verbleib war ungewiss.
[330] Vgl. Niederschrift über die Sitzung am 28.12.1959 im Bayerischen Staatsministerium für Unterricht und Kultus, in: UA Passau, NL Raffalt.
[331] Vgl. Walter Keim an Raffalt, München, 21.03.1960, in: UA Passau, NL Raffalt.
[332] Vgl. Raffalt an Walter Keim, München, 14.01.1961, in: UA Passau, NL Raffalt.
[333] Vgl. Kapitel über Dr. Dr. Walter Keim bei Jehle, Thomas: Die auswärtige Kulturpolitik des Freistaates Bayern von 1945 bis 1978. München 2018.
[334] „Der Spiegel" schrieb schon Ende 1953, dass Ministerialrat Dr. Dr. Walter Keim Ambitionen auf den Posten des bayerischen Kultusministers hege und als „der kommende Mann der bayerischen Kulturpolitik" gelte. Vgl. „Der Spiegel" 46/1953, S. 29.
[335] Vgl. Raffalt an die Bischöfliche Studienförderung Cusanuswerk, München, 14.04.1964; Ordinariat des Erzbistums von München und Freising an Raffalt, München, 22.07.1967, in: UA Passau, NL Raffalt.

vielen Tätigkeiten auch weitere Anfragen negativ bescheiden musste. So wurde Raffalt zu Beginn der 1960er-Jahre mehrmals zu internationalen Kulturkongressen der Landeshauptstadt München eingeladen.[336] Er sollte am Eucharistischen Weltkongress 1960 teilnehmen[337] und 1963 auch Kuratoriumsvorsitzender des neu gegründeten Richard-Strauss-Konservatoriums der Landeshauptstadt München werden.[338] All dies kam nicht zustande.

Ebenfalls war Raffalt Teil des Organisationsausschusses für die internationale Woche „Italien in München 1965", er konnte jedoch aus zeitlichen Gründen an keiner der Sitzungen teilnehmen.[339] Zeitliche Dispositionen verhinderten auch eine Beteiligung Raffalts an der Vorbereitung des deutschen Beitrages für die Weltausstellung 1967 in Montreal.[340]

Darüber hinaus erhielt er für die konstituierende Sitzung des Kulturbeirats der CSU im Juni 1964 eine Einladung, doch hinderten ihn ausführliche Dreharbeiten in Südamerika an einer Teilnahme. Dem vorbereitenden Ausschuss konnte er aus terminlichen Gründen ebenso nicht angehören.[341]

Am Kunstausschuss des „Organisationskomitees für die Spiele der XX. Olympiade München 1972" nahm Raffalt teil, wo er sich in illustrer Gesellschaft befand. So gehörten diesem unter anderem Günter Grass, Erich Kästner, Herbert von Karajan, Carl Orff, Dieter Sattler und Carl Zuckmayer an. Raffalt selbst wurde den Unterausschüssen „Literatur und Publikationen" sowie „Olympisches Zeremoniell" beigeordnet und hatte die Eröffnungs- und Schlussfeier der Spiele sowie die Grundsteinlegung der Sportstätten im Mai 1969 in künstlerischer Hinsicht zu beraten.[342] Raffalt selbst sah sich als den „größten Anti-Sportler"[343] und beurteilte es „als Groteske […] im Münchner Olympiateam mitzumachen"[344], doch war die Nominierung natürlich eine große Ehre und zeugte von Raffalts Bedeutung Ende der 1960er-Jahre.

---

[336] Vgl. Klaus Bieringer vom Kulturreferat der Landeshauptstadt München an Raffalt, München, 26.07.1961; Klaus Bieringer vom Kulturreferat der Landeshauptstadt München an Raffalt, München, 13.08.1962; Stadtrat Herbert Hohenemser an Raffalt, München, November 1962, in: UA Passau, NL Raffalt.

[337] Vgl. Stadtdirektor der Landeshauptstadt München Andreas Kohl an Raffalt, München, 09.07.1959, in: UA Passau, NL Raffalt.

[338] Vgl. Alfons Ott an Raffalt, München, 26.06.1963, in: UA Passau, NL Raffalt.

[339] Vgl. 2. Bürgermeister der Landeshauptstadt München Georg Brauchle an Raffalt, München, 20.04.1964; Gerda Mauerberger an 2. Bürgermeister der Landeshauptstadt München Georg Brauchle, ohne Ort, 02.05.1964; Protokolle der Sitzungen des Organisationsausschusses „Italien in München 1965" vom 29.04.1964, 28.10.1964 und 18.11.1964, in: UA Passau, NL Raffalt.

[340] Vgl. Raffalt an Prof. Schwippert, München, 25.01.1966; Arbeitsgemeinschaft Weltausstellung Montreal 1967 an Raffalt, Düsseldorf, 17.02.1966, in: UA Passau, NL Raffalt.

[341] Vgl. Hans Pflaumer an die Mitglieder des Kulturbeirats der CSU, München, 16.11.1964, in: UA Passau, NL Raffalt.

[342] Herbert Hohenemser an die Mitglieder des Kunstausschusses, München, 22.04.1969, in: UA Passau, NL Raffalt.

[343] Raffalt an Merian-Redakteur Rainer Klofat, Rom, 08.05.1971, in: UA Passau, NL Raffalt.

[344] Ebd.

2. Schlüsselpersonen

Im Folgenden sollen einzelne Persönlichkeiten näher beleuchtet werden, die in entscheidender Weise Raffalts beruflichen Werdegang geprägt haben. Da zu Dieter Sattler, Franz Josef Strauß, Gabriele Henkel und Bruno Wüstenberg als öffentliche Personen hinreichend publiziertes Material vorliegt, wird im Gegensatz zu diesen bei Alois Fink neben dem persönlichen Verhältnis auch dessen beruflicher Werdegang kurz behandelt.

a. Alois Fink

Der 1920 in Gotteszell im Bayerischen Wald geborene Alois Fink war es, der Reinhard Raffalt im Winter 1948/49 „von der Orgelbank in Passau an den Schreibtisch nach München"[345] zum Bayerischen Rundfunk holte. Fink hatte nach dem Studium an der Ludwig-Maximilians-Universität München in den Jahren 1946 und 1947 als Redakteur für das „Straubinger Tagblatt" und die „Passauer Neue Presse" gearbeitet und wurde 1953 mit einer Arbeit über die Geschichte des Straubinger Zeitungswesens promoviert.[346]

Fink und Raffalt verband neben ihrer niederbayerischen Herkunft die Bekanntschaft mit dem BR-Intendanten Rudolf von Scholtz, der im September 1945 Oberbürgermeister von Passau geworden war und im Juli 1947 als Sendeleiter des neuen, noch unter Kontrolle der US-Militärregierung stehenden „Radio München" in die Landeshauptstadt wechselte. Darüber hinaus berichtete Fink über die Aufführungen des Passauer Singkreises[347] sowie andere Theaterstücke unter Raffalts Leitung in der „Passauer Neuen Presse".[348]

Alois Fink wechselte im September 1947 zum Rundfunk.[349] Im Januar 1954 begründete er die begleitende Rundfunkzeitschrift „gehört – gelesen"[350] und im Mai desselben Jahres erfolgte Alois Finks Ernennung zum Leiter der Hauptabteilung „Kultur und Erziehung" im Bayerischen Rundfunk[351], unter dessen Ägide Raffalt auch seine ersten, sehr positiv aufgenommenen Sendun-

---

[345] Manuskript von „Hörfunkpioniere aus Ostbayern. Erinnerungen an Reinhard Raffalt und Benno Hubensteiner", gesendet am 16.06.1996, in: BR HistArch, HF/23240.16.
[346] Vgl. Fink, Alois: Straubinger Zeitungs-Geschichte. Beiträge zu einer Geschichte der Presse in Straubing, unter besonderer Berücksichtigung des Straubinger Wochenblattes und des Straubinger Tagblatts. München 1953.
[347] Vgl. „Höfischer Abend. Veranstaltung des Singkreises Passau im Großen Rathaussaal" in der PNP vom 05.03.1946, in: UA Passau, NL Raffalt.
[348] Vgl. „Über eine Laienaufführung. Das ‚Dr. Faust-Spiel' in Passau" in der PNP vom 22.10.1946; „‚Der Sturz'. Zur Uraufführung des Singkreises Passau" in der PNP vom 16.05.1947, in: UA Passau, NL Raffalt.
[349] Vgl. Zunhammer, Thomas: Beiträge zur Geschichte des Bayerischen Rundfunks. Eine Dokumentation. München 1998, S. 64.
[350] Vgl. ebd., S. 115.
[351] Vgl. ebd., S. 117.

gen produzierte.[352] Fink und Raffalt arbeiteten zu Beginn der 1950er-Jahre im BR sehr intensiv zusammen und konnten eine Vielzahl von Hörfunkkonzepten entwerfen und gemeinsame Sendungen produzieren.[353] So berichtete Raffalt etwa auch im August 1955 zusammen mit Fink über die Beisetzungsfeierlichkeiten zum Tod von Kronprinz Rupprecht von Bayern.[354]

Ab Dezember 1955 schließlich unterstand Fink die gesamte Planung und Produktion aller kulturellen Features im Hörfunk sowie im neu entstandenen Fernsehen inklusive der Abteilungen „Hörbild" und „Dokumentarfilm".[355] Unter Finks Leitung entwickelte Raffalt auch das Konzept des Sprachkurses „Eine Reise nach Neapel … e parlare italiano", der in 72 Lektionen ab Oktober 1956 im BR ausgestrahlt und ein enormer Publikumserfolg wurde.

Mit Raffalts Anstellung beim Auswärtigen Amt erkannte Alois Fink, dass er auch selbst mit seinem beruflichen Hintergrund kulturpolitisch im Ausland tätig sein könnte, und beide besprachen verschiedene Optionen. Besonders die Leitung eines Kulturinstitutes in Nordafrika hatte es Fink angetan. Daher wurde Raffalt immer wieder aktiv, um seinen Freund Fink beim Auswärtigen Amt zur Verwendung zu empfehlen.[356] Fink blieb schließlich beim Bayerischen Rundfunk. Beide waren in entscheidender Weise an der Gründung des Studios Rom beteiligt.[357] Innerhalb des BR erzeugten ihr gutes Verhältnis und ihre Zusammenarbeit jedoch nicht nur positive Resonanz, im Gegenteil, man unterstellte den Niederbayern eine Art Vetternwirtschaft. Fink informierte Raffalt über diese internen Vorgänge, etwa, dass ihm von Programmdirektor Walter von Cube der Vorwurf gemacht werde, Raffalt zum Rundfunk geholt zu haben. Alois Fink war hingegen bezüglich der Behandlung seines Freundes anderer Meinung.[358]

In den 1960er-Jahren entwickelte sich immer mehr eine Konkurrenzsituation, die sich auch in der Besetzung des Leitungspostens des römischen BR-Studios zeigte. Es kam wiederholt zu Meinungsverschiedenheiten, das

---

[352] Vgl. Raffalt, Nina / Raffalt, Reinhard: In memoriam Reinhard Raffalt. Daten und Fakten – Reinhard Raffalt zum 75. Geburtstag. Murnau 1998, S. 23–25.
[353] Vgl. Rede „In Memoriam Reinhard Raffalt" von Alois Fink, gehalten am 29.03.1977 in der Deutschen Bibliothek in Rom, in: Stadtarchiv Passau, Handakte R 8.
[354] Vgl. Zunhammer, Thomas: Beiträge zur Geschichte des Bayerischen Rundfunks. Eine Dokumentation. München 1998, S. 122.
[355] Vgl. ebd., S. 124.
[356] Vgl. Raffalt an Schlegelberger, München, 19.08.1956, in: UA Passau, NL Raffalt.
[357] Vgl. dazu Kapitel IX der vorliegenden Arbeit.
[358] Fink an Raffalt, München, 06.08.1959, in: UA Passau, NL Raffalt: „Es geht mir darum, zu zeigen, dass Du aufgrund unserer Freundschaft eher Schwierigkeiten gehabt hast bei Aufträgen und insbesondere in der Frage der Honorare. Manches, was ich gegenüber einem mir weniger nahestehenden Autor sofort und ganz selbstverständlich vertreten hätte, habe ich bei Dir abgelehnt; für die meisten Deiner Arbeiten bei uns hättest du bei anderen Abteilungen wahrscheinlich ein höheres Honorar erhalten. […] Auf die Dauer kannst du es ja auch nicht auf Dir sitzen lassen, dass man dem Leiter der Abteilung, die Dich in der Hauptsache beschäftigt, vorhalten kann, er habe einen Gangster ins Haus gebracht."

Verhältnis kühlte sich merklich ab und beschränkte sich auf dienstliche Kontakte.[359] Fink fühlte sich zudem in seiner Funktion als Entdecker und betreuendem Redakteur des Erfolgsautors Reinhard Raffalt nicht genügend gewürdigt und wertgeschätzt.[360] Auch in Bezug auf die Urheberschaft von „Eine Reise nach Neapel … e parlare italiano" gerieten Raffalt und Fink aneinander. Schon in einem Schreiben vom August 1957 verwies Alois Fink dabei auf seine Teilhabe an den Buch- und Rundfunkrechten für den erfolgreichen Sprachkurs. Da er sich die spezielle Form des Kurses sowie den Titel anrechnete, bestand er auf einem Anteil von 1,5 % am Buchpreis sowie 10 % im Falle von Wiederholungssendungen bei anderen Rundfunkanstalten.[361] Raffalt stimmte dieser Regelung zu, jedoch zeigte sich, dass diese Problematik zu den immensen Verstimmungen zwischen den beiden in den 1960er-Jahren beitrug.[362]

In der Mitte der 1970er-Jahre wurde die Beziehung von Fink und Raffalt wieder enger, eine berufliche Konkurrenz lag nicht mehr vor, sie unterstützten sich gegenseitig.[363] Fink war sogar als Trauzeuge der Hochzeit von Rein-

---

[359] Vgl. Gespräch mit Gerda Hörl vom 24.08.2011.
[360] Vgl. Fink an die Redaktion der Zeitschrift „Gong", München, 08.06.1961, in: UA Passau, NL Raffalt: „Der schöpferische Anteil sehr vieler Redaktionen und Redakteure, deren Namen nie in Zusammenhang mit einer Sendung erscheinen, ist nämlich erheblich größer und wichtiger, als man in der Öffentlichkeit annimmt. Es ist nicht so, dass da in den Funkhäusern ein Haufen von mehr oder weniger unterbeschäftigten Leuten sitzt, die, wenn man Glück hat, die fertig angebotenen Manuskripte guter Autoren zur Sendung bringen. Eine Liste der Themen, die von den Redaktionen erarbeitet und als oft bis ins Detail gehende Anregung auch an prominente Autoren gehen, wäre unübersehbar. […] Ich meine, dass man entgegen der Zurückhaltung, die dem Rundfunk ganz allgemein in einem fast schon übergroßen Maße eigen ist, ruhig einmal über diesen Punkt sprechen kann, auch um einer ganzen Reihe in der Öffentlichkeit völlig unbekannter Redakteure für diese ständige und sehr entsagungsvolle Leistung Gerechtigkeit widerfahren zu lassen. […] Gerade die Formen, wie sie die meisten Sendungen auch von Dr. Raffalt haben, waren ja schon vorher z.B. in der Hörbild-Abteilung des Bayerischen Rundfunks sehr intensiv entwickelt worden. Ich habe diese wenigen Hinweise nicht zuletzt deswegen notiert, weil ich glaube, daß gerade Dr. Raffalt selbst darauf Wert legen würde."
[361] Vgl. Fink an Raffalt, München, 17.08.1957, in: UA Passau, NL Raffalt.
[362] Dies belegen ein Schreiben in dieser Sache von Fink an Raffalt ohne Gruß- und Schlussformel und ein sehr spätes Antwortschreiben von Raffalts Sekretärin an Fink. Vgl. Fink an Raffalt, München, 01.08.1966; Gerda Mauerberger an Fink, München, 22.02.1967, in: UA Passau, NL Raffalt.
[363] Vgl. Fink an Raffalt, München, 09.01.1975, in: UA Passau, NL Raffalt. Bemerkenswert ist, dass sich Raffalt zuvor aufgrund seiner guten Stellung bei Intendant Wallenreiter massiv für Fink einsetzte, als dieser Studioleiter des Studios Rom geworden war und sich trotzdem wegen „der Fülle von organisatorischen und der Verwaltung zugehörigen Aufgaben […] in seinem Produktionswillen behindert [fühle] und demzufolge nicht ganz glücklich" sei. Vgl. Raffalt an Wallenreiter, München, 30.01.1964, in: UA Passau, NL Raffalt. – Deswegen bat er, Fink für ein halbes Jahr von den laufenden Geschäften der Studioleitung freizustellen und ihm die Möglichkeit zur Produktion zu geben. Für die weitere Verwendung von Alois Fink gab Raffalt zu bedenken, ob man „Herrn Dr. Fink auf Grund des erstaunlichen Ensembles von Bildung, Phantasie und kritischer Begabung […] die Stellung eines Programm Advisers

hard Raffalt mit Nina Bertram am 25. Juni 1976 in Klosterneuburg vorgesehen.[364] Zu dieser kirchlichen Trauung kam es jedoch nicht mehr, und so war es Alois Fink, der am Todestag von Reinhard Raffalt im Bayerischen Rundfunk den Nachruf sprach.[365] Auch an Weihnachten 1976[366] sowie zum zehnten Todestag gedachte Fink in verschiedenen Sondersendungen öffentlich seines verstorbenen Freundes und Wegbegleiters.[367] Alois Fink verstarb am 22. Mai 2012 in München.

b. Dieter Sattler

Durch Raffalts Tätigkeit als Organist in der deutschen Nationalkirche in Rom machte er gleich in den ersten beiden Jahren seines römischen Aufenthalts die Bekanntschaft mit zwei Größen der deutsch-römischen Gesellschaft, die für seinen weiteren Lebensweg von großer Bedeutung waren: Ludwig Curtius und Dieter Sattler.

Der Archäologe Ludwig Curtius, den Raffalt durch sein Orgelspiel kennenlernte[368], lud ihn mehrmals zu sich in sein Haus ein, das einen bedeutenden Salon der deutsch-römischen Gesellschaft am Tiber darstellte.[369] Auf diesem Wege könnte der Kontakt zu Dieter Sattler entstanden sein, der für Raffalts berufliches Fortkommen in den folgenden zehn Jahren eine sehr große Rolle spielte.[370] Dieter Sattler kann in seiner Zeit als Kulturattaché

[übertragen könne], dessen hauptsächliche Tätigkeit (bei großzügiger freier Möglichkeit der Produktion) darin zu bestehen hätte, allen der Programmgestaltung dienenden Zusammenkünften im Hause beizuwohnen und allen Mitarbeitern des Hauses seine Ideen zum Programm zugänglich zu machen". Vgl. Raffalt an Wallenreiter, München, 30.01.1964, in: UA Passau, NL Raffalt.

[364] Vgl. Gespräch mit Nina Raffalt vom 03.08.2011.

[365] Vgl. Rundfunk-Manuskript von Alois Fink „Nachruf auf Reinhard Raffalt", gesendet am 16. Juni 1976, in: BR HistArch, Personenmappe Reinhard Raffalt.

[366] Vgl. „Reinhard Raffalt. Eine Auswahl aus seinen Vorträgen und Hörbildern. Einleitung von Alois Fink", gesendet am 26.12.1976, in: BR HistArch, HF / 5910.1.

[367] Vgl. Rundfunk-Manuskript von Alois Fink „Ein römischer Bürger – Erinnerung an Reinhard Raffalt", gesendet am 25.12.1985, in: BR HistArch, Personenmappe Reinhard Raffalt.

[368] Raffalt beschrieb seinen ersten Kontakt mit Ludwig Curtius nach einem Konzert in der Anima so: „Einen Tag später wurde ich angerufen: ‚Hier Curtius – (ich hatte den Olympier noch nie gesehen) – junger Mann, Sie mögen ja ein begabter Organist sein, aber was Sie da gestern gespielt haben, war ein einziger Brei, unmöglich, ganz unmöglich …!' Ich war damals kein friedfertiger Mensch und hatte große Lust beleidigt zu sein – aber dann schluckte ich und versprach, es zu bedenken. Natürlich ließ mir die Sache keine Ruhe. Ich prüfte die Akustik – und siehe, Curtius hatte recht. Schleunigst setzte ich ein neues Konzert an, und diesmal erwartete mich ein majestätischer alter Herr an der Orgeltreppe: ‚Junger Freund, alles in Ordnung – kommen Sie zu mir zum Essen.' Von diesem Tag an öffnete sich mir im Hause des wunderbaren Mannes die Herrlichkeit der römischen Geisteswelt", aus: „Die Begegnung", in: Stadtarchiv Passau, Handakte R 8.

[369] Raffalt revanchierte sich mit aufwendigen Geburtstagsgratulationen und dem Geschenk eines wertvollen Drucks von Johann Sebastian Bach. Vgl. Raffalt an Ludwig Curtius, Rom, 13.12.1952, in: UA Passau, NL Raffalt.

[370] Vgl. Gespräch mit Nina Raffalt vom 03.08.2011.

von 1952 bis 1959 als der Dreh- und Angelpunkt der deutsch-römischen Gesellschaft bezeichnet werden. So veranstaltete er regelmäßig Soireen auf seinem Landgut nahe Ostia ein wenig außerhalb der Stadt, bei denen auch Raffalt seinen ersten römischen Vortrag hielt.[371]

Erste fachliche Berührungspunkte brachte Raffalts Engagement in der Anima in Rom mit sich. Hierbei bemühte er sich immer wieder um finanzielle Mittel von Seiten der Botschaft, um ein prächtiges musikalisches Programm der deutschen Nationalkirche in Rom organisieren zu können.[372] Sein direkter Ansprechpartner bei der Deutschen Botschaft in Rom war Kulturattaché Dieter Sattler. Dadurch entstand ein reger Briefkontakt, der meist Fragen zur musikalischen Gestaltung der Anima-Konzerte oder aber gegenseitige Bitten zur Kontaktherstellung beinhaltete.[373]

Neben ihrer altbayerischen Herkunft und ihrer katholischen Verwurzelung verband beide das gleiche Kunst- und Kulturverständnis, ebenso die gemeinsame Begeisterung für die Ewige Stadt.[374] Sattler öffnete Raffalt die Tür in die Welt des Auswärtigen Amts, als er ihn für den Direktorenposten der neu zu schaffenden Deutschen Bibliothek in Rom vorschlug, und Raffalt hatte ihm auch darüber hinaus viel zu verdanken.[375] Ihre berufliche Zusammenarbeit setzte sich bis zu Sattlers Tod im Jahre 1968 fort, sei es in Rom oder in der Kulturabteilung des Auswärtiges Amtes, die Sattler von 1959 bis 1966 leitete und welche Raffalt als „Sonderbeauftragten für die deutschen Kulturinstitute in Asien und Afrika" von 1960 bis 1962 beschäftigte. Hierbei teilten sie eine gemeinsame Vorliebe für verschiedene Versuche und Experimente in der auswärtigen Kulturpolitik[376], besonders auch was den Einsatz von Filmen und Großveranstaltungen wie des Trachtenballetts betraf. Dieses gegenseitige

---

[371] Vgl. Stoll, Ulrike: Kulturpolitik als Beruf. Dieter Sattler (1906–1968) in München, Bonn und Rom. Paderborn 2005, S. 274–276.
[372] Vgl. Sattler an Raffalt, Rom, 17.10.1953, in: UA Passau, NL Raffalt.
[373] Vgl. Raffalt an Sattler, Rom, 11.03.1953; Sattler an Raffalt, Rom, 19.06.1953, in: UA Passau, NL Raffalt.
[374] Vgl. Mappe zu Dieter Sattler im NL Raffalt; hierbei besonders die Rede Raffalts anlässlich der Verleihung des Bayerischen Poetentalers im November 1969, die er als Hommage an Dieter Sattler hielt, in: UA Passau, NL Raffalt.
[375] Vgl. Rede anlässlich der Verleihung des Bayerischen Poetentalers im November 1969, in: UA Passau, NL Raffalt: „Ich möchte die Ehre, die in dem bayerischen Poetentaler steckt, und das Lob, das soeben über mich ergossen wurde, in die Erinnerung an einen Mann verwandeln. Sein Todestag jährt sich übermorgen – und als er von uns ging, war die Welt um einen Menschen ärmer, dessen Fähigkeit zur Freundschaft ein Netz von Sympathien über den Erdball gespannt hatte. Unser Land aber hatte einen seiner wahrhaftigen Söhne verloren. Ich spreche von Dieter Sattler. Ich habe nicht nur einen objektiven Grund, Ihnen diesen Mann vor Augen zu stellen, sondern auch einen persönlichen. Bedeutenden Abschnitten meiner Lebensbahn hat Sattler Richtung gegeben. Als ich nach Rom kam, zog er mich behutsam in seinen Freundeskreis und ahnte nicht, was er in mir anrichtete."
[376] Vgl. Stoll, Ulrike: Kulturpolitik als Beruf. Dieter Sattler (1906–1968) in München, Bonn und Rom. Paderborn 2005, S. 419.

Verständnis kann als eine der Triebfedern von Raffalts Karriere im Auswärtigen Amt gesehen werden. Ohne dieses personelle Netzwerk wäre Raffalts beruflicher Lebensweg mit großer Wahrscheinlichkeit anders verlaufen.[377]

Ihr freundschaftliches Verhältnis wurde durch gemeinsame Kuraufenthalte in Brixen, Einladungen in Sattlers Privathaus nach Grendach am Waginger See oder gemeinsame Reisen nach Indien geprägt.[378] Raffalt war bei den Hochzeiten von Sattlers Kindern eingeladen und sollte auch das Orgelspiel bei der Hochzeit von Sohn Christoph im Juni 1963 übernehmen.[379]

Sattler war es laut Raffalt auch, der, „obwohl ich selber bis zu meinem zwanzigsten Jahr in rein bayerischer Umgebung aufgewachsen war, […] erst in den gemeinsamen römischen Jahren mir unser Land und seinen inneren Wert bewusst gemacht [hat]"[380]. Diese enge Verbundenheit zwischen Reinhard Raffalt und Dieter Sattler findet ihren letzten Niederschlag auch direkt in Raffalts Nachlass, welcher eine eigene Personenmappe mit Bildern und Redeentwürfen enthält, die Raffalt auf seinen 1968 verstorbenen Wegbereiter und Freund gehalten hatte.

c. Franz Josef Strauß

Ein erster brieflicher Kontakt von Reinhard Raffalt mit Franz Josef Strauß ist mit der formalen Einladung zur konstituierenden Sitzung des Kulturbeirats der CSU im Juni 1964 überliefert.[381] Wahrscheinlich kannten sich beide durch ihre gemeinsamen Freunde Dieter Sattler, Franz Josef Dannecker[382] und Franz Heubl. Letzterer hatte Raffalt bereits im Dezember 1961 um einen entwicklungspolitischen Vortrag für die CSU-Landtagsfraktion gebeten.[383] Mit ihm stimmte Raffalt auch den Besuch der CSU-Landtagsfraktion

---

[377] Rainald Becker beschreibt angesichts der Verbindungen von Dieter Sattler, Reinhard Raffalt und anderen Akteuren ein „bayerisch-katholisches Netzwerk im Auswärtigen Amt der frühen 1960er-Jahre". Vgl. Becker, Rainald: Bayerische Diplomaten im Lateinamerika der Nachkriegszeit. Karl Graf Spreti und Gebhard Seelos, in: Hartmann, Peter Claus / Schmid, Alois (Hrsg.): Bayern in Lateinamerika. Transatlantische Verbindungen und interkultureller Austausch. München 2011, S. 281–315, hier S. 313.
[378] Vgl. Korrespondenz von Dieter Sattler mit Reinhard Raffalt von 1959 bis 1966, in: IfZ, ED 145 Band 87.
[379] Vgl. Raffalt an Christoph Sattler, München, 28.05.1963, in: UA Passau, NL Raffalt.
[380] Vgl. Rede anlässlich der Verleihung des Bayerischen Poetentalers im November 1969, in: UA Passau, NL Raffalt.
[381] Vgl. Einladung zur konstituierenden Sitzung des Kulturbeirats der Union am 24. Juni 1964 in München sowie Satzungsentwurf des Kulturbeirats der Union e.V., ohne Datum, in: UA Passau, NL Raffalt.
[382] Vgl. Gespräch mit Franz Georg Strauß vom 04.11.2015. Mit dem Juristen Franz Josef Dannecker hatte Raffalt in Tübingen studiert und beide waren in der katholischen Studentenschaft aktiv. Dannecker war später Schatzmeister und Justiziar der CSU und darüber hinaus Rechtsanwalt von Reinhard Raffalt sowie von Franz Josef Strauß.
[383] Vgl. CSU-Landtagsfraktion an Raffalt, München, 16.12.1961, in: UA Passau, NL Raffalt.

1969 in Rom ab, dessen Programm er selbst gestaltete.[384] Weitere Besuche von CSU-Politikern in Rom führten schließlich zu einer Verdichtung der persönlichen Beziehung zu Franz Josef Strauß, welche ab dem Jahre 1970 zu konstatieren ist.[385] Raffalt und Strauß verband ihre humanistische Bildung sowie ihre Vorliebe für die lateinische Sprache. Sie fanden sich wohl auf Anhieb sympathisch, denn es folgte eine Reihe privater Besuche in Rom, München sowie Rott am Inn.[386] Während der kommenden Jahre tauschten Reinhard Raffalt und Franz Josef Strauß besonders kleine Aufmerksamkeiten aus[387], zu denen auch handgeschriebene Weihnachtsbriefe zählten[388]. Ebenso pflegten Ehefrau Marianne und Schwester Maria Strauß Briefverkehr mit Reinhard Raffalt. Raffalt hatte das Ehepaar Strauß, als sie mit ihren beiden Söhnen im Frühjahr 1971 eine Italienreise machten, in Rom durch die Stadt geführt und dabei bleibenden Eindruck hinterlassen.[389] Mehrere Ansichtskarten der Familie Strauß aus dem Jahre 1973 bestätigen das Bild einer entstehenden Freundschaft.[390]

Im Laufe des Jahres 1974 entwickelte sich das Verhältnis von Reinhard Raffalt und Franz Josef Strauß dann sogar zu einer „Duz-Freundschaft". Dies erklärt auch den Umstand, dass Franz Josef Strauß Reinhard Raffalt anlässlich

---

[384] Vgl. Programm der Romreise der CSU-Landtagsfraktion vom 31.10.–03.11.1969, in: UA Passau, NL Raffalt.
[385] Vgl. Strauß an Raffalt anlässlich der Verleihung des Bayerischen Verdienstordens, Bonn, 10.06.1970; Raffalt an Strauß, München, 15.07.1970, in: UA Passau, NL Raffalt: „Ich benütze die Gelegenheit, ein altes Angebot zu erneuern, zu dessen Verwirklichung es leider nie gekommen ist: sollte Sie Ihr Weg nach Rom führen, so darf ich Sie herzlich bitten, an meinem Haus nicht vorüberzugehen. Es gäbe jenseits der Tagespolitik manche Dinge zu erörtern, für die in Rom ein besserer Balkonplatz ist als Bonn oder München. Vorausgesetzt natürlich, daß ich Ihrem freundlichen Schreiben zu Recht entnehme, den einmal geschlossenen Kontakt fortzusetzten, sei auch Ihnen wünschenswert."
[386] Vgl. Gespräch mit Nina Raffalt vom 03.08.2011.
[387] Vgl. Dankesschreiben von Strauß an Raffalt für eine Schallplatte mit der Aufnahme des Konzertes vom 15./16.07.1972 auf Kloster Baumburg, München, 16.01.1973, in: ACSP, NL Strauß PV 6772.
[388] Vgl. Strauß an Raffalt, München, 17.12.1972, in: UA Passau, NL Raffalt: „Zu den Festtagen und zum neuen Jahr möchten wir Ihnen unsere herzlichen Wünsche entrichten. Wir verbinden sie mit unserem Dank für Ihre unvergeßlichen Führungen, mit denen unsere Augen für viele Schönheiten der urbs eterna geöffnet, unsere Phantasie für tempora acta belebt, und unsere Sehnsucht nach der ecclesia universalis bestärkt wurden. Wir hoffen auf ein baldiges Wiedersehen in Rott oder Poli. Anbei ein kleiner Weihnachtsgruß, der Ihnen ein wenig Freude machen soll."
[389] Vgl. Marianne Strauß an Raffalt, Rott am Inn, 20.04.1971, in: UA Passau, NL Raffalt: „Wir sprechen viel von Ihnen und den zauberhaften, hochinteressanten Stunden, in denen Sie uns durch diese unglaubliche Stadt führten, die ein völlig ungebrochenes Verhältnis zur eigenen Vergangenheit, also zu einer fast 3000 jährigen Geschichte mit all ihren Wechselfällen hat. […] Ich weiß nicht, wie wir Ihnen danken können für alles, was Sie ermöglicht haben."
[390] Vgl. u.a. Ansichtskarte aus St. Tropez vom 21.08.1973; Ansichtskarte aus Rhodesien vom 16.06.1973, geschrieben vom Sohn Max Strauß, sowie Einzelgrüße von Franz Josef und Marianne Strauß, in: UA Passau, NL Raffalt.

des Todes seiner Mutter im März 1975 nicht nur per Telegramm kondolierte[391], sondern auch einen Kranz an das Grab schicken ließ.[392] In den folgenden Monaten, in denen sich eine Zusammenarbeit von Raffalt mit der Hanns-Seidel-Stiftung abzeichnete[393], ist darüber hinaus ein reger Briefverkehr zwischen ihm und Franz Josef Strauß überliefert, in dem er ihn direkt über bestimmte Ereignisse unterrichtete. So verfasste Raffalt im September 1975 gleich mehrere Berichte und Memoranden, die die Chinareise von Strauß[394] sowie einen vertraulichen Vorschlag über ein persönliches Treffen mit dem italienischen Politiker Conte Edgardo Sogno[395] bezüglich Absprachen für die OECD-Tagung im November 1975 zum Thema hatten.

Allgemein entsteht der Eindruck, dass trotz aller Berichte und Expertisen mehr ein intellektueller Austausch auf gleichem Niveau zwischen Strauß und Raffalt stattfand, als dass es um konkrete politische Planungen ging. Raffalts Analysen gehen selten ins Detail, sondern umreißen meist umfassende Themenkomplexe. Er selbst dachte weniger politisch-konkret, sondern meist in größeren Zusammenhängen.[396] Als sich die Wege von Reinhard Raffalt und der Hanns-Seidel-Stiftung wieder trennten, bestand der persönliche Briefkontakt zu Franz Josef Strauß fort und enthielt weiterhin kulturpolitische Analysen.[397] Zu Raffalts geplanter Hochzeit im Juni 1976 war Strauß ebenfalls geladen, sogar eine Beschreibung der Geschenke findet sich im Nachlass Strauß: „bunte Whiskeygläser + Karaffen"[398]. Es verwundert also kaum, dass der letzte briefliche Kontakt nur drei Tage vor Reinhard Raffalts plötzlichem Tod stattfand.[399]

---

[391] Vgl. Telegramm vom 19.03.1975: „LIEBER RAINER ZU DEM SCHMERZLICHEN VERLUST DEN DU DURCH DEN TOD DEINER MUTTER ERLITTEN HAST SPRECHE ICH DIR MEIN TIEFEMPFUNDENES BEILEID AUS – – – IN AUFRICHTIGER ANTEILNAHME DEIN FRANZ JOSEF STRAUSS", in: UA Passau, NL Raffalt.

[392] Vgl. Aufstellung der gelieferten Kränze des Bestattungs- und Überführungsinstituts Josefine Graswald, Passau, 20.03.1975, in: UA Passau, NL Raffalt: „In stillem Gedenken – Franz Josef Strauß." Raffalt seinerseits schenkte Strauß daraufhin zu dessen Geburtstag eine chinesische Vase, die seiner Mutter gehört hatte, welche „sehr glücklich über die Freundschaft mit dir und deiner Familie zu mir" war. Vgl. Raffalt an Strauß, Rom, 06.09.1975, in: ACSP, NL Strauß PV 8883.

[393] Vgl. dazu Kapitel X der vorliegenden Arbeit.

[394] Vgl. Raffalt an Strauß, Rom, 11.09.1975, in: UA Passau, NL Raffalt; Krieger, Wolfgang: Franz Josef Strauß. Der barocke Demokrat aus Bayern. Göttingen 1995, S. 84 f.

[395] Vgl. Raffalt an Strauß, Rom, 19.09.1975, in: ACSP, NL Strauß PV 9120.

[396] Vgl. Gespräch mit Nina Raffalt vom 03.08.2011; Gespräch mit Gerda Hörl vom 24.08.2011.

[397] Vgl. Raffalt an Strauß, Rom, 08.01.1976, in: UA Passau, NL Raffalt: „Lieber Franz Josef, da ich von mehreren Seiten höre, dass mein Ausscheiden aus der Hanns-Seidl-Stiftung [sic!] Deine Missbilligung gefunden hat, möchte ich dich bitten, mir ein klärendes Wort zu gestatten. Schwerwiegender als all dies ist ein anderer Grund. Ich möchte unsere bisher so harmonisch verlaufende Freundschaft keinesfalls dadurch belastet sehen, dass ich innerhalb der CSU-Arbeit eine Funktion einnehme, die den dortigen Ansprüchen nicht genügt."

[398] Einladung zur Hochzeit nach Klosterneuburg bei Wien am 25. Juni 1976, mit handschriftlichen Notizen von Strauß versehen, in: ACSP, NL Strauß PV 8936.

[399] Ansichtskarte von Strauß an Raffalt vom 13.06.1976, in: UA Passau, NL Raffalt: „Lieber Reinhard, auf unserem Rückflug von Kreta kamen wir kurz in Rom vorbei. Dein Franzl Strauß."

d. Gabriele Henkel

Von großer Bedeutung für den Ausbau von Raffalts Kontakten zur deutschen Wirtschaft sowie zu höheren gesellschaftlichen Kreisen war seine Freundschaft mit Gabriele Henkel[400], der Ehefrau des Konzernchefs Konrad Henkel.[401]

Der Kontakt ergab sich im Rahmen eines Vortrags, den Raffalt im Januar 1964 für die Parlamentarische Gesellschaft in Bonn gehalten hatte.[402] Gabriele Henkel war vor ihrer Hochzeit ebenfalls als Journalistin tätig gewesen, beide verband eine große Kunstsinnigkeit sowie die Liebe zum Mittelmeer, und so entstand über die Jahre ein ausführlicher Briefwechsel mit der späteren Kunstmäzenin.[403] Raffalt schien dem in der Korrespondenz angeschlagenen Ton nach fast ein wenig zur Familie Henkel zu gehören[404] und wirkte somit als „kultureller Botschafter zwischen Deutschland und Italien"[405] auch für das Ehepaar Henkel. So führte er Christoph Henkel, den Sohn von Gabriele und Konrad Henkel, durch Rom, was den späteren Alleinerben des Henkel-Konzerns tief beeindruckte.[406] Auch gab es eine Vielzahl von gegenseitigen Besuchen in Rom und anderen Orten.[407]

Darüber hinaus war Raffalt in den 1960er-Jahren mehrmals für Vorträge ins Hause Henkel nach Düsseldorf eingeladen.[408] Bei solchen privaten Einladungen kamen Persönlichkeiten ersten Ranges aus Politik und Wirtschaft zusammen. Diese Treffen im „Salon Henkel" ermöglichten Raffalt das Knüpfen neuer Kontakte und einen Austausch mit den höchsten Kreisen der Bonner Republik. Sogar Bundeskanzler Konrad Adenauer bedauerte einmal, einen Vortrag von Raffalt aus Zeitgründen nicht wahrnehmen zu können, obwohl ihn „sowohl das Thema wie auch die Persönlichkeit des Vortragenden"[409] sehr interessiert hätten.

---

[400] Vgl. Henkel, Gabriele: Die Zeit ist ein Augenblick. Erinnerungen. München 2017.
[401] Vgl. Kahnt, Antje: Düsseldorfs starke Frauen. 30 Portraits. Düsseldorf 2016, S. 145–150.
[402] Vgl. Gespräch mit Gabriele Henkel vom 24.06.2015.
[403] Vgl. u. a. Gabriele Henkel an Raffalt, Düsseldorf, 24.01.1964; Gabriele Henkel an Raffalt, Athen, 12.05.1964; Gabriele Henkel an Raffalt, Düsseldorf, 27.05.1964, in: UA Passau, NL Raffalt.
[404] Vgl. Raffalt an Konrad Henkel, ohne Ort, 27.02.1974, in: UA Passau, NL Raffalt.
[405] Gespräch mit Gabriele Henkel vom 24.06.2015.
[406] Vgl. Konrad Henkel an Raffalt, Düsseldorf, 03.08.1972, in: UA Passau, NL Raffalt.
[407] Vgl. Gespräch mit Gabriele Henkel vom 24.06.2015.
[408] Vgl. Einladung zum Vortrag von Reinhard Raffalt durch Konrad und Gabriele Henkel am 14.12.1964 zum Thema „Rom mit Rom im Streit"; Einladung zum Vortrag von Reinhard Raffalt durch Konrad und Gabriele Henkel am 11.05.1966 zum Thema „Über die Blasphemie"; Einladung zur Filmvorführung der „Fantasie über Orlando. Leben und Gedanken des Komponisten Orlando di Lasso 1532 – 1594" von Reinhard Raffalt durch Konrad und Gabriele Henkel am 18.12.1969, in: UA Passau, NL Raffalt.
[409] Konrad Adenauer an Gabriele Henkel, Bonn, 26.11.1964, in: UA Passau, NL Raffalt.

Auch wenn Raffalt die Freundschaft mit Gabriele Henkel nicht als „Türöffner in höhere Kreise" benutzte[410], so ist dennoch zu konstatieren, dass sich aus diesem Netzwerk für Raffalt neue Anknüpfungspunkte etwa zur Europäischen Kulturstiftung oder zu Vorständen deutscher Großunternehmen ergaben.[411] Es kann dabei als Zeichen echter Verbundenheit zur Familie Henkel gesehen werden, dass Raffalt noch eine Woche vor seinem Tod ein Telegramm an Konrad Henkel verschickte und ihm zu seiner Ernennung als Ehrenbürger der Stadt Düsseldorf gratulierte: „Was man Dir heute verliehen hat, ist das Beste, das ein Mann für sich selbst im Leben erreichen kann. Ehre, Bürgersinn und Recht sichtbar gemacht in einer Person geben nicht einfach eine Anerkennung, sie bilden eine Würde. In herzlicher Mitfreude und treuer Freundschaft, Dein Reinhard P.S.: Ausgiebiger lateinischer Text folgt zum Jubiläum."[412]

e. Bruno Wüstenberg

Durch seine Tätigkeit als Organist der deutschen Nationalkirche Santa Maria dell'Anima und als kirchenmusikalischer Dozent für das Collegium Germanicum Anfang der 1950er-Jahre kam Raffalt schon sehr früh in Kontakt mit bedeutenden Protagonisten des deutschsprachigen Klerus in Rom.[413] Auch durch seine Freundschaft mit Pater Remigius Rudmann OSB und seine vielen Besuche an der Hochschule der Benediktiner Sant'Anselmo war Raffalt vielen angehenden Würdenträgern der katholischen Kirche bekannt und mit ihnen vernetzt, unter anderem etwa mit dem späteren Kardinal Augustin Mayer OSB.[414]

Den mit Abstand wichtigsten klerikalen Kontakt im Vatikan stellte für Reinhard Raffalt jedoch Monsignore Bruno Wüstenberg dar[415], der von 1947 bis 1966 die Abteilung für deutschsprachige Länder im Staatssekretariat

---

[410] Gespräch mit Gabriele Henkel vom 24.06.2015.
[411] Vgl. u.a. Europäische Kulturstiftung an die Teilnehmer des VI. Kongresses der Europäischen Kulturstiftung in Athen, Amsterdam, 30.06.1964; Vortrag am 04.12.1975 bei der Aachener und Münchner Versicherung, in: UA Passau, NL Raffalt.
[412] Glückwunschtelegramm von Raffalt an Konrad Henkel zur Ernennung als Ehrenbürger der Stadt Düsseldorf am 09.06.1976, in: UA Passau, NL Raffalt.
[413] Raffalt an Johannes Schlaaff, Rom, 22.09.1953, in: UA Passau, NL Raffalt: „Ich schreibe Ihnen vom Sommerschloss des Collegium Germanicum aus, wohin man mich freundlicherweise eingeladen hat. San Pastore liegt in der Naehe des alten Etruskerortes Palestrina, in einer klassischen Landschaft, mitten in ausgedehnten Oelgaerten, voellig abgelegen vom Verkehr, ideal um auszuruhen. Wir machen sehr viel Musik hier und geniessen den Gedankenaustausch mit den kuenftigen deutschen Bischoefen und Praelaten nach Herzenslust. Ich glaube, Sie wissen schon, dass ich seit etwa einem Jahr die musikalischen Dinge in diesem Colleg betreue."
[414] Vgl. Gespräch mit Pater Remigius Rudmann OSB am 06.06.2014.
[415] Bruno Wüstenberg war ebenfalls ein enger Freund von Dieter Sattler. Daher tauschten sich Raffalt, Wüstenberg sowie Sattler regelmäßig über private wie politische Dinge aus. Vgl. Stoll, Ulrike: Kulturpolitik als Beruf. Dieter Sattler (1906–1968) in München, Bonn und Rom. Paderborn 2005, S. 95 sowie S. 458 f.

des Vatikans leitete und später als Bischof und Nuntius am Heiligen Stuhl Karriere machte. Wüstenberg war der erste Deutsche seit 400 Jahren, der zum Apostolischen Pro-Nuntius ernannt wurde, und somit in den 1960er-Jahren einer der einflussreichsten deutschsprachigen Kleriker im Vatikan.[416]

Raffalt und Wüstenberg waren spätestens seit 1955 gut miteinander bekannt.[417] Eine rege Korrespondenz zeigt in den folgenden beiden Jahrzehnten, dass beide einander vertrauten und sich gegenseitig Gefallen erwiesen. So bat Raffalt etwa im Jahre 1963 Bruno Wüstenberg um einen päpstlichen Orden für den Vater von August Everding, der in München Raffalts „Nachfolger" inszenierte, sowie um eine Papstaudienz für seinen Freund beim Auswärtigen Amt, Heinrich Röhreke.[418] Wüstenberg erkundigte sich bei Raffalt wiederum nach geeigneten Kandidaten für den Posten des Honorarkonsuls für San Marino in München[419] und bat Raffalt in einer für ihn kompromittierenden Angelegenheit um Unterstützung[420], welche dieser mit einer eidesstattlichen Erklärung auch lieferte.[421] Sogar als Wüstenberg Mitte der 1960er-Jahre Apostolischer Pro-Nuntius in Tokio wurde, riss der Briefkontakt nicht ab und Raffalt besuchte ihn auch auf seiner Japanreise.[422]

In vielen Dingen waren Raffalt und Wüstenberg sich wohl recht ähnlich: charmant im Auftreten, äußerst flexibel im Denken und Handeln und barock in der Lebensführung.[423] Für Raffalts Beziehungen zum Heiligen Stuhl stellte Bruno Wüstenberg die Schlüsselperson dar. Er vermittelte Raffalt an die betreffenden Stellen in der Kurie und fungierte somit für ihn als „Türöffner". Darüber hinaus versorgte er ihn mit teilweise internen Informationen aus der Kurie, die Raffalt je nach Brisanz in Berichten, Zeitungsartikeln oder Büchern auswertete.[424]

---

[416] Vgl. Koss, Siegfrid / Löhr, Wolfgang (Hrsg.): Biographisches Lexikon des KV, Band 6, Schernfeld 2000, S. 102 f.
[417] Vgl. Raffalt an Bruno Wüstenberg, Rom, 30.09.1955, in: UA Passau, NL Raffalt.
[418] Vgl. Raffalt an Bruno Wüstenberg, München, 04.02.1963; Raffalt an August Everding, München, 10.04.1963, in: UA Passau, NL Raffalt.
[419] Vgl. Bruno Wüstenberg an Raffalt, Rom, 26.09.1962, in: UA Passau, NL Raffalt.
[420] Vgl. Raffalt an Fe Dine, ohne Ort, 06.06.1964, in: UA Passau, NL Raffalt.
[421] Vgl. Eidesstattliche Erklärung von Reinhard Raffalt, Rom / München, 06.06.1964, in: UA Passau, NL Raffalt.
[422] Vgl. Bruno Wüstenberg an Raffalt, Tokio, 27.05.1967; Raffalt an Bruno Wüstenberg, München, ohne Datum, in: UA Passau, NL Raffalt.
[423] Vgl. Gespräch mit Oriol Schaedel vom 09.05.2014.
[424] Wüstenberg schien den Dramaturgen Rolf Hochhuth mit vertraulichen Informationen über den Heiligen Stuhl während des Zweiten Weltkriegs versorgt zu haben, die dieser anschließend für sein Bühnenstück „Der Stellvertreter" verwendete. Vgl. Feldkamp, Michael F.: Pius XII. und Deutschland. Göttingen 2000, S. 178. Auch Raffalt konnte für sein Theaterstück „Der Nachfolger" auf Informationen Wüstenbergs aus dem Konklave nach dem Tod Pius' XII. zurückgreifen.

V. Reinhard Raffalt und die katholische Kirche – Das Zweite Vatikanische Konzil, Liturgiereform und Ostpolitik

Aufgrund seiner elterlichen Erziehung sowie seines Aufwachsens in Passau kann Reinhard Raffalt als traditioneller Katholik bezeichnet werden, der dem althergebrachten lateinischen Ritus anhing. Mit seiner Übersiedlung nach Rom ins Zentrum der katholischen Kirche war Raffalt am Kristallisationspunkt seines religiösen Wertekanons angekommen. So hatte er auch gleich zu Beginn seiner Tage in der Ewigen Stadt eine Privataudienz bei Papst Pius XII.[425]

In seinen Überzeugungen war Raffalt dabei meist an der Tradition orientiert und übernahm viele Gedanken und Ideen aus einem starken Geschichtsbewusstsein heraus. Somit stand er freilich in Opposition zu vielen innerkirchlichen Reformen, die ab den 1960er-Jahren angestoßen worden waren.[426]

Bereits im November 1965 skizzierte der Vatikankenner[427] in einem Vortrag für die Württembergische Bibliotheksgesellschaft und die Dante-Gesellschaft in Stuttgart den gewaltigen Wandel durch das Zweite Vatikanische Konzil[428]. Mit großer Besorgnis sprach er über Strukturveränderungen in der katholischen Kirche und warnte vor einem Ausverkauf der Traditionen, vor zu eifriger Anpassung und Demokratisierung sowie vor Abstrichen in der Würde und der Sonderstellung des Papsttums. Raffalt wollte keine Kirche der Armut, die ihren Kunstbesitz verkaufe und auf ein festliches Zeremoniell verzichte. Dies bedeutete für ihn vielmehr ein falsches Pathos der Einfachheit und Bescheidenheit und damit das Ende des barocken Roms.

---

[425] Raffalt verwahrte die Ausgabe des „Osservatore Romano" mit seiner Namensnennung als Audienzgast extra in seinen Akten. Vgl. Titelblatt des „Osservatore Romano" Nr. 76 des Jahres 1951, in: UA Passau, NL Raffalt.
[426] Vgl. Gespräch mit Pater Remigius Rudmann OSB am 06.06.2014.
[427] Dass Reinhard Raffalt ein sehr intimer und kenntnisreicher Vatikanexperte war, bezeugt auch eine von ihm mit handschriftlichen Zusätzen versehene Liste des Kardinalskollegiums beim Konklave nach dem Tod von Papst Johannes XXIII. Während er viele Kardinäle handschriftlich genauer charakterisierte und er bei Kardinal Leo Jozef Suenens den Zusatz „papabile" anbrachte, versah er Kardinal Giovanni Battista Montini, den späteren Papst Paul VI., mit dem Zusatz „papabilissimo". Vgl. Alphabetische Liste des Kardinalskollegiums nach dem Stand vom 31.05.1963, mit handschriftlichen Zusätzen von Reinhard Raffalt versehen, in: UA Passau, NL Raffalt.
[428] Zur theologisch-historischen Einordnung des Zweiten Vatikanischen Konzils vgl. Böttigheimer, Christoph (Hrsg.): Zweites Vatikanisches Konzil. Programmatik – Rezeption – Vision. Freiburg im Breisgau 2014; Pesch, Otto Hermann: Das Zweite Vatikanische Konzil. Vorgeschichte – Verlauf – Ergebnisse – Wirkungsgeschichte. Würzburg 2011; Schelhas, Johannes: Das Zweite Vatikanische Konzil. Geschichte – Themen – Ertrag. Regensburg 2014; Melloni, Alberto (Hrsg.): Das II. Vatikanische Konzil. Geschichte – Bedeutung – Wirkung. Ein Historischer Atlas. Milano / Stuttgart 2015.

V. Reinhard Raffalt und die katholische Kirche | 91

Reinhard Raffalt bei einer Audienz von Papst Johannes XXIII.[427]

Raffalt war überzeugt davon, dass gerade eine menschliche Kirche eine gewisse Flughöhe brauche und kein Heranrücken an die Welt. Vielmehr mache eine Aufwertung der Funktion des Papstes als moralische Instanz die Kirche menschlicher: „Nicht Vereinfachung der Feierlichkeit des Gottesdienstes, sondern Erhöhung. [...] Auch solle sich der Papst nicht auf eine Ebene mit Staatsoberhäuptern stellen. [...] Das päpstliche Amt bezeichne, daß es auf Erden noch etwas Heiliges gebe. Dieses Heilige sollte sich nicht entschleiern."[430]

Für Raffalt bedeutete dabei dieses barocke Kirchenverständnis die Entfaltung von Glanz und Prunk, um im Diesseits ein Abbild des Jenseits zu schaffen. Wichtig waren ihm eine üppig ausgebreitete Sinnlichkeit sowie ein Schwelgen im Diesseits mit der Vorstellung, dass erst im Jenseits die letzte Verklärung stattfinde. Er zog den Schluss, dass die römisch-katholische Kirche und vornehmlich das Papsttum nur im Barock die wahre Heimat finden können. Ebenso war er davon überzeugt, dass dieser barocke Sinnesrausch in

---

[429] Vgl. Privatbesitz Nina Raffalt, Bildbestand Reinhard Raffalt.
[430] „Was wird aus dem Papsttum? Ein Vortrag von Reinhard Raffalt in der Bibliotheksgesellschaft" in den Stuttgarter Nachrichten vom 15.11.1965, in: UA Passau, NL Raffalt.

Zeremonie, Weihrauch, Gesängen und Musik einen enormen Anziehungspunkt für Menschen biete. Dies könne sie für die Dauer eines Gottesdienstes in eine besondere Stimmung versetzen und vielleicht sogar für einige Zeit dem Alltag entrücken. Das war sein liturgisches Idealbild.

Für ihn als Organisten, aber auch als Katholiken waren dabei neben der Kirchenmusik das Mysterium der Eucharistie und ein allgemeines ästhetisches Gefühl sehr wichtig. Dies wurde für Raffalt in der architektonisch-kunsthistorischen Programmatik des Gotteshauses sowie durch Latein als Sprache der heiligen Messe deutlich.[431] Eine Profanisierung des Ritus lehnte er entschieden ab: „Es ist nicht notwendig, dem Priester, wenn man ihn als einen Bürger dieser Welt versteht, feudale Privilegien zuzuerkennen, die unserer Gesellschaftsform nicht mehr entsprechen. Aber muß deshalb wirklich der Gottesdienst mit vernüchtert werden? Ich wünschte mir sehr einen Klerus, der in Einfachheit und Bescheidenheit lebt. Ich wünschte mir aber weiterhin den Gottesdienst in allem ausdenkbaren Glanz gefeiert, und zwar in der erkennbaren Tendenz, daß es sich dabei nicht um einen Dienst an den Menschen für Gott, sondern um den Dienst der Menschen an Gott handelt."[432] Somit unterstützte Raffalt zusammen mit verschiedenen Persönlichkeiten des kulturellen Lebens wie dem Dirigenten Enoch zu Guttenberg, dem Kunsthistoriker Wolfgang Braunfels, der Publizistin Cornelia Gerstenmaier oder dem Philosophen Helmut Kuhn die „Aktion zur Erhaltung der Tridentinischen Messe", die im Januar 1976 ein Rundschreiben an die Deutsche Bischofskonferenz verfasste.[433] Insgesamt konnte Raffalt im Verlauf der 1960er-Jahre mit den Ergebnissen des Zweiten Vatikanischen Konzils sowie einer politischen Annäherung des Vatikans an die Staaten des Ostblocks nur sehr wenig anfangen – vielmehr wurde er zu einem scharfen Kritiker dieser neuen Tendenzen.

In produktiver Hinsicht sollte sein Streiten gegen eine neue Ostpolitik des Vatikans sowie das Ende althergebrachter römischer Liturgie mit ihren Riten das „Spätwerk" Reinhard Raffalts in den 1970er-Jahren bilden, das er mit großem persönlichem Engagement vorantrieb und das den Nerv der Zeit traf. So war der Produktion der dreiteiligen Sendung „Das Ende des römischen Prinzips" von Seiten des BR die größtmögliche Unterstützung zuteilgeworden.[434] Für die Dreharbeiten hatte Raffalt ein Empfehlungsschreiben des deutschen Botschafters am Heiligen Stuhl, Hans Berger, an den Substituten des Päpstlichen Staatssekretariats, Erzbischof Giovanni Benelli, erhalten,

---

[431] Vgl. Gespräch mit Pater Remigius Rudmann OSB am 06.06.2014.
[432] Manuskript von „Fastenzeit der christlichen Kultur", in: UA Passau, NL Raffalt.
[433] Vgl. Rundschreiben der Aktion zur Erhaltung der Tridentinischen Messe an die Deutsche Bischofskonferenz, München, Januar 1976, in: UA Passau, NL Raffalt.
[434] Vgl. BR-Kalkulation der Produktion „Das Ende des römischen Prinzips" von Rudolf Mühlfenzl, München, 02./03.09.1970, in: UA Passau, NL Raffalt.

in dem Raffalt bescheinigt wurde, dass er „in den kulturell gehobenen Schichten Deutschlands bestens eingeführt"[435] sei und als „konservativer Katholik […] durch eine solche Sendung in einer breiten Öffentlichkeit das Bild zurechtrücken [würde], das moderne Publizisten progressistischer Tendenz vom Heiligen Vater und dem Katholizismus entwerfen"[436].

Raffalt selbst bezeichnete sein Vorhaben insgesamt als „eine der kühnsten Unternehmungen meiner bisherigen Tätigkeit"[437]. Ausgehend von zwei Vorträgen, die er im Winter 1968 an der Katholischen Akademie in München gehalten hatte, formulierte er dabei als Kernthese, dass „das römische Element in der katholischen Kirche mit diesem Papst [Paul VI.] sein Ende erreicht"[438] habe. Raffalt selbst war davon überzeugt, das Papsttum gehöre in seiner bisherigen Form der Vergangenheit an und die Kirche würde sich in den kommenden 20 Jahren „antizentralistisch, regional, lokal, antiautoritär, antidisziplinär, in Theologie und Organisation weit über die Forderungen der Reformation hinausgehend"[439] entwickeln. Diesen Stoff wollte er für das Fernsehen „für den Durchschnittszuschauer"[440] begreiflich machen und anschließend die Auswertung seiner Untersuchungen in Form eines Buches vornehmen. Mit „Wohin steuert der Vatikan?" erschien dieses Werk im Jahre 1973 und verkaufte sich gut. Doch läutete es auch Raffalts gesellschaftliches wie auch journalistisches Ende als intimer Vatikankenner ein.[441] Raffalt blieb in seinen letzten Jahren nur noch ein Festhalten an der Tridentinischen Messe und der Kontakt mit Gleichgesinnten, was ihn jedoch kirchenpolitisch und journalistisch zum Außenseiter machte.

Einen letzten Auftritt als Vatikanexperte im Fernsehen hatte Reinhard Raffalt in der Sendung „Im Gespräch: Hans Küng im Kreuzfeuer", die am 28. Oktober 1974 im Bayerischen Fernsehen ausgestrahlt wurde. Neben Raffalt bildeten Hans Küng sowie Carl Amery und Moderator Josef Othmar Zöller die Mitdiskutanten der lebhaften Sendung, in der Raffalt jedoch kaum mehr als Stichwortgeber und Deuter der aktuellen innerkirchlichen Fragen auftreten konnte.[442]

---

[435] Botschafter Hans Berger an Erzbischof Giovanni Benelli, Rom, 04.08.1970, in: UA Passau, NL Raffalt.
[436] Ebd.
[437] Raffalt an Heinrich Röhreke, Rom, 17.04.1970, in: UA Passau, NL Raffalt.
[438] Ebd.
[439] Ebd.
[440] Ebd.
[441] Vgl. Gespräch mit Pater Remigius Rudmann OSB am 06.06.2014.
[442] Vgl. Stenographierter Mitschnitt der Sendung „Im Gespräch: Hans Küng im Kreuzfeuer" vom 28.10.1974, in: UA Passau, NL Raffalt.

VI. Reinhard Raffalt als Publizist

1. Journalistisches Schaffen

Bereits als Jugendlicher machte Reinhard Raffalt seine ersten journalistischen Erfahrungen. So veröffentlichte er als 16-Jähriger in der „Donau-Zeitung" einen ausführlichen Bericht über ein Gastkonzert des NS-Frankenorchesters in Passau.[443] Es folgte in den Jahren 1940, 1941 und 1942 eine Vielzahl weiterer Artikel, die sich thematisch mit klassischer Musik[444], Passauer Kunstgeschichte und Heimatkunde[445] sowie Sportereignissen der Jugend[446] beschäftigten.

Nach dem Zweiten Weltkrieg schrieb Raffalt für die neu gegründete „Passauer Neue Presse". Zunächst widmete er sich als Feuilleton-Redakteur seinen früheren Schreibversuchen folgend hauptsächlich musikalischen und kulturellen Themen. Doch durch erste große Auslandsreisen in den Jahren 1949 nach Italien[447], 1950/51 nach Spanien[448] sowie 1951 nach

---

[443] Vgl. „Schubert-Strauß-Abend. Das NS-Frankenorchester in Passau" in der DZ vom 24.01.1940; „Franz Schubert – Johann Strauß. Gastkonzert des NS-Frankenorchesters. Ein großes musikalisches Erlebnis" in der DZ vom 25.01.1940, in: UA Passau, NL Raffalt.

[444] Vgl. „Johannes Brahms. Zur 43. Wiederkehr des Todestages eines großen Komponisten" in der DZ vom 05.04.1940; „Mozart-Serenade im Gymnasium. Unter Leitung von Otto Dunkelberg. 128. Stiftungsfest des Musikalischen Vereins" in der DZ vom 15.07.1941; „W. A. Mozart. Zu seinem 150. Todestag am 05. Dezember" in der DZ vom 05.12.1941; „Bach – Beethoven – Mozart. Zum Musikabend des HJ-Bannerorchesters" in der DZ vom 25.03.1942; in: UA Passau, NL Raffalt.

[445] Vgl. „1490 – Wolf Huber – 1940. Fürstlicher Hofmaler in Passau. ‚Ein ehrsam und kunstreich Mann'" in der DZ vom 29.08.1940; „Abbild von Macht und Meisterschaft. Die Sammlung von Alt-Passauer Siegeln im Ostmarkmuseum Oberhaus" in der DZ vom 12.08.1941; „Was alte Passauer Portale erzählen. Für Wesen und Geschichte. Künder kunstgeschichtlicher Entwicklung" in der DZ vom 30.11.1941; „Die Passauer Kaiserhochzeit im Bild. Wagners Gemälde im Rathaussaale. Apotheose des prunkenden Barock" in der DZ vom 15.12.1941; in: UA Passau, NL Raffalt.

[446] Vgl. „Hitlerjugend-Schwimmfest" in der DZ vom 28.06.1941; „Das Bann-Schwimmfest der Jugend. Bei starker Beteiligung gute Gesamtleistung und verbesserte Zeiten" in der DZ vom 02.07.1941; „Morgen Bann- und Untergausportfest" in der DZ vom 05.07.1941; „JM-Lager auf Oberhaus. Schulung der Führerinnen der Jungmädel" in der DZ vom 31.07.1941; „Filmstunde der Hitlerjugend" in der DZ vom 13.10.1941; „Sportfest des Gymnasiums. Gute Ergebnisse wurden erzielt. Gemeinschaftsleistung war entscheidend" in der DZ, ohne Datum; „Was JM-Führerinnen können. Ein Jahr fleißiges Lernen brachte in der Prüfung schönsten Erfolg" in der DZ vom 01.04.1942, in: UA Passau, NL Raffalt.

[447] Vgl. Zeitungsartikel „Aufstand in Calabrien" in der PNP vom 17.04.1950; Zeitungsartikel „Es ist kein Friede unter den Oliven Italiens. Die hungernden Menschen in Calabrien fühlen sich verlassen und revoltieren" in der PNP vom 23.11.1950; „Gerechtigkeit für die Gefangenen" in der PNP vom 01.09.1950, in: UA Passau, NL Raffalt.

[448] Vgl. Zeitungsartikel „Spanien – Land der Gegensätze. Bericht von einer Spanienreise im Januar 1951" in der PNP vom 08.03.1951, in: UA Passau, NL Raffalt.

Frankreich[449] beschäftigte sich Raffalt auch mit überregionalen, internationalen Themen.

Als er im April 1951 seinen Lebensmittelpunkt nach Rom verlegt hatte, bemühte sich Raffalt um einen neuen journalistischen Auftraggeber. Er fand diesen in der „Neuen Zeitung", deren Leiter der Nachrichtenabteilung er bereits aus München kannte.[450] Die journalistischen Aufträge von NZ-Chefredakteur Hans Wallenberg an Raffalt waren meist tagespolitisch verortet und befassten sich mit der Universalität der katholischen Kirche und ihrer Probleme in den kommunistischen Ländern. Raffalt hingegen interessierte sich mehr für kulturelle Themen und versuchte oft vergeblich, diese bei der „Neuen Zeitung" unterzubringen.

Dies zeigt recht deutlich das Spannungsfeld der unterschiedlichen Auffassungen, in dem Raffalt und seine Auftraggeber oftmals über Jahrzehnte lebten. Raffalt verstand sich als Kulturjournalist weitgehend unabhängig vom Tagesgeschehen, die Zeitungs- und Zeitschriftenredaktionen hingegen wollten mit tagesaktuellen Nachrichten versorgt werden.

Wenn man Raffalts Artikel in den ersten beiden Monaten seiner Tätigkeit für die NZ in Betracht zieht, wird jedoch deutlich, dass er sich mit dem Aufgabenprofil als Korrespondent für in erster Linie tagesaktuelle Themen doch recht gut arrangiert zu haben schien.[451] Er wurde in der römischen Stampa Estera akkreditiert und durfte den offiziellen Titel „Vatikankorrespondent" führen.[452] Grundsätzlich fällt in der Korrespondenz zwischen Raffalt und der NZ auf, mit welchem Selbstvertrauen Raffalt eigene zeitliche Versäumnisse erklärte[453], mit welcher Selbstverständlichkeit er (oft ver-

---

[449] Vgl. „Pariser Bilderbogen. Blick auf die 2000-jährige französische Hauptstadt im Frühling" in der PNP vom 05.04.1951, in: UA Passau, NL Raffalt.
[450] Vgl. Leiter der NZ-Nachrichtenabteilung Andrew Gregoriades an Raffalt, München, 23.08.1951, in: UA Passau, NL Raffalt.
[451] Vgl. Raffalt an den Leiter der NZ-Nachrichtenabteilung Andrew Gregoriades, Rom, 09.12.1951, in: UA Passau, NL Raffalt: „Aktivierung der katholischen Laienwelt, Marienerscheinung des Papstes, Weltmissionstag, Wissenschaftl. Erschließung der Osterinsel, Grabungsbericht von S. Peter erscheint, Katholische Südafrikaexpedition, Die psychologische Seite des Marienproblems, Die Stellungnahme des Vatikans zur Geburtenkontrolle, Ein Dom wird erhalten, Zweite Papstrede zur Geburtenkontrolle, Aegyptens Christen in Bewegung".
[452] Vgl. Raffalt an den Leiter der NZ-Nachrichtenabteilung Andrew Gregoriades, Rom, 05.09.1951; Raffalt an den Leiter der NZ-Nachrichtenabteilung Andrew Gregoriades, Rom, 20.09.1951; Leiter der NZ-Nachrichtenabteilung Andrew Gregoriades an Raffalt, München, 26.09.1951; in: UA Passau, NL Raffalt.
[453] Vgl. Raffalt an NZ-Chefredakteur Hans Wallenberg, München, 14.11.1951, in: UA Passau, NL Raffalt: „Ich möchte Ihnen versichern, sehr geehrter Herr Wallenberg, dass ich nach wie vor besten Willens bin, für Sie zu arbeiten und dass ich mir darüber klar bin, es handle sich bei der vorliegenden Schwierigkeit um eine technische Kinderkrankheit der journalistischen Beziehungen zwischen der Neuen Zeitung und mir, die bei positiver Einstellung wohl zu überstehen sein dürfte." – Raffalt an NZ-Chefredakteur Hans Wallenberg, Rom, 27.01.1953, in: UA Passau, NL Raffalt: „Auch hat sich die sonst ganz friedliche Kombination meiner

geblich) Wünsche wie die Bezahlung einer Reise nach Salamanca zu Recherchezwecken[454] äußerte und dass er oftmals unter dem monatlichen Soll von 500 Zeilen blieb, dies jedoch stets eloquent so auslegte, als habe er das Soll erfüllt.[455]

Als Mitte Juli 1953 die Mittel des amerikanischen Kongresses für die NZ gekürzt wurden, war auch für Raffalt eine Reduzierung seines Zeilensatzes um 30 % Realität.[456] Ende des Jahres kam das „geschäftliche Ende"[457] der bisherigen Form der NZ, sie wurde nur noch in verkleinerter Form bis 1955 in Berlin produziert. Raffalt bemühte sich sogleich um Kontaktaufnahme mit dem neuen Chefredakteur der Berliner „Neuen Zeitung" und fragte nach der Möglichkeit, nun sein Berichtsgebiet auf ganz Italien ausdehnen zu können.[458] Dieser Erweiterung des Korrespondenzbereiches konnte nicht entsprochen werden, da die NZ mit Louis Barcata bereits über einen Italienkorrespondenten verfügte. Dennoch führte Raffalt seine Tätigkeit fast bis zur Einstellung der Berliner NZ fort – wenn auch in bescheidenerem Maße als noch in den Jahren 1951 bis 1953.[459]

Weitere kleinere journalistische Arbeiten über gesellschaftliche Themen aus Rom lieferte Raffalt ab September 1951 über die Süddeutsche Presseagentin des „Kosmos Press Bureau London", Ilse Collignon[460], an verschiedene deutsche Zeitschriften.[461] Oftmals betextete Raffalt auch nur vorhandene Bilderstrecken, wobei er und Madeleine Mollier dabei zusammenarbeiteten und sich

---

Taetigkeit fuer Rundfunk und Neue Zeitung diesmal als sehr widerspenstig erwiesen. Aber wie gesagt – es lag wohl sehr an meiner Unerfahrenheit – es war das erste Mal, dass ich Berichterstattung in solchem Tempo zu machen hatte – als an allem anderen. Bitte, wenn moeglich, lassen Sie Ihren berechtigten Aerger verrauchen und betrachten Sie das Vorgefallene als eine journalistische Kinderkrankheit von mir – das naechste Mal wirds hoffentlich klappen."

[454] Vgl. NZ-Chefredakteur Hans Wallenberg an Raffalt, München, 22.09.1951, in: UA Passau, NL Raffalt.

[455] Vgl. Raffalt an den Leiter der NZ-Nachrichtenabteilung Andrew Gregoriades, Rom, 29.02.1952, in: UA Passau, NL Raffalt: „Damit duerfte nach dem ueblichen Schluessel 2:3 [gemeint ist das Verhältnis von Maschinenzeilen zu Druckzeilen] das vereinbarte Soll von 500 Druckzeilen im Monat erreicht sein." – Raffalt an den Leiter der NZ-Nachrichtenabteilung Andrew Gregoriades, Rom, 01.03.1953, in: UA Passau, NL Raffalt: „Ich glaube, das entspricht ungefaehr unserer Vereinbarung von 500 Druckzeilen, und ich bestaetige Ihnen hiermit, dass ich fuer obenstehende Betraege noch keinerlei Honorar erhalten habe."

[456] Vgl. Leiter der NZ-Nachrichtenabteilung Andrew Gregoriades an Raffalt, Frankfurt, 27.07.1953, in: UA Passau, NL Raffalt.

[457] Leiter der Außenpolitischen Redaktion der NZ Heinz-Adolf von Heintze an Raffalt, Frankfurt, 03.11.1953, in: UA Passau, NL Raffalt.

[458] Vgl. Raffalt an NZ-Chefredakteur Marcel W. Fodor, Rom, 09.11.1953, in: UA Passau, NL Raffalt.

[459] Vgl. NZ-Sekretärin Fischer an Raffalt, Berlin, 26.11.1953; Purchase Order über den Artikel „Kerzen strahlen zu Ehren der Madonna" vom 17.02.1954, in: UA Passau, NL Raffalt.

[460] Vgl. Raffalt an Ilse Collignon, Rom, 03.09.1951, in: UA Passau, NL Raffalt.

[461] Dabei handelte es sich etwa um die „Elegante Welt", „Quick" oder „Echo der Woche".

die anfallenden Honorare teilten.[462] Auch für den „Spiegel"[463] lieferte Raffalt Hintergrundberichte über die politische Situation in Persien, die er durch persönliche Kontakte Molliers kannte.[464] Jedoch blieb es hierbei bei sporadischen Arbeiten, nur wenigen Veröffentlichungen und einer sehr angespannten finanziellen Lage in seinen Anfangsjahren in Rom.[465] Ein größeres journalistisches Projekt über die Beziehungen des Vatikans zu NS-Deutschland und die Rolle des Papstes in den Kriegswirren, für das Raffalt vatikanische Archivmaterialien liefern sollte, konnte nicht zum Abschluss gebracht werden.

Insgesamt ist festzuhalten, dass seine einzige dauerhafte journalistische Beziehung die freie Mitarbeiterschaft mit der „Passauer Neuen Presse" war. Für die PNP berichtete Raffalt in unregelmäßigen Abständen während der gesamten 1950er-, 60er- und 70er-Jahre vor allem über kirchliche und vatikanische Themen. Diese Kontinuität fußte auf einer tiefen Verbundenheit Raffalts mit seiner Heimatstadt sowie auf der Persönlichkeit des PNP-Verlegers Hans Kapfinger, der für Raffalt nach dem frühen Tod seines Vaters „die Rolle eines väterlichen, freundschaftlichen Protektors"[466] übernommen hatte. Kapfinger war es auch, der sehr früh Raffalts journalistische Begabungen, aber auch Schwächen erkannt hatte. So bekam Raffalt etwa eine größere Zahl der ersten Artikel, die er von Rom aus an die PNP schickte, mit der Anmerkung zurückgesandt, dass sie viel zu allgemein und ohne Korrespondenten-Mehrwert geschrieben seien. Kapfinger riet ihm, seine „politischen Passionen aufzugeben, keine Leitartikel mehr zu schreiben, sondern uns zu helfen, die Seite 3 besser auszugestalten, indem Sie uns kulturell interessante Dinge aus den südlichen Ländern in leicht faßlicher Form berichten. Vor allem kommt es auf Substanz und nicht auf Meinung und umschweifende Reden an."[467]

Im Laufe der 1960er-Jahre gab es wiederholt verschiedene Artikel-Anfragen an Raffalt, etwa von der FAZ über das Phänomen des Buddhismus[468] oder von den Zeitschriften „Quick"[469] bzw. „Epoca"[470] für ein Papstinterview oder andere römische Themen, die er jedoch nicht wahrnahm. Sie markieren den zeitlichen Höhepunkt seines Bekanntheitsgrades sowie seines „Marktwerts". Im Jahre 1965 sollte Reinhard Raffalt von der im Axel Springer Verlag

---

[462] Vgl. Raffalt an Ilse Collignon, Rom, 11.09.1951, in: UA Passau, NL Raffalt.
[463] Vgl. Artikel „Wird der rechte Mann getötet?", in: „Der Spiegel", 30/1952, S. 18–20.
[464] Vgl. Ilse Collignon an Raffalt, Stuttgart, 24.07.1952, in: UA Passau, NL Raffalt.
[465] So besaß Reinhard Raffalt auch bis mindestens 1955 kein eigenes Auto. Vgl. Raffalt an Carola Seethaler, ohne Ort, 02.04.1955, in: UA Passau, NL Raffalt.
[466] Raffalt an Hans Kapfinger, Rom, 03.07.1957, in: UA Passau, NL Raffalt.
[467] Hans Kapfinger an Raffalt, Passau, 21.02.1952, in: UA Passau, NL Raffalt.
[468] Vgl. FAZ-Redakteur Bruno Dechamps an Raffalt, Frankfurt, 27.08.1963, in: UA Passau, NL Raffalt.
[469] Vgl. Quick-Redakteur Friedrich Carl Piepenburg an Raffalt, München, 08.02.1963, in: UA Passau, NL Raffalt.
[470] Vgl. Epoca-Redakteur Ewald Struwe an Raffalt, München, 11.09.1963, in: UA Passau, NL Raffalt.

erschienenen Zeitschrift „Kristall. Die anspruchsvolle Illustrierte" zur Abfassung einer aufwendigen, mehrteiligen Serie über das Leben von Jesus Christus gewonnen werden, was jedoch an den hohen Honorarforderungen Raffalts scheiterte. Als in den 1970er-Jahren die Zeitschrift „Merian"[471] Reinhard Raffalt um einen Artikel über die Olympischen Spiele in München bat, lehnte er dankend ab, da er im Organisationskomitee für die Olympischen Spiele saß und so einige publizistische Einschränkungen in Kauf nehmen müsse. Für das Merian-Heft im Dezember 1970 über Rom steuerte Raffalt jedoch einen ausführlichen Artikel bei.[472]

Trotz seiner vielen journalistischen Aktivitäten sah sich Raffalt nicht als klassischen Journalisten, sondern im weitesten Sinne als „Homme de lettres". Aktuelle Themen interessierten ihn nur am Rande. Den Großteil seines Lebensunterhaltes verdiente er in seinen gut 30 Berufsjahren in anderen Feldern. Dass Reinhard Raffalt von den in Rom lebenden Journalisten nicht wirklich als Kollege angesehen wurde, zeigt auch das Fehlen seines Namens in einer Auflistung von Journalisten des Jahres 1964, „die auf eine gewisse Anciennität zurückblicken und sich wenigstens mehr als zehn Jahre in Rom oder in Italien"[473] aufhielten.

2. Literarisches Schaffen

a. Reise- und Romliteratur

Seinen ersten publizistisch-literarischen Kontakt hatte Reinhard Raffalt mit dem Glock & Lutz Verlag in Nürnberg. Der Verlagsinhaber Karl Borromäus Glock hatte Raffalt bereits im Sommer 1953 über den Bayerischen Rundfunk zu kontaktieren gesucht.[474] In den kommenden zwei Jahren folgten schließlich einige Briefwechsel und persönliche Treffen, in denen die Möglichkeiten einer Zweitverwertung von Raffalts Hörbildern erörtert worden waren, ohne dass jedoch ein genaues Buchprojekt beschlossen wurde. Nach einigem Hin und Her war das Buch „Drei Wege durch Indien", das auf sein dreiteiliges BR-Hörbild mit dem gleichnamigen Titel aufbaute, im April 1957 frei für den Druck.[475] Die Verbreitung des Buches verlief jedoch nur

---

[471] Vgl. Merian-Redakteur Rainer Klofat an Raffalt, Hamburg, 16.04.1971, in: UA Passau, NL Raffalt.

[472] Vgl. Merian-Redakteur Rainer Klofat an Raffalt, Hamburg, 21.05.1971, in: UA Passau, NL Raffalt.

[473] Josef Schmitz van Vorst an den Pressereferenten der Deutschen Botschaft in Rom, Dieter Heumann, ohne Ort, 21.03.1964, in: Archiv des DHI, N29 K 515.

[474] Vgl. Karl Borromäus Glock an den Bayerischen Rundfunk, Nürnberg, 25.07.1953, in: UA Passau, NL Raffalt.

[475] Vgl. Raffalt, Reinhard: Drei Wege durch Indien. Berichte und Gedanken über einen Erdteil. Nürnberg 1957.

schleppend: So konnten im ersten halben Jahr nach Veröffentlichung gerade einmal 424 Exemplare verkauft werden.[476] Trotz einiger positiver Rezensionen schoben sich Verlagsleitung und Raffalt dabei gegenseitig den Schwarzen Peter zu, nicht genug Werbung für „Drei Wege durch Indien" gemacht zu haben. Zur Auseinandersetzung kam es auch bezüglich einer Weiterverwertung des Buches als einfaches Taschenbuchheftchen seitens des Verlages, was Raffalt entschieden ablehnte.

Neben „Drei Wege durch Indien" fanden jedoch noch andere Werke aus Raffalts Feder, die er für den Bayerischen Rundfunk verfasst hatte, publizistische Verwertung. So veröffentlichte der Süddeutsche Verlag im April 1957 mit „Die kleine und die große Überfahrt" Raffalts gleichnamige BR-Hörbildreihe, die seine Reise nach Ostasien und die Erfahrungen mit dem Buddhismus zum Thema hatte.[477] Raffalt selbst war mit der Gestaltung des Buches sehr zufrieden und die Leserschaft schien es auch zu sein, denn in den ersten beiden Monaten gingen 530 Exemplare über den Ladentisch.[478]

Ebenso trat der Süddeutsche Verlag im Jahre 1959 an Raffalt heran und wollte ihn für diverse Buchprojekte über Orlando di Lasso, Friedrich II. oder den Islam analog zu seinem den Buddhismus behandelnden Buch „Die kleine und die große Überfahrt"[479] gewinnen[480], doch Raffalt musste wegen Arbeitsüberlastung absagen.[481] Über die Jahre bekam er darüber hinaus immer wieder Angebote von anderen Verlagen wie dem Bertelsmann-, Beck- oder Pustet-Verlag.[482]

Reinhard Raffalts allgemeiner Durchbruch als Schriftsteller und Romkenner kann präzise an einem Buch festgemacht werden: „Concerto Romano", das 1955 im Prestel-Verlag erschien.[483] In feinem Plauderton nimmt Raffalt die Leser mit auf eine Wanderung durch das Rom der Antike und des Barock. Dabei ist das Werk weder ein klassischer Reiseführer noch ein

---

[476] Vgl. Karl Borromäus Glock an Raffalt, Nürnberg, 19.10.1957, in: UA Passau, NL Raffalt.
[477] Vgl. Helmut Schering vom Süddeutschen Verlag an Raffalt, München, 09.04.1957, in: UA Passau, NL Raffalt.
[478] Vgl. Helmut Schering vom Süddeutschen Verlag an Raffalt, München, 13.06.1957, in: UA Passau, NL Raffalt.
[479] Vgl. Raffalt, Reinhard: Die kleine und die große Überfahrt. Eine Reise zu den Menschen Buddhas. München 1957.
[480] Vgl. Helmut Schering vom Süddeutschen Verlag an Raffalt, München, 07.01.1959, in: UA Passau, NL Raffalt.
[481] Vgl. Raffalt an Helmut Schering vom Süddeutschen Verlag, Rom, 03.03.1959, in: UA Passau, NL Raffalt.
[482] Diese lehnte er jedoch stets ab, da er sich mit dem Prestel-Verlag verlegerisch und persönlich verbunden fühlte. Vgl. Dieter Struß vom Bertelsmann Verlag an Raffalt, Gütersloh, 15.04.1958; Raffalt an Dieter Struß vom Bertelsmann Verlag, Rom, 14.05.1958; Herr Wiemer von der Beck'schen Verlagsbuchhandlung an Raffalt, München, 10.03.1959; Raffalt an Herrn Wiemer von der Beck'schen Verlagsbuchhandlung, Rom, 16.03.1959; Raffalt an Georg W. Volke vom Verlag Friedrich Pustet, München, 14.12.1964, in: UA Passau, NL Raffalt.
[483] Vgl. Raffalt, Reinhard: Concerto Romano. Leben mit Rom. München 1955.

geschichtlicher Abriss – vielmehr besticht „Concerto Romano" passend zu seinem Titel durch seine filigran komponierte Orchestrierung aus kunsthistorischen Beschreibungen, antiken Legenden, Schilderungen des römischen Alltagslebens und feingeistigen Sentenzen.

Raffalt traf damit den Nerv der Zeit und es dauerte keine vier Jahre, bis ein Nachfolger für „Concerto Romano" auf den Markt gebracht wurde.[484] Während „Fantasia Romana" – thematisch eine durchgängig geschriebene, von einer Vielzahl geschichtlicher Einschübe, Anekdoten sowie Mythen und Legenden durchsetzte Beschreibung der Stadt Rom – direkt an „Concerto Romano" anknüpfte, stellte „Sinfonia Vaticana" aus dem Jahre 1966 einen elaborierten Führer durch die päpstlichen Sammlungen und die Kunstdenkmäler der vatikanischen Paläste dar.[485] Hierin beschreibt Raffalt das Papsttum als Synthese von Antike und Renaissance, in dem durch die Schönheit der Kunst ein Weg gefunden worden sei, sich der Herrlichkeit Gottes anzunähern.

Raffalts drei Bücher über Rom „Concerto Romano", „Fantasia Romana" und „Sinfonia Vaticana" wurden in den Feuilletons der meisten Zeitungen äußerst positiv besprochen und bildeten somit den Grundstock seines schriftstellerischen Ruhms.[486]

Der enorme Erfolg, welcher „Concerto Romano" beschieden war, ließ auch Pläne reifen, es ins Italienische zu übersetzen und in Italien zu verlegen. Der renommierte Mailänder Verlag Aldo Martello zeigte großes Interesse, es kam jedoch zu keiner Übereinkunft, da das „Concerto" mehr für ein ausländisches Publikum geschrieben war.[487]

Darüber hinaus gab es mit „Ein römischer Herbst"[488] und „Der Papst in Jerusalem"[489] zwei Werke in Raffalts Œuvre, die sich direkt mit kurialen, römischen Ereignissen beschäftigten. Während „Ein römischer Herbst" die dramatischen Wochen zwischen dem Tod von Papst Pius XII. und dem Konklave zur Wahl von Johannes XXIII. beschrieb, ging es in „Der Papst in Jerusalem" um die erste Reise eines Papstes ins Heilige Land sowie

---

[484] Vgl. Raffalt, Reinhard: Fantasia Romana. Leben mit Rom II. München 1959.
[485] Vgl. Raffalt, Reinhard: Sinfonia Vaticana. Ein Führer durch die Päpstlichen Paläste und Sammlungen. Leben mit Rom III. München 1966.
[486] Vgl. u.a. „Concerto Romano" in der FAZ vom 08.03.1956; „Ist Cäsar tot?" in der FAZ vom 29.08.1959; „Von den Alpen bis Neapel. Zu neuen Italienbüchern von Nils von Holst und Reinhard Raffalt" in der FAZ vom 12.12.1957; „Kunst im Vatikan. Reinhard Raffalt: ‚Sinfonia Vaticana'" in der FAZ vom 08.10.1968, in: UA Passau, NL Raffalt; Vgl. „Deutscher Geist in Rom" in der SZ ohne Datum, in: Archiv des DHI, N29 K 144.
[488] Vgl. Aldo Martello an Raffalt, Milano, 09.10.1956; Raffalt an Aldo Martello, Rom, 15.11.1956; Aldo Martello an Raffalt, Milano, 21.11.1956; Raffalt an Aldo Martello, Rom, 22.10.1957; Aldo Martello an Raffalt, Milano, 06.11.1957; Raffalt an Aldo Martello, Rom, 21.05.1958; Aldo Martello an Raffalt, Milano, 26.05.1958, in: UA Passau, NL Raffalt.
[489] Vgl. Raffalt, Reinhard: Ein römischer Herbst. München 1958.
[490] Vgl. Raffalt, Reinhard: Der Papst in Jerusalem. München 1964.

Porträt von Reinhard Raffalt, Ende der 1950er-Jahre[490]

mögliche Perspektiven, die sich daraus für das Verhältnis der Weltreligionen ergeben könnten.

Mit dem Prestel-Verlag verband Raffalt seit „Concerto Romano" ein beinahe freundschaftliches Verhältnis. So erschienen dort neun seiner zwölf zu Lebzeiten entstandenen Bücher[491] und das sollten, wenn man von dem 1973 im Piper-Verlag erschienenen „Wohin steuert der Vatikan?" einmal absieht, auch seine erfolgreichsten Werke sein. Ende des Jahres 1968 waren etwa von „Concerto Romano" bereits 58 000 Stück, vom Nachfolgewerk „Fantasia Romana" 23 000 Stück und vom Sprachkurs „Eine Reise nach Neapel … e parlare italiano" 39 000 Stück gedruckt.[492] Diese drei Bücher

---

[490] Vgl. Privatbesitz Nina Raffalt, Bildbestand Reinhard Raffalt.
[491] Im Prestel-Verlag, München, erschienen „Concerto Romano", Erstauflage 1955; „Eine Reise nach Neapel … e parlare italiano", Erstauflage 1957; „Ein römischer Herbst", Erstauflage 1958; „Fantasia Romana", Erstauflage 1959; „Wie fern ist uns der Osten?", Erstauflage 1961; „Der Nachfolger"; Erstauflage 1962; „Der Papst in Jerusalem"; Erstauflage 1964; „Sinfonia vaticana", Erstauflage 1966 sowie „Das Gold von Bayern", Erstauflage 1966. Im Glock & Lutz-Verlag in Nürnberg war das „Drei Wege durch Indien", Erstauflage 1957; im Süddeutschen Verlag in München „Die Kleine und die Große Überfahrt", Erstauflage 1957; im Piper-Verlag in München „Wohin steuert der Vatikan?", Erstauflage 1973.
[492] Vgl. Anmeldung Raffalts beim Schutzverband deutscher Schriftsteller e.V. vom 01.12.1968, in: UA Passau, NL Raffalt.

brachten Raffalt in den ersten gut zehn Jahren ihres Erscheinens etwa 110 000 DM ein.[493] Ein solcher Erfolg erklärte wohl auch die Bereitschaft des Prestel-Verlages, Raffalt ungewöhnlich hohe Vorschüsse zu bezahlen sowie ihm mit Krediten immer wieder finanziell auszuhelfen.[494]

„Concerto Romano" wurde letztmalig 1999 in der 14. Auflage gedruckt, „Fantasia Romana" 1996 in der 8. Auflage, „Sinfonia Vaticana" in der 5. Auflage 1986. Einzig „Eine Reise nach Neapel … e parlare italiano" kann immer noch neu erworben werden und befindet sich gegenwärtig in der 16. Auflage von 2006.

Posthum erschienen schließlich noch einige Bücher, die aus dem Nachlass von Raffalts Hörbildern, Vorträgen und Essays gespeist wurden. Im Prestel-Verlag waren dies „Cantata Romana"[495] sowie „Divertimento Romano"[496], welche den vierten und fünften Band der Rom-Reihe darstellten, und „Große Gestalten der Geschichte"[497] sowie „Romanische Welt"[498].

Im Piper-Verlag erschienen des Weiteren „Große Kaiser Roms"[499], „Musica Eterna"[500] und „Abendländische Kultur und Christentum"[501]. Dazu kamen noch einige Beiträge in Sonderdrucken[502], Kleinstpublikationen[503] sowie Aufsätze in Sammelbänden.[504]

---

[493] Meist bekam Raffalt 6 % vom Ladenpreis der gedruckten Auflage bzw. 7,5 % vom Ladenpreis der verkauften Auflage.
[494] Vgl. Prestel-Verlag an Raffalt bzgl. der Gewährung eines erneuten Vorschusses von DM 5000 auf nun insgesamt DM 19 000, München, 26.03.1958, in: UA Passau, NL Raffalt.
[495] Vgl. Raffalt, Reinhard: Cantata Romana. Römische Kirchen. Leben mit Rom IV. München 1977.
[496] Vgl. Raffalt, Reinhard: Divertimento Romano. Leben mit Rom V. München 1978.
[497] Vgl. Raffalt, Reinhard: Große Gestalten der Geschichte. München 1979.
[498] Vgl. Raffalt, Reinhard: Romanische Welt. Reiseberichte aus Italien und Spanien. München 1980.
[499] Vgl. Raffalt, Reinhard: Große Kaiser Roms. München 1977.
[500] Vgl. Raffalt, Reinhard: Musica Eterna. Aus fünf Jahrhunderten abendländischer Musik. München 1978.
[501] Vgl. Raffalt, Reinhard: Abendländische Kultur und Christentum. Essays. München 1981.
[502] Vgl. Döpfner, Julius Kardinal (Hrsg.): 1675–1975. 300 Jahre Theatinerkirche. München 1975; Huber, Ludwig (Hrsg.): Bayern. Deutschland. Europa. Festschrift für Alfons Goppel. Passau 1975.
[503] Vgl. Carl Friedrich von Siemens Stiftung (Hrsg.): Das Problem der Kontaktbildung in der zeitgenössischen Gesellschaft. München 1960; Raffalt, Reinhard: Zwei Meditationen. München 1961; Raffalt, Reinhard: Das Ende des römischen Prinzips. München 1970; Raffalt, Reinhard: Die Kirche zum Heiligen Geist – wörtlich genommen. Vortrag am 14.10.1971 in der Hl.-Geist-Kirche zu München anläßlich der Festwoche „700 Jahre Pfarrei Hl. Geist". München 1971; Raffalt, Reinhard: Die verborgenen Geschenke der Kirche vom Heiligen Geist. Vortrag am 17.10.1975 in der Heilig-Geist-Kirche zu München anläßlich der Wiederherstellung der Asamschen Deckenfresken. München 1975.
[504] Vgl. u. a. in Fink, Alois (Hrsg.): Unbekanntes Bayern III. München 1959; Schindler, Herbert (Hrsg.): Bayerns goldenes Zeitalter. Bilder aus Barock und Rokoko. München 1968; Neumann, Hermann (Hrsg.): Grafenau. Bayerischer Wald. 600 Jahre Stadt 1376–1976. Grafenau 1976.

b. „Wohin steuert der Vatikan?"

Neben seinem kulturell-erbaulichen literarischen Œuvre findet sich auch ein Werk in seinem Opus, das sich kritisch mit damals aktuellen Themen der katholischen Kirche auseinandersetzte. Denn Raffalt beschäftigte sich ab Mitte der 1960er-Jahre viel mit zeitlichen Umbrüchen, jedoch waren sie nicht vordringlich gesellschaftlicher, sondern eher kultureller und religiöser Natur. Hörbilder mit Titeln wie „Das Ende des barocken Rom", „Der Verzicht auf Schönheit", „Das Ende des römischen Prinzips" etc. gipfelten schließlich in seinem Buch „Wohin steuert der Vatikan?", das im Piper-Verlag erschien.

Der erste Kontakt zum Piper-Verlag ergab sich bereits im Jahre 1969, als Verleger Klaus Piper und seine Gattin von Raffalt zu einer Sondervorführung seines Fernsehfilms über Orlando di Lasso in seine Wohnung im Palazzo del Grillo eingeladen wurden.[505] Des Weiteren war Piper auch bei Raffalts Vortrag in der Katholischen Akademie über den „Verfall des römischen Prinzips" zugegen und wollte dessen Thesen gleich in Buchform verwirklicht finden: Raffalt solle ein Buch über die gegenwärtige Weltsituation des Vatikans verfassen.[506] Da dieses Thema den hauptsächlich an Kunst- und Kulturbänden interessierten Prestel-Verlag nicht betraf, sagte Raffalt zu und „Wohin steuert der Vatikan?" erschien im Herbst 1973.[507]

Darin behandelte Reinhard Raffalt vor allem zwei Entwicklungen des Vatikans sehr kritisch. Zum Ersten war dies ein Schwenk vatikanischer Außenpolitik nach links, die Aufgabe einer kompromisslos ablehnenden Haltung gegenüber den sozialistischen Staaten und die damit verbundene Annäherung an diese.[508] Laut Raffalt war Paul VI. davon überzeugt, dass die katholische Kirche ihren universellen Anspruch nur in Verbindung mit den Ideen des Sozialismus bewahren könne. Dies ging mit einer veränderten vatikanischen Ostpolitik[509] einher, die sich – die Notlage stark bedrängter nationaler Episkopate und deren Gläubigen vermeintlich vernachlässigend – entschieden gegen den Kapitalismus aussprach. Des Weiteren mündete sie in einer Annäherung an die Sowjetunion sowie in einem Unterstützungskurs gegenüber der arabisch-islamischen Welt auf der einen und einer reservierten Haltung zu Israel auf der anderen Seite. Darüber hinaus wollte Paul VI. die katholische Kirche als einzig denkbare Vermittlerin eines dauerhaften Weltfriedens, das heißt als eine geistliche Parallel-Institution zu den UN, etablieren. Für dieses Ziel hätte es jedoch einer weitgehend geschlossenen Einheit

---
[505] Vgl. Klaus Piper an Raffalt, München, 23.07.1969, in: UA Passau, NL Raffalt.
[506] Vgl. Klaus Piper an Raffalt, München, 11.12.1970, in: UA Passau, NL Raffalt.
[507] Vgl. Raffalt an Klaus Piper, ohne Ort, 14.02.1971, in: UA Passau, NL Raffalt.
[508] Vgl. Rotte, Ralph: Die Außen- und Friedenspolitik des Heiligen Stuhls. Eine Einführung. 2., vollständig überarbeitete Auflage. Wiesbaden 2014, S. 277.
[509] Zur weiteren Einordnung vgl. Hummel, Karl-Joseph (Hrsg.): Vatikanische Ostpolitik unter Johannes XXIII. und Paul VI. 1958–1978. Paderborn / München 1999.

des Christentums bedurft. Als erster Schritt sollte dabei die Verständigung mit der unter der Kontrolle der Sowjetunion stehenden orthodoxen Kirche erfolgen. Dies erklärte auch das Zugehen auf die kommunistischen Staaten, in deren Staatsgebiet ja auch 92 % aller orthodoxen Christen lebten.[510] Das alles waren gewagte Thesen[511], die historische Kontextualisierung kommt dabei zu einem etwas ausgewogeneren Urteil: Paul VI. habe, wie seine Vorgänger, die totalitären sozialistischen Regime nicht richtig eingeschätzt und daraus Schlüsse für seine politische Agenda gezogen.[512]

Der zweite große Themenkomplex, den Raffalt kritisierte, war der Verfall römischer Traditionen. Die Liturgiereform sei Ausdruck einer gewollten neuen Formlosigkeit und „progressiver" Kulturfeindlichkeit, die im Ausverkauf der weltumspannenden Kultsprache Latein ihren Ausdruck finde. Dies war in Raffalts Augen ein sinn- wie würdeloses Opfer vor den Götzen des Zeitgeistes und die Aufgabe von althergebrachter „Schönheit". Trotzdem wollte er seine Kritik nicht als generelle Ablehnung der Verwandlung des kirchlichen Erbes verstanden wissen. Im Gegensatz dazu kritisierte er interne Disziplinierungsversuche durch Paul VI. in der innerkirchlichen Diskussion, welche für ihn nur Steigbügelhalter für die Verwirklichung einer prosozialistischen Politik waren. Raffalt beschrieb Paul VI. als einen Papst, der sich innerkirchlich konservativ verhielt, um außenpolitisch progressiv verfahren zu können.

Reinhard Raffalts Trauer über das Verstummen der gregorianischen Choräle, das Ende römischen Brauchtums sowie den Rückgang der lateinischen Sprache behandelte indes nicht die Frage, inwieweit diese Traditionen in sich schon morsch und von morbider Gestalt waren. Vielmehr wurden durch das Zweite Vatikanische Konzil[513] Realitäten geschaffen, die mehr ästhetische Ausprägungen betrafen als den kirchlichen Universalitätsanspruch Roms.

---

[510] Vgl. Raffalt, Reinhard: Wohin steuert der Vatikan? Papst zwischen Religion und Politik. München 1973, S. 130 f.

[511] Im vollkommenen Gegensatz zu Raffalt behandelte Hansjakob Stehle die Vatikanische Ost- und Versöhnungspolitik in seinem ebenfalls im Piper-Verlag erschienenen Werk unkritisch akklamierend. Vgl. Stehle, Hansjakob: Die Ostpolitik des Vatikan. 1917–1975. München / Zürich 1975; erweitert vgl. Stehle, Hansjakob: Geheimdiplomatie im Vatikan. Die Päpste und die Kommunisten. Zürich 1993, S. 297–347.

[512] Eine Beurteilung der vatikanischen Ostpolitik unter Paul VI. ist dabei problematisch. Während er in Teilen durchaus erfolgreich war, hatte seine Versöhnungspolitik auch viele negative Folgen für die Christen in den sozialistischen Staaten. Vgl. Ernesti, Jörg: Paul VI. Der vergessene Papst. Freiburg im Breisgau 2012, S. 263–275.

[513] Zur theologisch-historischen Einordnung des Zweiten Vatikanischen Konzils vgl. Böttigheimer, Christoph (Hrsg.): Zweites Vatikanisches Konzil. Programmatik – Rezeption – Vision. Freiburg im Breisgau 2014; Pesch, Otto Hermann: Das Zweite Vatikanische Konzil. Vorgeschichte – Verlauf – Ergebnisse – Wirkungsgeschichte. Würzburg 2011; Schelhas, Johannes: Das Zweite Vatikanische Konzil. Geschichte – Themen – Ertrag. Regensburg 2014; Melloni, Alberto (Hrsg.): Das II. Vatikanische Konzil. Geschichte – Bedeutung – Wirkung. Ein Historischer Atlas. Milano / Stuttgart 2015.

Barocke Elemente und die Theatralik der tridentinischen Liturgie, wie sie über Jahrhunderte den Ritus beherrscht hatten und auch noch in Raffalts Bühnenstück „Der Nachfolger" zehn Jahre zuvor beschworen worden waren, traten nun in den Hintergrund.

In einem Interview mit der Münchner Abendzeitung wiederholte Raffalt seine Anliegen bezüglich der inneren Verfassung der Kirche. Ihm fehle eine richtige innerkirchliche Auseinandersetzung, die klar abgrenzt und sich nicht in Beliebigkeit verliere. Darüber hinaus vermisse er in der nachkonziliaren Liturgie die Möglichkeit, als wirklich religiöser Mensch seinem Erlebnis schöpferischen Ausdruck zu verleihen: „Was machen Sie bei der heutigen Armseligkeit mit Leuten, deren Leben sowieso armselig ist, die aber einst in der Kirche das Gegenteil zu ihrem Alltag gesucht und gefunden haben?"[514] Raffalt warf also eine nicht nur ästhetische, sondern in ihrer Ausprägung inhaltlich-existenzielle Frage auf, die er jedoch auch nicht abschließend beantworten konnte oder wollte.

„Wohin steuert der Vatikan?" wurde sehr breit in den Feuilletons deutschsprachiger Zeitungen[515] und in theologischen Zeitschriften[516] besprochen,

---

[514] „Rom ist ein Weichtier. ‚Wohin steuert der Vatikan?' AZ-Gespräch mit Autor Reinhard Raffalt" in der AZ vom 27.02.1974, in: UA Passau, NL Raffalt.

[515] Vgl. Rezension von Hansjakob Stehle in der „Zeit" vom 07.12.1973; „Vom Mut, unmodern zu sein. Reinhard Raffalts neues Buch über den Vatikan" in der SZ vom 01./02.12.1973; „Wohin die Ostpolitik Pauls VI. steuert. Wiedervereinigung mit der Orthodoxie als Ziel" in der FAZ vom 22.12.1973; „Ein Rest von Geheimnis. Zwei Bücher über den Vatikan" in NZZ vom 16.11.1973; „Quo vadis, Domine?" in „Die Presse" vom 07.11.1973; „Mit Spekulationen gefüllt" in „Westfälische Nachrichten" vom 03./04.11.1973; „Rom ist ein Weichtier. ‚Wohin steuert der Vatikan?' AZ-Gespräch mit Autor Reinhard Raffalt" in der AZ vom 27.02.1974; „Was leistet die geistliche UNO?" in MM vom 28.11.1973; Besprechung „Verwirrt vom Vatikan" durch Adolf Holl in der „Welt am Sonntag" vom 18.11.1973; Besprechung „Römisches – allzu Römisches" von Walter Dirks in „Die Welt" vom 03.01.1974; „Frontalangriff auf die Ostpolitik des Vatikans. Buch eines deutschen Katholiken: Ist der Papst ein Sozialist?" in „Die Welt" vom 29.01.1974; „Opfer vor dem Götzen Zeitgeist. Zu Reinhard Raffalts kritischer Neuerscheinung ‚Wohin steuert der Vatikan?'" in der „Augsburger Allgemeinen" vom 19./20.01.1974; Kolumne „Bayern aktuell" von Franz Schönhuber in der AZ vom 15.02.1974; Besprechung in der „Kirchenzeitung für das Erzbistum Köln" vom 25.01.1974; „Die heile Welt steht kopf. Was steckt hinter der abenteuerlichen These vom linksorientierten Papst Paul VI.?" in „Vorwärts" vom 02.05.1974; „Gott schreibt gerade auch auf krummen Zeilen" im Bayernkurier vom 02.03.1974; „Vatikan – was tun? Weihnachtliche TV-Diskussion und zwei Bücher. Wohin steuern die Kirchen?" in „Rheinische Post" vom 27.12.1973, in: UA Passau, NL Raffalt.

[516] Vgl. „Die ‚Vatikanische Ostpolitik' im Urteil zweier Autoren" in „Kirche und Gesellschaft" 17/1974; „Falsche Maßstäbe. Reinhard Raffalt über Papst Paul VI:" in „Christ in der Gegenwart" vom 24.02.1974; „Welche Kirche ist gemeint?" in Evangelische Kommentare vom April 1974; „Der ‚linke' Papst" in „Orientierung" vom 15.02.1974; „Unbequeme Ansichten. Reinhard Raffalt analysiert Papst und vatikanische Politik" in „Kirchenzeitung vom 08.12.1973; „Enttäuschte Liebe. Pillenverbot und Zölibatsdisziplin nach innen, progressive Politik und Annäherung nach außen. Neue Thesen zur Vatikanpolitik" in „Deutsche Allgemeine Sonntagszeitung" vom 02.12.1973; „Vatikan wohin? – Vatikan intern! Zu zwei

schaffte es sogar auf das Titelblatt der FAZ[517], wurde in verschiedenen Hörfunkfeatures behandelt[518] und von einer Vielzahl italienischer[519], spanischer[520], schwedischer[521] sowie holländischer[522] Gazetten rezensiert. Sogar eine Buchbesprechung in kyrillischer Schrift aus dem Jahre 1974 findet sich dazu in Raffalts Nachlass. Dabei wurde „Wohin steuert der Vatikan?" wegen seiner kontroversen Thematik, der großen Resonanz in den Medien und nicht zuletzt dank Raffalts Bekanntheitsgrades zum Bestseller. Schon nach vierzehn Tagen war die erste Auflage ausverkauft[523] und der Piper-Verlag listete das Werk unter den erfolgreichsten Büchern der Saison 1973/74 auf.[524]

Weiteren Zündstoff bekam das Werk durch die Amtsenthebung des im Wiener Exil lebenden Erzbischofs von Esztergom und Primas von Ungarn, Josef Kardinal Mindszenty, im Februar 1974 durch Paul VI., der damit den Weg frei für eine Neubesetzung des Bischofsstuhls durch einen regimetreuen Kandidaten machte. Viele Zeitungen verwiesen in ihrer Berichterstattung über die Amtsenthebung mit fast wörtlichen Übernahmen auf sein Buch „Wohin steuert der Vatikan?", in dem Raffalt das Schicksal des Kardinals als Sinnbild für neue Wege in der Ostpolitik prophezeite.[525] Raffalt selbst

---

Neuerscheinungen auf dem Büchermarkt" in „Konradsblatt. Wochenzeitung für das Erzbistum Freiburg" vom 09.12.1973, in: UA Passau, NL Raffalt.

[517] Vgl. „Gott aussparen?" von Nikolaus Benckiser in FAZ vom 03.01.1974, in: UA Passau, NL Raffalt.

[518] Vgl. Besprechung durch Kurt Skalnik auf Ö1 (ORF) am 11.05.1974; Besprechung durch Fred Boguth und Franz Herre im Sender Freies Berlin ohne Datum; Besprechung durch Jürgen Tern und Friderike Haussmann im Südwestfunk (2. Hörfunkprogramm) vom 17.04.1974; Besprechung durch Jürgen Keimer und Horst-Maria Baumanns in der Deutschen Welle (Kirchenfunk) vom Februar 1974; Besprechung durch Ruprecht Kurzrock im RIAS vom 17.02.1974; Besprechung durch Friedrich Weigand im Süddeutschen Rundfunk (1. Hörfunkprogramm) vom 26.05.1974, in: UA Passau, NL Raffalt.

[519] Vgl. „Un libro tedesco attribuisce simpatie socialiste a Paolo VI. L'autore del saggio parla di una ‚Ostpolitik' della Santa Sede" in „Corriere della sera" vom 23.12.1973; „Un ‚Papato socialista'? Dispute su un libro uscito in Germania" in „La Stampa" vom 04.01.1974; „‚Pure invenzioni' su Papa Montini" in „Il Tempo" vom 04.01.1974; „L'Amleto della Santa Sede. Interesse della pubblicità tedesca per la politica del Vaticano" in „Il Giornale" vom 15.04.1975; „Falsi ‚esperti'" im „Osservatore Romano" vom 06.03.1975, in: UA Passau, NL Raffalt.

[520] Vgl. Besprechung durch F. Ventura in „Folia Humanistica" Nr. 134, Band XII, 1974, in: UA Passau, NL Raffalt.

[521] Vgl. Besprechung durch Wilhelm Imkamp in „Credo. Katolsk Tidskrift Uppsala" vom März 1974, in: UA Passau, NL Raffalt.

[522] Vgl. „Paus: Wereld van toekomst socialistisch? Reinhard Raffalt schreef boek: ‚Waarheen stuurt het Vaticaan?'" von Frans Wennekes in unbekannter Zeitung vom 05.01.1974; Besprechung von Michael Chegioen in unbekannter Zeitschrift vom Mai 1974, in: UA Passau, NL Raffalt.

[523] Vgl. „Der ‚linke' Papst" in „Orientierung" vom 15.02.1974, in: UA Passau, NL Raffalt.

[524] Vgl. Faltblattinserat „Die großen Piper Erfolge": 30. Tsd. Reinhard Raffalt – Wohin steuert der Vatikan?, in: UA Passau, NL Raffalt.

[525] Vgl. „Falsche Maßstäbe. Reinhard Raffalt über Papst Paul VI:" in „Christ in der Gegenwart" vom 24.02.1974, in: UA Passau, NL Raffalt.

bewunderte Kardinal Mindszenty sehr und wollte ihn 1975 in Wien für das Trauerrequiem seiner verstorbenen Mutter gewinnen. Mindszenty starb jedoch kurz davor.[526]

Die Brisanz des Themas, aber auch die Aufmerksamkeit, die Raffalts Werk im Vatikan selbst zuteilwurde, zeigte sich auch in der ungewöhnlichen Reaktion des vatikanischen Pressesprechers Federico Alessandrini.[527] Dieser sah sich am 3. Januar 1974 in einer Pressekonferenz genötigt, Raffalts Behauptungen über die sozialistischen Neigungen von Papst Paul VI. sowie die Überwerfung mit seinem Vorvorgänger Pius XII. bereits im August 1954 scharf zurückzuweisen: „Sie beanspruchen historischen Wert, sind jedoch nichts als reine Erfindung."[528] Meistens ging der Vatikan auf Behauptungen der schon damals stark kursierenden Enthüllungsbücher wie etwa des fast zeitgleich anonym erschienenen „Vatikan intern"[529] überhaupt nicht ein und enthielt sich jeglicher Stellungnahme. Warum war das in diesem Fall anders?

Ein Grund dürfte in der besonders regen Berichterstattung zu sehen sein, die die Presse Raffalts Werk zukommen ließ. So berichtete der renommierte „Corriere della Sera" in einem größeren Artikel über „Wohin steuert der Vatikan?".[530] Kein Zufall dürfte auch sein, dass Vatikansprecher Alessandrini gerade an dem Tag die Behauptungen Raffalts dementierte, als die FAZ darüber in einem Leitartikel auf der Titelseite berichtete.[531] Darüber hinaus war das Thema einer vatikanischen Ostpolitik natürlich in einer Zeit brandaktuell, in der die Bundesrepublik Deutschland ihrerseits eine „neue Ostpolitik" mit der DDR und anderen sozialistischen Staaten lancierte.[532] Ferner war Raffalt im Gegensatz zu vielen Enthüllungsjournalisten seit beinahe zwei Jahrzehnten mit dem Gros der Protagonisten der römischen Kurie gut bekannt und verfügte somit über hervorragende Kontakte in den Vatikan. Diese

---

[526] Vgl. Rede zur Gedächtnismesse an seine Mutter am 09.05.1975 in der Kathedrale von St. Stephan zu Wien, in: UA Passau, NL Raffalt.
[527] Vgl. „Simpatie politiche attribuite a Paolo VI. Una polemica delicata" in „Secolo d'Italia" vom 04.01.1974, in: Archiv des DHI, N29 K 252.
[528] Vgl. „‚Pure invenzioni' su Papa Montini" in „Il Tempo" vom 04.01.1974; „Un ‚Papato socialista'? Dispute su un libro uscito in Germania" in „La Stampa" vom 04.01.1974; „Kontakte mit Moskau? Zum Protest gegen Reinhard Raffalts Vatikan-Buch" in AZ vom 05.01.1974; „Vatikan-Sprecher dementiert Raffalts Behauptungen" in FAZ vom 04.01.1974; Besprechung in der „Kirchenzeitung für das Erzbistum Köln" vom 25.01.1974, in: UA Passau, NL Raffalt.
[529] Vgl. Hieronymus, Sophronius Eusebius: Vatikan intern. Stuttgart 1973.
[530] Vgl. „Un libro tedesco attribuisce simpatie socialiste a Paolo VI. L'autore del saggio parla di una ‚Ostpolitik' della Santa Sede" in „Corriere della sera" vom 23.12.1973, in: UA Passau, NL Raffalt.
[531] Vgl. „Gott aussparen?" von Nikolaus Benckiser in der FAZ vom 03.01.1974, in: UA Passau, NL Raffalt.
[532] Zur „neuen Ostpolitik" der Bundesrepublik Deutschland vgl. Creuzberger, Stefan: Westintegration und neue Ostpolitik. Die Außenpolitik der Bonner Republik. Berlin 2009 sowie Colschen, Lars: Deutsche Außenpolitik. Paderborn 2010, S. 167–184.

guten Beziehungen sollten sich nach dem Erscheinen von „Wohin steuert der Vatikan?" jedoch ändern.[533]

Publizistisch wurde das Erscheinen von „Wohin steuert der Vatikan?" professionell durch den Piper-Verlag mit einer Lesereise begleitet, in der Raffalt Auszüge aus seinem Werk vortrug und sich der Diskussion stellte.[534] Das Feuilleton rezensierte Raffalts Buch meist positiv. Durch fast alle Besprechungen zog sich Anerkennung für die Brisanz des Themas sowie für die Offenheit gegenüber dem zu erwartenden Widerspruch. Raffalt wurde mit der wöchentlich von der tz-Feuilleton-Redaktion verliehenen „tz-Rose" für hervorragende Leistungen auf kulturellem Gebiet geehrt.[535] Ebenso wurde zumeist seine Sprache hervorgehoben, die „ein geradezu brillantes Zeugnis nobler konservativer Betrachtungsweise und Denkungsart"[536] darstelle. Auch bescheinigten ihm seine Kritiker, dass er trotz aller Tendenz nicht blindlings dem Traditionalismus verhaftet sei, so wie er selbst schrieb: „Den größten Widerwillen aber verursachen mir jene, die konservativ sind ohne Phantasie und sich progressiv gebärden aus Angst."[537]

Manche Rezensenten kritisierten einige sachliche Fehler, die Überbetonung von Argumenten auf der einen sowie die Nichterwähnung von Argumenten auf der anderen Seite. Für einige Kritiker war klar, dass, „wenn einem intelligenten und zweifellos redlichen Autor solche Fehlleistungen unterlaufen, […] nur eine Obsession im Spiele sein"[538] könne. Raffalt sei „geradezu besessen von der Vorstellung, daß der heutige Vatikan extrem nach links abgeglitten"[539] sei. Vielmehr übersehe er die Intentionen einer seelsorgerisch motivierten Diplomatie des Vatikans, die den Gläubigen in den kommunistischen Ländern kleine Erleichterungen verschaffe. Was seine Kritik an einer plötzlichen Anpassung des Vatikans an den Zeitgeist betreffe, übersehe er des Weiteren, dass dies der Vatikan „eine ganze Kirchengeschichte lang in wechselnder Symbiose, aber auch im Antagonismus mit den politischen

---

[533] Vgl. Gespräch mit Pater Remigius Rudmann OSB vom 06.06.2014.
[534] Vgl. „Raffalts ‚linker' Papst. Premiere eines Buches: ‚Wohin steuert der Vatikan?'" in den „Westfälischen Nachrichten" vom 11.10.1973; „Autor zwischen allen Stühlen. Reinhard Raffalt las in Münster aus seinem Buch ‚Wohin steuert der Vatikan?'" in „Münstersche Zeitung" vom 13.10.1973; „Mit vollen Segeln nach Moskau? Raffalt kritisiert Papst Paul VI. Kritik vor leeren Stuhlreihen" in „Hukup. Hildesheims erstes Informations- und Anzeigenblatt" vom 08.12.1973, Besprechung in der „Kirchenzeitung für das Erzbistum Köln" vom 25.01.1974, in: UA Passau, NL Raffalt.
[535] Vgl. Urkunde der tz-Rose vom 30.12.1973, in: UA Passau, NL Raffalt.
[536] „Vatikan wohin? – Vatikan intern! Zu zwei Neuerscheinungen auf dem Büchermarkt" in „Konradsblatt. Wochenzeitung für das Erzbistum Freiburg" vom 09.12.1973, in: UA Passau, NL Raffalt.
[537] Raffalt, Reinhard: Wohin steuert der Vatikan? Papst zwischen Religion und Politik. München 1973, S. 8.
[538] Rezension von Hansjakob Stehle in „Die Zeit" vom 07.12.1973, in: UA Passau. NL Raffalt.
[539] Ebd.

Mächten immer getan [hatte]"[540]. Auch verkenne er in seinem Beharren auf der konstantinisch-römischen Tradition der Kirche, dass durch das Zweite Vatikanische Konzil die Kirche „zu ihren biblischen Ursprüngen, zum Gottesvolkgedanken des Alten Bundes zurückzufinden"[541] versuche.

Einen anderen Kritikpunkt an Raffalts Schrift beschrieb der Jesuitenpater und Journalist Mario von Galli in seiner Besprechung: Sie sei weniger ein Sachbuch, sondern vielmehr das Werk eines Künstlers.[542] Wie Mario von Galli ferner ausführte, waren die Teile, in denen Raffalt die Abkehr von den römischen Traditionen beschrieb, auch gar nicht so neu. Vielmehr griff Raffalt Thesen aus einem früheren Buch, dem „Ende des römischen Prinzips"[543] auf, das bereits 1970 als Taschenbuch im Kösel-Verlag erschienen war und den Abdruck eines Vortrags in der Katholischen Akademie in Bayern darstellte. Dieses fußte wiederum auf einem Film, den Raffalt im selben Jahr unter gleichem Titel für den Bayerischen Rundfunk produziert hatte. Wenn man beide Werke genau vergleicht, fällt dabei auf, dass der Großteil seiner Thesen und Argumente, die den Verfall römischer Traditionen in der katholischen Kirche in „Wohin steuert der Vatikan?" betreffen, zum Teil wörtlich mitsamt illustrierenden Geschichten im „Ende des römischen Prinzips" enthalten ist. Hierbei wird ein Charakteristikum Reinhard Raffalts deutlich, der ein Meister im Verwerten seiner zweifelsohne qualitätvollen geistigen Ware war. Im Idealfall konnte Raffalt einen Text unter leichten Anpassungen zwei bis drei Mal verwenden: Zuallererst war es meist eine Produktion für Hörfunk oder Fernsehen, die ihn auf ein Thema brachte. Dann bot sich an, das Elaborat in gedruckter Form zu verkaufen – sei es als Teil einer größeren Monographie oder als Aufsatz in einer Zeitschrift bzw. einem Sammelband –, und zu guter Letzt konnte er die Niederschrift wieder als gesprochenes Wort in einem Vortrag verwenden.

Im Allgemeinen sprach der Theologe und Konzilsberichterstatter Mario von Galli Raffalt die Kompetenz für sein populärwissenschaftliches Buch ab.[544] Trotzdem waren nicht alle kirchennahen Blätter so kritisch. Die „Kir-

---

[540] Rezension von Hansjakob Stehle in „Die Zeit" vom 07.12.1973, in: UA Passau. NL Raffalt.
[541] Besprechung durch Friedrich Weigand im Süddeutschen Rundfunk (1. Hörfunkprogramm) vom 26.05.1974, in: UA Passau, NL Raffalt.
[542] „Der ‚linke' Papst" in „Orientierung" vom 15.02.1974, in: UA Passau, NL Raffalt: „Denn ein Künstler ist nun einmal Raffalt vielmehr als ein Historiograph oder gar Theologe. Musische Visionen einer gläubigen Seele – bedingt natürlich von ihrer Umwelt, der sie sich nicht entziehen kann, das sind seine Schriften. Ihre Stärken, aber auch Schwächen, werden hier sichtbar. Die Visionen sind groß, […] man soll aber auch nicht Logik darin suchen, denn sie sind, wie Träume immer, voller Widersprüche; man soll nicht einmal zu genau alle Erzählungen für geschichtlich erhärtete Tatsachen nehmen."
[543] Vgl. Raffalt, Reinhard: Das Ende des römischen Prinzips. München 1970.
[544] „Der ‚linke' Papst" in „Orientierung" vom 15.02.1974, in: UA Passau, NL Raffalt: „Vor zwei Wochen war ich in Rom. Dort besuchte ich mehrere deutsche Geschichtsprofessoren der Gregoriana und fragte nach ihrem Urteil über ‚Wohin steuert der Vatikan?'. Alle wußten von

chenzeitung" attestierte Raffalt vielmehr, dass er „ein durch und durch seriöses Buch [geschrieben habe], was auch jene ihm werden bescheinigen müssen, die mit den Ansichten des Verfassers – vielleicht aus guten Gründen – nicht übereinstimmen"[545]. Es sei nicht das Buch eines Enttäuschten oder Resignierten, sondern man meine „die echte Sorge eines Mannes zu spüren, der seine Kirche liebt und um ihre Zukunft bekümmert ist im Sinne Kierkegaards"[546]. Auch wenn das Buch mit Sicherheit nicht schmeichelhaft sei und in den angesprochenen Kreisen wohl Betroffenheit auslösen werde, sei es dennoch in konstruktiver Absicht geschrieben worden: „Es ist anstößig, aber es will nicht verletzen, es wertet, ohne doch den heute so geläufigen Absolutheitsanspruch zu erheben, es kritisiert und will doch aufbauen, anstatt in blindem Eifer zu zerstören. Traditionalisten der chemisch reinen Couleur werden es wahrscheinlich als zu wenig radikal abtun, und Anhänger des Fortschritts um seiner selbst willen werden es vielleicht mit Zähneknirschen verreißen. Der wirkliche Wert des Buches scheint indessen darin zu liegen, daß es sich bewußt der Extreme enthält und mit engagierter, aber nüchterner Sachlichkeit für eine Kirche eintritt, die nicht modern ist, die um ihren Weltauftrag weiß, aber darüber das Herrenwort nicht vergißt, daß sie nicht von der Welt ist noch sein dürfe."[547]

Tragisch war die Publikation von „Wohin steuert der Vatikan?" in der Hinsicht, dass sich für Raffalt, der sich eigentlich aktueller politischer Literatur immer verweigert hatte, durch dieses einzige Werk seines Œuvres mit tagesaktuellem Charakter viele Türen in Rom und München schlossen und sich dadurch trotz aller Publicity ein Bruch in seiner Karriere andeutete. Nichtsdestotrotz konnte der Piper-Verlag im Laufe der 1970er-Jahre „Wohin steuert der Vatikan?" in die Niederlande und nach Spanien verkaufen, wo es in Übersetzungen erschien.[548] Ebenso wurde das Werk an den Heyne-Verlag für eine Taschenbuch-Version veräußert.[549]

---

dem Buch und keiner hatte es gelesen! Ich sagte, ich wolle die verborgenen Tatsachen aufzeigen und die theologisch ganz unzureichende Sicht. Sie widerrieten mir, das zu tun. Sie sagten: ‚Wissen Sie nicht, Raffalt war doch zunächst Musiklehrer am deutschen Kolleg!'"

[545] „Unbequeme Ansichten. Reinhard Raffalt analysiert Papst und vatikanische Politik" in „Kirchenzeitung" vom 08.12.1973, in: UA Passau, NL Raffalt.
[546] Ebd.
[547] Ebd.
[548] Vgl. Dorothee Grisebach vom Piper-Verlag an Raffalt, München, 27.03.1974; Klaus Piper an Raffalt, München, 07.01.1975, in: UA Passau, NL Raffalt.
[549] Vgl. Dorothee Grisebach vom Piper-Verlag an Raffalt, München, 27.03.1974, in: UA Passau, NL Raffalt.

3. Dramaturgisches Schaffen

a. „Der Nachfolger"

Erste dramaturgische Erfahrungen konnte Raffalt bereits in den Nachkriegsjahren mit dem Passauer Singkreis sammeln. Später führten ihn seine beruflichen Wege weg vom Theater in die Felder der Publizistik und Kulturpolitik. Erst mit dem Ausscheiden aus seinem von 1954 bis 1962 dauernden Angestelltenverhältnis im Auswärtigen Amt versuchte er sich wieder an einem dramatischen Stoff und schrieb das Bühnenstück „Der Nachfolger", in welchem er seine Erfahrungen beim Konklave zur Wahl von Papst Johannes XXIII. verarbeitete. Darin lässt Raffalt verschiedene Kardinäle auftreten und behandelt aktuelle Fragestellungen am Vorabend des Zweiten Vatikanischen Konzils.

Raffalt gelang es, sein Stück beim renommierten Berliner Theaterverlag Felix Bloch Erben zu platzieren.[550] Dieser unterstützte ihn auch bei der Vermarktung und konnte ihm noch vor der Uraufführung in Stuttgart und München[551] den Vollzug der Verhandlungen über die österreichische Erstaufführung des Stückes im Wiener Burgtheater mit Attilla Hörbiger in der Hauptrolle vermelden.[552] Ebenso plante der Verlag eine Übersetzung ins Italienische, die jedoch nie realisiert wurde.[553] Schon direkt nach der Uraufführung von „Der Nachfolger" im Oktober 1962 liefen die Verhandlungen für eine Funkfassung des Bühnenwerks, die Raffalt für den BR sowie den Südwestfunk vornehmen sollte.[554] Auch konnten mit dem Bayerischen Rundfunk bzw. dem ZDF sehr zügig die Verträge über eine Fernsehversion des Stückes unter Dach und Fach gebracht werden.[555]

Am 7. Oktober 1962 wurde „Der Nachfolger" im neu eröffneten Kleinen Haus des Württembergischen Staatstheaters in Stuttgart uraufgeführt. Die bundesrepublikanische Presse nahm reichen Anteil an der Premiere.[556] Der

---

[550] Die spätere publizistische Vermarktung der Textversion von „Der Nachfolger" geschah dann wieder beim Prestel-Verlag in München. Vgl. Raffalt, Reinhard: Der Nachfolger. Ein Schauspiel. München 1962.
[551] Nach der Fertigstellung seines Bühnenstücks „Der Nachfolger" hatte Raffalt mit seinem Verlag zunächst besprochen, es im Stuttgarter Staatstheater uraufzuführen. Kurze Zeit später zeigten auch die Münchner Kammerspiele Interesse, das Stück in München zu spielen und drängten Raffalt, ihnen ein Manuskript zukommen zu lassen. Schließlich entschied man sich zu einer Art „Doppelpremiere" in Stuttgart und München.
[552] Vgl. Peter Haensel an Raffalt, Berlin, 22.06.1962, in: UA Passau, NL Raffalt.
[553] Vgl. Peter Haensel an Raffalt, Berlin, 18.10.1962, in: UA Passau, NL Raffalt.
[554] Vgl. Peter Haensel an Dr. Dollinger von der Hörspiel-Leitung des BR, Berlin, 05.11.1962, in: UA Passau, NL Raffalt.
[555] Vgl. Peter Haensel an Raffalt, Berlin, 28.12.1962, in: UA Passau, NL Raffalt.
[556] Vgl. „Die purpurnen Geschworenen. Reinhard Raffalts Schauspiel ‚Der Nachfolger' im Kleinen Haus erfolgreich aufgeführt" in den Stuttgarter Nachrichten vom 09.10.1962; „Papst wider Willen. Uraufführung im Kleinen Haus: ‚Der Nachfolger' von Reinhard Raffalt" in der

sehr progressive, aus der DDR stammende Brecht-Schüler Peter Palitzsch führte Regie, tat dies jedoch nicht ganz zu Raffalts Zufriedenheit. Während in der Presse Raffalts Stück überwiegend gelobt wurde, befand man jedoch eine gewisse Diskrepanz zwischen dem Werk und Palitzschs Dramaturgie.[557] So seien die Schauspieler nicht richtig besetzt worden und der Regisseur sei unbegreiflicherweise „diesmal nicht mit der ihm eigenen Sorgfalt und Intensität am Werk gewesen"[558]. Das Publikum habe dennoch überraschend große Aufmerksamkeit gezeigt und sehr großen Beifall gespendet. Die Stuttgarter Nachrichten schlugen dabei in die gleiche Kerbe: „Wer hat sich in wem geirrt? Reinhard Raffalt in Peter Palitzsch oder umgekehrt?"[559] Ein anderer Kritiker lobte die „allgemeingültige Formungskraft"[560] Raffalts, der das Publikum im mehrheitlich evangelischen Stuttgart mit einem Papstkonklave so fesseln konnte. Dies gelang wohl vor allem, weil Raffalt die Kardinäle in ihren Diskussionen, wer der ideale Papst für die kommenden Herausforderungen sei, besonders stark auf aktuelle weltpolitische Probleme, theologische Fragestellungen, kirchenpolitische Erwägungen oder andere damals diskutierte Gewissensfragen abzielen ließ. Die Problematik der Arbeiterpriester, die kommunistische Verfolgung der Christen, Marianismus, Verkündung des Glaubens an fremde Kulturen, konfessionelle Gegensätze bis hin zu Fragen der Ehe oder Erziehung baute Raffalt in sein Diskussionsstück ohne große äußere Handlung ein. Zeitlich war die Premiere des Stückes ebenfalls geschickt gewählt, begann doch nur wenige Tage später das Zweite Vatikanische Konzil. Raffalt selbst entschied sich trotz anderslautender Ankündigungen, an der Uraufführung in Stuttgart nicht selbst teilzunehmen, da er mit der Inszenierung unzufrieden war. Teilweise wurde an „Der Nachfolger" kritisiert,

---

Stuttgarter Zeitung vom 09.10.1962; „Mit allzu glattem Glanze. ‚Der Nachfolger' von Raffalt in Stuttgart" in der FAZ vom 10.10.1962; „Die 29 Geschworenen" in „Der Spiegel" 42/1962, S. 107 f.; „Papstwahl auf der Bühne" im Rheinischen Merkur vom 19.10.1962; „Das scheinbar belauschte Konklave. ‚Der Nachfolger' von Reinhard Raffalt in Stuttgart" in der Rheinischen Post vom 09.10.1962; „Stuttgarts neues Kleines Haus eröffnet. Zwei Klassiker und eine Uraufführung" im Berliner Tagesspiegel vom 14.10.1962; „Eine Papstwahl auf der Bühne. Raffalts ‚Der Nachfolger' in Stuttgart uraufgeführt" in der Frankfurter Rundschau vom 12.10.1962; „Uraufführung von Reinhard Raffalts ‚Der Nachfolger'" in der NZZ vom 10.10.1962, in: UA Passau, NL Raffalt.
[557] „Papstwahl auf der Bühne" im Rheinischen Merkur vom 19.10.1962, in: UA Passau, NL Raffalt: „[Palitzsch] scheint sich nicht gerade mit Begeisterung in diese Aufgabe gestürzt zu haben. Das Stück errang sich seinen Erfolg mehr oder weniger gegen die Inszenierung, die seine Schwächen allzu deutlich unterstrich."
[558] Ebd.
[559] „Papst wider Willen. Uraufführung im Kleinen Haus: ‚Der Nachfolger' von Reinhard Raffalt" in der Stuttgarter Zeitung vom 09.10.1962, in: UA Passau, NL Raffalt.
[560] „Die purpurnen Geschworenen. Reinhard Raffalts Schauspiel ‚Der Nachfolger' im Kleinen Haus erfolgreich aufgeführt" in den Stuttgarter Nachrichten vom 09.10.1962, in: UA Passau, NL Raffalt.

dass Raffalt darin keine eigene Meinung vertrete[561] und die vielen Probleme der katholischen Kirche sowie ihre innere Diskussion nur anreiße und nicht wirklich thematisiere.[562] Hellmuth Karasek befand das Stück nur als eine „Mischung aus Schulfunk, Pietät und Backgroundenthüllungen"[563].

Die Münchner Erstaufführung in den Kammerspielen vom 9. Oktober unter der Regie von August Everding wurde beinahe uneingeschränkt in der Presse mit Lob überschüttet, wobei auffällt, dass das Presseecho im Vergleich zur Premiere in Stuttgart bedeutend geringer ausfiel.[564] Gelobt wurden einheitlich Regisseur August Everding und die großartige Schauspielleistung, aber auch das Stück selbst.[565] Ein großflächiger, mehrseitiger Artikel in der NZZ ging sogar noch einen Schritt weiter und attestierte Raffalt, dass er „mit kühnem Griff Probleme der Weltkirche, ihres Kampfes in einer neuen Zeit, ihrer Organisation, ihrer Gefährdungen und Hoffnungen, unbefangen […] mit solchem wachen Kunst- und Bühnenverstand und mit bewegendem Gefühl [behandle], dass diese Uraufführung manch andere in diesen Tagen überschattet, mit einem Stück, dessen Schlagkraft und tendenzlose Wirkung es wohl vielen Erfolgsstücken zur Seite stellen wird"[566]. Hier wurde Raffalt also für den abwägenden Diskussionsstil in seinem Stück dezidiert gelobt, das „den Rang eines ausserordentlichen Werkes beanspruchen [darf, geschaffen] aus gläubigem Wurzelgrund, mit grosser Sachkenntnis und hoher Bildung"[567]. Während der Stuttgarter Inszenierung attestiert wurde, dass sie dort „ins Chronikal-Pompöse übersteigert worden"[568] sei, sei es den Münchner Kammerspielen vorbehalten geblieben, „die eigentliche Modellaufführung zu

---

[561] Vgl. „Die 29 Geschworenen" in „Der Spiegel" 42/1962, S. 107 f., in: UA Passau, NL Raffalt.
[562] Vgl. „Mit allzu glattem Glanze. ‚Der Nachfolger' von Raffalt in Stuttgart" in der FAZ vom 10.10.1962, in: UA Passau, NL Raffalt.
[563] „Uraufführung von Reinhard Raffalts ‚Der Nachfolger'" in der NZZ vom 10.10.1962, in: UA Passau, NL Raffalt.
[564] Vgl. „16 Kardinäle suchen einen Papst. Reinhard Raffalts ‚Der Nachfolger' in den Münchner Kammerspielen" in der SZ vom 11.10.1962; „Die Geheimnisse des Konklave" im Münchner Merkur vom 11.10.1962; „Das Schauspiel vom Konklave. Reinhard Raffalts ‚Der Nachfolger' in München" in der NZZ vom 13.10.1962; „Dramatische Auseinandersetzung mit einer Papstwahl. Münchner Erstaufführung ‚Der Nachfolger' von Reinhard Raffalt. Paul Verhoeven in der Titelrolle" in den Oberösterreichischen Nachrichten vom 13.10.1962; „Stuttgarts neues Kleines Haus eröffnet. Zwei Klassiker und eine Uraufführung" im Berliner Tagesspiegel vom 14.10.1962; „Klerikales Blabla" im Bayernkurier vom 20.10.1962, in: UA Passau, NL Raffalt.
[565] „16 Kardinäle suchen einen Papst. Reinhard Raffalts ‚Der Nachfolger' in den Münchner Kammerspielen" in der SZ vom 11.10.1962, in: UA Passau, NL Raffalt: „Und der Beifall, der danach den Spielern, ihrem Lenker, zuletzt dem Autor selbst zuteil wurde, entwickelte sich zu einer Intensität, wie sie auch den Kammerspielen nicht häufig ist."
[566] „Das Schauspiel vom Konklave. Reinhard Raffalts ‚Der Nachfolger' in München" in der NZZ vom 13.10.1962, in: UA Passau, NL Raffalt.
[567] Ebd.
[568] Ebd.

zeigen"[569]. Auch Raffalts Verlag Felix Bloch Erben stellte fest, dass es „doch weitgehend geschafft worden [sei], mit der Münchner Aufführung den Stuttgarter Eindruck zu korrigieren"[570]. Einzig der Bayernkurier urteilte recht negativ über das Stück „ohne dramatischen [und] spirituellen Verve"[571], das eher „ambitiös […] gekulteter Journalismus"[572] und damit der Kammerspiele unwürdig sei.

Insgesamt lässt sich bilanzieren, dass die beiden Erstaufführungen in Stuttgart und München sehr umfangreich und breit besprochen wurden, was sich auch stark auf den Bekanntheitsgrad des Stückes sowie Raffalts Popularität auswirkte.[573] Im März 1963 wurde „Der Nachfolger" unter der Regie von August Everding schließlich im Wiener Burgtheater gespielt. Das Lob der „Kronen-Zeitung" für die Qualität des Stückes[574] und die Darsteller war überschwänglich: „Man muß sehr weit zurückdenken, versucht man, sich an einen Burgtheaterabend zu erinnern, an dem das Neue so gut, das Bewährte so überdurchschnittlich und das Unzulängliche so erträglich war wie bei der begeistert aufgenommenen Aufführung von Reinhard Raffalts ,Nachfolger'."[575]

Der Wiener „Express" hingegen verwies als bessere Alternative zu „Der Nachfolger" auf das ebenfalls neue Stück „Der Stellvertreter" von Rolf Hochhuth.[576] Dieses hatte nur kurz davor am 20. März an der Freien Volksbühne in Berlin Premiere und implizierte eine Verstrickung des Vatikans mit dem Holocaust, was zu einer großen Diskussion[577], der sogenannten Stellvertreter-Debatte in der Bundesrepublik führte.[578] Eine Besonderheit stellt

---

[569] „Das Schauspiel vom Konklave. Reinhard Raffalts ,Der Nachfolger' in München" in der NZZ vom 13.10.1962, in: UA Passau, NL Raffalt.
[570] Peter Haensel an Raffalt, Berlin, 18.10.1962, in: UA Passau, NL Raffalt.
[571] „Klerikales Blabla" im Bayernkurier vom 20.10.1962, in: UA Passau, NL Raffalt.
[572] Ebd.
[573] Vgl. Auflistung der Theaterkritiken von insgesamt 35 Zeitungen und Zeitschriften aus der ganzen Bundesrepublik im Oktober 1962, in: UA Passau, NL Raffalt.
[574] Auch die Aufführung an den Linzer Kammerspielen im Oktober 1963 wurde allgemein bis auf einen starken Verriss in den Besprechungen gelobt. Vgl. „Eine erdachte Papst-Wahl auf der Bühne. Linzer Kammerspiele brachten Reinhard Raffalts ,Nachfolger'" im Linzer Volksblatt vom 08.10.1963; „Den Heiligen Geist durchs Schlüsselloch sehen. Peter Weihs inszenierte als Gast in den Linzer Kammerspielen den zehnbildrigen religiösen Reißer ,Der Nachfolger' von Reinhard Raffalt" in den Oberösterreichischen Nachrichten vom 08.10.1963; Leserbrief zur Linzer Premiere ,Der Nachfolger' von Reinhard Raffalt von Prof. DDr. W. v. Zalozieckyi in den Oberösterreichischen Nachrichten, in: UA Passau, NL Raffalt.
[575] Das mehrfache Wunder am Burgtheater. ,Der Nachfolger' – auch in der deutschen Dramatik: Reinhard Raffalt" in der Kronen-Zeitung vom 24.03.1963, in: UA Passau, NL Raffalt.
[576] Vgl. „Der Schritt vom Erhabenen zur Banalität. Gestern abend im Burgtheater: ,Der Nachfolger' von Reinhard Raffalt" im „Express" vom 23.03.1963, im: UA Passau, NL Raffalt.
[577] Vgl. Berg, Jan: Hochhuths „Stellvertreter" und die „Stellvertreter"-Debatte. Köln 1977.
[578] Vgl. Mahr, Johannes: Bernhard Schlink. Der Vorleser, S. 159–176, in: Schneider, Sabine (Hrsg.): Lektüren für das 21. Jahrhundert. Klassiker und Bestseller der deutschen Literatur von 1900 bis heute. Würzburg 2005, S. 168.

zudem ein im Dezember 1962 in der „Zeit" veröffentlichter Kommentar von Carl Amery zu Raffalts Stück dar. In diesem „Protest eines Katholiken gegen ein katholisches Bühnenwerk"[579] schreibt Amery, dass er Raffalt seit 16 Jahren kenne und ihm geraten hätte, dieses Stück niemals zu schreiben. Amery warf ihm vor, stillschweigend vorzugeben, er verfüge über einen direkten Draht ins Heilige Collegium. Damit mache Raffalt aus „Der Nachfolger" einen „gutpolierte[n] katholische[n] Markenartikel"[580]. Amery versteht darüber hinaus nicht, „daß renommierte deutsche Bühnen diesen Markenartikel angenommen haben und daß ihm Legionen argloser Katholiken applaudieren"[581]. Raffalt habe ein Theaterstück geschrieben, das nur der Aufmachung nach katholisch sei und zudem nicht auf der Höhe der Zeit stehe.

„Der Nachfolger" wurde schließlich auch für das Fernsehen aufgezeichnet und dann in kurzer Folge zuerst in der ARD und dann im ZDF gesendet.[582] Laut einem Artikel in der AZ bereiteten zudem „BBC und RAI [...] für heuer [...] Fernsehproduktionen vor, Hollywood führt Verhandlungen wegen der Verfilmung des Stückes"[583]. Das könnte man eher als gute PR bezeichnen, denn in den Akten finden sich keine Verhandlungen dieser Art. Raffalt selbst hatte die Fernsehversion für das ZDF mit einem von ihm gesprochenen Nachwort versehen, dass „Der Nachfolger" gewissermaßen von der Neuerung des Zweiten Vatikanischen Konzils überholt worden sei, etwa in der Neuformulierung des Verhältnisses von Papst und Bischofskollegium oder in noch zu behandelnden Problemstellungen in der vierten Sitzungsperiode des Konzils „Kirche in der Welt von heute".[584] Damit war für ihn „Der Nachfolger" bereits zu einem historischen Drama einer untergehenden Epoche der Kirchengeschichte geworden.

Auch international wurde „Der Nachfolger" in verschiedenen Theatern gespielt. Die Inszenierung am Flämischen Staatstheater in Brüssel erzielte durchgängig positive Besprechungen[585] und in Amsterdam empfing man das Stück ebenfalls sehr wohlwollend.[586] Des Weiteren wurde Reinhard Raffalt

---

[579] „Direkter Draht zum Vatikan. Der Protest eines Katholiken gegen ein katholisches Bühnenstück" von Carl Amery in „Die Zeit" vom 14.12.1962, in: UA Passau, NL Raffalt.
[580] Ebd.
[581] Ebd.
[582] Vgl. Kritiken im Kölner Stadt-Anzeiger, Kölnische Rundschau, Tagesspiegel (Berlin), Ruhr-Nachrichten (Dortmund), Kieler Nachrichten, Rheinpfalz (Ludwigshafen), Allgemeine Zeitung (Mainz), Der Abend (Berlin), in: UA Passau, NL Raffalt.
[583] „Burgtheater-,Nachfolger' fürs Deutsche Fernsehen. Raffalt schrieb jetzt Komödie ,Das Gold von Bayern' für den Bildschirm" in der AZ ohne Datum, in: UA Passau, NL Raffalt.
[584] Vgl. Artikel in der Rheinpfalz (Ludwigshafen) vom 14.09.1965, in: UA Passau, NL Raffalt.
[585] Vgl. Dr. Köhler vom Verlag Felix Bloch Erben an Raffalt, Berlin, 01.12.1964, in: UA Passau, NL Raffalt.
[586] Vgl. Raffalt an Luisa Guttmann, München, 14.10.1963, in: UA Passau, NL Raffalt.

für „Der Nachfolger" von der „Philips'Vereniging" aus Eindhoven mit dem Philips-Theaterpreis 1965 ausgezeichnet. Dass die Jury aus den rund 3000 Mitgliedern bestand und „Der Nachfolger" eine Bewertung von 7,53 Punkten (bei acht möglichen Punkten) bekam, kann auch eine gewisse Breitenpopularität des Stückes bezeugen – jedoch unter der Prämisse, dass es sich in Eindhoven und der gesamten Provinz Nordbrabant um ein sehr katholisches Milieu handelt.[587] Dass ein katholisches Umfeld jedoch nicht den Erfolg des Theaterstückes garantierte, zeigte die Aufführung des „Nachfolgers" in Dublin. Raffalt reiste sogar selbst zur Premiere seines Stückes an[588], wobei er im Nachgang die Dubliner Inszenierung als „völlige Katastrophe"[589] bezeichnete.

Sein dramaturgisches Erstlingswerk begleitete Reinhard Raffalt fast bis an sein Lebensende, denn „Der Nachfolger" hatte am 4. Juni 1976, nur wenige Tage vor seinem Tod, noch im Theater der Stadt Trier Premiere. Auch im Ernst-Deutsch-Theater in Hamburg wurde 1978 „Der Nachfolger" posthum aufgeführt[590], später jedoch fanden sich nur noch wenige Inszenierungen des mit 29 Männerrollen schwierig zu besetzenden Stückes.

Wenn man den großen Erfolg des „Nachfolgers" in den 1960er-Jahren betrachtet, wird deutlich, dass Raffalt mit diesem Thema den Nerv der Zeit getroffen hatte. Durch das Zweite Vatikanische Konzil und die mediale Berichterstattung waren gerade theologische Themen auch in der Mitte der Gesellschaft populär. Mit seinem Bühnenstück hatte Raffalt zudem im Gegensatz zu Hochhuths „Der Stellvertreter" kein vatikankritisches Drama[591] verfasst, sondern vielmehr der vorkonziliaren Kirche ein Denkmal gesetzt.[592]

b. „Das Gold von Bayern"

Anfang des Jahres 1963 war Raffalt mit den Arbeiten zu seinem zweiten Bühnenstück, einer Komödie über die Hochstaplerin Adele Spitzeder, beschäftigt und wollte dabei die Hauptrolle seiner damaligen Lebensgefährtin, der Schauspielerin Eva Vaitl, auf den Leib schreiben. Raffalt selbst beabsichtigte mit seiner Komödie nicht nur die historische Gestalt der Kreditbetrügerin und Hochstaplerin Adele Spitzeder zu beleuchten, sondern änderte

---

[587] Vgl. A. W. Ploegsma von der Philips'Vereniging an Raffalt, Eindhoven, 11.06.1965, in: UA Passau, NL Raffalt.
[588] Vgl. Raffalt an den Kulturreferenten der Deutschen Botschaft in Dublin, Dr. Beckers, München, 20.07.1963, in: UA Passau, NL Raffalt.
[589] Raffalt an Luisa Guttmann, München, 14.10.1963, in: UA Passau, NL Raffalt.
[590] Vgl. „Bei der Papstwahl durchs Schlüsselloch gelinst. Reinhard Raffalts ‚Nachfolger' im Ernst-Deutsch-Theater" in „Die Welt" vom 18.11.1978, in: UA Passau, NL Raffalt.
[591] Vgl. Berg, Jan: Hochhuths „Stellvertreter" und die „Stellvertreter"-Debatte. Köln 1977.
[592] Raffalts Bühnenstück „Der Nachfolger" als einen „Anti-Stellvertreter" zu bezeichnen, verfehlt hingegen seine Stoßrichtung und die Unterschiedlichkeit der Thematik. Darüber hinaus war Raffalts Drama bereits ein halbes Jahr vor Hochhuths Werk uraufgeführt worden.

den zeitlichen Rahmen seines Stückes von den historischen 1870er-Jahren auf den Vormärz von 1830, zeichnete Adele Spitzeder als sympathisch-gewitzte Hauptfigur und erschuf als Gegenfiguren Phantasiecharaktere wie etwa König Ludwig den Löwen, der am Ende großzügig die angehäuften Schulden der Spitzeder aus seiner Privatschatulle bezahlt. Raffalt wollte mit seinem Stück einen Teil bayerischer Eigenart, ja eine „Seelenlage"[593] charakterisieren. Er bezeichnete dies selbst als „bayerische Humanität"[594], also ein besonderes Feingefühl von barocker Dialektik zwischen Verbrechen und Tugendhaftigkeit, zwischen Obrigkeit und einfachem Volk, zwischen Falsch und Richtig. Dabei wollte er allerdings nicht moralisierend den Bayern den Spiegel vorhalten, sondern auf charmante und ironische Weise die Vorzüge ihrer Eigenheiten augenscheinlich machen. Denn „anstatt, daß wir uns zu unserer Art bekennen, zu dem, was man ist – und das ist nicht so wenig –, träumt man hierzulande nur zu gerne davon, etwas anderes zu sein oder zu werden"[595]. Gerade weil das „Bayerisch-Sein" eine nicht messbare Größe sei, wolle er sein Plädoyer für das „Unzerstörbare in den Bayern"[596] nicht in rational-kognitiver Vortragsform, sondern in einem abstrakt-komischen Bühnenstück halten.

Für die Premiere führte Raffalt bereits erste Gespräche mit dem neuen Intendanten der Münchner Kammerspiele, August Everding, und dem Wiener Theater in der Josefstadt.[597] Diese Verhandlungen zogen sich sehr lange hin, auch weil Raffalt seinen Verleger Peter Haensel vom Verlag Felix Bloch Erben[598] instruierte, „die Vergabe der Uraufführung an die Garantie [zu binden], die besagte Rolle mit Eva Vaitl zu besetzen"[599]. Der Verlag Felix Bloch Erben schaltete nun den Ministerialdirigenten im Bayerischen Staatsministerium für Unterricht und Kultus, Walter Keim, mit der Bitte um Bewertung des Stückes ein. Keim hatte mit Raffalt schon im Kuratorium für die Neustrukturierung der Europäischen Wochen in Passau 1959 sowie bei der Organisation der Asienreise des Trachtenballetts im Jahre 1960/61 zu tun gehabt und man war gut miteinander bekannt. So empfahl Keim auch eine Premiere in München.[600]

---

[593] „Der Engel der Armen. Reinhard Raffalts neues Stück ‚Das Gold von Bayern'" in der AZ vom 14./15.05.1966, in: UA Passau, NL Raffalt.
[594] Ebd.
[595] Ebd.
[596] Ebd.
[597] Vgl. Raffalt an Gabriele Geier, 04.02.1963, München, in: UA Passau, NL Raffalt.
[598] Die spätere publizistische Vermarktung der Textversion von „Das Gold von Bayern" erfolgte wiederum beim Prestel-Verlag in München. Vgl. Raffalt, Reinhard: Das Gold von Bayern. Kommödie [sic!] in fünf Bildern. München 1966.
[599] Raffalt an Peter Haensel vom Verlag Felix Bloch Erben, München, 22.04.1964, in: UA Passau, NL Raffalt.
[600] Vgl. Ministerialdirigent Walter Keim an Peter Haensel, München, 30.12.1965, in: UA Passau, NL Raffalt.

Verhandlungen für eine Fernsehversion von „Das Gold von Bayern" nahmen ebenso Gestalt an. BR-Fernsehdirektor Clemens Münster wollte die Produktion im Sommer 1966 durchführen. Als Regisseur sollte der renommierte Fritz Umgelter gewonnen werden.[601] Schließlich kam man auch in den Budgetplanungen der Gesamtkosten überein und es wurde beschlossen, das Stück im Cuvilliéstheater aufzuführen.[602]

Am 16. Oktober 1966 hatte „Das Gold von Bayern" im prächtigen Münchner Cuvilliéstheater unter der Regie von Bruno Hübner seine Premiere. Schauspielerisch war das Ensemble hochkarätig mit Eva Vaitl, Axel von Ambesser, Beppo Brehm, Fritz Straßner und Max Grießer besetzt. Daher verwunderte es etwa den Rezensenten der PNP, dass „die Uraufführung nicht ungeteilten Anklang fand. Am Ende gab es spontanen und wohlwollenden Applaus, aber auch Buh-Rufe und Pfiffe. Denn zweifellos hat diese Erstinszenierung des Bayerischen Staatsschauspiels Raffalts Komödie nicht zum bestmöglichen Start verholfen."[603] Besondere Verantwortung für das durchwachsene Ergebnis maß der Kritiker dabei Regisseur Bruno Hübner zu, der nicht die richtige Einstellung zum Text gefunden habe und dessen Inszenierung die feinen Spielarten des Komischen nicht zur Geltung gebracht habe. Auch Axel von Ambesser sei eher blass geblieben, während Eva Vaitl für ihre Interpretation der Adele Spitzeder gelobt wurde. Alles in allem hätte eine Inszenierung des Bayerischen Staatsschauspiels „mehr Karat"[604] haben müssen.

Allgemein wurde die Premiere von „Das Gold von Bayern" in den Münchner Gazetten[605] umfangreich besprochen, doch auch bayernweit[606], in

---

[601] Vgl. Peter Haensel an Raffalt, Berlin, 08.07.1965, in: UA Passau, NL Raffalt. Am Ende führte aus terminlichen Gründen dann doch nicht Fritz Umgelter, sondern Bruno Hübner die Regie.
[602] Vgl. Intendant Helmut Henrichs an Raffalt, München, 16.06.1966, in: UA Passau, NL Raffalt.
[603] „Das Komödienhafte im ‚Gold von Bayern' kam nicht zur Geltung" in der PNP vom 18.10.1966, in: UA Passau, NL Raffalt.
[604] Ebd.
[605] Vgl. „Ach, wir Armen! Reinhard Raffalts ‚Gold von Bayern' im Münchener Cuvilliéstheater" in der SZ vom 18.10.1966; „Deppen gibt's immer. Raffalts ‚Gold von Bayern' im Cuvilliéstheater" in der AZ vom 18.10.1966; „Wieder von Adele Spitzeder hereingelegt. Uraufführung im Cuvilliéstheater: Reinhard Raffalts ‚Gold von Bayern'" im MM vom 18.10.1966; Theaterkritik von Franz J. Rappmannsberger „Gold von Bayern. Reinhard Raffalts Komödie [sic!] im Cuvillétheater [sic!]", in: UA Passau, NL Raffalt.
[606] Vgl. „‚Das Gold von Bayern'. Raffalts Komödie im Münchener Cuvilliéstheater uraufgeführt" im Coburger Tageblatt vom 20.10.1966; „Der Traum vom goldenen Bayern. Raffalts Adele-Spitzeder-Komödie in München uraufgeführt" in der Bayerischen Staatszeitung vom 21.10.1966; „Adele Spitzeder als Märchenfigur. Reinhard Raffalts ‚Gold von Bayern' in München uraufgeführt" in der Lindauer Zeitung vom 20.10.1966; „Uraufführung: Fräulein Spitzeder nicht sehr komisch. Im Cuvilliéstheater ‚Das Gold von Bayern' von Reinhard Raffalt" im Bayernkurier vom 22.10.1966; „Der König und die Zinsbetrügerin. Zur Uraufführung von Reinhard Raffalts ‚Gold von Bayern' in München" im „Fränkischen Volksblatt Würzburg" vom 22.10.1966; „‚Das Gold von Bayern'. Eine schwache Raffalt-Uraufführung

der übrigen Bundesrepublik[607] und in der Schweiz[608] nahm man regen Anteil. Dabei war das Urteil sehr durchwachsen. Die meisten Kritiker urteilten eher verhalten und vermerkten relativ einhellig, dass „das Münchner Publikum nicht restlos begeistert [war] und aus den Rängen [...] – ein Ereignis bei einer Premiere im Cuvilliéstheater – zum Schlußbeifall ein vernehmliches Buh"[609] erklang, das „offenbar weniger dem Ensemble als dem Autor und der Regie"[610] gegolten habe.

Ein beinahe vernichtendes Urteil fällten die Kritiker in der FAZ, im Münchner Merkur sowie in der SZ. Während die FAZ bemerkte, dass „das Programmheft [...] interessanter als die Aufführung"[611] sei, sprach der Münchner Merkur Raffalt gar die Kompetenz ab, ein solches Stück zu schreiben, da er doch eigentlich mehr „dem Kurialen [...] und damit dem Weltweiten"[612] zugeneigt sei und sich somit bei diesem, dem Bayerischen

---

in München" in der Nürnberger Zeitung vom 19.10.1966; „König und Adele. Reinhard Raffalts ‚Gold von Bayern' nur teilweise echt" in der „Neuen Presse" Coburg vom 20.10.1966; „Zwielichtige ‚Wahrheiten' über Oberbayern. Eisiges Schweigen und Pfiffe für die Komödie ‚Das Gold von Bayern'" im Fürstenfeldbrucker Tagblatt vom 22.10.1966; „Münchner Kulturspiegel. Beifall und Pfiffe für ‚Das Gold von Bayern'" im „Würmtal-Boten" vom 20.10.1966; „Zu süß. Reinhard Raffalts ‚Das Gold von Bayern'" im „Donau Kurier Ingolstadt" vom 18.10.1966; „Beifall und Pfiffe für ‚Das Gold von Bayern'" im Traunsteiner Wochenblatt vom 19.10.1966; „‚Das Gold von Bayern'. Reinhard Raffalts Komödie fand in München wenig Anklang" im Hofer Anzeiger vom 18.10.1966; „Adeles genialer Gaunerstreich. Heiterer Abend im Münchner Cuvilliéstheater mit Ambesser, Eva Vaitl, Beppo Brem" in „Der Bote Feucht-Nürnberg" vom 18.10.1966; „‚Das Gold von Bayern' von Reinhard Raffalt in München uraufgeführt" in der Mittelbayerischen Zeitung (Regensburg) vom 18.10.1966, in: UA Passau, NL Raffalt.

[607] Vgl. „Die Spekulantin und der König. Reinhard Raffalts ‚Gold von Bayern' im Münchner Cuvilliéstheater" in der FAZ vom 21.10.1966; „Raffalt: Dame im Herzen", in „Der Spiegel" 43/1966, S. 188 f.; „Weiß-blaue Geldgeschäfte auf der Bühne. Raffalts ‚Das Gold von Bayern' uraufgeführt" in „Die Welt" vom 18.10.1966; „Kein Edelmetall. Münchner Uraufführung von Reinhard Raffalts ‚Gold von Bayern'" in der Frankfurter Rundschau vom 26.10.1966; „Die gewitzte Bankiere aus Preußen. Raffalts ‚Gold von Bayern' in München uraufgeführt" im Generalanzeiger Bonn vom 04.11.1966; „Märchen von Adele und der Majestät. Reinhard Raffalts Komödie ‚Das Gold von Bayern'" in der Rheinischen Post vom 19.10.1966; „Reinhard Raffalts Adele Spitzeder. Die Uraufführung von ‚Das Gold von Bayern' in München" im Darmstädter Echo vom 20.10.1966; „Der König und die Betrügerin. Reinhard Raffalts ‚Gold von Bayern' in München" im Mannheimer Morgen vom 19.10.1966, in: UA Passau, NL Raffalt.

[608] Vgl. „Das Gold von Bayern. Komödie in fünf Bildern von Reinhard Raffalt" in „Die Tat" vom 22.10.1966, in: UA Passau, NL Raffalt.

[609] „Zu süß. Reinhard Raffalts ‚Das Gold von Bayern'" im „Donau Kurier Ingolstadt" vom 18.10.1966, in: UA Passau, NL Raffalt.

[610] „Beifall und Pfiffe für ‚Das Gold von Bayern'" im Traunsteiner Wochenblatt vom 19.10.1966, in: UA Passau, NL Raffalt.

[611] „Die Spekulantin und der König. Reinhard Raffalts ‚Gold von Bayern' im Münchner Cuvilliéstheater" in der FAZ vom 21.10.1966, in: UA Passau, NL Raffalt.

[612] „Wieder von Adele Spitzeder hereingelegt. Uraufführung im Cuvilliéstheater: Reinhard Raffalts ‚Gold von Bayern'" im MM vom 18.10.1966, in: UA Passau, NL Raffalt.

gewidmeten Stück schon eine Frage der Authentizität stelle, besonders da es „für den niederbayerischen Raffalt sogar Übersetzungsschwierigkeiten"[613] gegeben habe.

Durchwegs positiv berichteten hingegen etwa die Zürcher Zeitung „Die Tat"[614], „Der Bote Feucht-Nürnberg"[615] und die Bayerische Staatszeitung[616]. Die Lindauer Zeitung bilanzierte: „Was man zu sehen bekommen hatte, das hätte besser ins Volkstheater gepaßt, doch nicht ins Cuvilliéstheater, dieses zauberhafte, glitzernde und schimmernde Rokokojuwel."[617] Als zu klischeehaft und unkomisch beurteilte der Bayernkurier das Stück und auch das Fürstenfeldbrucker Tagblatt spottete, dass „den außerhalb der weißblauen Grenzpfähle kursierenden Legenden vom biertrinkenden und schuhplattelnden Oberbayern eine weitere hinzugefügt"[618] worden sei. Die Nürnberger Zeitung urteilte: „Das uraufgeführte ‚Gold von Bayern', eine ‚Komödie in fünf Bildern' von Reinhard Raffalt, erwies sich leider als Blech. Was da allen Ernstes über die Bühne des anspruchsvollen Rokoko-Theaters von Cuvilliés stelzte, war ein blau-weißer Schmarrn, der von Klischee-Vorstellungen und Sentimentalitäten troff, daß man glaubte im falschen Theater zu sitzen. Auch der bayerische Landesvater Alfons Goppel war erschienen, wohl in der Hoffnung, der seltenen Spezies eines modernen heimatlichen Volksstückes zu begegnen."[619] Das Fränkische Volksblatt in Würzburg implizierte gar Vettern-

---

[613] „Wieder von Adele Spitzeder hereingelegt. Uraufführung im Cuvilliéstheater: Reinhard Raffalts ‚Gold von Bayern'" im MM vom 18.10.1966, in: UA Passau, NL Raffalt.

[614] „Das Gold von Bayern. Komödie in fünf Bildern von Reinhard Raffalt" in „Die Tat" vom 22.10.1966, in: UA Passau, NL Raffalt: „Die deutsche Bühne ist um eine Märchenkomödie reicher. [...] Es gab langen, lebhaften und herzlichen Premierenbeifall aus Loge und Loge zur Bühne des ebenso bezaubernden Hauses. Der Autor [...] zeigte sich, von Applaus umrauscht. Seine wohltemperierte Selbstironie (er ist Niederbayer) verwandelte das Gold von Bayern in echtes Komödiengold."

[615] Vgl. „Adeles genialer Gaunerstreich. Heiterer Abend im Münchner Cuvilliéstheater mit Ambesser, Eva Vaitl, Beppo Brem" in „Der Bote Feucht-Nürnberg" vom 18.10.1966, in: UA Passau, NL Raffalt.

[616] „Der Traum vom goldenen Bayern. Raffalts Adele-Spitzeder-Komödie in München uraufgeführt" in der Bayerischen Staatszeitung vom 21.10.1966, in: UA Passau, NL Raffalt: „Es war ein kleines weißblaues Familienfest. Bayerisch wie der Autor Reinhard Raffalt ist der Stoff der Komödie ‚Das Gold von Bayern', bayerisch auch die Sprache. Man labt sich an der kräftigen Würze des Dialekts, hört goldene Worte über das kindlich vertrauensselige, von Märchenglanz träumende bayerische Gemüt und erlebt einen König wie er im Bilderbuch steht [...] – im Grunde ein Bayern wie du und ich. [...] Daß am Ende in den Beifall sich ein paar Buhrufe und Pfiffe mischen, ist ein ferner Reflex der rasch besänftigten Revoluzzerstimmung, die im Schlußakt das Damenstift umbrandet, und gehört unbedingt dazu. Es muß halt immer Leute geben, die ein bisserl granteln."

[617] „Adele Spitzeder als Märchenfigur. Reinhard Raffalts ‚Gold von Bayern' in München uraufgeführt" in der Lindauer Zeitung vom 20.10.1966, in: UA Passau, NL Raffalt.

[618] „Zwielichtige ‚Wahrheiten' über Oberbayern. Eisiges Schweigen und Pfiffe für die Komödie ‚Das Gold von Bayern'" im Fürstenfeldbrucker Tagblatt vom 22.10.1966, in: UA Passau, NL Raffalt.

[619] „‚Das Gold von Bayern'. Eine schwache Raffalt-Uraufführung in München" in der Nürnberger Zeitung vom 19.10.1966, in: UA Passau, NL Raffalt.

wirtschaft in der Auswahl des Stückes und der Wahl des Spielorts: „Ein Schriftsteller, der schon ein Konklave-Schauspiel und Arbeiten über J. S. Bach, über den Buddhismus oder eine italienische Sprachlehre geschrieben hat, hat aus der königlich-bayerischen Zinsbetrügerin Adele Spitzeder ein weiß-blaues Volksschauspiel zu zimmern versucht. Ganz ohne Hintergedanken, behauptet er. Und das Produkt, die Komödie ‚Das Gold von Bayern', brachte Reinhard Raffalt sogleich jener Bühne als Morgengabe, die ihn vor kurzem als dramaturgischen Berater engagierte. Kein Zweifel, wenn schon nicht in den Münchner Kammerspielen, dann gehörte ein solches Stück im ehemals königlichen Hoftheater aufgeführt!"[620] Während der Bonner Generalanzeiger ungeniert von den „Deppen in München"[621] sprach, bei denen sich eine gewitzte Preußin niedergelassen habe, betonten Kritiken etwa im Mannheimer Morgen, dass es Raffalt wohl nicht bemerkt habe, dass seine verharmlosende Erzählung der betrügerischen Bankgeschäfte Adele Spitzeders gepaart mit „der landesüblichen Wurstigkeit und Rührseligkeit […] für die Saison der bundesdeutschen Stabilisierungsdebatten im Grunde eine hübsche Parabel vom fröhlichen Geldausgeben von gestern mit den bösen Folgen für morgen gefunden hat"[622].

Die illustere Einladungsliste von Reinhard Raffalt[623] mit dem gesamten bayerischen Kabinett, vielen Landtagsabgeordneten, dem Münchner Oberbürgermeister Hans-Jochen Vogel sowie Größen aus Wirtschaft, Wissenschaft, Medien und Kultur erläutert recht deutlich die Bedeutung, die diese Premiere als gesellschaftliches Ereignis[624] haben sollte. Die Süddeutsche Zeitung bemerkte darüber spöttisch, dass man selten in München „eine so üppig nerzverbrämte, so von Diamantenkolliers und Smokingrevers gleißende Schauspielpremiere gesehen [habe]. Tout München, wie man das nennt, war im Cuvilliéstheater versammelt, um dem Gold von Bayern zu huldigen. Und Reinhard Raffalts niedliche Biedermeierkomödie erwies sich als dem Wesen dieses festlichen Raumes gemäß; sie braucht ihn sogar, sie paßt trefflich in

---

[620] „Der König und die Zinsbetrügerin. Zur Uraufführung von Reinhard Raffalts ‚Gold von Bayern' in München" im „Fränkischen Volksblatt Würzburg" vom 22.10.1966, in: UA Passau, NL Raffalt.
[621] „Die gewitzte Bankiere aus Preußen. Raffalts ‚Gold von Bayern' in München uraufgeführt" im „Generalanzeiger Bonn" vom 04.11.1966, in: UA Passau, NL Raffalt.
[622] „Der König und die Betrügerin. Reinhard Raffalts ‚Gold von Bayern' in München" im „Mannheimer Morgen" vom 19.10.1966, in: UA Passau, NL Raffalt.
[623] Vgl. dreiseitige Einladungsliste von Reinhard Raffalt für die Premiere von „Das Gold von Bayern" am 16.10.1966 mit 87 Namen, in: UA Passau, NL Raffalt.
[624] Theaterkritik vom Franz J. Rappmannsberger „Gold von Bayern. Reinhard Raffalts Kommödie [sic!] im Cuvillétheater [sic!]", in: UA Passau, NL Raffalt: „In der ersten Reihe der Ministerpräsident, in der Königsloge Wittelsbacher Prinzessinnen und Prinzen, im Parkett, auf den Rängen ein Querschnitt von Münchens gesellschaftlicher Crème: Diese Premiere zu vergolden, hatte man keine Einladung gescheut. Galt es doch, einem bayerischen Ereignis beizuwohnen, dem Volksstück des sonst geschickten Autors Reinhard Raffalt."

dieses Schmuckkästchen einer Gesellschaft, die vorab sich selbst feiert, aber auch freundlich, nur verstohlen hinter der Hand gähnend, dem munteren Bühnenspiel Teilnahme zollt."[625]

Insgesamt kann man also von einem Misserfolg von „Das Gold von Bayern" sprechen, welches in den Folgejahren auch kaum mehr auf anderen Bühnen gespielt wurde.[626] Raffalt selbst hegte danach keine weiteren dramaturgischen Ambitionen mehr.

c. Dramaturgischer Berater im Staatsschauspiel

Aufgrund des großen Erfolgs von „Der Nachfolger" auf den deutschsprachigen und europäischen Bühnen hatte sich Raffalt binnen kurzer Zeit einen hervorragenden Ruf in der Münchner Theaterlandschaft erarbeitet. So wurde er am 1. September 1966 zum dramaturgischen Beirat des Bayerischen Staatsschauspiels ernannt. Gemeinsam mit einer Dramaturgin sollte Raffalt mit Oberspielleiter Hans Lietzau zusammenarbeiten, einen Spielplan für die Spielzeit 1967/68 vorbereiten sowie die laufenden Stücke betreuen.[627] Dies jedoch schien nicht so einfach zu sein, denn Hans Lietzau war wenig an einer Zusammenarbeit mit den dramaturgischen Beratern interessiert. Obwohl schon seit zwei Monaten die Proben für „Der seidene Schuh" unter der Leitung von Lietzau liefen, hatte dieser die mehrmaligen Bitten Raffalts nach dem Textbuch ignoriert. Demzufolge fand die dramaturgische Arbeit an dem Stück ohne Raffalt und seine Co-Dramaturgin statt. Darüber hinaus wurde Raffalts Rat bei einer Vielzahl von in Betracht gezogenen Stücken von Seiten der Intendanz des Hauses nicht berücksichtigt.[628]

Es scheint vielmehr, dass Raffalt als Quereinsteiger nicht in Informations- oder gar Entscheidungsprozesse des Bayerischen Staatsschauspiels eingebunden war. So beklagte er, Oberspielleiter Lietzau noch gar nicht persönlich begegnet zu sein oder von Personalentscheidungen nur aus der Presse erfahren zu haben. Auch fühlte er sich am Theater falsch eingesetzt und eingeschätzt: „Ich kann, so glaube ich, für mich in Anspruch nehmen, als katholischer Schriftsteller in Deutschland einen Namen zu haben. Herr Lietzau mag anderer Meinung sein, aber es bleibt für mich nachgerade absurd, daß das größte katholische Theaterstück des 20. Jahrhunderts[629] in unserem Hause

---

[625] „Ach, wir Armen! Reinhard Raffalts ‚Gold von Bayern' im Münchener Cuvilliéstheater" in der SZ vom 18.10.1966, in: UA Passau, NL Raffalt.
[626] Erst in den Jahren 2012 und 2013 wurde „Das Gold von Bayern" bei den Burghofspielen Falkenstein im Landkreis Cham in der Inszenierung von Till Rickelt wieder einmal aufgeführt.
[627] Vgl. Raffalt an Oberspielleiter Hans Lietzau, München, 09.09.1966, in: UA Passau, NL Raffalt.
[628] Vgl. Raffalt an den Intendanten des Bayerischen Staatsschauspiels Helmut Henrichs, ohne Ort, 09.01.1967, in: UA Passau, NL Raffalt.
[629] Raffalt meint damit „Der seidene Schuh" von Paul Claudel.

herauskommt, ohne daß ich von der Inszenierung in irgendeiner Weise in Kenntnis gesetzt worden wäre. Dies ist – jedenfalls von meiner Seite aus – auch gegenüber der Öffentlichkeit nur als Brüskierung aufzufassen."[630] Deswegen erschien ihm seine Position als dramaturgischer Berater des Bayerischen Staatsschauspiels als „entbehrlich, um nicht zu sagen überflüssig"[631] und er bat um unbezahlten Urlaub für den Rest der Spielzeit, da er die minimale Beratung, die anscheinend gewünscht sei, „genauso gut und unter Einsparung [seiner] Bezüge künftig in freier Form ausüben"[632] könne.

Dass Raffalt das Stück „Der seidene Schuh" trotz seiner Querelen mit dem Staatsschauspiel sehr am Herzen lag, zeigt sein Schreiben an den Theaterkritiker und Feuilletonchef des Münchner Merkurs, Walther Kiaulehn, nach der von ihm kritisierten Premiere. Raffalt hätte die dramaturgische Arbeit des von ihm geliebten, seit Jahrzehnten bekannten Stückes sehr gerne geleistet, doch war er eben von Oberspielleiter Lietzau nicht eingebunden worden. Des Weiteren plädierte Raffalt für einen vollverantwortlichen Chefdramaturgen und unterrichtete Kiaulehn über seine Rücktrittsentscheidung vom Januar.[633] Daraufhin blieb das Presseecho nicht aus. Die Münchner Abendzeitung berichtete in einem größeren Artikel[634] über den Rücktritt Raffalts, „damit künftig der Posten eines vollverantwortlichen Chefdramaturgen wieder besetzt werden"[635] könne. Ausführlich konnte Raffalt in dem Artikel die Beweggründe für seine Entscheidung darlegen, die hauptsächlich in den sehr geringen Gestaltungsmöglichkeiten, seiner nur beratenden Funktion sowie im Nichtverhältnis zu Oberspielleiter Lietzau begründet seien. Die Rolle des verantwortlichen Chefdramaturgen könne Raffalt schon wegen seiner Verpflichtungen bei Funk und Fernsehen nicht übernehmen, und so kehre er dem Staatsschauspiel ohne Zorn und Bitterkeit den Rücken.

Sogar in der bundesrepublikanischen Presse[636] war der Rücktritt Raffalts ein Thema. Hierbei wurde die Schuld für den Weggang des „hochbefähigten Rundfunkautor[s] und vielfach bewährte[n] Kunsthistoriker[s]"[637] Raffalt in relativ drastischen Worten bei Intendant Henrichs gesucht, dem eine „Lässigkeit in organisatorischen und in der Behandlung personeller Fragen"[638], ja

---

[630] Vgl. Raffalt an den Intendanten des Bayerischen Staatsschauspiels Helmut Henrichs, ohne Ort, 09.01.1967, in: UA Passau, NL Raffalt.
[631] Ebd.
[632] Ebd.
[633] Vgl. Raffalt an MM-Feuilletonchef Walther Kiaulehn, München, 23.02.1967, in: UA Passau, NL Raffalt.
[634] Vgl. „Reinhard Raffalt hat das Residenztheater verlassen: ‚Was soll ich da eigentlich?'" in der AZ vom 25./26.02.1967, in: UA Passau, NL Raffalt.
[635] „Raffalt tritt zurück" in der SZ vom 25./26.02.1967, in: UA Passau, NL Raffalt.
[636] Vgl. „Schlendrian?" in „Die Welt" vom 28.02.1967, in: UA Passau, NL Raffalt.
[637] Ebd.
[638] Ebd.

sogar ein „gewisser Schlendrian"[639] bis hin zu Konzept- sowie Ideenlosigkeit vorgeworfen wurde. Raffalt hätte hingegen sein Möglichstes versucht: „Man übersieht im Hause Henrichs' offenbar die Bedeutung, die gerade heute einem Dramaturgen zukommt, der ein aktiver, intelligenter und gebildeter Mitregent des Intendanten und des Chefregisseurs sein muß. Mitregent aber hat der konziliante, gebildete und originelle Raffalt nicht sein können (nicht sein dürfen?), was gewiß nicht seine Schuld gewesen ist."[640]

Somit war Raffalts dramaturgischen Ambitionen eine sehr kurze, aber prächtige Blüte von gut fünf Jahren beschieden. Weitere Anstrengungen auf diesem Feld unternahm er nicht. Seine beiden Bühnenstücke „Der Nachfolger" und „Das Gold von Bayern" werden heute nur noch sehr selten aufgeführt.

4. Musikalisches Schaffen

Die Musik begleitete Reinhard Raffalt sein ganzes Leben lang. Früh hatte er Klavier sowie Orgel gelernt und später neben Orgel auch Musikwissenschaft studiert. Da Raffalt in musikalischer Hinsicht vor allem durch sein Orgelspiel wirkte und er im Besonderen meist über bekannte Themen konzertant improvisierte, stehen seine überlieferten musikalischen Erzeugnisse in keinem Verhältnis zu der Bedeutung, die die Musik in seinem Leben einnahm.

Wenn man sein gesamtes Arbeitsleben in Augenschein nimmt, wird deutlich, dass es meist sein musikalisches Können war, das ihm Türen öffnete und mit Hilfe dessen er direkt oder indirekt wirkte. So war es sein Orgelspiel in Santa Maria dell'Anima, welches ihn in Rom Kontakte mit Ludwig Curtius und Dieter Sattler knüpfen ließ, die für seinen späteren Lebensweg prägend sein sollten. Kulturpolitisch wirkte Raffalt später als Direktor der Deutschen Bibliothek sowie als „Sonderbeauftragter für die deutschen Kulturinstitute in Asien und Afrika" vor allem in musikalischer Hinsicht.[641] Darüber hinaus hatten viele seiner publizistischen Werke mit „Concerto Romano", „Fantasia Romana" oder „Sinfonia Vaticana" nicht nur klingende Titel, sondern waren auch voller musikalischer Referenzen.

Daneben zeugen zumindest seine Choralmotette „O Heiland, reiß die Himmel auf" für fünfstimmigen A-cappella-Chor[642], die Komposition von „In principio erat verbum" für Sant'Anselmo[643] sowie weitere Kompositio-

---

[639] „Schlendrian?" in „Die Welt" vom 28.02.1967, in: UA Passau, NL Raffalt.
[640] Ebd.
[641] Vgl. dazu Kapitel VIII der vorliegenden Arbeit.
[642] Vgl. Programm des Adventskonzertes des Singkreises sowie des Theaterorchesters Passau unter der Leitung von Toni Glas und Gerd Uecker in der Pfarrkirche St. Peter vom 07.12.1978, in: UA Passau, NL Raffalt.
[643] Vgl. Gespräch mit Pater Remigius Rudmann OSB vom 06.06.2014.

nen in der frühen Nachkriegszeit wie die Musik für die Don-Juan-Tragödie „Der Sturz" von seinem musikalischen Schaffen. Im Jahre 1973 wirkte Reinhard Raffalt zudem bei zwei musikalischen Höhepunkten als Conférencier mit. So gestaltete er den Prolog in der Salzburger Uraufführung von Carl Orffs „De temporum fine comoedia" unter Dirigent Herbert von Karajan in der Inszenierung von August Everding.[644] Ebenso führte er durch die vom Bayerischen Rundfunk in Verbindung mit dem französischen Rundfunk ORTF produzierte Konzertreihe „Musik im Schloß" zu Schleißheim.[644]

Porträt von Reinhard Raffalt an der Orgel, Ende der 1950er-Jahre[646]

Außerdem war Raffalt in den 1960er- und 70er-Jahren mehrmals für eine Neufassung sowie Inszenierung der Oberammergauer Passionsspiele im Gespräch.[647] Vielleicht das langlebigste Andenken musikalischer Natur dürfte Raffalt aufgrund einer Schallplattenproduktion bei der Aufführung von Gioacchino Rossinis „Petite Messe Solenelle" in der Stiftskirche Baumburg erhalten haben. Unter der Leitung von Wolfgang Sawallisch begleitete Raffalt diese Messe am Harmonium. Die „mustergültige Aufführung"[648] wurde vom BR, dem ZDF sowie der RAI aufgezeichnet und später ausgestrahlt. Es waren weder Kosten noch Mühen gescheut worden, um dieses seltene Werk „in einer Starbesetzung und in der Urfassung"[649] aufzu-

---

[644] Vgl. Programm für die Uraufführung von „De temporum fine comoedia" im Salzburger Großen Festspielhaus vom 20.08.1973, in: UA Passau, NL Raffalt.
[645] Vgl. Programm der „Musik im Schloß" im Schloß Schleißheim vom 05.09.1973, in: UA Passau, NL Raffalt.
[646] Vgl. Privatbesitz Nina Raffalt, Bildbestand Reinhard Raffalt.
[647] Vgl. „Neues Passionsspiel aus Quellen des Barocks. Oberammergau vor der Wahl zwischen den Texten von 1750 und 1860. Neufassung aus beiden im Gespräch" in der SZ vom 20./21.09.1975, in: UA Passau, NL Raffalt.
[648] Vgl. „Musikfest in Baumburg. Rossinis ‚Petite Messe Solenelle' unter Wolfgang Sawallisch in Musteraufführung" im Trostberger Tagblatt vom 18.07.1972, in: UA Passau, NL Raffalt.
[649] „‚Das ist in München nicht zu kriegen'. Triumph des kirchenmusikalischen Belcantos in der Baumburger Stiftskirche" im Oberbayerischen Volksblatt vom 20.07.1972, in: UA Passau, NL Raffalt.

Reinhard Raffalt mit Eugen Jochum und Carl Orff anlässlich des 70. Geburtstags von Eugen Jochum im November 1972[650]

führen. Dies zeigte sich auch in der Prominenz der Zuhörer, waren doch bei den beiden Konzerten am 15. und 16. Juli 1972 unter anderem der bayerische Ministerpräsident Alfons Goppel, Staatsminister Franz Heubl, Franz Josef Strauß sowie der Nobelpreisträger Werner Heisenberg zu Gast im Chiemgau.[651] Der Zeitpunkt und die Wahl des Ortes für ein solches kulturelles Ereignis ersten Ranges hatten dabei wohl eine Vielzahl von Gründen: „Die Baumburger Kirche mit ihrer überwältigenden Rokokopracht, ihrer lichten, breiten Raumfülle, ihrer Nähe zum festspielfiebernden Salzburg und vorolympischen München bot sich für eine Aufführung von exceptioneller Valenz geradezu an."[652]

Trotzdem ist es wohl nicht der Musiker, sondern der Publizist Reinhard Raffalt, an den sich die Öffentlichkeit bis heute erinnert. Raffalt selbst dürfte

---

[650] Vgl. Privatbesitz Nina Raffalt, Bildbestand Reinhard Raffalt.
[651] Vgl. „Viel Prominenz in Baumburg. ZDF-Sendung voraussichtlich im November" im Trostberger Tagblatt vom 18.07.1972, in: UA Passau, NL Raffalt.
[652] „‚Das ist in München nicht zu kriegen'. Triumph des kirchenmusikalischen Belcantos in der Baumburger Stiftskirche" im Oberbayerischen Volksblatt vom 20.07.1972, in: UA Passau, NL Raffalt.

eine solche Unterscheidung fremd gewesen sein, er verstand sein Wirken immer ganzheitlich im Dienste der Kultur.[653]

5. Vorträge und Reden

Mit der steigenden Bekanntheit Raffalts durch seine journalistische Arbeit für Zeitung und Hörfunk sowie durch seine literarischen Werke häuften sich ab den späten 1950er-Jahren Anfragen für Vorträge verschiedenster Art.

Anfangs war es vor allem seine ausgedehnte Reisetätigkeit in exotische Destinationen wie Indien oder Südostasien, die ihn für Vorträge in diesem Spektrum qualifizierte. Hierbei sei exemplarisch neben einem Vortrag im Römischen Institut der Görres-Gesellschaft über Ostafrika[654] ein weiterer über Indien vor 600 Zuhörern in den Räumen der Ludwig-Maximilians-Universität München zu nennen.[655]

Später bildeten meist die Beschäftigung mit verschiedenen Sujets durch seine Arbeit beim Bayerischen Rundfunk und seine Buchpublikationen die Grundlage der Vortragsthemen. Insgesamt zeugen gut 50 Manuskripte im Nachlass Reinhard Raffalts von einer enormen thematischen Vielfalt.[656] Ob Vorträge im Rahmen von Preisverleihungen, Jubiläen, Fachtagungen, in halbprivaten Zirkeln oder für andere Auftraggeber – Raffalt sprach zumeist über religiöse, philosophische oder kulturhistorische Themen. Oft bezog er sich dabei im Speziellen auf den Humanismus, Europa, das römische Erbe sowie Wandlungen in katholischer Liturgie und Praxis.

Hervorzuheben ist jenseits der eingangs erwähnten Festrede zur Verleihung des Bayerischen Verdienstordens 1971 eine Rede, die Raffalt im Januar 1964 bei der Parlamentarischen Gesellschaft des Bundestages in Bonn hielt. Im offiziellen Protokoll wird die große Wertschätzung deutlich, die Raffalt bei den Parlamentariern nach seinem Vortrag über den „Papst in Jerusalem" genoss.[657]

---

[653] Vgl. Gespräch mit Nina Raffalt vom 24.08.2015.
[654] Vgl. Einladung zum Vortrag von Reinhard Raffalt im RIGG zum Thema „Religionspsychologische Bemerkungen zur Eingeborenen-Musik in Tanganjyka" vom 31.01.1953, in: UA Passau, NL Raffalt.
[655] Vgl. Direktor des Indien-Instituts Franz Thierfelder an Raffalt, München, 07.09.1955; Franz Thierfelder an Raffalt, München, 06.04.1957; Raffalt an Franz Thierfelder, ohne Ort, 18.05.1957; Raffalt an Franz Thierfelder, Rom, 03.06.1957; Franz Thierfelder an Raffalt, München, 08.06.1957; Franz Thierfelder an Raffalt, München, 02.07.1957; Franz Thierfelder an Raffalt, München, 30.07.1957; Franz Thierfelder an Raffalt, München, 14.09.1957; Raffalt an Franz Thierfelder, ohne Ort, 29.09.1957; Franz Thierfelder an Raffalt, München, 10.10.1957; Raffalt an Franz Thierfelder, Rom, 19.10.1957; Raffalt an Franz Thierfelder, ohne Ort, 10.11.1957, in: UA Passau, NL Raffalt.
[656] Es liegen neben der Vielzahl an Vorträgen auf Deutsch auch Vorträge in italienischer Sprache vor.
[657] Stenographiertes Protokoll des Vortragsabends von Reinhard Raffalt am 22.01.1964 bei der Parlamentarischen Gesellschaft in Bonn, in: UA Passau, NL Raffalt: „Der außerordentliche Beifall, Herr Dr. Raffalt, der durch Ihre Ausführungen gezeigt wurde, überhebt mich aller

Reinhard Raffalt spricht anlässlich der Verleihung des Bayerischen Verdienstordens 1971[658]

Um die verschiedensten Anlässe und Örtlichkeiten zu illustrieren, seien unter anderem Vorträge Raffalts im Münchner Rathaus bei der Gesellschaft für christlich-jüdische Zusammenarbeit[659], im privaten Kreise des Hauses Henkel in Düsseldorf[660], in der Bayerischen Akademie der Schönen Künste[661], in der Carl Friedrich von Siemens Stiftung[662], der Aachener und Münchner Versicherung[663] sowie bei der Tagung „Europa Viva" der Liga Europa[664] zu

---

   Notwendigkeit, meinen Dank Ihnen gegenüber näher zu begründen. […] Nehmen Sie unseren herzlichsten Dank entgegen und vielleicht auch einen Eindruck oder Ausdruck eines bescheidenen Neides, daß so viel Wissen nicht in jedem Individuum sich verkörpert."
[658] Vgl. Privatbesitz Nina Raffalt, Bildbestand Reinhard Raffalt.
[659] Vgl. Vortrag am 16.03.1966 anlässlich der Woche der Brüderlichkeit für die Gesellschaft für christlich-jüdische Zusammenarbeit, in: UA Passau, NL Raffalt.
[660] Vgl. Vorträge am 14.12.1964 sowie 11.05.1966 im Hause Henkel in Düsseldorf, in: UA Passau, NL Raffalt.
[661] Vgl. Vortrag am 19.03.1970 in der Bayerischen Akademie der Schönen Künste, in: UA Passau, NL Raffalt.
[662] Vgl. Rede „Das Problem der Kontaktbildung in der zeitgenössischen Gesellschaft", gehalten am 19.07.1960 in der Carl Friedrich von Siemens Stiftung, in: UA Passau, NL Raffalt.
[663] Vgl. Vorträge am 31.10.1972 in der Carl Friedrich von Siemens Stiftung sowie am 04.12.1975 bei der Aachener und Münchner Versicherung, in: UA Passau, NL Raffalt.
[664] Vgl. Vortrag zur Tagung „Europa Viva" der Liga Europa am 26.10.1973 in Venedig, in: UA Passau, NL Raffalt.

nennen. Auch zum 350-jährigen Jubiläum des Humanistischen Gymnasiums in Passau[665] und zum 25-jährigen Jubiläum der Passauer Neuen Presse[666] referierte er. Ebenso zeugen Vorträge im italienischen Kulturinstitut zu München[667], auf der vom Italienischen Institut für Außenhandel organisierten Tagung „Italien grüßt Berlin"[668] oder eine europäische Festrede im Rahmen des 1000-jährigen Jubiläums der Reichsabtei Ottobeuren[669] von Raffalts transkulturellem Engagement.[670]

Öffentliche Vorträge von Reinhard Raffalt fanden immer wieder auch ihren Niederschlag in der Presse. So berichtete die renommierte NZZ lobend über das Referat „Der Rückzug der Kirche aus der Kultur", welches Raffalt im Rahmen einer Tagung der Katholischen Akademie in Zürich hielt.[671]

Größeres Aufsehen erlangte Raffalt auch mit einem Vortrag beim offiziellen Festakt zum 100. Geburtstag von Ludwig Thoma im Münchner Cuvilliéstheater, wo er „mit anerkennenswert[er] bayerische[r] Zornesader"[672] die Beschränkung Thomas auf das Krachledern-Komische sowie generell den Umgang mit Thomas Vermächtnis in der Gegenwart kritisierte.[673]

Insgesamt wird deutlich, dass Raffalt die Mehrzahl seiner Vorträge und Reden in den 1970er-Jahren hielt. Die Themen, auf denen seine Ausführungen fußten, hatte er sich in den Jahren zuvor erarbeitet und waren meist auch bereits im Rundfunk oder in Buchform erschienen. Diese bereits beschriebene Mehrfachverwertung stellt ein Charakteristikum von Raffalts Arbeitsstil dar, zeugt aber auch von einem sich abzeichnenden publizistischen Abstieg und dem Fehlen von neuen schöpferischen Impulsen in den letzten Jahren vor seinem Tod.

---

[665] Vgl. „Der Humanismus hat eine Aufgabe im Weltgespräch. 350-Jahr-Feier des Humanistischen Gymnasiums Passau" in der PNP vom 16.07.1962, in: UA Passau, NL Raffalt.
[666] Vgl. „Stimme der Vernunft in der Sprache Niederbayerns. Festrede zu Ehren Dr. Hans Kapfingers von Dr. Reinhard Raffalt" in PNP vom Februar 1970, in: UA Passau, NL Raffalt.
[667] Vgl. Raffalt an Inge Aicher-Scholl, ohne Ort, 03.02.1957, in: UA Passau, NL Raffalt.
[668] Vgl. Programm der vom 03.–10.11.1963 dauernden Tagung in Berlin, in: UA Passau, NL Raffalt.
[669] Vgl. Hans August Lücker MdB an Raffalt, Brüssel, 27.01.1972; Raffalt an Hans August Lücker MdB, ohne Ort, 28.02.1972, in: UA Passau, NL Raffalt.
[670] Meist bekam Raffalt für Vorträge ein Honorar, das von 500 DM Mitte der 1960er-Jahre bis zu 1500 DM zum Ende seines Lebens reichte. Ausnahmen von dieser Praxis bei Festvorträgen oder etwa Veranstaltungen der öffentlichen Hand gab es natürlich auch.
[671] Vgl. „Auf der Suche nach einem neuen Kulturbegriff" in NZZ vom 13.11.1970, in: UA Passau, NL Raffalt.
[672] „Geburtstagsböller für Ludwig Thoma. Veranstaltungen in München zum 100. Geburtstag des Dichters" in SZ vom 23.01.1967, in: UA Passau, NL Raffalt: „Eine stattliche Portion von Speiteufeln ließ Raffalt zu diesem Thema los. Es knallte und rauchte ganz schön im lieben Cuvilliéstheater, wo für gewöhnlich das lupenreine Ästhetentum regiert. Was ist heute noch Heimat, wenn die Welt überall die nämlich asphaltene Klischeefratze annimmt?"
[673] Vgl. Edition eines Teils der Rede im Anhang der vorliegenden Arbeit.

VII. Reinhard Raffalt und Rom

1. Vermittlung seines Rombildes

Ein ganz erheblicher Teil von Raffalts publizistischem Œuvre war der Vermittlung von italienischen und dabei dezidiert römischen Inhalten gewidmet. Hier zeichnete er sein eigenes Bild von der Ewigen Stadt. Dies geschah in seiner Tätigkeit als Hörfunkfeuilletonist und Filmproduzent für den BR sowie parallel auch durch seine kulturgeschichtlichen Bücher, vor allem für den Prestel-Verlag. Neben dem eingangs erwähnten Sprach- und Reiseführer „Eine Reise nach Neapel … e parlare italiano" waren es vor allem die fünf Darstellungen zum „Leben mit Rom", die nördlich der Alpen das Bild der Ewigen Stadt prägten.

In „Concerto Romano"[674], „Fantasia Romana"[675], „Sinfonia Vaticana"[676] und den beiden posthum erschienenen Bänden „Cantata Romana"[677] und „Divertimento Romano"[678] wird besonders das Spektrum der Themenfelder deutlich, mit dem sich Raffalt in seiner Wahlheimat beschäftigte und das er seinen Lesern vermitteln wollte. Diese Bücher, wie auch seine Beiträge für den Bayerischen Rundfunk, strotzen vor dem römischen Erbe der Antike, den Traditionen des Christentums sowie der Universalität der katholischen Kirche und sind zudem mit Schilderungen des römischen Alltagslebens durchmischt. Hierbei knüpfte er dezidiert an die breite, sich an bildungsbürgerliche Kreise wendende Rom-Literatur des 19. Jahrhunderts an. Man wird jedoch Raffalts Bedeutung nicht ganz gerecht, wenn man ihm attestiert, dass er bloß dem „von Winckelmann, Goethe, Burckhardt und Gregorovius geschaffenen Rom-Mythos eine weitere Schicht hinzu[fügte]"[679]. Festzuhalten ist aber, dass Raffalt sich in seinen Schilderungen meist auf das päpstliche Rom vor der Französischen Revolution und der Gründung der Italienischen Republik in seiner Ausdehnung innerhalb der aurelianischen Mauern konzentrierte. So sparte er das 20. Jahrhundert und die für die Stadt so prägungsreiche Epoche des Faschismus vollkommen aus.[680]

---

[674] Vgl. Raffalt, Reinhard: Concerto Romano. Leben mit Rom. München 1955.
[675] Vgl. Raffalt, Reinhard: Fantasia Romana. Leben mit Rom II. München 1959.
[676] Vgl. Raffalt, Reinhard: Sinfonia Vaticana. Ein Führer durch die Päpstlichen Paläste und Sammlungen. Leben mit Rom III. München 1966.
[677] Vgl. Raffalt, Reinhard: Cantata Romana. Römische Kirchen. Leben mit Rom IV. München 1977.
[678] Vgl. Raffalt, Reinhard: Divertimento Romano. Leben mit Rom V. München 1978.
[679] Petersen, Jens: Das deutschsprachige Italienbild nach 1945, in: QFIAB 76 (1996), S. 463.
[680] Über die Gründe für dieses bewusste Weglassen oder Verdrängen kann nur spekuliert werden. Raffalt, der jahrelang im Palazzo del Grillo unmittelbar an den Kaiserforen lebte, konnte es natürlich nicht entgangen sein, wie gewaltig das späte 19. Jahrhundert und die faschistische

Raffalt verstand Rom dabei nicht bloß als Stadt mit einer bedeutungsvollen Geschichte, sondern als geistiges Zentrum und Kristallisationspunkt des christlichen Abendlandes. Das antike Rom war für Raffalt die geistige Heimat Europas und darin die katholische Kirche die legitime Erbin jener Ordnung. Diese Idee zog sich durch seine Werke, und so wollte er seine Wirkungsstätte auch in der deutschsprachigen Heimat verstanden wissen.

Die Beliebtheit seiner Sendungen im BR und die großen Verkaufszahlen seiner Bücher machten Raffalt zu „dem vielleicht einflussreichsten Rom-Interpreten der deutschsprachigen Literatur nach 1945"[681] – zumindest für eine große Schicht der Bevölkerung, die an den Kulturkonservativismus des späten 19. und frühen 20. Jahrhunderts anknüpfte.[682] In filmischer Hinsicht prägte Raffalt mit seiner mehrteiligen Reihe „Roma eterna" ebenso das Bild des „ewigen", in der Geschichte verhafteten Rom.[683] Raffalt, der zu dieser Zeit ein Spitzenhonorar von 10 000 DM für eine Stunde Sendung[684] bekam, zählte damit zu den bestbezahlten Autoren des Bayerischen Rundfunks.[685]

Wenn man dies alles in den Blick nimmt, wird deutlich, warum der bayerische Autor Reinhard Raffalt ab Ende der 1950er-Jahre im gesamten deutschsprachigen Raum von der Bundesrepublik Deutschland über Österreich, die Schweiz bis nach Südtirol als profilierter Kenner Roms und des Vatikans bekannt geworden war.[686] Für viele seiner Rezipienten stellte Raf-

---

Epoche in den 1920er- und 1930er-Jahren in die historische Textur der Stadt eingegriffen hatten, um jeweils einen eigenen „Mythos Rom" mit den Mitteln des Städtebaus hervorzubringen. Vgl. Bauer, Franz J.: Rom im 19. und 20. Jahrhundert. Konstruktion eines Mythos. Regensburg 2009.

[681] Petersen, Jens: Das deutschsprachige Italienbild nach 1945, in: QFIAB 76 (1996), S. 463 – Zur Thematik der deutschsprachigen Italien-Publizistik vgl. Battafarano, Italo Michele: Von Linden und roter Sonne. Deutsche Italien-Literatur im 20. Jahrhundert. Bern [u.a.] 2000.

[682] Vgl. Saldern, Adelheid von: „Kunst für's Volk". Vom Kulturkonservativismus zur nationalsozialistischen Kulturpolitik, in: Welzer, Harald (Hrsg.): Das Gedächtnis der Bilder. Ästhetik und Nationalsozialismus. Tübingen 1995, S. 45–104.

[683] Vgl. Übersicht der Fernsehsendungen von Reinhard Raffalt im Anhang der vorliegenden Arbeit. Der Ministerialdirigent im Bayerischen Kultusministerium Walter Keim regte sogar bei BR-Fernsehdirektor Oeller an, die Reihe, die 1965/66 in der ARD lief, bei der Filmberatungsstelle der Länder prädikatisieren zu lassen und die Filme auch in Kinos und Lichtspielhäusern zu zeigen. Vgl. Walter Keim an Helmut Oeller, München, 23.03.1966, in: UA Passau, NL Raffalt.

[684] Im Januar 1976 wurde Raffalts Honorarrahmen für die Produktion eines 45-Minuten-Films schließlich sogar auf 12 000 DM festgelegt. Dass es bei besonderen Themen und Umständen jedoch immer auch zu höheren Honoraren kommen konnte, zeigt die Produktion „Das Ende des römischen Prinzips", für deren zweistündige Sendedauer Raffalt ein Honorar von 40 000 DM bekam. Im Hörfunk waren die Honorare dabei mit etwa 2000 DM für eine Stunde Sendezeit bedeutend geringer. Vgl. Raffalt an Günther Lehner, ohne Ort, 18.01.1973; Klaus Müller-Gräffshagen an Raffalt, München, 21.01.1976; Manfred Schwarz an Raffalt, München, 04.09.1970, in: UA Passau, NL Raffalt.

[685] Vgl. Raffalt an Helmut Oeller, Bad Gastein, 24.09.1964, in: UA Passau, NL Raffalt.

[686] Vgl. Bogner, Gerhard: 65 Jahre Funkgeschichten (1927–1992). Baldham 2010, S. 46.

falt den Gregorovius des 20. Jahrhunderts dar, der seinen Anhängern ein Bild Roms von großer Prägekraft vermitteln konnte, was Generationen von Italienreisenden beeinflussen sollte.[687]

2. Reinhard Raffalt als deutsch-römische Institution

Mit Raffalts steigendem Bekanntheitsgrad ab Mitte der 1950er-Jahre kam noch ein weiteres Element seines Wirkens hinzu: Er wurde von vielen Menschen als Institution in Rom wahrgenommen. Dies erklärt, warum Raffalt zu einer Art Anlaufstelle für Fragen aller Art wurde, die die Stadt Rom oder Italien betrafen. Aus dem ganzen deutschsprachigen Raum kamen Briefe und Telegramme, wobei wegen Raffalts Tätigkeit für den BR der bayerische Anteil die Mehrzahl darstellte.

Ob generelle Fragen zum Leben in Rom, Fragen nach Berufsaussichten und Arbeitsstellen in Italien, Unterkunfts- und Übersiedlungswünsche, Fragen nach Geld, Preisen sowie touristischem Alltag in der Ewigen Stadt oder gar die anstehende Heirat mit einem Italiener – die einzelnen Motive für ein Schreiben an Raffalt, natürlich verbunden mit Glückwünschen zu seiner bisherigen Arbeit, waren vielfältig.

Vor allem bis Mitte der 1960er-Jahre fällt dabei auf, dass Raffalt jeden noch so abseitig erscheinenden Brief persönlich mit Ratschlägen, Hinweisen und Adressen beantwortete, auch wenn dies manchmal erst nach mehreren Wochen oder gar Monaten erfolgte. So verschickte er etwa gewünschte Ausgaben des „Osservatore Romano", versuchte Stellen für Kindermädchen und Hausangestellte zu vermitteln, erfüllte Autogrammwünsche, beantwortete schwärmerische Briefe von Jugendlichen und half bei sonstigen Belangen.[688] Er versuchte, Anfragen an zuständige Stellen wie die Anima oder den deutschen evangelischen Pfarrer in Rom weiterzuleiten und ganz generell Rat zu erteilen.

Auch wenn Raffalt die Probleme des Alltags in Rom natürlich kannte und immer wieder mit ihnen haderte, kann sein eigenes Verhältnis zur Ewigen Stadt als ein beinahe mythisch überhöhtes beschrieben werden: „Rom ist eine Komposition aus Gegensätzen – von überall her hat es die Geister angezogen, es übt einen magischen Sog aus auf die Menschen in aller Welt. Niemand, der nach Rom kommt, bleibt der, der er war. Er kommt nach Rom, findet sich eingehüllt von der sanften Gewalt dieser Stadt, fühlt sich nicht mehr als Fremder, wird reifer an der Geschichte, einsichtiger an der

---

[687] Vgl. Text „Ricordo di Reinhard Raffalt" anlässlich eines Konzertes des Münchner Nonettes am 28./29.03.1977, in: Archiv des DHI, N29 K 252.
[688] So finden sich unter den Anfragen auch viele kuriose Bitten, wie etwa der Wunsch, Post von Italien aus aufzugeben, um einen Aufenthalt dort vorzutäuschen.

Kunst, bescheidener an der Begegnung mit dem römischen Stadtvolk, frommer an den Gräbern der Heiligen und heiterer an den Freuden, die der lichtüberströmte Himmel, die Fontänen und der Wein auch dem rauhesten Geist noch verführerisch anbieten. Es ist in keiner Stadt schwerer, wirklich unglücklich zu sein, und es ist in keiner Stadt leichter, sich zu freuen."[689] Reinhard Raffalt selbst war über die Jahrzehnte zu einer römischen Institution geworden, die sich fest mit der Stadt Rom verbunden fand.[690]

3. Die Gründung der Römischen Bach-Gesellschaft

Reinhard Raffalt wollte im Frühjahr 1957 die deutsche Kulturarbeit in Italien mit der Gründung einer transnationalen Gesellschaft beleben, da aufgrund mangelnder Mittelzuweisungen des Auswärtigen Amtes die kulturellen Aktivitäten der Biblioteca Germanica zwei Jahre nach ihrer Gründung stagnierten. Raffalt wusste, dass er besonders mit seinen musikalischen Veranstaltungen auch verstärkt ein italienisches Publikum ansprechen und so eine „Art von musikalischem Salon […], dem – gemäß der immer noch patriarchalischen Struktur Italiens und besonders der Stadt Rom – zahlreiche hochstehende Persönlichkeiten aus Politik, Finanzen, Kulturleben und Aristokratie angehören"[691], etablieren konnte.

Raffalt selbst war ein großer Bewunderer von Johann Sebastian Bach; auch im Italien der 1950er-Jahre erfreute sich dessen Musik immenser Beliebtheit.[692] Deswegen glaubte er, eine Belebung kultureller Aktivität durch die Gründung einer stadtrömischen Bach-Gesellschaft erreichen zu können.[693] So trat er im April 1957 mit dieser Idee und der Frage nach Finanzierung an das Auswärtige Amt heran[694], doch wurde die Initiative abgelehnt. Raffalt wandte sich im Anschluss an den „Arbeitsring Ausland der deutschen Indus-

---

[689] Manuskript von „Städte, die die Welt bedeuten: Rom", in: UA Passau, NL Raffalt.
[690] Vgl. Raffalt an Rudolf Ott, ohne Ort, 03.05.1971, in: UA Passau, NL Raffalt: „In der Annahme, daß ich in Rom lebe, haben Sie Recht, ich tue es seit 20 Jahren und habe nicht die Absicht, mich jemals hier wegzubewegen."
[691] Raffalt an H. von Stryck, Rom, 12.12.1957, in: UA Passau, NL Raffalt.
[692] Vgl. „Bruckner und Bach in Rom" in der FAZ vom 18.11.1957, in: Archiv des DHI, N29 K 87.
[693] Verständlich wird der Zuschnitt der Gesellschaft auch durch die Tatsache, dass Raffalt bereits in der ersten vollständigen Saison der Deutschen Bibliothek von Oktober 1955 bis März 1956 sechs große Konzertabende mit Werken von Johann Sebastian Bach zur Aufführung gebracht hatte, die vom Publikum begeistert aufgenommen worden waren und der Bibliothek knapp 1500 Besucher zugeführt hatten. In der darauffolgenden Saison organisierte Raffalt schließlich wiederum große Konzerte mit Werken von Georg Friedrich Händel und Johann Sebastian Bach. Vgl. „Überblick über die wichtigsten Veranstaltungen der Biblioteca Germanica, Rom seit ihrer Eröffnung im März 1955", in: UA Passau, NL Raffalt.
[694] Vgl. Raffalt an das Auswärtige Amt, Rom, 11.04.1957, in: PAAA, B 96 Band 158.

trie"⁶⁹⁵, um nun auf privatem Weg Mittel für die Bach-Gesellschaft akquirieren zu können. Damit hatte er mehr Erfolg, da sich Rolf Rodenstock bereit erklärte, der Gesellschaft 5000 DM als Grundstock zu leihen, bis ein nachhaltiges Finanzierungskonzept vorgelegt werden könne.⁶⁹⁶ Mit diesen Mitteln konnte ein Gründungskonzert für die „Associazione Romana Giovanni Sebastiano Bach" im Juni 1957 in den Räumen der Deutschen Bibliothek des Palazzo Bonaparte veranstaltet werden. Sogar Carla Gronchi, die Frau des italienischen Staatspräsidenten Giovanni Gronchi, war anwesend. „Il Messaggero" berichtete von dem Abend, „dass die verdienstvolle Biblioteca Germanica, die sich lebhafter Sympathie von Seiten des Publikums der Hauptstadt dank ihrer erlesenen Musikabende"⁶⁹⁷ erfreue, die Römische Bach-Gesellschaft gegründet habe, welche eine große Lücke in Roms Kulturleben schließen werde. Dementsprechend illuster gestaltete sich auch das Kuratorium der Bach-Gesellschaft: Neben Reinhard Raffalt waren dies der Abtprimas des Benediktinerordens Bernhard Kaelin, der deutsche Botschafter Manfred Klaiber, Botschaftsrat Dieter Sattler, der britische Botschafter Sir Ashley Clarke, die Gattin des französischen Botschafters beim Heiligen Stuhl de Margerie, die Gattin des deutschen Botschafters beim Heiligen Stuhl von Strachwitz, die Gattin des Direktors der Politischen Abteilung des italienischen Außenministeriums Straneo, die römische Prinzessin Alasia Borghese sowie der Präsident der römischen Philharmonie Herzog Filippo Caffarelli.⁶⁹⁸ Darüber hinaus trugen sich knapp 100 Persönlichkeiten direkt beim Gründungskonzert in das Mitgliederbuch der Bach-Gesellschaft ein und bezahlten den stolzen Jahresbeitrag von 20 000 Lire für zwei Personen, was damals 133 DM entsprach.

Ein auf Italienisch geschriebenes Faltblatt dokumentiert die stadtrömische Ausrichtung der Gründung der „Associazione Romana Giovanni Sebastiano Bach".⁶⁹⁹ Die Mitgliederliste vom 1. Juli 1958 bezeugt eindrucksvoll die Einbindung der römischen Hautevolee. Von den 136 Mitgliedern waren 66 Römer, darunter einige Mitglieder der römischen Adelsfamilien Borghese, Aldobrandini, Massimo und Colonna bzw. des italienischen Hochadels wie Boncompagni-Ludovisi oder des Hauses Savoyen. Darüber hinaus gehörten

---

[695] Diese Institution firmiert heute unter der Bezeichnung „Arbeitsring Ausland für Kulturelle Aufgaben e.V." (ARA) als gemeinnütziger Verein der Spitzenverbände der deutschen Wirtschaft (BDI, BDA und DIHK).
[696] Vgl. Rolf Rodenstock an Raffalt, München, 24.05.1957, in: UA Passau, NL Raffalt.
[697] „Musiche del Settecento. Alla Biblioteca Germanica presente Donna Carla Gronchi è stata fondata l'Associazione Romana G. S. Bach" in „Il Messaggero" vom 07.06.1957, in: UA Passau, NL Raffalt.
[698] Vgl. Raffalt an die Associazione della Stampa Estera in Italia, Rom, 13.11.1957, in: UA Passau, NL Raffalt.
[699] Vgl. Gründungsdokument der „Associazione Romana Giovanni Sebastiano Bach", in: Archiv des DHI, N29 K 405.

34 Mitglieder dem diplomatischen Korps an. Der Rest setzte sich aus einem recht internationalen Publikum zusammen, Deutsch-Römer waren hingegen in der Minderheit. Insgesamt stellte sich der Anteil an adeligen Mitgliedern mit 44 Personen als sehr hoch dar.[700]

Als erstes offizielles Konzert, das sogar in der internationalen Presse besprochen wurde, ist ein Bach-Kammerkonzert im Saal der Horazier und Curitatier des römischen Kapitols im November 1957 zu nennen. Der Einladung war auch das Oberhaupt des Hauses Preußen, Prinz Louis Ferdinand, gefolgt.[701] Insgesamt sollten bei den Abenden der Bach-Gesellschaft nicht nur Werke ihres Namenspatrons aufgeführt werden, sondern das Spektrum von mittelalterlicher bis zu moderner Musik reichen. Ein Schwerpunkt bestand in der Musik des 18. Jahrhunderts. Raffalt war neben der Auswahl der Stücke auch für die Musiker und Solisten verantwortlich, er führte die Verhandlungen mit den Gastgebern (Adelsfamilien oder Diplomaten), lud mehrmals selbst zu sich in den Garten des Palazzo del Grillo ein, dirigierte auch bisweilen das Ensemble oder spielte Cembalo.

Dabei war ihm von Anfang an viel daran gelegen, eine große mediale Resonanz für die Konzertabende der Bach-Gesellschaft in den italienischen Zeitungen zu schaffen. Daher verschickte er für die ersten Konzerte jeweils Mitteilungen sowie Freikarten an die italienische Presse.[702] Es verwundert kaum, dass die Aktivitäten der Römischen Bach-Gesellschaft in den italienischen Zeitungen sowie Zeitschriften ein umfassendes Presseecho erhielten.[703] Die Rezensionen fielen dabei durchwegs positiv aus. Zwei Berichte über römische Konzertabende in den Jahren 1958 sowie 1960 hatten es sogar

---

[700] Vgl. Elenco dei Soci della Associazione Romana Giovanni Sebastiano Bach aggiornato al 01.07.1958, in: UA Passau, NL Raffalt.
[701] Vgl. „Einheit des europäischen Geistes. Bach-Gesellschaft in Rom gegründet" in „Der Tagesspiegel" vom 26.11.1957; „Le prime romane" in „Il Messaggero" vom 25.11.1957; „Ausland" in „Schweizerische Musikzeitung" vom 01.01.1958, in: UA Passau, NL Raffalt.
[702] Vgl. Raffalt an die Asscziazione della Stampa Estera in Italia, Rom, 13.11.1957; Raffalt an die Asscziazione della Stampa Estera in Italia, Rom, 14.03.1958, in: UA Passau, NL Raffalt.
[703] Vgl. „Le prime romane" in „Il Giornale d'Italia" vom 14.05.1958; „Le prime romane" in „Il Giornale d'Italia" vom 27.06.1958; Artikel in „Il Messaggero" vom 18.11.1958; „La musica a Roma" in „La Voce Republicana" vom 20.11.1958; Artikel in „Il Tempo" vom 17.03.1959; Artikel in „Il Tempo" vom 18.04.1959; Artikel in „La Voce Republicana" vom 22.04.1959; „Le prime a Roma. Serenata settecentesca al Palazzo del Grillo" in „Il Tempo" vom 20.06.1959; „Musica al fresco" in „Vita – Settimanale di notizie" vom 29.10.1959; „Inaugurazione alla G. S. Bach" in „La Voce Republicana" vom 05.12.1959; „Un concerto di classe" in „Vita – Settimanale di notizie" vom 10.12.1959; „Notte memorabile a Bracciano nel castello degli Odescalchi" in „Il Tempo" vom 07.07.1960; „‚La dame à la Licorne' di Cocteau e Chailley nel Castello di Bracciano" in „Il Messaggero" vom 07.07.1960; „Notizie della musica" in „Il Messaggero" vom 12.03.1962; Artikel in „Il Tempo" vom 03.01.1963; „Concerto di Bach a Palazzo Pecci" in „La Tribuna politica" vom 05.02.1963; „Tutto Mozart" in „Vita – Settimanale di notizie" vom 14.02.1963; Artikel in „Il Tempo" vom 03.12.1963, in: UA Passau, NL Raffalt.

in die größte schwedische Tageszeitung „Dagens Nyheter" geschafft.[704] Großes Lob erfuhr die künstlerische Qualität der Konzerte sowie die Exklusivität der Örtlichkeiten.[705] Bisweilen wurden sogar Parallelen zu Federico Fellinis Film „La Dolce Vita" von 1960 gezogen, der allerdings mit großer Ironie die Dekadenz der Elite der römischen Gesellschaft skizzierte.

Nach den ersten erfolgreichen Abenden der Bach-Gesellschaft war jedoch immer noch nicht die Problematik einer Finanzierung gelöst, und so bemühte sich Raffalt bei verschiedenen Industriellen[706] in Deutschland um finanzielle Unterstützung.[707] Dabei ersuchte Raffalt die Deutsche Botschaft in Rom um eine Bestätigung, dass die Gründung der Bach-Gesellschaft in direktem Zusammenhang mit der Eröffnung des von der Ostzone getragenen „Centro Thomas Mann"[708] stehe. Dessen Aktivitäten, wie eine Konzertreise des Dresdner Staatsorchesters bei freiem Eintritt, stellten eine Bedrohung für die bundesrepublikanische Kulturpolitik in Italien dar. Der Bach-Gesellschaft käme daher eine kulturpolitisch höchst bedeutsame Funktion zu, da sie versuche, auf stadtrömischer Ebene einflussreichen Krei-

---

[704] Vgl. Artikel in der Stockholmer Zeitung „Dagens Nyheter" vom 19.05.1958; Artikel in der Stockholmer Zeitung „Dagens Nyheter" vom 15.09.1960, in: UA Passau, NL Raffalt.

[705] Vgl. „Die Römische Bach-Gesellschaft" in „Praline" vom Mai 1958, in: UA Passau, NL Raffalt: „So schreitet man an diesem Abend in eine verzauberte Welt. Am Eingang der hell erleuchteten Paläste stehen in den Wappenfarben der fürstlichen Familien livrierte Diener und geleiten die festlich gekleideten Gäste über breite Treppen durch freskenbemalte Säle, vorbei an den im flackernden Kerzenschein fast lebend wirkenden antiken Plastiken, bis zum Konzertsaal, wo meist der Hausherr die Mitglieder der Gesellschaft als seine persönlichen Gäste begrüsst. Das harmonische Verschmelzen klassischer Musik mit der Architektur der Paläste, den Fresken und den Antiken, lässt den Gast in eine andere Welt entgleiten, weit fort von der maschinenhörigen, ellenbogenstoßenden, hastenden Alltagswelt. […] Anschließend an das Konzert findet jedesmal ein Empfang statt, bei dem den Gästen ein reiches, mit köstlichen Leckerbissen und allen Arten von Getränken angefülltes, kaltes Buffet serviert wird. […] Hier trifft sich die römische mit der internationalen geistigen Welt und die internationale Sprache der Musik verbindet die Nationen untereinander und öffnet die Herzen zu anregenden Gesprächen, die sich manchmal noch bis tief in die Nacht hinausziehen."

[706] Dass seine Zusammenarbeit mit Exponenten aus Politik und Wirtschaft nicht immer bloß für Raffalt allein von Vorteil war, belegt ein Schreiben des Präsidenten des Bayerischen Sparkassen- und Giroverbandes an Raffalt, in dem er ihn als Vorsitzenden des Aufsichtsrates des Allgäuer Brauhauses bat, wegen Raffalts guten Beziehungen zum Vatikan „unseren Direktor an die Stelle [zu] empfehlen […], die im Vatikanstaat die Einkäufe macht". Vgl. Rudolf Zorn an Raffalt, München, 24.08.1962, in: UA Passau, NL Raffalt.

[707] Vgl. Raffalt an den Verband der privaten Kreditinstitute in Bayern, ohne Ort, 11.10.1957; Raffalt an H. von Stryck im Bankhaus Neuvians, Reuschel und Co., Rom, 12.12.1957; Raffalt an Baron Friedrich Carl Oppenheim, ohne Ort, 06.01.1958; Raffalt an Dr. Pentzlin von der Firma Bahlsen, ohne Ort, 15.01.1958; Raffalt an Direktor Werner Krause bzgl. Allianz, Rom, 07.05.1958, in: UA Passau, NL Raffalt.

[708] Dabei trat die Bundesrepublik zum ersten Mal und gleich in großem Ausmaß mit der DDR in einen kulturpolitischen Wettstreit um das Alleinvertretungsrecht der gesamtdeutschen Kultur im Ausland. Vgl. Hindrichs, Andrea: „Teutonen" in Arkadien. Deutsche auswärtige Kulturpolitik und Kulturvermittlung in Italien von 1949–1970 zwischen Steuerungsversuch und dem Wunsch nach Anerkennung. München 2010, S. 350 f.

sen der italienischen Hauptstadt einen künstlerischen Zugang zu deutscher Kultur zu bieten.[709] Nach weiteren Anfragen konnte Raffalt das Auswärtige Amt zu einer Unterstützung von Konzerten je nach Haushaltslage bewegen, was jedoch nur spärlich die Kosten einer Konzertsaison in Höhe von 40 000 bis 45 000 DM deckte.[710]

Für Dezember 1958 hatte Raffalt ein ganz besonderes Konzert geplant, das im Apostolischen Palast in Anwesenheit von Papst Pius XII. stattfinden sollte. Anfangs bemühte sich Raffalt sogar wegen „der geistigen Bedeutung und de[s] religiösen Gehalt[s] des Bach'schen Werkes"[711] um eine Aufführung in der Sixtinischen Kapelle. Etwa 500 Personen, darunter die Kurienkardinäle, Prälaten des päpstlichen Hofes, das diplomatische Korps sowie andere Ehrengäste, sollten eine Aufführung der „Kunst der Fuge" von Johann Sebastian Bach erleben. Dies stellte durchaus eine gewisse Brisanz dar, war Bach doch das Sinnbild eines protestantischen Kirchenmusikers, der zwar von seinen katholischen Kollegen sehr geschätzt, jedoch offiziell in römischen Kirchen bis zum Zweiten Vatikanischen Konzil gemieden wurde. Raffalt hatte sich dazu unter Benutzung verschiedener Kanäle bemüht, die organisatorische Zustimmung des Vatikans sowie finanzielle Unterstützung zu erlangen. Letztlich wurde das Konzert jedoch von den vatikanischen Behörden nicht genehmigt und konnte somit nicht stattfinden.[712]

Ein Artikel in der deutschen Zeitschrift „Madame" zog eine positive Bilanz der ersten drei Jahre der Bach-Gesellschaft und betonte, dass vor allem ausländische Botschafter, die Kommune Rom sowie private Mäzene die Arbeit der Bach-Gesellschaft unterstützten.[713] Auch der römische SZ-Korrespondent Gustav René Hocke kritisierte die fehlende Unterstützung deutscher Kultur in Italien durch das Auswärtige Amt: „Einem Deutschen allein, ohne staatliche Hilfe, wenn auch von der deutschen Botschaft in Rom ermuntert, ist es gelungen, in einer Weltstadt freundschaftliche Neigungen für traditionelle deutsche Werte zu erneuern. Manche vergessen allzu leicht, daß man selbst in Rom vor zehn Jahren noch schief angesehen wurde, wenn man Deutsch sprach. Unsere kompetenten Behörden in Bonn dagegen fördern in

---

[709] Vgl. Raffalt an den Botschafter der Bundesrepublik Deutschland am Quirinal, Manfred Klaiber, sowie den Botschafter beim Heiligen Stuhl, Rudolf von Strachwitz, ohne Ort, 03.01.1958, in: UA Passau, NL Raffalt.

[710] Vgl. Raffalt an Albert-Hilger van Scherpenberg, Rom, 11.05.1958; Albert-Hilger van Scherpenberg an Raffalt, Bonn, 30.05.1958; Raffalt an Albert-Hilger van Scherpenberg, Rom, 15.08.1958, in: UA Passau, NL Raffalt.

[711] Raffalt an Prof. Dr. Robert Leiber SJ von der Gregoriana, Rom, 10.06.1958, in: UA Passau, NL Raffalt.

[712] Vgl. Raffalt an Prof. Dr. Robert Leiber SJ von der Gregoriana, Rom, 10.06.1958; Raffalt an Monsignore Bruno Wüstenberg, Rom, 10.07.1958; Segreteria di Stato della Sua Santità an Raffalt, Città del Vaticano, 29.07.1958, in: UA Passau, NL Raffalt.

[713] „Drei Jahre Associazione Giovanni Sebastiano Bach in Rom" in „Madame" vom Oktober 1961, in: UA Passau, NL Raffalt.

einem wissenden und methodischen Sinne offenbar weder die Avantgarde noch traditionelle Tendenzen im Ausland. Sie beweisen mit ihren Kompetenzstreitigkeiten und ihren schon sprichwörtlichen Pfennigfuchsereien, daß sie, was Auslands-Kulturpolitik angeht, weder eine klare, noch eine feste Linie haben. Wenn es sich gezeigt hat, daß die Bach-Gesellschaft auf die ‚aristokratische' Gesellschaft Roms angewiesen war, so lag dies nicht zuletzt daran, daß Bonn ihr die Unterstützung versagt hat."[714] Im „Messaggero" sowie in der FAZ wurde die Gründung der Römischen Bach-Gesellschaft als logische Konsequenz der Bedeutung Bachs im italienischen Musikleben und im Rundfunk skizziert.[715]

Raffalt hatte also mit seiner Idee einer Bach-Gesellschaft und ihrer Verankerung in der römischen Gesellschaft zum Wohl der deutschen Kulturpolitik durchaus den Nerv der Zeit getroffen. Auf der Gegenseite kritisierte der FAZ-Korrespondent in Rom, Josef Schmitz van Vorst, vehement die Praxis der Bach-Gesellschaft, die „mit der sogenannten Frack- und Smokingkultur […] die Wege der Restauration in der alten römischen Gesellschaft"[716] gehe und darauf verzichte, in den eigentlichen intellektuellen Kreisen Italiens Anklang zu finden, die mehrheitlich von Linksintellektuellen bestimmt würden. Er warnte vielmehr vor einer programmatischen Ausdeutung dieser Rückbesinnung auf „Barockmusik und Kerzenschimmer"[717] und plädierte für eine Präsentation zeitgenössischer deutscher Musiker und Komponisten. Des Weiteren vermisste er eine deutsch-italienische kulturpolitische Initiative, die direkt von Italienern getragen würde. Das sei die große Stärke des „Centro Thomas Mann", auch wenn es durch seine Ausstattung sowie die Unterbringung in einem alten, dunklen Palazzo den Einrichtungen der Bundesrepublik in Rom unterlegen sei.[718]

Gustav René Hocke hingegen verteidigte in seinem Artikel in der „Rheinischen Post" Raffalts Vorgehen bei der Gründung der Römischen Bach-Gesellschaft: Die Musik leiste einen großen Beitrag zur Annäherung der Italiener an die deutsche Kultur und die Veranstaltungen der Römischen Bach-Gesellschaft seien nicht snobistisch, man greife nur wegen mangelnder Mittel aus Deutschland auf aristokratische römische Strukturen zurück.[719]

---

[714] „Zu wenig Wege führen nach Rom. Erfolge und Versäumnisse deutscher Kulturpolitik in Italien" in der SZ vom 02.05.1958, in: UA Passau, NL Raffalt.
[715] Vgl. „Bruckner und Bach in Rom" in der FAZ vom 18.11.1957, in: Archiv des DHI, N29 K 87.
[716] „Barockmusik und Kerzenschein" in der FAZ vom 04.12.1957, in: Archiv des DHI, N29 K 87.
[717] Ebd.
[718] Vgl. „‚Centro Thomas Mann'. Eine Lücke in der deutsch-italienischen Kulturarbeit" in der FAZ vom 24.02.1960, in: Archiv des DHI, N29 K 91.
[719] Vgl. „Hat Deutschland wieder zwei Gesichter? Italienisches Unbehagen über Widersprüche der deutschen Kulturpolitik" in der „Rheinischen Post" vom 31.05.1958, in: Archiv des DHI, N29 K 404.

Die historische Wirklichkeit dürfte dabei etwa in der Mitte beider Positionen liegen.

Den Höhepunkt aller kulturellen Aktivitäten der Bach-Gesellschaft bildete der letzte Konzertabend der Saison 1959/60, welcher auf dem Schloss Orsini der Familie Odescalchi am Lago Bracciano stattfand. Danach war unklar, was mit der Gesellschaft nach dem Weggang Reinhard Raffalts als Direktor der Biblioteca Germanica passieren sollte.[720] Botschafter Klaiber wollte eine Auflösung der Gesellschaft, „die zum kulturellen Ansehen der Bundesrepublik in Rom entscheidend beigetragen hat"[721], mit allen Mitteln verhindern. Auch wenn ein Weiterführen der Gesellschaft durch das Auswärtige Amt erhebliche Mittel erfordere, sei es sehr zu befürworten, da dies auch von prominenten Kreisen des römischen gesellschaftlichen und musikalischen Lebens gewünscht werde.[722]

Zunächst führte Raffalt interimistisch die Gesellschaft „auf ausdrücklichen Wunsch des Herrn Bundesaussenministers von Brentano"[723] mit verringertem Konzertpensum bis ins Jahr 1963 fort. Schließlich gab es Unstimmigkeiten über finanzielle Belange, denn Raffalt bezifferte seinen Verdienstausfall verursacht durch sein Engagement für die Bach-Gesellschaft auf 20 000 DM im Jahr und wollte gerne eine neue Regelung treffen, da er ab 31. Mai 1962 vertraglich nicht mehr an das Auswärtige Amt gebunden war.[724] Botschaftsrat Dieter Sattler persönlich lag ein Fortbestehen der Gesellschaft sehr am Herzen, konnte Raffalt aber in Zukunft nur ein Honorar von 1000 DM für jedes durchgeführte Konzert anbieten.[725] Dies war jedoch für Raffalt unbefriedigend, und so sah er sich „auf Grund beruflicher Überbelastung und der üblichen Uneinsichtigkeit deutscher amtlicher Stellen […] nicht mehr in der Lage […], die Bach-Gesellschaft weiterzuführen"[726].

Das Engagement der Bach-Gesellschaft wurde deshalb 1963 eingestellt. Trotzdem kann die gut fünfjährige Geschichte dieser Gesellschaft insgesamt als Erfolg für Reinhard Raffalt und die deutsche Kulturpolitik in Italien gewertet werden. Raffalt hatte es verstanden, eine halboffizielle Gesellschaft mit größtenteils privaten Geldgebern in den römischen Kreisen zu etablieren.

---

[720] Raffalt wechselte im September 1960 innerhalb des Auswärtigen Amtes von seinem Posten als Direktor der Deutschen Bibliothek in Rom zu seiner neuen Tätigkeit als „Sonderbeauftragter für die deutschen Kulturinstitute in Asien und Afrika". Damit war er in den folgenden Jahren nicht mehr dauerhaft in Rom ansässig.

[721] Manfred Klaiber an das Auswärtige Amt, Rom, 28.07.1960, in: PAAA, B 96 Band 38.

[722] Ebd.: „Auch im Hinblick auf die Erwähnung der Bach-Gesellschaft in der Kulturdebatte des Bundestags wäre es äußerst unerfreulich, wenn bei einer eventuellen künftigen Debatte die Opposition darauf hinweisen könnte, daß die so gerühmte Bach-Gesellschaft bereits nicht mehr bestehe."

[723] Raffalt an Josef Singer, ohne Ort, 03.04.1961, in: UA Passau, NL Raffalt.

[724] Vgl. Raffalt an Sattler, München, 02.02.1963, in: UA Passau, NL Raffalt.

[725] Vgl. Sattler an Raffalt, Bonn, 14.02.1963, in: UA Passau, NL Raffalt.

[726] Raffalt an Prof. Ludwig Hoelscher, München, 24.07.1963, in: UA Passau, NL Raffalt.

Dabei fiel einiges von dem Glanz der Bach-Gesellschaft auf die offizielle deutsche Kulturpolitik ab[727], auch wenn eine kulturelle Breitenwirkung in Rom und Italien nicht erzielt worden war. Darüber hinaus war es Raffalt gelungen, seine musikalische und unpolitische Gesellschaft entsprechend der deutschen auswärtigen Kulturpolitik als Initiative gegen die kulturpolitischen Aktivitäten des ostdeutschen „Centro Thomas Mann" zu positionieren und so über fünf Jahre kulturpolitisch zu wirken.

VIII. Reinhard Raffalt und das Auswärtige Amt

1. Direktor der Deutschen Bibliothek in Rom

a. Gründung der Deutschen Bibliothek

Nachdem Dieter Sattler als Kulturattaché der Deutschen Botschaft in Rom mit der Unterzeichnung des Rückgabeabkommens der deutschen wissenschaftlichen Institute im April 1953 eines der ersten wichtigen Ziele bei der Wiederaufnahme kultureller Beziehungen zwischen Deutschland und Italien nach dem Ende des Zweiten Weltkriegs erreicht hatte, galt das nächste Augenmerk in der deutsch-italienischen Kulturpolitik der Wiedererrichtung deutscher Kulturinstitute auf der Apenninenhalbinsel.[728] Während bezüglich der bereits bestehenden kleineren Künstlerstiftungen wie der Villa Massimo in Rom oder der Villa Romana in Florenz die Rückgabeverhandlungen liefen, entstanden in der Kulturabteilung des Auswärtigen Amtes unter Federführung von Referatsleiter Rudolf Salat und Dieter Sattler Pläne für eine neue Generation von deutschen Kulturinstituten im Ausland. Daher wurde im November 1953 im Auswärtigen Amt die Einrichtung von Instituten in Washington, Paris, London, Madrid und Rom beschlossen und in den Haushalt 1954/55 Mittel für deren Eröffnung eingeplant.[729]

Dieter Sattler arbeitete in der Folgezeit mit Hochdruck an einer raschen Realisierung dieses Projekts in Rom[730], welches dadurch noch beschleunigt

---

[727] Vgl. Wittek, Bernhard: Und das in Goethes Namen. Das Goethe-Institut von 1951 bis 1976. Berlin 2006, S. 216 f.

[728] Vgl. Hindrichs, Andrea: Die deutsche auswärtige Kulturpolitik in Italien, in: Matheus, Michael (Hrsg.): Deutsche Forschungs- und Kulturinstitute in Rom in der Nachkriegszeit. Tübingen 2007, S. 35–65, hier S. 44 f.

[729] Vgl. Protokoll über die Besprechung mit den Kulturreferenten der Botschaften Washington, London, Paris, Madrid und Rom in Bonn vom 25.–27.11.1953, in: PAAA, B 11 Band 1096.

[730] Vgl. zur Bedeutung von Dieter Sattler bei der Gründung der Deutschen Bibliothek in Rom: Stoll, Ulrike: Die Gründung der Deutschen Bibliothek in Rom (1955), in: Matheus, Michael (Hrsg.): Deutsche Forschungs- und Kulturinstitute in Rom in der Nachkriegszeit. Tübingen 2007, S. 235–252.

wurde, dass die Bände einer im April und Mai 1954 in der Ewigen Stadt stattfindenden Deutschen Buchausstellung den bibliothekarischen Grundstock eines neuen Instituts darstellen sollten und zudem der Buchbestand des Deutschen Künstlervereins aus der Zwischenkriegszeit auf eine neue Verwendung wartete.

Somit finden sich auch in den Akten vom Februar 1954 erstmals detaillierte Konzepte von Dieter Sattler für die Errichtung eines deutschen Kulturinstituts in Rom.[731] Die Korrespondenz enthält neben einer Bestandsanalyse anderer ausländischer Kulturinstitute in Rom, einer Skizzierung des Aufgabenbereichs und der gewünschten räumlichen Ausstattung auch bereits detaillierte Veranstaltungsvorschläge für ein Kulturprogramm. Dieses sollte sich vor allem der Musik widmen, bei der es keine sprachlichen Barrieren gebe. Dazu bemerkte Dieter Sattler, dass er „mit einem in Rom lebenden deutschen Musiker, Herrn Dr. Reinhard Raffalt den gesamten Plan besprochen und ihn gebeten [habe], sich einmal Gedanken über ein Jahresprogramm zu machen"[732]. Darauf folgte ein ausführlicher Veranstaltungsplan, der neben einer Vielzahl von Vorträgen auch Konzerte und Ausstellungen enthielt.

In Bezug auf die personelle Ausstattung dieser Neugründung dachte Kulturattaché Sattler neben einer Sekretärin an einen Direktor, für den er „nach Rücksprache mit dem Herrn Botschafter wie auch einigen anderen Herren und interessierten Persönlichkeiten (wie z.B. Prof. Curtius) […] den hier seit Jahren lebenden Dr. Reinhard RAFFALT"[733] vorschlug. Für Raffalt sprach laut Sattler, dass er „von Beruf Musiker und Journalist, 32 Jahre alt und unverheiratet ist, gut italienisch spricht, sehr gute Beziehungen zu allen möglichen italienischen Kreisen hat und den Bayerischen Rundfunk in Rom vertritt. Es handelt sich um einen vielseitig begabten, aufgeschlossenen Mann, der durch seine Konzerte in der ‚Anima' schon einen gewissen Ruf geniesst."[734] Raffalt legte einen ausführlichen Lebenslauf vor, der ihn vor allem auf musikalischem Gebiete versiert sowie reich an Auslandserfahrung auswies.[735] Dazu gab er als Referenzen Bernhard Kaeling, den Abtprimas des Benediktinerordens in Rom, Staatsminister Adolf Grimme, Ernst Wilhelm Meyer, den deutschen Botschafter in Neu-Delhi, sowie die Intendanz des Bayerischen Rundfunks an.[736] Raffalt selbst stellte sich schließlich auch persönlich beim Auswärtigen Amt in Bonn vor und hinterließ dort „einen ausgezeichneten Eindruck"[737].

---

[731] Vgl. Sattler an das Auswärtige Amt, Rom, 12.02.1954, in: PAAA, B 11 Band 961.
[732] Sattler an das Auswärtige Amt, Rom, 12.02.1954, in: PAAA, B 11 Band 961, S. 3.
[733] Ebd., S. 11.
[734] Ebd., S. 11 f.
[735] Vgl. Lebenslauf von Reinhard Raffalt, Rom, 09.06.1954, in: PAAA, B 90 Band 92.
[736] Vgl. Personalbogen von Reinhard Raffalt, Rom, 02.05.1956, in: PAAA, Personalakten NA 55415.
[737] Hans Hilgard an Deutsche Botschaft Rom, Bonn, 09.12.1954, in: PAAA, B 90 Band 93.

In Bezug auf die Namensgebung der Neugründung plädierte Sattler für die neutrale Bezeichnung „Deutsche Bibliothek", da Namen wie „Goethe-Institut" schon durch andere Institutionen besetzt seien oder, wie der Begriff „Deutsches Haus", in eine falsche Richtung führten.[738] Der deutsche Botschafter in Rom, Clemens von Brentano, unterstützte die Errichtung der Deutschen Bibliothek nur in Maßen. Er befürwortete ein deutsches Kulturinstitut mehr aus Gründen der Repräsentation und nicht als kulturvermittelnd arbeitende Institution.[739] So wollte von Brentano der Deutschen Bibliothek nur „Übergangscharakter"[740] zugestehen, da er der baldig erwarteten Rückgabe der Villa Massimo an die Bundesrepublik nicht vorgreifen und dann lieber die Villa als Kulturinstitut nutzen wollte. Er plädierte daher für einen einjährigen Vertrag mit Raffalt. Dem widersprach Sattler jedoch, da man von Raffalt nicht erwarten könne, wegen eines so kurzen Vertrages seine übrigen Berufspläne über den Haufen zu werfen.[741]

Neben seinem Amtschef musste sich Sattler auch innerhalb der Botschaft gegenüber Kollegen durchsetzen, wie ein Briefwechsel mit Botschaftsrat Graf Strachwitz vom November 1954 zeigt. Grund der Auseinandersetzung waren die Randbemerkungen des Botschaftsrates an einem von Sattler verfassten Schreiben an das Auswärtige Amt vom September 1954, welches das weitere Vorgehen bei der Gründung der Deutschen Bibliothek präzisierte. Graf Strachwitz weigerte sich dabei, „diesen Bericht mitzuzeichnen. Der ganze Plan ist völlig undurchdacht und stellt m. E. eine unverantwortliche Vergeudung staatlicher Mittel dar."[742] Darüber hinaus kritisierte Graf Strachwitz die Höhe der Bezüge Raffalts sowie die angestrebte Vertragsdauer von zwei Jahren, die Sattler gegen den Widerstand von Botschafter Brentano durchsetzen wollte. Sattler rechtfertigte sich in zwei Schreiben vom November 1954 an Botschaftsrat Graf Strachwitz und Botschafter von Brentano.[743]

---

[738] Vgl. Sattler an das Auswärtige Amt, Rom, 12.02.1954, in: PAAA, B 11 Band 961, S. 13.
[739] Vgl. von Brentano an das Auswärtige Amt, Rom, 12.02.1954, in: PAAA, B 11 Band 961: „Wenn wir ein entsprechendes Kulturinstitut mit einem grossen Raum einrichten könnten, so wäre die Möglichkeit gegeben, die Kolonie öfters zu versammeln oder aber beispielsweise auch ein Konzert guter deutscher Künstler für das diplomatische Corps und für das Aussenministerium und sonstige italienische Persönlichkeiten zu veranstalten. Dies ist zurzeit nur in sehr behelfsmässigem Masse möglich und ich bin der Überzeugung, dass die Zeiten, in denen die Vertretungen der Bundesrepublik sich mit Bewusstsein zurückhalten mussten, endgültig vorüber sind. Dies ist übrigens auch die Ansicht meiner sämtlichen Kollegen, auch der Botschafter der Grossmächte und der prominenten italienischen Persönlichkeiten, auf deren Urteil ich Gewicht lege."
[740] Vgl. von Brentano an das Auswärtige Amt, Rom, 07.10.1954, in: PAAA, B 90 Band 92.
[741] Vgl. Sattler an von Graevenitz, Rom, 27.09.1954, in: PAAA, B 90 Band 92.
[742] Vgl. Randbemerkungen von Botschaftsrat Graf Strachwitz auf dem Brief von Botschafter von Brentano an das Auswärtige Amt, Rom, 30.09.1954, in: IfZ, ED 145 Band 47.
[743] Vgl. Sattler an von Brentano, Rom, 15.11.1954; Sattler an von Brentano, Rom, 24.11.1954, in: IfZ, ED 145 Band 47.

Die Meinungsverschiedenheiten wurden schließlich beigelegt und auch die Kulturabteilung des Auswärtigen Amtes billigte Sattlers Vorschlag.[744]

Man entschied zur Güte, Reinhard Raffalt bis zur Eröffnung der Deutschen Bibliothek im Frühjahr 1955 zunächst mit einem sechsmonatigen Vorvertrag auszustatten. So könne Raffalt für das spätere, feste Dienstverhältnis auf seine Eignung hin geprüft werden. Dieser Vertrag war mit 1600 DM dotiert und mit einer Frist von nur einem Monat kündbar.[745] Zudem wurde mit Raffalt vereinbart, dass er neben einem Monat regulären Urlaubs in den Sommermonaten, in denen die Bibliothek aufgrund der üblichen Hitze keine Veranstaltungen durchführte, zwei Monate unbezahlten Urlaub nehmen könne. Für Raffalt selbst bedeutete dieser Passus eine sehr wichtige Freiheit, in der er sich seinen Nebentätigkeiten für den Bayerischen Rundfunk oder den Prestel-Verlag widmen konnte.[746] Das anfangs von Botschaftsrat Graf Strachwitz als zu hoch kritisierte Direktorengehalt Raffalts war sogar etwas geringer[747] als das Gehalt der vom Auswärtigen Amt entsandten Bibliothekarin.[748] Dieses Missverhältnis wurde für das neue Haushaltsjahr 1955/56 angepasst, woraufhin Raffalt 2000 DM erhielt.[749]

Auch die Frage der Örtlichkeit wurde Thema breiter Diskussionen. Während von Brentano wegen der „Causa Villa Massimo" am liebsten keine neuen Räume anmieten wollte und vorschlug, die Deutsche Bibliothek provisorisch im Souterrain der Deutschen Botschaft unterzubringen[750], waren die Vorgaben aus Bonn andere. Hier war an zentrale Räumlichkeiten in einem Palazzo der Innenstadt mit Platz für Bibliothek, Sprachkurse und Veranstaltungen gedacht worden.[751]

So konnte das Auswärtige Amt schließlich in zentraler Lage ein Stockwerk des Palazzo Bonaparte an der Piazza Venezia anmieten und ausstatten lassen.[752] Diese Zentralität der Bibliothek war besonders für zwei ihrer drei

---

[744] Vgl. Briefwechsel zwischen Sattler, von Brentano und Graf Strachwitz in PAAA, B 90 Band 154.
[745] Vgl. Dienstvertrag zwischen Reinhard Raffalt und dem Auswärtigen Amt vom 05.11.1954, in: PAAA, B 90 Band 93.
[746] Vgl. Raffalt an Sattler, auf hoher See, 19.06.1954, in: IfZ, ED 145 Band 55: „Was die deutsche Bibliothek angeht, so möchte ich Ihnen nochmals sagen, wie sehr glücklich ich über die Lösung bin, die Sie hinsichtlich meiner Person vorgeschlagen haben: mit 8 Monaten Tätigkeit und 4 Monaten Freiheit."
[747] Dieser skurrile Umstand kam durch den Unterschied bei der Besoldung von Raffalt als Ortskraft und der Bibliothekarin als Angehörige des Auswärtigen Amtes zu Stande.
[748] Vgl. Sattler an von Brentano, Rom, 15.11.1954, in: IfZ, ED 145 Band 47.
[749] Vgl. Hans Hilgard an Deutsche Botschaft Rom, Bonn, 09.12.1954, in: PAAA, B 90 Band 93.
[750] Vgl. von Brentano an das Auswärtige Amt, Rom, 07.10.1954, in: PAAA, B 90 Band 92.
[751] Vgl. Dr. Frahne an Deutsche Botschaft Rom, Bonn, ohne Datum, in: PAAA, B 90 Band 92.
[752] Die Ausstattung sollte zum einen aus modernen deutschen Möbeln, die sich aus dem Dresdner Bauhausstil ableiteten, zum anderen aus Leihgaben der bayerischen Schlösser und Museen bestehen. Vgl. Unterlagen zur Ausstattung der Räumlichkeiten, in: IfZ, ED 145 Band 47.

Aufgaben von größter Wichtigkeit; denn neben ihrem bibliothekarisch-literarischen Auftrag sollten Deutsch-Sprachkurse und andere kulturelle Veranstaltungen in ihren Räumen stattfinden.

b. Wirken und Arbeitsweise der Deutschen Bibliothek

Nachdem alle konzeptionellen wie verwaltungstechnischen Fragen geklärt waren, konnte die Deutsche Bibliothek in Rom am 15. März 1955 als erstes neu gegründetes Auslandskulturinstitut der jungen Bundesrepublik mit 800 geladenen Gästen ihre Gründungsfeier begehen. Reinhard Raffalt dirigierte hierzu die „Ode zu Ehren der Heiligen Cäcilia" von Georg Friedrich Händel.

Es ist durchaus zutreffend, wenn Ulrike Stoll feststellt, dass Dieter Sattler „seine Pläne auch ohne Unterstützung des Botschafters in allen entscheidenden Punkten wie Name, Lokalisierung, personelle Besetzung, rechtlicher Rahmen und inhaltlicher Zuschnitt"[753] hatte durchsetzen können. Nicht ganz so zutreffend ist hingegen das Urteil über die konkrete Entwicklung der Deutschen Bibliothek, die sich „trotz mancher ‚Kinderkrankheiten' in der Verwaltung […] zur vollen Zufriedenheit des Kulturattachés"[754] Dieter Sattler entfaltet habe. Hierbei ist ein differenzierterer Blick auf die Arbeit der Deutschen Bibliothek notwendig, der vielleicht auch nur im Zugriff auf die Akten Reinhard Raffalts als Direktor möglich ist.

Es ist unbestreitbar, dass die Deutsche Bibliothek in Bezug auf die Vielzahl der Veranstaltungen[755] sowie die Anzahl der Sprachkurse[756] große Erfolge vorweisen konnte. So besuchten 4658 Personen die 44 Veranstaltungen der Deutschen Bibliothek in der Saison 1955/56.[757] In den ersten drei Jahren

---

[753] Stoll, Ulrike: Kulturpolitik als Beruf. Dieter Sattler (1906–1968) in München, Bonn und Rom. Paderborn 2005, S. 302.
[754] Ebd., S. 302.
[755] Allein von März 1955 bis März 1956 konnte die Deutsche Bibliothek die beeindruckende Zahl von 38 Veranstaltungen durchführen. Darunter fielen 22 Vorträge und Lesungen, 14 Konzerte sowie zwei Ausstellungen. Vgl. Veranstaltungen der Deutschen Bibliothek Rom, in: Goethe-Institut (Hrsg.): Römische Reden. Zehn Jahre Deutsche Bibliothek Rom. Goethe-Institut 1955–1965. München 1965, S. 128–167.
[756] Während im Winterhalbjahr 1955/56 noch sieben Sprachkurse angeboten wurden, lernten im folgenden Semester 240 Besucher in 17 Kursen Deutsch. Dieser Anstieg und die damit verbundene Raumnot veranlassten Reinhard Raffalt, im Auswärtigen Amt für die Anmietung eines weiteren Stockwerkes im Palazzo Bonaparte zu werben. Vgl. Raffalt an Legationsrat Schlegelberger, Rom, 11.05.1956, in: IfZ, ED 145 Band 47. Auch wenn man im AA den Einschätzungen Raffalts zustimmte, konnte diese Erweiterung aufgrund der Haushaltslage zunächst nicht umgesetzt werden. Dies war erst im Laufe des Jahres 1957 mit dem Wechsel des Botschafters in Rom möglich und die Biblioteca Germanica konnte sich räumlich ausdehnen. Vgl. Leiter der Kulturabteilung Trützschler von Falckenstein an Botschafter von Brentano, Bonn, 04.02.1957, in: PAAA, B 96 Band 399; Manfred Klaiber an Auswärtiges Amt, Rom, 20.05.1958, in: PAAA, B 96 Band 159.
[757] Vgl. Übersicht der Veranstaltungen der Deutschen Bibliothek vom 18. Oktober 1955 bis 26. Juni 1956, in: UA Passau, NL Raffalt.

Reinhard Raffalt mit Mutter anlässlich eines Empfangs der Deutschen Bibliothek im Palazzo Grillo, Mitte der 1950er-Jahre[758]

ihres Bestehens fällt die Erfolgsbilanz der Deutschen Bibliothek mit 111 Veranstaltungen (darunter 62 Vorträgen, 31 Konzerten, 13 gemischten Veranstaltungen sowie 3 Ausstellungen) und 16.115 Besuchern eindrucksvoll aus. Allgemein war das Bild, das die Deutsche Bibliothek in den Anfangsjahren nach außen abgab, positiv. Was die ersten Programme betrifft, so ist festzustellen, dass neben einem Gros an musikalischen Themen der Hauptteil der Veranstaltungen von Raffalt selbst durchgeführt wurde. Raffalt brachte seine für den BR produzierten Rundfunkfeatures zur Aufführung und wirkte am Cembalo bei konzertanten Darbietungen mit. Ansonsten war auch bei den Referenten Raffalts Handschrift nicht zu übersehen: Die erste Ausstellung in der Deutschen Bibliothek beschäftigte sich mit den Gemmen des Passauer Künstlers Martin Seitz; zwei Vorgesetzte von Reinhard Raffalt beim BR, Clemens Münster und Alois Fink, hielten im Oktober 1955 Vorträge zu den Themen „Der Mensch gegen seine Zeit" und „Der Rundfunk und die Bildung".[759] Darüber hinaus stammten viele der Referenten aus Passau oder München; die Diplompsychologin Carola Seethaler war eine enge Freundin aus Raffalts Passauer Zeiten und der Schriftsteller Carl Amery ebenfalls ein ehemaliger Schulkamerad. Thematisch bewegte sich das Spektrum der Veranstaltungen meist in der deutschsprachigen Hochkultur vom Barock bis ins

---

[758] Vgl. Privatbesitz Nina Raffalt, Bildbestand Reinhard Raffalt.
[759] Vgl. Goethe-Institut (Hrsg.): Römische Reden. Zehn Jahre Deutsche Bibliothek Rom. Goethe-Institut 1955–1965. München 1965, S. 129.

19. Jahrhundert. Erst ab den Jahren 1957 und 1958 fanden sich in den Veranstaltungen auch vermehrt Themen von größerer Aktualität wieder, die auch die Zwischenkriegszeit, NS-Diktatur und die Situation im Nachkriegsdeutschland nicht aussparten.[760]

Besonders Raffalts musikalisches Können und seine Ambitionen auf diesem Feld hatten die Deutsche Bibliothek in der römischen Kulturlandschaft schnell und nachhaltig etabliert.[761] So konstatierte der spätere Leiter der Deutschen Bibliothek, Michael Freiherr Marschall von Bieberstein[762], in seiner Bilanz zum zehnjährigen Jubiläum des Instituts: „Es ist der Verdienst des ersten Leiters der Deutschen Bibliothek, Reinhard Raffalt, daß dieses Institut einen sehr guten Klang unter den Namen der zahlreichen Konzertsäle der Stadt Rom hat."[763] Auch Botschafter von Brentano verweist in seinem resümierenden Bericht zum Ende seiner Amtszeit in Rom im Februar 1957 auf die musikalischen Erfolge der Deutschen Bibliothek.[764]

Der bibliothekarische Sektor der Deutschen Bibliothek hingegen war seit Arbeitsaufnahme des Instituts von großen Problemen überschattet. Die personelle Ausstattung mit nur einer Sekretärin, „die auch die Bücherei in

---

[760] Vgl. Vortrags-Zyklus von Eckart Peterich vom 04.–25.06.1957 zum Thema „Storia tedesca da Bismarck ad Adenauer"; Vortrag des Reichsministers a.D. Gottfried W. Treviranus am 06.05.1958 zum Thema „Stresemann und Brüning"; Vortrag des Staatssekretärs Franz Thedieck am 23.10.1958 zum Thema „Die Lage in der Sowjetischen Besatzungszone Deutschlands", in: Goethe-Institut (Hrsg.): Römische Reden. Zehn Jahre Deutsche Bibliothek Rom. Goethe-Institut 1955–1965. München 1965, S. 137–140.

[761] Vgl. Aufzeichnung von Dieter Sattler betreffend die Deutsche Bibliothek Rom vom 06.07.1956, in: PAAA, B 96 Band 399: „Das erste Jahr hat gezeigt, dass das Interesse für deutsche Kultur in Rom doch wieder stark zunimmt. Besonders die Konzerte haben das Institut bekannt und beliebt gemacht."

[762] Michael Freiherr Marschall von Bieberstein war bereits als direkter Nachfolger bzw. Vertreter von Reinhard Raffalt im Januar 1960 beim Auswärtigen Amt im Gespräch, ihm wurde jedoch zugunsten von Hans Kühner-Wolfskehl abgesagt. Vgl. Sattler an Marschall von Bieberstein, Bonn, 15.01.1960, in: PAAA, B 96 Band 35. Schließlich wurde er nach dem Ausscheiden Kühner-Wolfskehls zum 1. Oktober 1960 als stellvertretender Leiter der Bibliothek unter Eckart Peterich eingestellt und sollte nach der Eingliederung der Deutschen Bibliothek Rom unter das Dach des Goethe-Instituts als Kulturinstitut bis 1974 leiten. Vgl. Friedrich von Rummel an Josef Mühlenhöver, Rom, 19.10.1960, in: PAAA, B 96 Band 38.

[763] Goethe-Institut (Hrsg.): Römische Reden. Zehn Jahre Deutsche Bibliothek Rom. Goethe-Institut 1955–1965. München 1965, S. 123.

[764] Von Brentano an das Auswärtige Amt, Rom, 15.02.1957, in: PAAA, B 96 Band 399: „Es ist Dr. Raffalt gelungen, aus der Not des relativ kleinen Musikraums insofern eine Tugend zu machen, als er dort wirklich Kammermusik, vor allem des 17. und 18. Jahrhunderts in der kleinen Originalbesetzung zum Vortrag bringt, was in den heute üblichen grösseren Konzertsälen fast nicht mehr möglich ist. So kommt z.B. der Reiz des Cembaloklanges hier wirklich noch zur Wirkung. Diese Konzerte bei Kerzenlicht in dem stimmungsvollen Raum haben tatsächlich in Rom etwas Neues gebracht. Immer wieder höre ich sowohl von Seiten der Italiener als auch der übrigen Diplomaten und Ausländer, dass diese Konzerte zu dem Schönsten gehören, was in Rom geboten wird."

Ordnung [hielt]"⁷⁶⁵, war gemessen an dem Arbeitsaufwand der drei Aufgabenbereiche Veranstaltungen, Sprachkurse und Bibliothek sehr dürftig. Dies wird besonders deutlich, wenn man bedenkt, dass die Buchspenden der Deutschen Buchausstellung vom Frühjahr 1954 sowie die 6000 Bände des Deutschen Künstlervereins für einen reibungslosen Besucherbetrieb bibliothekarisch erfasst und aufgestellt werden mussten. Solches konnte eine einzige Fachkraft auch mit dem Einsatz von römischen Hilfskräften nicht leisten. Raffalt ersuchte das Auswärtige Amt deswegen schon sehr bald um die Zuteilung eines weiteren Bibliothekars im höheren Dienst. Mit seiner Bitte um einen wissenschaftlichen Bibliothekar hatte Raffalt in Bonn keinen Erfolg, jedoch wurden zwei weitere Sachbearbeiterinnen in die Deutsche Bibliothek beordert.⁷⁶⁶

Raffalt selbst beschrieb Dieter Sattler eine sehr durchwachsene Lage der Bibliothek: „Im Grunde läuft alles darauf hinaus, daß wir wohl noch längere Zeit dahin improvisieren müssen und nur schrittweise zu Lösungen kommen können, denen eine gewisse Beständigkeit zu eigen ist."⁷⁶⁷ An diesem Beispiel lassen sich recht eindrucksvoll die Unterschiede der internen und externen Beurteilung der Deutschen Bibliothek aufzeigen: In der Öffentlichkeit wurde die Deutsche Bibliothek in Rom vom Auswärtigen Amt als wegweisendes Modellinstitut⁷⁶⁸ für die deutschen Kulturinstitute im Ausland präsentiert und oftmals auch so wahrgenommen.⁷⁶⁹ In der internen Betrachtungsweise blieb vieles jedoch nur improvisiert und man war darauf bedacht, bei der personellen Ausstattung des Kulturinstituts arbeitsrechtlich keine

---

[765] Vgl. Sattler an das Auswärtige Amt, Rom, 12.02.1954, in: PAAA, B 11 Band 961, S. 11.
[766] Vgl. Raffalt an Sattler, Passau, 23.09.1955, in: IfZ, ED 145 Band 47.
[767] Ebd.
[768] Seine Tätigkeit an der Biblioteca Germanica in Rom begleitend führte Raffalt im Jahre 1956 sehr detaillierte Planungen für die Errichtung einer Deutschen Bibliothek in Neu Delhi durch. Zusammen mit dem römischen Architekten Italo Balletti konzipierte er nicht nur das Gebäude, sondern legte dem Auswärtigen Amt gleichermaßen einen Idealentwurf für eine deutsche Kultureinrichtung im Ausland vor. Dieses Engagement legt nahe, dass Raffalt nach seinen ersten Indienreisen mit dem Gedanken spielte, sein kulturpolitisches Engagement von Rom nach Neu Delhi zu verlagern. Der Entwurf zu Errichtung einer neuen Deutschen Bibliothek in Indien blieb jedoch nichts als eine Studie und Raffalt blieb in Rom. Vgl. „Technischer Bericht zum Vorentwurf für eine Deutsche Bibliothek in New Delhi", Mai 1956, Rom, in: UA Passau, NL Raffalt. Auf seiner ersten Reise nach Indien hatte Raffalt am Generalkonsulat Bombay Heinrich Röhreke kennengelernt und sich mit ihm angefreundet. Röhreke unterstützte Raffalt im Auswärtigen Amt in der Folge bei einer Vielzahl von Angelegenheiten: sei es einem Reisezuschuss für Raffalts zweite Indienreise im Dezember 1955, Gehaltserhöhungen in seiner Zeit als Direktor der Deutschen Bibliothek oder einfachen Pass- und Visumsangelegenheiten. Auch mit dessen Frau Harriet Röhreke war Raffalt gut befreundet, und so widmete sie ihm in ihrem Lyrikband „Mosaik fallender Steine" das Gedicht „Abschied von Reinhard Raffalt". Vgl. Röhreke, Harriet: Mosaik fallender Steine. Gedichte. München 2009, S. 61.
[769] Vgl. Protokoll des Unterausschusses für Kulturangelegenheiten des Auswärtigen Ausschusses vom 08.02.1956, in: PAAA, B 90 Band 297.

Präzedenzfälle zu schaffen.[770] Raffalt beklagte in einem Fall mangelnde bibliothekarische, in einem anderen fehlende buchhalterische Fähigkeiten. Die ersten Jahre waren also von Personalproblemen sowie einer gewissen Personalfluktuation geprägt.[771]

c. Kontroverse über die programmatische Ausrichtung

Wurde die inhaltliche Ausrichtung der Deutschen Bibliothek in ihren Gründungsjahren in der deutschen Öffentlichkeit noch meist positiv besprochen, änderte sich dieser Tenor ab der Mitte des Jahres 1956. Auslöser war ein Artikel des Journalisten Gustav René Hocke in der „Süddeutschen Zeitung" vom 15. Mai 1956, in dem er die mangelnde Aktualität der Deutschen Bibliothek sowie die fehlende Ansprache von Italienern und dabei ganz besonders der italienischen Jugend anprangerte.[772] Reinhard Raffalt sprach in diesem Zusammenhang von „serpentischen Angriffen des Herrn Hocke"[773], jedoch verschärfte sich diese Problematik auch allgemein mit der Gründung des „Centro Thomas Mann" im Februar 1957.

Besagtes „Centro Thomas Mann" mit Sitz in der Via S. Pantaleo nahe der Piazza Navona war von einem Arbeitsausschuss gegründet worden, der aus einer Vielzahl von kommunistischen oder zumindest dem Kommunismus nahestehenden Persönlichkeiten der römischen Gesellschaft bestand.[774] Organisatorisch wie auch finanziell wurde diese Gründung verdeckt aus der DDR unterstützt, die so einen Ersatz für die fehlenden diplomatischen Beziehungen zwischen ihr und Italien schaffen wollte. Hierbei sollten über den Umweg der kulturellen Beziehungen auch wirtschaftliche Kontakte geknüpft werden, wie ein Rundschreiben vom Februar 1957 deutlich macht.[775] Dabei war das Interesse der mehrheitlich linksorientierten italienischen Kulturwelt am „Centro Thomas Mann" außerordentlich groß, während die Zahl von wirkungsmächtigen katholischen Intellektuellen im Schwinden begriffen war.[776] Dies ließ die bundesrepublikanischen Vertreter in Italien aufhorchen, sodass der kulturpolitische Referent der Deutschen Botschaft Dieter Sattler das Auswärtige Amt ausführlich von den sich entfaltenden Aktivitäten des „Centro Thomas Mann" unterrichtete. Durch die Sprengkraft dieser Initiative aus dem Ostblock sah sich nun auch die Deutsche Bibliothek in Rom vor ganz neue

---

[770] Vgl. Raffalt an Sattler, Passau, 23.09.1955, in: IfZ, ED 145 Band 47.
[771] Vgl. Raffalt an Kurt Metzner in der Kulturabteilung des AA, Rom, 16.12.1956, in: UA Passau, NL Raffalt.
[772] Vgl. „Deutscher Geist in Italien?" in der SZ vom 15.05.1956, in: UA Passau, NL Raffalt.
[773] Raffalt an Kurt Metzner, Rom, 04.06.1956, in: UA Passau, NL Raffalt.
[774] Vgl. Guiotto, Maddalena / Lill, Johannes (Hrsg.): Italia – Germania. Deutschland – Italien. 1948–1958. Firenze 1997, S. 184–187.
[775] Vgl. Rundschreiben des Gründungskomitees des „Centro Thomas Mann" in deutscher Übersetzung, In: PAAA, B 90 Band 649.
[776] Vgl. Gespräch mit Oriol Schaedel vom 09.05.2014.

Aufgaben gestellt. Planung, Organisation und Finanzierung müssten neu überdacht werden und eine engere Abstimmung zwischen den innerdeutschen kulturpolitischen Stellen sei unumgänglich.[777]

Auch versuchten Botschafter von Brentano sowie sein Nachfolger Klaiber in mehreren Schreiben beim italienischen Außenminister Martino[778] eine Beobachtung durch den Verfassungsschutz oder sogar ein Verbot des „Centro Thomas Mann" durchzusetzen. In für den diplomatischen Jargon bestimmten Worten schrieb der Botschafter, er würde es „lebhaft begrüßen, wenn die italienische Regierung alle ihr geeignet erscheinenden Maßnahmen ergreifen würde, um die Tätigkeit des Instituts ‚Centro Thomas Mann' wesentlich einzuschränken oder – wenn möglich – zu unterbinden"[779]. Außer kleineren Behinderungen bei Zoll, Devisen und Filmzensur konnte der italienische Staat aufgrund der Gründung des „Centro Thomas Mann" als italienischer Gesellschaft verfassungsrechtlich jedoch nicht tätig werden.

Die sich entfaltende kulturpolitische Aktivität des „Centro Thomas Mann" brachte die Frage der kulturellen Ausrichtung der Deutschen Bibliothek in Rom schließlich auch in den Bundestag. So griff der kulturpolitische Sprecher der SPD im Deutschen Bundestag, Georg Kahn-Ackermann, in der Plenardebatte verschiedene Kritikpunkte auf: „Ich will gar nicht sagen, daß die Arbeit, die bei uns in Rom auf diesem Gebiet geleistet wird, schlecht ist. Aber sie wird von zwei Männern bestimmt, die einer Weltanschauung sehr verhaftet sind, und häufig – ich will nicht sagen immer, aber überwiegend – prägt sich in den Darbietungen, die dort geboten werden, auch dieser Geist ein wenig aus. Es ist etwas diese weltanschauliche Hausmannskost – die mag gediegen, sehr gediegen sein, ich meine das ernsthaft –, die keine Rücksicht darauf nimmt, daß gerade in Rom eine sehr internationale, sehr moderne, sehr liberale Öffentlichkeit da ist, die viel lieber etwas von deutschem avantgardistischen Kunstschaffen erfahren würde als manches, was ihr heute mit großem Ernst routinemäßig geboten wird. Wenn ich auf den Zuhörerkreis zu sprechen komme, so möchte ich sagen, Herr Minister: Vornehme alte Damen sind nützlich besonders in kulturellen Beziehungen, aber sie sind nicht immer alles, und man muß auch verstehen, die Jugend eines anderen

---

[777] Vgl. Vermerk von Dieter Sattler, Rom, 04.04.1957, In: PAAA, B 90 Band 649. Sattler hatte bereits im März 1956 auf eine kommende kulturelle Offensive des Ostblocks in Italien hingewiesen, welches aufgrund der außergewöhnlich starken Position der Kommunistischen Partei eine Sonderstellung in Westeuropa einnahm.

[778] Vgl. Clemens von Brentano an Gaetano Martino, Rom, 03.04.1957, in: PAAA, B 90 Band 649.

[779] Manfred Klaiber an den Generalsekretär des italienischen Außenministeriums Murileso Rossi-Longhi, Rom, ohne Datum, in: PAAA, B 90 Band 649.

[780] Georg Kahn-Ackermann (SPD) in Verhandlungen des Deutschen Bundestags, 2. Wahlperiode, 208. Sitzung, 09.05.1957, S. 11990 A, in: PAAA, B 90 Band 677; Verhandlungen des Deutschen Bundestags. Stenographische Berichte. Band 36. 2. Wahlperiode. Sitzung 201–209. 04. April–10. Mai 1957. Bonn 1957.

Landes bei solchen Veranstaltungen anzusprechen."[780] Außenminister Heinrich von Brentano entgegnete auf diese speziellen Vorhaltungen, dass die bundesdeutsche Kulturpolitik in Rom mit den Angeboten des „Centro Thomas Mann" um die Gunst der vielen kommunistisch denkenden Italiener niemals konkurrieren könne. Das solle man nicht verkennen und sich nicht durch falsche Liberalität kulturpolitisch anbiedern.[781]

Der FAZ-Korrespondent in Rom, Josef Schmitz van Vorst, forderte in seinen Artikeln eine deutsche Kulturpolitik in Italien, die einer breiten Öffentlichkeit das gegenwärtige Deutschland mit seinen Repräsentanten nahebringe. Er plädierte für eine Einbindung von Persönlichkeiten ersten Ranges à la Heidegger, Heisenberg oder Jünger, um die Italiener für die deutsche Sprache und Kultur zu begeistern. Ansonsten überlasse man dieses Feld den italienischen Kommunisten, die Deutsch lernten, um die Texte von Marx, Engels, Bebel oder Luxemburg in der Ursprache lesen zu können.[782] Ferner regte er eine Überprüfung der Ausrichtung und Arbeit der Deutschen Bibliothek in Rom an, welche zu schwerfällig, akademisch und rückwärtsgewandt sei und somit nicht als Modellinstitut für drei weitere Kulturinstitute in Paris, London und Washington dienen könne.[783] Die Arbeit des Österreichischen Kulturinstituts in Rom sei hervorzuheben, während das Programm der Deutschen Bibliothek restaurativ sei, weil ansonsten „die Marchesa X und die Principessa Y nicht mehr"[784] kämen.

Der römische Korrespondent Erich B. Kusch machte die Öffentlichkeit außerdem auf das Einsetzen wirtschaftspolitischer Aktivitäten der DDR in Rom aufmerksam, die in direktem Zusammenhang mit dem „Centro Thomas Mann" stünden und nun nach der Kulturpolitik das Feld für weitere politische Aktivitäten bahnen sollten.[785] Deswegen dürfe sich die Kulturpolitik der Bundesrepublik in Rom nicht mehr allein auf schöngeistiges Gebiet beschränken, sondern man müsse durch Massenaufklärung mit Filmen, Vorträgen und Diskussionsabenden den Römern ein Bild des heutigen Deutschlands vermitteln. Darüber hinaus müssten mehr Veranstaltungen direkt auf die Römer zugeschnitten und nicht nur im Stile eines Salons ein kleiner Kreis von Italienern angesprochen werden, die „wiederum

---

[781] Vgl. Heinrich von Brentano (CDU) in Verhandlungen des Deutschen Bundestags, 2. Wahlperiode, 208. Sitzung, 09.05.1957, S. 11993 A, in: PAAA, B 90 Band 677; Verhandlungen des Deutschen Bundestags. Stenographische Berichte. Band 36. 2. Wahlperiode. Sitzung 201–209. 04. April–10. Mai 1957. Bonn 1957.

[782] Vgl. „Mut zur deutschen Sprache" in der FAZ vom 19.12.1956, in: Archiv des DHI, N29 K 85.

[783] Vgl. „Das ‚Centro Thomas Mann'. Ueber das Problem der deutschen Kulturarbeit in Italien" in der FAZ vom 08.06.1957, in: Archiv des DHI, N29 K 87.

[784] „Kulturpolitik so und so" in der FAZ vom 06.02.1958, in: PAAA, B 96 Band 158.

[785] Vgl. „Vertrauliche Informationsberichte: Ostzonenvertretung in Rom" vom 22.01.1958, „Pankow wird auch in Rom aktiv" vom 06.02.1958, in: Archiv des DHI, N28 K 1–2.

größtenteils nicht dem entscheidenden, das Geistes- und Kulturleben Italiens beeinflussenden Personenkreis angehörten"[786].

Gute erste Ansätze, aber eine mangelhafte Einbindung des römischen Geistes- und Kulturlebens sowie der italienischen Journalisten attestierte ebenso die „WELT" der Deutschen Bibliothek in einem ganzseitigen Artikel im Februar 1957.[787] Hingegen schien ein Leitartikel von Friedrich Sieburg in der FAZ vom April 1957 Raffalts Überlegungen zu den Möglichkeiten und den Methoden auswärtiger Kulturpolitik zumindest eingeschränkt zu bekräftigen: „Was unsere Literatur, Geisteswissenschaften und bildende Kunst angeht, so stoßen sie auf Unkenntnis oder Gleichgültigkeit; der Film findet unverhohlen Ablehnung. Nur der ausführenden Musik ergeht es etwas freundlicher, aber gerade sie ist die unverbindlichste aller Künste, und von ihrer angeblich völkerverbindenden Wirkung hat die Welt nur selten etwas zu spüren bekommen."[788]

Die Verantwortlichen in Rom nahmen die Kritik aus den Medien zur Kenntnis und reagierten darauf mit einer Reihe interner Thesenpapiere.[789] Raffalt konstatierte in seinem Memorandum an Botschafter Klaiber besonders Probleme der Bibliothek bei der Beschaffung von neuer Literatur, haushaltsrechtliche Kürzungen sowie eine allgemeine Vernachlässigung der Betreuung der Deutschen Bibliothek durch das Auswärtige Amt. Er umriss in drastischen Worten, dass unter den aktuellen Verhältnissen „eine fruchtbare und verantwortliche Arbeit weitgehend unmöglich"[790] sei. Seine Vorgesetzten Sattler und Klaiber stellten sich hinter Direktor Raffalt und nahmen die Deutsche Bibliothek in Schutz: Ein Körnchen Wahrheit stecke in den Vorwürfen, jedoch leide die Bibliothek unter erheblichem Geldmangel, verfüge nur über einen kleinen Vortragssaal und nur die wenigsten jungen Italiener sprächen überhaupt Deutsch. Des Weiteren habe man aus politischer Rücksicht eine Reihe von wirkungsmächtigen Themen wie die Nürnberger Prozesse oder Literaten wie Bertolt Brecht und Thomas Mann bisher komplett ausgespart. Dies müsse jetzt im Hinblick auf das „Centro Thomas Mann" jedoch nachgeholt werden.[791] Immerhin wurde die Bibliothek der „Biblio-

---

[786] „Kulturpolitik im Stil der Gartenlaube" vom 22.01.1962, in: Archiv des DHI, N28 K 3–4.
[787] Vgl. „Wie arbeitet die deutsche Kulturdiplomatie? Italien zeigt wenig Interesse: Schwierige Aufgaben in Rom – Ein Anfang ist gemacht" in „Die Welt" vom 04.02.1957, in: PAAA, B 96 Band 158.
[788] Vgl. „Export von Kultur" in der FAZ vom 24.04.1957, in: Archiv des DHI, N29 K 144.
[789] Vgl. „Pro Memoria über die Probleme der Deutschen Bibliothek" in verschiedenen Versionen vom 17.04. bzw. 13.06.1957; Entwurf eines Briefes von Botschafter Klaiber mit dem Vermerk „von Sattler diktiert" über die deutsche Kulturtätigkeit in Italien, Rom, 12.06.1957, in: UA Passau, NL Raffalt.
[790] Vgl. „Pro Memoria über die Probleme der Deutschen Bibliothek" vom 13.06.1957, in: UA Passau, NL Raffalt.
[791] Vgl. Entwurf eines Briefes von Botschafter Klaiber mit dem Vermerk „von Sattler diktiert" über die deutsche Kulturtätigkeit in Italien, Rom, 12.06.1957, in: UA Passau, NL Raffalt.

teca Germanica" auch von italienischer Seite durchaus gut angenommen, wie eine Statistik für das Jahr 1958 mit 54 % Italienern bei 733 eingeschriebenen Nutzern zeigt.[792]

Es verdichtet sich der Eindruck, dass das Auswärtige Amt von der Initiative der DDR in Zusammenarbeit mit italienischen Kommunisten sowie der Kritik der deutschen Öffentlichkeit an „ihrem Modellinstitut" ziemlich überrascht wurde. Ansonsten wäre die Kürzung des Veranstaltungsetats für das Jahr 1957 auf zwei Drittel des Etats von 1956 wohl kaum vorgenommen worden.[793]

In konkreter Weise führte Raffalt in der Folge eine Reihe von kleineren Kurskorrekturen in der kulturpolitischen Ausrichtung der Deutschen Bibliothek durch. So gab es etwa mehr Veranstaltungen zu aktuellen Themen, die sich auf das 20. Jahrhundert bezogen.[794] Raffalt organisierte in den Jahren 1958 bis 1960 Dichterabende mit deutschen und italienischen Größen wie Ingeborg Bachmann, Erhart Kästner, Annette Kolb, Stefan Andres, Hermann Kersten, Luise Rinser, Ilse Aichinger, Ignazio Silone oder Giuseppe Ungaretti.[795] Bei der Nennung dieser Schriftsteller und Dichter ist anzumerken, dass bis auf Erhart Kästner alle eher progressiven, wenn nicht gar linksintellektuellen Strömungen nahestanden und somit das Vorurteil entkräftet werden kann, Raffalt habe eine rein restaurative Kulturpolitik in der Deutschen Bibliothek betrieben.

Während das „Centro Thomas Mann" neben der Arbeiterklasse vor allem die intellektuelle Jugend Roms ansprechen wollte, entschied sich Raffalt in Absprache mit dem Kulturattaché der Deutschen Botschaft in Rom, Dieter Sattler, die Eliten mit einer eigenen Initiative kulturpolitisch einzubinden.[796] Dies geschah durch die Gründung der Römischen Bach-Gesellschaft[797], die in der Kulturdebatte des Bundestags 1961 sogar lobend erwähnt wurde.[798]

---

[792] Vgl. Zusammenfassender Bericht über die Tätigkeit der Deutschen Bibliothek in Rom im Haushaltsjahr 1958, Rom, 29.04.1959, in: PAAA, B 96 Band 35.
[793] Vgl. „Pro Memoria über die Probleme der Deutschen Bibliothek" vom 13.06.1957, in: UA Passau, NL Raffalt.
[794] Vgl. Vortrags-Zyklus von Eckart Peterich vom 04.–25.06.1957 zum Thema „Storia tedesca da Bismarck ad Adenauer"; Vortrag des Reichsministers a.D. Gottfried W. Treviranus am 06.05.1958 zum Thema „Stresemann und Brüning"; Vortrag des Staatssekretärs Franz Thedieck am 23.10.1958 zum Thema „Die Lage in der Sowjetischen Besatzungszone Deutschlands", in: Goethe-Institut (Hrsg.): Römische Reden. Zehn Jahre Deutsche Bibliothek Rom. Goethe-Institut 1955–1965. München 1965, S. 137–140.
[795] Vgl. Text „Ricordo di Reinhard Raffalt" anlässlich eines Konzertes des Münchner Nonettes am 28./29.03.1977, in: Archiv des DHI, N29 K 252.
[796] Vgl. Mitgliederkartei der „Associazione Romana Giovanni Sebastiano Bach"; „Pro Memoria über die Römische Bach-Gesellschaft" von Reinhard Raffalt, ohne Ort und Datum, in: UA Passau, NL Raffalt.
[797] Vgl. dazu Kapitel VII der vorliegenden Arbeit.
[798] Vgl. „Pro Memoria über die Römische Bach-Gesellschaft" von Reinhard Raffalt, ohne Ort und Datum, in: UA Passau, NL Raffalt.

Da die Finanzierung der Konzerte jedoch immer unsicher blieb[799] und das Auswärtige Amt keinen festen Zuschuss bewilligen konnte, musste Raffalt oftmals einen großen Teil der Ausgaben aus eigener Tasche begleichen, bis die Gesellschaft schließlich Anfang der 1960er-Jahre langsam ihre Aktivitäten einstellte.[800]

Neben der Römischen Bach-Gesellschaft und ihrem musikalischen Schwerpunkt[801] erprobte Raffalt in der Deutschen Bibliothek auch eine Reihe von Veranstaltungstechniken, die in späteren Jahren zum Standardrepertoire von Dozenten der Goethe-Institute gehören sollten und in der Dozentenausbildung auch gezielt vermittelt wurden. Darunter fallen operative Techniken wie das Zusammenfügen von Veranstaltungen unterschiedlicher Form wie Ausstellung, Vortrag, Film oder Konzert zu einem gemeinsamen Oberthema. Auch ein „erweiterter Kulturbegriff", d. h., Fragestellungen der Naturwissenschaften, Technik oder Medien in das Programm der ausländischen Kulturinstitute aufzunehmen, gehörte bereits in den ersten Jahren der Deutschen Bibliothek zur Praxis.[802]

Dass trotzdem viele der deutschen Journalisten mit der Arbeit Reinhard Raffalts als Direktor der Deutschen Bibliothek nicht zufrieden waren, wird durch eine etwas merkwürdig anmutende „Resolution der bundesdeutschen Pressevertreter in Rom, die 33 führende Zeitungen, Presse-Agenturen und Rundfunksender repräsentieren"[803], deutlich. Sie forderten Raffalt darin auf, dass er, um weitere öffentliche Kritik zu vermeiden, seinen Rücktritt erklären sollte, da „die drei seit Gründung der Deutschen Bibliothek vergangenen Jahre […] gezeigt [hätten], dass ihr derzeitiger Leiter es nicht verstanden hat, durch positive Leistungen auf dem Gebiet des geistigen Austausches sich das Vertrauen und das Ansehen zu erwerben, die für den Direktor eines deutschen Institutes in Rom unerlässlich sind und die die anderen Institutsleiter besitzen"[804]. Auch wenn in der sogenannten Resolution keine Namen direkt

---

[799] Als bezeichnend für die Höhe der Kosten, aber auch die finanziellen Verhältnisse innerhalb des Auswärtigen Amtes einerseits und für die Umtriebigkeit Raffalts andererseits, ist die Tatsache zu nennen, dass die Römische Bach-Gesellschaft in der Saison 1959/60 bereits über einen Veranstaltungsetat verfügen konnte, der den der Deutschen Bibliothek um 150 % übertraf. Vgl. Zusammenfassender Bericht über die Tätigkeit der Deutschen Bibliothek in Rom im Haushaltsjahr 1959, Rom, 20.01.1960, in: PAAA, B 96 Band 38.
[800] Vgl. „Pro Memoria über die Römische Bach-Gesellschaft" von Reinhard Raffalt, ohne Ort und Datum, in: UA Passau, NL Raffalt.
[801] Vgl. Wittek, Bernhard: Und das in Goethes Namen. Das Goethe-Institut von 1951 bis 1976. Berlin 2006, S. 216.
[802] Vgl. ebd., S. 214 f.
[803] Resolution der bundesdeutschen Pressevertreter in Rom, in: Archiv des DHI, N29 K 126.
[804] Ebd. – Bereits im Laufe des Jahres 1956 hatte sich der Schriftsteller und Hörfunkreporter Hans von Hülsen in fragwürdiger Art und Weise bei Bundesaußenminister von Brentano und Bundeskanzler Adenauer über die Fehlbesetzung Reinhard Raffalts als Direktor der Deutschen Bibliothek beschwert und sich selbst als ideale Lösung präsentiert. Hierbei scheint vor

genannt werden, ist durchaus wahrscheinlich, dass Josef Schmitz van Vorst einer der Urheber dieses Pamphlets war, wie ein Arbeitsexemplar des Dokumentes in seinem Nachlass nahelegt.

Raffalt selbst meinte bei dieser Kampagne gegen ihn nicht nur sachliche Gründe erkennen zu können: „In der Zeitung wirst Du gelesen haben, dass meine lieben ehemaligen Journalistenkollegen, die Korrespondenten verschiedener grosser Blätter in Rom, einen konzentrierten Angriff auf meine Arbeit starten. Nimm es bitte nicht ernst, es sind zum Teil gröbste Unwahrheiten berichtet worden, das Ganze hat nur einen Grund, die Tugend aller Deutschen: Neid."[805]

Gustav René Hocke, der 1956 mit seinem SZ-Artikel die Debatte um die inhaltliche Ausrichtung der deutschen Kulturpolitik in Italien entfacht hatte, relativierte später in seinen Lebenserinnerungen seine Kritik: „Man warf Raffalt jedenfalls eine unverbindliche barocke Kulturpolitik für alte Komtessen bei Kerzenschein vor. Das ist ungerecht, denn es galt ja erst einmal wertvolle alte Werte zu retten, bevor man einen Sturm vielfach noch unausgegorener neuer ‚Ideen' auslöste und Menschen verwirrte, die zunächst einmal auch geistige Sicherheit suchten."[806]

In der Rückschau hatten die kritischen Anmerkungen zum frühen Kulturbegriff der Deutschen Bibliothek ihre Berechtigung. Denn sie trugen dazu bei, dass sie sich ab 1958 neuen Kreisen öffnete und so neben den hohen gesellschaftlichen Schichten neue Teile der italienischen Öffentlichkeit erreichte. Das „Centro Thomas Mann" hingegen verlor ab Anfang der 1960er-Jahre mehr und mehr an Bedeutung.[807]

---

allem die persönliche wirtschaftliche Notlage sowie Neid auf den viel jüngeren Raffalt eine Rolle gespielt zu haben. Dabei schreckte von Hülsen auch nicht davor zurück, dem Kulturreferenten Dieter Sattler Inkompetenz und Vetternwirtschaft sowie in einem Leserbrief an die „Zeit" auch der Deutschen Botschaft Rom Hochmut und Unfähigkeit zu unterstellen. Besonders pikant war dabei, dass Raffalt von Hülsen selbst zu einem Vortrag im Mai 1956 in die Deutsche Bibliothek eingeladen hatte. Vgl. Hans von Hülsen an Adenauer, Rom, 23.10.1956; von Trützschler an Bundeskanzleramt, Rom, 17.12.1956; Richtigstellung in der „Zeit" vom 07.03.1957, in: PAAA, B 96 Band 158. – Als Gegenmeinung sei hierbei auf den Berliner Philosophieprofessor Wilhelm Weischedel sowie den Atomphysiker Pascual Jordan verwiesen, die sich wohl ohne Wissen Raffalts beim Auswärtigen Amt und als Leserbriefschreiber für die Deutsche Bibliothek und ihren Direktor einsetzten. Vgl. Wilhelm Weischedel an die Redaktion von „Christ und Welt", Berlin, 14.06.1957; Wilhelm Weischedel an die Kulturabteilung des AA, Berlin, 14.06.1957, Pascual Jordan an die Redaktion von „Christ und Welt", Hamburg, 17.06.1957; Aktennotiz über den Leserbrief von Pascual Jordan vom 24.06.1957, in: PAAA, B 96 Band 158.

[805] Raffalt an Heinz-Eugen Eberbach, Rom, 21.05.1957, in: UA Passau, NL Raffalt.
[806] Hocke, Gustav René: Im Schatten des Leviathan. Lebenserinnerungen 1908–1984. München 2004, S. 421.
[807] Vgl. Guiotto, Maddalena / Lill, Johannes (Hrsg.): Italia – Germania. Deutschland – Italien. 1948–1958. Firenze 1997, S. 190.

d. Konflikte und Neuorientierung

Beurteilte Raffalt die ersten Jahre seiner Zeit als Direktor der Deutschen Bibliothek durchgehend positiv[808], so schien ihn seine Arbeit ab Ende 1957 mehr und mehr zu belasten.[809] Die kulturpolitische Kontroverse um die inhaltliche Ausrichtung der Bibliothek war dabei nur ein Grund. Ein anderer betraf die finanzielle Ausstattung des Instituts sowie die seiner Mitarbeiter.

Raffalt beklagte in einem vertraulich geschriebenen Brief an einen Angehörigen des Auswärtigen Amtes die Anstellung als Ortskraft, deren „Bezüge

---

[808] Vgl. Raffalt an Johannes Schlaaf, Rom, 18.11.1955, in: UA Passau, NL Raffalt: „Die Bibliothek floriert, wir machen jeden Monat in unserem Musiksalon ein kerzenbeleuchtetes Bachkonzert […]. Die Bibliothek ist bei diesen Konzerten so voll, dass man wirklich niemanden mehr hineinstopfen könnte und ich bin wirklich sehr glücklich über diesen Erfolg."; Vgl. Raffalt an Carola Seethaler, 17.10.1955, Rom, in: UA Passau, NL Raffalt: „Die Bibliothek ist ununterbrochen gestopft voll von Leuten. Wir haben von 8 Uhr morgens bis 10 Uhr abends durchgehend Betrieb. Die Sprachkurse laufen auf vollen Touren und werden wahrscheinlich am Ende dieser Woche 200 Teilnehmer weit überschritten haben."; Vgl. Brief von Reinhard Raffalt an Gabriele von Dumbois, Rom, 21.04.1956, in: UA Passau, NL Raffalt: „Zuerst machte ich an der Deutschen Nationalkirche den Organisten, später gab ich Unterricht in theoretischer und praktischer Kirchenmusik an dem Deutschen Priesterkollegium, dem Collegium Germanicum, dann korrespondierte ich für den Bayerischen Rundfunk, ging in den Vorderen Orient, nach Ostafrika und nach Indien auf grosse Reisen, kehrte 1954 zurück und begann, die Biblioteca Germanica aufzubauen, die das erste Deutsche Kulturinstitut ist, das nach dem Kriege vom Auswärtigen Amt ins Leben gerufen wurde. Hier sitze ich nun als Direktor, musiziere sehr viel, sehe furchtbar viele Leute, schreibe hin und wieder ein Buch, kann mich immer noch nicht entschliessen zu heiraten, und befinde mich wohl."

[809] Vgl. Raffalt an Doris Hotz, Rom, 04.01.1958, in: UA Passau, NL Raffalt: „Meine Arbeit macht viel Ärger und nur noch ganz wenig Freude. Die Bürokratie ist grässlich, der Drang nach Freiheit wird immer grösser und nach menschlichem Ermessen steht nun fest, dass der Job an der Biblioteca Germanica keine Lebensstellung für mich sein wird. Auch die Hetze ist schrecklich, gesellschaftlicher Leerlauf, dumme Leute und leider noch dümmere Feinde. Es ist eine der Tragödien unseres Zeitalters, dass man keine respektablen Gegner mehr hat, sondern nur noch windige"; Raffalt an Johannes Schlaaff, Rom, 27.02.1958, in: UA Passau, NL Raffalt: „Sie wissen ja, dass unter den Menschen im allgemeinen und unter unseren Landsleuten im besonderen Erfolg und Neid in einem reziproken Verhältnis stehen. Man hat von den römischen Korrespondenten deutscher Zeitungen schon öfter völlig ungerechtfertigte, weil einfach unwahre Berichterstattung hinsichtlich meiner Arbeit feststellen können. In letzter Zeit haben sich diese Tendenzen zu einer wahren Campagne verdichtet. Dies wäre aber nicht das Schlimmste, denn vielleicht haben manche diesmal so weit über das Ziel hinausgeschossen, dass sie sich, da ich nicht reagiere, selber totlaufen. Schlimmer ist, dass das Auswärtige Amt uns auf halbem Wege vollständig hängen lässt und infolgedessen die Chancen einer wirklich schönen und fruchtbaren Arbeit zum besseren Verständnis der beiden Völker immer geringer werden. Ich trage mich sehr mit dem Gedanken, über kurz oder lang für mehrere Jahre nach Ostasien zu gehen, auch deshalb, weil der Beruf des Kulturmanagers, den sich das Auswärtige Amt unter meiner Person vorstellt, mir keine echte Befriedigung gibt. Inzwischen schreibe ich gleichzeitig an einem Theaterstück und am 2. Band des ‚Concerto Romano', auch die Musik kommt nicht zu kurz, da ich durch die Gründung der ‚Römischen Bach-Gesellschaft' erhebliche Möglichkeiten aufgeschlossen habe. Auch gesundheitlich geht es mir nicht ganz so gut, wie ich gerne möchte, obwohl mir Gastein im vorigen Sommer sehr gut getan hat. Der Betrieb ist einfach zu aufreibend, die Diners sind zu viele, der Tag ist zu lang und der Leerlauf zu gross."

[…] zum Teil weit unter den Bezügen gleichstufig beschäftigter Kräfte in der Botschaft"[810] lägen. Auch Umzugsbeihilfen und Zuschüsse für Wohnungseinrichtung oder Kleidung würden im Gegensatz zu ordentlichen Diplomaten nicht bezahlt. Raffalts Vertrag mit dem Auswärtigen Amt hatte den Charakter eines Privatvertrages, „der nach dem Urteil von Fachleuten weder eine Einstufung als entsandte Kraft noch eine Einstufung als Ortskraft"[811] zulasse. Raffalt wandte sich wegen der „verheerende[n] Behandlung meines Personals durch das Amt […]; zweitens [der] vollständige[n] Verbürokratisierung der Verwaltungsart unserer Mittel, die jede echte Kulturarbeit auf die Dauer lahmlegen musste; drittens meine[r] eigene[n] hoffnungslose[n] Unterbezahlung"[812] mehrmals an das Auswärtige Amt. Er selbst hatte in einer mehrseitigen Aufstellung vom April 1958 Spesenkosten für Restaurantbesuche, Veranstaltungen zu Hause sowie sonstige Repräsentationskosten in Höhe von beinahe 11 000 DM für das Jahr 1957 nachgewiesen, die seiner mit Unterstützung Sattlers im vorherigen Jahr[813] erstmals bewilligten Aufwandsentschädigung von 4000 DM entgegenstanden.[814]

Wenn man einen Blick auf sein Gehalt wirft, fällt auf, dass Raffalt seinen Verdienst von 1600 DM im Jahre 1954 innerhalb von nur vier Jahren auf 2500 DM zuzüglich 500 DM als Aufwandsentschädigung steigern konnte.[815] Trotzdem schien er nicht gut damit auszukommen, da er sich bisher „damit über Wasser zu halten versucht[e], [und] die Nacht anstatt zum Schlafen wenigstens zum Teil zum Arbeiten benützte, um für den Münchener Rundfunk Sendungen zu machen, deren Honorare samt und sonders in die monatlichen Bedürfnisse meiner Tätigkeit eingeflossen [waren]. Dasselbe gilt für die Honorare aus meinen Büchern."[816]

Im März 1958 zog er für sich die Konsequenzen aus diesem Zustand und reichte die Kündigung ein. In Schreiben an Dieter Sattler, die Kulturabteilung des Auswärtigen Amtes[817] und sogar Bundesaußenminister Heinrich von

---

[810] Raffalt an Arthur Seitz, Rom, 11.07.1958, in: UA Passau. NL Raffalt.
[811] Ebd.
[812] Ebd.
[813] Vgl. Sattler an Schlegelberger, Rom, 11.06.1956; Schlegelberger an Sattler, Bonn, 23.06.1956, in: PAAA, B 96 Band 158.
[814] Vgl. Abrechnung der Aufwandsentschädidung für Dr. Reinhard Raffalt für das Jahr 1957 vom 02.04.1958, in: UA Passau, NL Raffalt.
[815] Vgl. Sattler an Raffalt, Rom, 03.10.1958, in; UA Passau, NL Raffalt.
[816] Ebd.
[817] Vgl. Raffalt an die Kulturabteilung des Auswärtigen Amtes, Rom, 14.03.1958, in: UA Passau, NL Raffalt: „1.) In den 3 Jahren meiner Tätigkeit als Leiter der Deutschen Bibliothek in Rom war ich in steigendem Masse zu schweren persönlichen, wirtschaftlichen Opfern gezwungen, um meinen Posten so ausfüllen zu können, wie er seinem Wesen und meiner Auffassung entsprach. Ich bin nicht in der Lage, diese wirtschaftlichen Opfer weiter auf mich zu nehmen. 2.) Es ist bisher nicht gelungen, die Frage zu klären, ob aus der Tätigkeit als Leiter der Deutschen Bibliothek in Rom mir eine Lebensaufgabe erwachsen würde oder nicht. Ich bin nicht

Brentano legte Raffalt detailliert die Gründe für seinen Kündigungswunsch dar, die sich auf die mangelhafte Finanzierung der Deutschen Bibliothek[818] sowie auf die fehlende Deckung seiner Spesen als Direktor[819] bezogen.

Diese geballte Argumentationswucht an höchster Stelle schien zügig Wirkung zu zeigen: Das Auswärtige Amt antwortete direkt mit einem Fernschreiben an die Deutsche Botschaft in Rom und gab ihm Zusicherungen in Bezug auf den wirtschaftlichen und rechtlichen Status des Personals der Deutschen Bibliothek.[820] So zog Raffalt schließlich seine Kündigung „unter dem Vorbehalt, dass diese das Personal der Deutschen Bibliothek in Rom betreffenden Zusicherungen sich tatsächlich in Kürze verwirklichen"[821], zurück. Raffalt schien mit seinem Gehaltspoker also Erfolg gehabt zu haben – und das, obwohl im Juli 1957 im Auswärtigen Amt Überlegungen zu einer Nachfolge Raffalts getroffen worden waren. So war bereits eine sieben Namen enthaltenden Personenliste[822] erstellt worden, wobei nach Einschätzung der Kulturabteilung des Auswärtigen Amtes und Dieter Sattlers der in Rom lebende Eckart Peterich am geeignetsten erschien. Im Auswärtigen Amt wollte man jedoch auf den Botschafterwechsel in Rom Rücksicht nehmen und über die Personalie erst im Frühjahr 1958 entscheiden.[823] Danach finden sich jedoch keine Pläne mehr in den Akten, einen Nachfolger für

---

länger in der Lage, weitere Jahre auf der Basis der Improvisation zu verbringen. 3.) Die vom Auswärtigen Amt gewünschte Struktur der Deutschen Bibliothek in Rom, wie sie jetzt besteht, lässt auf Grund ihrer zentralistischen Bindungen an das Behördengefüge nach meiner Auffassung eine fruchtbare Kulturarbeit in Planung und Verwaltung nicht zu. Ich bin nicht in der Lage, die Verantwortung für die Ausgabe öffentlicher Gelder unter diesen Voraussetzungen länger zu tragen."

[818] Vgl. Raffalt an Bundesaußenminister Heinrich von Brentano, Rom, 14.03.1958, in: UA Passau, NL Raffalt: „Nachdem aber aus den Mitteilungen der Kulturabteilung des Auswärtigen Amtes klar hervorgeht, dass eine weitere Erhöhung unserer Mittel auf Jahre hinaus nicht möglich ist, kann ich die Verantwortung für das Missverhältnis zwischen Anforderung an unsere Leistung und bereitstehenden Mitteln weder auf dem Büchersektor noch auf dem der Veranstaltungen und am wenigsten auf dem des Personals länger übernehmen."

[819] Vgl. Raffalt an Bundesaußenminister Heinrich von Brentano, Rom, 14.03.1958, in: UA Passau, NL Raffalt: „Zweitens hat die Aufgabe eines Leiters der Deutschen Bibliothek in Rom an mich persönlich wirtschaftliche Anforderungen gestellt, die in einem krassen Missverhältnis zu meinen Bezügen standen. Ich sehe mich ausserstande, für die Zukunft weiterhin solche Opfer auf mich zu nehmen." Raffalt nimmt hier Bezug auf eine seit Beginn seiner Tätigkeit andauernde Diskussion über die Bezahlung von Repräsentationsspesen in seiner Funktion als Direktor der Deutschen Bibliothek. Auf Initiative von Dieter Sattler war im Sommer 1956 die Regelung getroffen worden, dass Raffalt 4000 DM jährlich an Spesen gegen die Einreichung von Belegen geltend machen konnte. Die Abrechnungen aus den Jahren 1957 und 1958 zeigten jedoch, dass Raffalt mit gut 10 000 DM ein Vielfaches dessen aufwandte.

[820] Vgl. Sattler an Raffalt, Rom, 25.03.1958, mit Inhalt des Fernschreibens Nr. 6172 des Auswärtigen Amtes an die Deutsche Botschaft Rom vom 24. März 1958, in: UA Passau, NL Raffalt.

[821] Raffalt an Sattler, Rom, 28.03.1958, in: UA Passau, NL Raffalt.

[822] Unter den Namen findet sich auch Alois Fink.

[823] Vgl. Vermerk über die evtl. Nachfolge für Herrn Raffalt in der Leitung der Deutschen Bibliothek Rom, Bonn, 15.07.1957, in: PAAA, B 96 Band 159.

Reinhard Raffalt zu installieren. Vielmehr war der neu in Rom amtierende Botschafter Manfred Klaiber von der Persönlichkeit wie auch der Tätigkeit Raffalts angetan und empfahl „den ungewöhnlich vielseitig begabten und phantasievollen Dr. Raffalt"[824] zur weiteren Verwendung mit einer Gehaltserhöhung. Ein vorsichtiges Vorfühlen bei dem Journalisten Gustav René Hocke habe darüber hinaus ergeben, dass dieser für das bisherige Gehalt von Raffalt für dessen Posten auch nicht zu gewinnen wäre.[825]

Ein Überprüfungsbericht der Deutschen Bibliothek durch das Auswärtige Amt im Februar 1958 beurteilte die Arbeit der Deutschen Bibliothek vielmehr insgesamt als gut[826], vor allem Reinhard Raffalt wurde als „vielseitig interessierter, geistig beweglicher […], besonders geeignete[r] Mann"[827] gelobt, dessen vielfältige „Beziehungen zu einflußreichen italienischen Kreisen [sowie] die Leichtigkeit, mit der er Kontakte herzustellen vermag"[828], zu betonen seien, da so die Aufmerksamkeit der italienischen Öffentlichkeit auf die Deutsche Bibliothek gelenkt werden könne. Dadurch könnten zudem noch vorhandene Ressentiments überwunden werden. Deswegen sei Raffalt unter allen Umständen zu halten, da ein Ausscheiden „die Entwicklung der Deutschen Bibliothek für lange Zeit lahmlegen"[829] würde.

Raffalt führte somit seine Tätigkeit als Direktor der Deutschen Bibliothek in Rom weiter[830] und versuchte im August 1958 durch die Gründung der gemeinnützigen „Gesellschaft von Freunden und Förderern der Biblioteca Germanica Rom e.V." positiv auf die Entwicklung der Institution einzuwirken.[831] Ziel dieser im Münchner Vereinsregister eingetragenen

---

[824] Klaiber an das Auswärtige Amt, Rom, 21.12.1957, in: PAAA, B 96 Band 159.
[825] Vgl. ebd.
[826] Raffalt selbst beurteilte die Möglichkeiten und Ergebnisse der aktuellen deutschen auswärtigen Kulturpolitik jedoch deutlich kritischer: „Wir werden in der Kulturpolitik ein vollständiges Desaster erleben, und zwar schon in kürzester Zeit, wenn der Bürokratie erlaubt wird, sich mit dem ganzen Gewicht ihrer schwerfälligen Ignoranz auf die kulturellen Institutionen, die wir im Ausland betreiben, zu legen. Ich zweifle langsam überhaupt daran, ob unser Weg der richtige ist. Im Grunde würde man für Deutschland und die geistigen Dinge, die es der Welt anzubieten hat, eine viel wirkungsvollere Propaganda machen, wenn man einzelne Leute ohne weitere offizielle Funktion in die Hauptstädte der Welt schickte, nur mit dem Auftrag dort ein Haus zu führen. Was an Publikationen nötig ist, könnte man dann in einem kleinen Informationsbüro und Reisebüro mit sehr viel geringeren Kosten verwirklichen. Ich meine damit nicht, dass die Existenz von Kulturinstituten grundsätzlich ein falsches Konzept bedeuten würde, sondern nur, dass Kulturinstitute, wenn sie wirken sollen, einen hoch dotierten und nicht bürokratischen Etat brauchen, den sie nicht haben." Vgl. Raffalt an Botschaftsrat Gerhard Kramer, ohne Ort, 13.01.1958, in: UA Passau, NL Raffalt.
[827] Vgl. Überprüfungsbericht der Deutschen Bibliothek in Rom und der Deutschen Bibliothek in Mailand vom 18.–24.02.1958, in: PAAA, B 96 Band 159.
[828] Ebd.
[829] Ebd.
[830] Vgl. Raffalt an Botschafter Klaiber, Rom, 21.04.1958, in: UA Passau, NL Raffalt.
[831] Vgl. Protokoll der Gründung der „Gesellschaft von Freunden und Förderern der Biblioteca Germanica Rom e.V." vom 05.08.1958, in: UA Passau, NL Raffalt.

Vereinigung war es, „die Biblioteca Germanica Rom in der Erfüllung ihrer kulturellen und kulturpolitischen Aufgaben [zu] unterstützen"[832]. Besonders ging es dem Verein hierbei um das Ziel, „kulturelle Veranstaltungen aller Art, die den geistigen Kontakt zwischen Italien und Deutschland fördern, finanziell zu unterstützen"[833]. Hintergrund der Vereinsgründung war der Wunsch Raffalts, für besondere kulturelle Veranstaltungen ein eigenes Budget zur Verfügung zu haben, das nicht der strengen Kontrolle des Auswärtigen Amtes unterstand.[834]

Die Mitgliederliste der „Gesellschaft von Freunden und Förderern der Biblioteca Germanica Rom e.V." wies durchaus klingende Namen auf: So waren neben Bundespräsident Heinrich Lübke, Herzog Albrecht von Bayern, dem Präsidenten des Bayerischen Landtags, Hans Ehard, oder Reichsminister a. D. Andreas Hermes auch mehrere Münchner Privatbankiers als Mitglied eingeschrieben.[835] Trotzdem verliefen sowohl Mitgliedergewinnung als auch Spendenakquirierung eher schleppend: Bis 1962 konnten nur 27 Mitglieder sowie knapp 17 000 DM an Spenden eingeworben werden. Ab 1962 war der „Münchner Freundeskreis" der Deutschen Bibliothek mehr oder weniger untätig und wurde schließlich im Februar 1965 aufgelöst.[836]

Neben diesen Aktivitäten skizzierte Raffalt zudem in einem detaillierten Exposé den Zustand, in dem sich seiner Meinung nach die Biblioteca Germanica befand. Allgemein seien immer noch keine hinreichenden Mittel für Veranstaltungen, Sprachkurse und Personal vorhanden, die Bücherbestellung für die Bibliothek laufe nur kompliziert über das Auswärtige Amt und ohne eine Aufstockung des Haushalts um gut zwei Drittel könne „nach dreijähri-

---

[832] Satzung der „Gesellschaft von Freunden und Förderern der Biblioteca Germanica Rom e.V.", München, den 05.08.1958, Artikel 2, in: UA Passau, NL Raffalt.
[833] Protokoll über die Mitgliederversammlung der „Gesellschaft von Freunden und Förderern der Biblioteca Germanica Rom e.V." vom 05.01.1965 in München, S. 1, in: UA Passau, NL Raffalt.
[834] Vgl. Präsident des Bayerischen Sparkassen- und Giroverbandes Rudolf Zorn an Dieter Sattler, München, 21.02.1961, in: UA Passau, NL Raffalt: „Wie Ihnen vielleicht bekannt ist, haben Dr. Singer [Präsident des Bayerischen Senats, d. A.] und ich einen Verein ‚Gesellschaft von Freunden und Förderern der Biblioteca Germanica Rom' gegründet, der den Zweck verfolgt, dem Herrn Dr. Raffalt steuerfreie Spenden für seine kulturelle Arbeit in Rom zur Verfügung stellen zu können."
[835] Vgl. Liste der Mitglieder der „Gesellschaft von Freunden und Förderern der Biblioteca Germanica Rom e.V.", in: UA Passau, NL Raffalt.
[836] Vgl. Protokoll der Mitgliederversammlung der „Gesellschaft von Freunden und Förderern der Biblioteca Germanica Rom e.V." vom 05.02.1965, in: UA Passau, NL Raffalt. Es liegt nahe, dass der Verein sehr stark an der Person Reinhard Raffalts und dessen Art, die Deutsche Bibliothek zu leiten, ausgerichtet war, da seine Nachfolger teilweise eine grundsätzlich andere Art der Kulturpolitik verfolgten. Vgl. Hindrichs, Andrea: „Teutonen" in Arkadien. Deutsche auswärtige Kulturpolitik und Kulturvermittlung in Italien von 1949–1970 zwischen Steuerungsversuch und dem Wunsch nach Anerkennung. München 2010, S. 190 f.

ger bitterer Improvisation [kein] stabiler Zustand der Biblioteca Germanica in Rom herbeigeführt werden"[837].

Jener stabile Zustand wurde jedoch nicht geschaffen, und so sprach Raffalt mit Sattler über eine neue Verwendung seiner Person innerhalb der deutschen auswärtigen Kulturpolitik. Vor allem von der Persönlichkeit Dieter Sattlers als neuem Leiter der Kulturabteilung im Auswärtigen Amt[838] erhoffte sich Raffalt frische und vor allem in finanzieller Hinsicht positive Impulse. Für Raffalt war es jener Sattler, der „die deutsche Kulturpolitik im Ausland den Fängen der Bürokratie entrissen"[839] habe. Da einer von Raffalts Schwerpunkten in Asien lag, hatte Sattler die Idee, „eine Brücke von erstklassig funktionierenden Kulturinstituten (ein bisschen nach römischem Modell) von Cairo nach Tokio zu errichten"[840]. Raffalt selbst solle „eine Art von Generaldirektor dieser ganzen Unternehmung werden"[841] und seinen Posten an der Deutschen Bibliothek „für etwa 5 Jahre verlassen"[842]. Eine Rückkehrklausel ließ sich Raffalt einräumen. Darüber hinaus ließ er sich vor seinem Dienstantritt am 1. Oktober 1960 mehrere Monate freistellen, um sich auf seine Funktion vorzubereiten.

e. Das Ende der Deutschen Bibliothek

Als Raffalts Stellvertreter für den Direktorenposten der Deutschen Bibliothek in Rom einigte sich die Kulturabteilung des Auswärtigen Amtes auf den in der Schweiz lebenden Privatgelehrten Hans Kühner-Wolfskehl.[843] Trotz eines ersten guten Eindrucks[844] schien der neu Berufene den Herausforderungen des Amtes kaum gewachsen zu sein[845], besonders da er in

---

[837] Exposé über den gegenwärtigen Zustand der Biblioteca Germanica in Rom vom 08.05.1958, in: UA Passau, NL Raffalt.

[838] Vgl. Stoll, Ulrike: Kulturpolitik als Beruf. Dieter Sattler (1906–1968) in München, Bonn und Rom. Paderborn 2005, S. 330.

[839] Vgl. Text „Ricordo di Reinhard Raffalt" anlässlich eines Konzertes des Münchner Nonettes am 28./29.03.1977, in: Archiv des DHI, N29 K 252.

[840] Raffalt an Heinrich Röhreke, Rom, 16.04.1959, in: UA Passau, NL Raffalt.

[841] Ebd.

[842] Ebd.

[843] Vgl. Dombrowski, Beate: Nationale Imagepflege oder authentische Kulturarbeit? Strukturen und Ergebnisse auswärtiger Kulturpolitik unter besonderer Berücksichtigung der Arbeit des Goethe-Instituts in Rom. Hildesheim 1995, S. 33 [unveröffentlichte Diplomarbeit].

[844] Vgl. Sekretärin der Deutschen Bibliothek in Rom, Gerda Niedeck, an Raffalt, Köln, 07.04.1960, in: UA Passau, NL Raffalt: „In Rom ging es die letzten Wochen noch turbulent her, Fischer-Verlag-Ausstellung war ein grosser Erfolg und brachte uns obendrein viele Bücher. Kühner schwamm in Literatur und das Amüsanteste ist, dass der Botschafter von einer Art Kultureuphorie erfasst wurde und begeistert von Kühner ist."

[845] Vgl. Hans Kühner-Wolfskehl an Raffalt, Rom, 23.06.1960, in: UA Passau, NL Raffalt: „Lieber Freund, ein neuer Vorfall, der mich auf das Peinlichste berührt hat, lässt es – um des allseitigen Friedens willen – doch ratsamer erscheinen, meine Tätigkeit, wie wir ursprünglich gedacht hatten, Ende Juli zu beenden. Wenn ich heute Ihnen schreibe, so weiss ich, dass Sie mir, wie

die großen Fußstapfen des in Rom sehr geschätzten Reinhard Raffalt treten musste.[846]

Denn auch die Vorwürfe gegen die kulturpolitische Ausrichtung der Biblioteca Germanica gingen weiter[847], obwohl Raffalt ab der Saison 1959/60 nicht mehr als Direktor für die Programmgestaltung verantwortlich zeichnete: Während das Programm in der Deutschen Bibliothek Kammermusikabende und Vorträge über mittelalterliche Geschichte vorsehe, werde im „Centro Thomas Mann" ganz direkt kulturpolitische Agitation gegen die Bundesrepublik gemacht. Es sei nunmehr an der Zeit, dass „das Monopol einer im wesentlichen ästhetisch verpflichteten auswärtigen Kulturpolitik aufgebrochen [werde und] ihr eine Informationspolitik an die Seite gestellt [werde], die über das Deutschland von heute verläßliche Aufklärung bringt"[848]. Für Botschafter Klaiber lag die kulturpolitische Herausforderung für die Deutsche Bibliothek in der Zukunft darin, „die Öffentlichkeit seines

---

ich es auch tun würde, Verständnis entgegenbringen. Ich habe eingesehen, dass es zur Erfüllung eines Postens, den Sie geschaffen und mit denkbar grösstem Erfolg innegehabt haben, vieler Eigenschaften bedarf, die weit über das hinausgehen, was ich mitbringe – und das ist herzlich wenig."

[846] Der Abschlussbericht von Seiten der Deutschen Botschaft in Rom über die Tätigkeit Reinhard Raffalts als Direktor der Deutschen Bibliothek war voll des Lobes: „Das erste Ziel, das der Deutschen Bibliothek und Dr. Raffalt gestellt war, ist erreicht worden: es ist gelungen, gerade durch völlig unpolitische und dem Tagesgeschehen fernstehende Veranstaltungen, insbesondere auf dem Gebiet der Musik, der Deutschen Bibliothek einen geachteten Platz unter den ausländischen Kulturinstituten in Rom zu sichern und einen treuen Stamm von regelmäßigen Besuchern zu gewinnen. Der hierdurch für die Bundesrepublik erzielte Prestigegewinn darf keineswegs unterschätzt werden. Es kommt hinzu, daß durch die so erfolgreichen Konzerte in der Deutschen Bibliothek und das Ansehen, das Dr. Raffalt in den führenden Gesellschaftsschichten errang, die Gründung der Bach-Gesellschaft ermöglicht wurde. Die Tätigkeit der Bach-Gesellschaft, die ohne amtliche deutsche Gelder durch Mitgliedsbeiträge und von Herrn Dr. Raffalt beigebrachte Mittel finanziert wurde, wird in der römischen Öffentlichkeit zumindest teilweise auch der Deutschen Bibliothek gutgeschrieben, da der Leiter der Bibliothek gleichzeitig auch der spiritus rector dieser Vereinigung war. […] Nur selten in den vergangenen Jahrzehnten ist es einem Deutschen gelungen, in der führenden Gesellschaftsschicht Roms kulturell so bedeutsam in Erscheinung zu treten wie dies Dr. Raffalt mit der Bach-Gesellschaft erreicht hat. Daß durch diese oben geschilderten Veranstaltungen die stark linksstehende Intellektuellen- und Literatenschicht Roms nicht in gleichem Maße angesprochen und erfaßt werden konnte, liegt in der Natur der Sache. Die Linksintellektuellen Roms, deren Vorbehalte gegenüber Deutschland teilweise recht erheblich sind […], werden auch durch einen noch so geschickten Veranstaltungsplan der Deutschen Bibliothek nicht von heute auf morgen für uns gewonnen werden können." Vgl. Tätigkeitsbericht der Deutschen Bibliothek Rom verfasst von Kurt von Tannstein, Rom, 12.02.1960, in: PAAA, B 96, Band 38.

[847] Vgl. „Bonn schießt Böcke in Rom. Nicht deutsch-freundliche, sondern linksintellektuelle Kreise wurden von der deutschen Kulturpolitik gefördert" in „Christ und Welt" vom 10.03.1960, in: PAAA, B 96 Band 38.

[848] „Kammermusik genügt nicht. Kulturpolitik und Informationspolitik im Ausland" in der FAZ vom 04.02.1960, in: Archiv des DHI, N29 K 125.

Gastlandes mit den aktuellen Lebens- und Kulturfragen Deutschlands bekannt zu machen"[849].

Überfordert und enttäuscht quittierte Kühner-Wolfskehl nach nur einer Saison das Amt[850] und wurde durch den erfahrenen Eckart Peterich ersetzt, der zuvor schon die Deutsche Bibliothek in Mailand geleitet hatte.[851] Peterich führte zusammen mit seinem Stellvertreter Michael Freiherr Marschall von Bieberstein die Deutsche Bibliothek in Rom bis zu seinem Wechsel in die Programmabteilung des Goethe-Instituts. Daraufhin übernahm Marschall von Bieberstein die alleinige Leitung. Die Deutsche Bibliothek aber wurde zum 1. Oktober 1961 verwaltungsmäßig und personell dem Goethe-Institut in München unterstellt und passte ihren Namen der neuen Trägerschaft an.[852]

2. Sonderbeauftragter für die deutschen Kulturinstitute in Asien und Afrika

a. Kulturpolitische Wirkungsfelder

Offiziell unterzeichnete Reinhard Raffalt seinen neuen Vertrag als „Sonderbeauftragter für den Aufbau der Kulturinstitute in Asien und Afrika" im November 1960, jedoch war er schon seit Anfang dieses Jahres für seine neue Aufgabe tätig gewesen. Zum Spektrum dieser Tätigkeit gehörte die „Planung, Gestaltung und Durchführung des Ausbaus der deutschen Kulturinstitute, Bibliotheken und Leseräume in Asien und Afrika; Koordinierung des Arbeitsprogramms dieser Einrichtungen, Auswahl, Vorbereitung und Durchführung gezielter Programme für diese Einrichtungen mit Vortragenden und Künstlern aus der Bundesrepublik Deutschland und West-Berlin, Auswertung der bei diesen Veranstaltungen gemachten Erfahrungen; Auswahl und Produktion geeigneter Rundfunk- und Fernsehsendungen kulturellen Charakters zur Ergänzung und Unterstützung der Arbeit der deutschen Kulturinstitute in Asien und Afrika; Reisen zur Inspektion und Beratung der Kulturinstitute in Asien und Afrika und zur Anknüpfung und Pflege von

---

[849] Bericht der Deutschen Botschaft Rom über die Tätigkeit der Deutschen Bibliothek in Rom im Haushaltsjahr 1960, Rom, 21.03.1961, in: PAAA, B 96 Band 38.

[850] Kühner-Wolfskehl hatte des Weiteren vergeblich darauf gedrängt, nur zehn Tage im Monat in Rom vor Ort sein zu müssen und sich die übrige Zeit schriftstellerischen Tätigkeiten in der Schweiz widmen zu können. Vgl. Manfred Klaiber an das Auswärtige Amt, Rom, 28.07.1960, in: PAAA, B 96 Band 38.

[851] Vgl. Hindrichs, Andrea: „Teutonen" in Arkadien. Deutsche auswärtige Kulturpolitik und Kulturvermittlung in Italien von 1949–1970 zwischen Steuerungsversuch und dem Wunsch nach Anerkennung. München 2010, S. 194.

[852] Nun firmierte es als „Goethe-Institut Rom". Vgl. Thomas Knatz an Deutsche Botschaft Rom, Bonn, 15.09.1961, in: PAAA, B 96 Band 38.

2. Sonderbeauftragter für die deutschen Kulturinstitute in Asien und Afrika | 163

Kontakten zwischen ihnen und den für das kulturelle Leben der Gastländer maßgebenden Persönlichkeiten"[853].

Allgemein waren es hierbei das lange Vertrauensverhältnis und die gute Beziehung zum neuen Leiter der Kulturabteilung des Auswärtigen Amtes, Dieter Sattler, welche Reinhard Raffalt die Bekleidung dieser eigens für ihn geschaffenen Stelle ermöglichten. Raffalt war Sattler direkt unterstellt und ihm allein weisungsgebunden.[854] Rechtlich war Raffalt als Sonderbeauftragter mit einem Ministerialpass sowie einem großzügigen Budget für Aufwandsentschädigungen ausgestattet und dazu verpflichtet, dem Auswärtigen Amt Tätigkeitsberichte einzureichen.[855] Raffalt sollte in seiner neuen Tätigkeit als „Sonderbeauftragter für die deutschen Kulturinstitute in Asien und Afrika" die Möglichkeiten einer neuen, weltweiten deutschen Außenkulturpolitik begutachten und trat dementsprechend selbstbewusst auf: „Die Aufgabe, die Sie mir zugedacht haben, ist zu gross und zu ernsthaft, als dass man sie auf dem bisher eingeschlagenen Wege der Improvisation zu positiven Resultaten führen könnte. Sie finden mich also nach wie vor zu jedem einigermaßen akzeptablen Kompromiss bereit, nicht aber zu einem Risiko."[856]

Für seine Aktivitäten zum Ausbau der deutschen Kulturinstitute in Asien und Afrika wurde Raffalt ein Programmfonds in Höhe von 400 000 DM zugewiesen.[857] Aus diesem Fonds finanzierte Raffalt eine dreiwöchige Konzertreise des Kammermusikensembles „Münchner Oktett" unter Leitung von Erich Keller nach Istanbul, Izmir, Ankara, Kabul, Lahore, Karachi, Teheran, Beirut, Damaskus, Amman und Jerusalem.[858] Darüber hinaus wurden durch dieses Budget die Produktion verschiedener Filme wie „Feuerwerksmusik" oder „Ja und Nein" und Raffalts häufige Reisen bezahlt. Ebenso erhielt der Toningenieur Karl Filbig den Auftrag, eine optisch-akustische Anlage zur Vorführung von Filmen in Entwicklungsländern herzustellen.[859]

---

[853] Dienstvertrag zwischen dem Auswärtigen Amt und Reinhard Raffalt, Bonn, 07.11.1960, in: PAAA, Personalakten NA 55415.
[854] Für seine Tätigkeit erhielt Raffalt eine Vergütung von 4500 DM, die sich aus 2800 DM Bruttoarbeitslohn, Aufwandsentschädigung in Höhe von 700 DM sowie einer Büropauschale von 1000 DM zusammensetzte. Vgl. Dienstvertrag zwischen dem Auswärtigen Amt und Reinhard Raffalt vom 07.11.1960, in: PAAA, Personalakten NA 55415. Der zunächst von Oktober 1960 bis Ende September 1961 laufende Dienstvertrag wurde schließlich noch einmal um ein halbes Jahr bis zum 31. März 1962 verlängert. Vgl. Thomas Knatz an Raffalt, Bonn, 14.09.1961, in: PAAA, Personalakten NA 55415.
[855] Tätigkeitsbericht von Reinhard Raffalt, Rom, 11.07.1961; Tätigkeitsbericht von Reinhard Raffalt, München, 26.04.1963, in: UA Passau, NL Raffalt.
[856] Raffalt an Sattler, Rom, 03.08.1959, in: UA Passau, NL Raffalt.
[857] Vgl. Raffalt an Sattler, Rom, 09.11.1960, in: UA Passau, NL Raffalt.
[858] Vgl. Raffalt an das Goethe-Institut, München, 05.01.1961, in: UA Passau, NL Raffalt.
[859] Vgl. Raffalt an die Kasse des Goethe-Instituts, München, 09.03.1961, in: UA Passau, NL Raffalt.

Der Großteil des Programmfonds wurde jedoch für die Konzeption sowie Asienreise des Trachtenballetts aufgewandt.[860]

Bei der Analyse der Wirkungsfelder und der verwendeten Gelder fällt auf, dass Raffalt seine Arbeit vor allem auf zwei Bereiche konzentrierte: Musik und Film. Dies entsprach nicht nur seinen eigenen Neigungen und Erfahrungen[861], sondern spiegelte auch seine Position im Programmausschuss des Goethe-Instituts wider, wo er als einer von sechs Ausschussmitgliedern die Bereiche „Musikfragen" sowie „Allgemeine Begutachtung" verantwortete.[862] Diese beratende Funktion übte er von der Gründung des Programmausschusses im Dezember 1960 bis zu seinem Austritt im Juli 1963 aus.[863]

Hintergrund von Raffalts Tätigkeit war die schrittweise Übernahme aller deutschen Auslandskulturinstitute unter dem Dach des Goethe-Instituts. Diese Übernahme begleitete Raffalt im asiatischen Raum durch Institutskontrollreisen, über die er dem Goethe-Institut Bericht erstattete. Hierbei traf Raffalt neben allgemeinen Feststellungen zur Auslandskulturarbeit auch genaue Aussagen zu den einzelnen Kulturinstituten hinsichtlich Personal-

---

[860] Dies waren 265 000 DM. Vgl. Thomas Knatz an das Goethe-Institut, Bonn, 25.11.1961, in: UA Passau, NL Raffalt. Vgl. dazu auch Kapitel VIII der vorliegenden Arbeit.

[861] Raffalt selbst skizzierte seine Überzeugungen von Kulturarbeit in einer Rede aus dem Jahr 1960 bei einer kulturpolitischen Tagung des Goethe-Instituts in München so: „Hier folgt die Stellungnahme eines Praktikers, also eines Menschen, der die nicht eben dankbare Aufgabe übernommen hat, die respektablen kritischen Gedanken nachdenklicher Geister über die sogenannte Kulturpolitik mit der Wirklichkeit in Einklang zu bringen. […] Die Erfahrung, die wir in Rom gemacht haben, lehrt uns eines: ein Kulturinstitut soll seine Ziele nicht zu hoch stecken. Es ist sehr viel wichtiger, wenn in einer fremden Hauptstadt viele wichtige Leute das Bewusstsein erwerben, sich in den hübschen Räumen eines der Bundesrepublik gehörenden Hauses bei sehr guter Musik ohne jede Prätention entspannen zu können, als eine offizielle geistige Repräsentation zu pflegen, die in anderem Rahmen viel wirkungsvoller wäre. […] Ich bin davon überzeugt, dass Kultur ohne eine gesellschaftliche Initiative [gemeint ist zum Beispiel die Römische Bach-Gesellschaft, d. A.] nicht leben kann, denn wo eine Gesellschaft fehlt, die sich trägt, wird Kultur zu einem Nützlichkeitsfaktor auf dem Gebiete einer primitiven und nationalistischen Propaganda. Wenn sich indessen ein Weg beschreiten lässt, der die Funktion der deutschen Geisteswelt in ihrer innigen Verflechtung mit der Kultur Europas sichtbar und lebendig macht, verliert eine Kulturarbeit die Peinlichkeit der Werbung und gewinnt Freude an den gemeinsamen Schönheiten der abendländischen Kultur zurück, die – nicht zuletzt durch unsere Schuld – so lange verloren war. […] Wenn ein Kulturinstitut wirklich funktioniert, dann müssen sich in der Stadt des Gastlandes mit der Zeit eine Reihe von Gönnern finden, die selbst zu finanziellen Opfern bereit sind – nicht weil sie etwa so viel Sympathie für die Deutschen hätten, sondern weil die der Sache zustimmen, die von den Deutschen gemacht wird, um nicht zu sagen, obwohl sie von den Deutschen gemacht wird. Die eigentliche Kulturarbeit, die in der Gegenwart sinnvoll erscheint, kann nur auf Zusammenarbeit gegründet sein." Vgl. Rede von Reinhard Raffalt, ohne exaktes Datum, in: UA Passau, NL Raffalt. Der ganze Text der Rede findet sich im Anhang der vorliegenden Arbeit.

[862] Vgl. Arbeitsrichtlinien für den Programm-Ausschuss, in: UA Passau, NL Raffalt.

[863] Vgl. Raffalt an den Präsidenten des Goethe-Instituts Peter H. Pfeiffer, München, 20.07.1963, in: UA Passau, NL Raffalt.

2. Sonderbeauftragter für die deutschen Kulturinstitute in Asien und Afrika | 165

Reinhard Raffalt mit Dieter Sattler auf einer Inspektionsreise für das Auswärtige Amt in Indien, Winter 1960/61[864]

und Sachausstattung.[865] Insgesamt unternahm Raffalt in diesem Amt mehrere größere Reisen, die ihn von Februar bis Juni 1960 zur Eruierung neuer Handlungsspielräume durch 21 asiatische Länder[866] sowie von Dezember 1960 bis Februar 1961 auf eine große Kontrollreise zu den schon bestehenden deutschen Kulturinstituten nach Indien sowie Nordafrika führten.[867]

Neben internen Gutachten für das Auswärtige Amt[868] brachte er seine Erfahrungen aus diesen Reisen auch für die deutsche Öffentlichkeit zu Papier. In „Wie fern ist uns der Osten?" versuchte er, sich der Kultur und Geisteswelt der Menschen in Ostasien, Indien sowie Arabien anzunähern. Seine Rückschlüsse aus diesen Charakterstudien für eine westliche Entwicklungspolitik waren dabei klar: Nur durch eine Rückbesinnung auf die Wurzel

---

[864] Vgl. Privatbesitz Nina Raffalt, Bildbestand Reinhard Raffalt.
[865] Vgl. Vertrauliche Aufzeichnung über die Ausführungen von Herrn Dr. Raffalt bei der Besprechung auf der Geschäftsstelle am 07., 08. und 10.06.1960 zur Übernahme von Kulturinstituten durch das Goethe-Institut in Asien, in: UA Passau, NL Raffalt.
[866] Vgl. Raffalt an das Auswärtige Amt, München, 07.12.1960, in: UA Passau, NL Raffalt.
[867] Vgl. Tätigkeitsbericht von Reinhard Raffalt an das Auswärtige Amt, Rom, 11.07.1961, in: UA Passau, NL Raffalt.
[868] Vgl. „Bericht über eine kulturpolitische Informationsreise in die Länder Asiens (mit Ausnahme Chinas, des asiatischen Russlands, Koreas und Saudi-Arabiens) von Reinhard Raffalt", 10.10.1960, in: PAAA, B 1 Band 114.

unserer Kultur, das Christentum, sei es möglich, Völkern mit fremden Religionen und Kulturen Antworten auf drängende Fragen zu geben. Raffalt plädiert für eine nachhaltige und sensible Entwicklungshilfe, die auf die Vorstellungen und kulturellen Eigenheiten dieser fremden Völker Rücksicht nehme, wenn der Westen nicht bloß Förderer des Handels, sondern auch menschlicher Partner sein wolle.[869]

Eine weitere, kürzere Reise führte ihn im Februar 1962 nach Marokko.[870] Die im Anschluss geplante ausführliche Institutskontrollreise durch Afrika konnte Raffalt nicht mehr bestreiten, da er unter einer infektiösen und wiederkehrenden Darmerkrankung litt und diese nach ärztlichem Anraten durch eine dreimonatige Kur ausheilen sollte.[871] Raffalt bot zwar an, die Reise nach Vertragsende nachzuholen, doch dazu kam es nicht mehr.[872]

Daneben entwickelte Raffalt verschiedene Konzepte für eine durch spezielle Filmproduktionen unterstützte Kulturarbeit im Ausland. In mehreren Schreiben schlug Raffalt eine Vielzahl von Filmprojekten[873] sowie die Gründung einer Produktionsgesellschaft zur Herstellung einer deutschen Filmwoche für Entwicklungsländer vor. Hierbei legte Raffalt in konkreter Art und Weise die Kalkulation für eine Zusammenarbeit zwischen dem Auswärtigen Amt und einer von ihm zu gründenden Filmproduktionsgesellschaft dar.[874] Merkwürdig bei dieser Initiative ist die Tatsache, dass Raffalt selbst erst ab den Jahren 1963 und 1964 beim BR erfolgreich Fernsehsendungen produ-

---

[869] Sein Werk wurde auch im DDR-Rundfunk besprochen und die Intention einer bundesrepublikanischen Entwicklungspolitik im Sinne der DDR interpretiert: „Raffalt kann es nicht verhehlen, daß er den Völkern Asiens die Moralbegriffe und die Lebensweise des kapitalistischen Westens oktroyieren möchte." Ihm gehe es vielmehr um psychologische Kriegsführung. Nachdem die militanten Methoden des klassischen Kolonialismus gescheitert seien, sollten „die ehemaligen Kolonialvölker nun durch Wirtschaftsexpansion einerseits und psychologische Mittel andererseits in die Zange des Imperialismus genommen werden." Raffalts Buch gebe „einen vorzüglichen Einblick in die sterile Ideologie des Neo-Kolonialismus und in die Armseligkeit seiner geistigen Position: Die die Welt noch gestern beherrschten, verstehen die Welt nicht mehr." Vgl. „Westdeutsche Bücher – kritisch betrachtet" in der Berliner Welle (DDR) vom 23.04.1961, 22:20 bis 22:30 Uhr, in: UA Passau, NL Raffalt.
Skurril mutet in diesem Zusammenhang auch das Beschlagnahmeprotokoll einer Büchersendung in die DDR aus dem Jahre 1960 an, in dem Raffalts Buch „Ein römischer Herbst" wegen „antidemokratischem Charakter" konfisziert und vernichtet worden war. Vgl. Beschlagnahmeprotokoll des Binnenkontrollamts Leipzig vom 05.03.1960, in: UA Passau, NL Raffalt.
[870] Vgl. Raffalt an Sattler, München, 27.02.1962, in: UA Passau, NL Raffalt.
[871] Vgl. Raffalt an Sattler, München, 05.04.1962; Raffalt an Wilhelm Müller, München, 26.04.1963, in: UA Passau, NL Raffalt.
[872] Vgl. Raffalt an Sattler, Rom, 01.05.1962, in: UA Passau, NL Raffalt.
[873] Vgl. Raffalt an Sattler, München, 10.06.1961; Raffalt an Sattler, München, 05.12.1962, in: IfZ, ED 145 Band 87.
[874] Vgl. „Entwurf für die Gründung einer Produktions-Gesellschaft zur Herstellung einer deutschen Filmwoche für Entwicklungsländer" vom 11.07.1961, in: UA Passau, NL Raffalt.

zierte und somit eigentlich noch recht unerfahren auf diesem Gebiet war.[875] Raffalt taxierte die Personal- und Herstellungskosten für die Produktion von zehn Filmen auf etwa zwei Millionen Mark. Da sich durch die Gründung des ZDF in den Jahren 1961/62 organisatorische und rechtliche Schwierigkeiten für eine mögliche Zusammenarbeit des Auswärtigen Amtes mit freien Produktionsgesellschaften oder gar dem BR häuften, nahmen Sattler und Raffalt vorerst von ihren Filmplänen für eine auswärtige Kulturpolitik Abstand.[876]

b. Asienreise des Trachtenballetts

In programmatischer Hinsicht beabsichtete Raffalt, mit der Erstellung einer europäischen Fassung des indischen Nationalepos „Ramayana" und der Entsendung des Bayerischen Staatsopernballetts nach Südostasien zu wirken. Dabei wollte er die Bayerische Staatsoper einbinden, weil sich ihm „für die Stadt München und für Bayern die Chance zu bieten schien, auf eine neue und deshalb wohl auch aufmerksamkeitserregende Weise in der deutschen Kulturpolitik aktiv zu werden"[877]. Raffalt wusste auch die Brisanz und Dringlichkeit dieser Unternehmung herauszustellen, da „die kulturelle Aktivität des Ostblocks, und insbesondere der Ost-Zone, in den benannten Gebieten seit einiger Zeit mächtig im Ansteigen ist"[878]. Dieses Vorhaben konnte in der Kürze der Zeit jedoch nicht mehr realisiert werden. Stattdessen kam es im Oktober 1961 zur Asienreise eines Trachtenballetts[879], was das organisatorisch und auch finanziell umfangreichste kulturpolitische Projekt Raffalts in diesen Jahren darstellen sollte.

Da besonders Länder aus dem Ostblock mit Folkloredarbietungen wie kaukasischen Schwerter- oder ungarischen Hirtentänzen auf Tourneen durch Asien enorme Erfolge erzielten und die Menschen begeisterten, ohne dass dabei der Kommunismus thematisiert würde[880], schlug Raffalt als neue Veranstaltungsform das „seriöse Experiment"[881] vor. Hierbei sollten in einem neuen Arrangement die Kunstformen Ballett, Pantomime und Musik zu

---

[875] Vgl. Raffalt, Nina / Raffalt, Reinhard: In memoriam Reinhard Raffalt. Daten und Fakten – Reinhard Raffalt zum 75. Geburtstag. Murnau 1998, S. 47.
[876] Vgl. Raffalt an Sattler, München, 17.05.1962, in: UA Passau, NL Raffalt
[877] Raffalt an Staatssekretär Franz Heubl, München, 20.01.1961, in: UA Passau, NL Raffalt.
[878] Ebd.
[879] Vgl. Stoll, Ulrike: Das Bayerische Trachtenballett auf Asientournee. Ein Fallbeispiel zur auswärtigen Kulturpolitik der Bundesrepublik Deutschland um 1960, in: Paulmann, Johannes (Hrsg.): Auswärtige Repräsentationen. Deutsche Kulturdiplomatie nach 1945. Köln 2005, S. 279–289.
[880] Vgl. „Befreiendes Lachen auf asiatischen Gesichtern. Reinhard Raffalt spricht im Sophiensaal – Bayerische Liebesheirat im Orient" in MM vom 22.11.1961; „Bayerische Botschaft in Indien. Reinhard Raffalt über eine weißblaue Tournee. Ein Abend des Münchner Merkur" in der SZ vom 22.11.1961, in: UA Passau, NL Raffalt.
[881] Gutachten über die Möglichkeiten kulturpolitischer Arbeit in Asien, S. 5, in: UA Passau, NL Raffalt.

einem folkloristischen Gesamtkunstwerk verschmelzen, das auch in einem fremden Kulturraum verstanden und geschätzt werden konnte. Dazu konzipierte Raffalt eine von klassischen Tanzelementen und einer Mozart-Serenade durchsetzte Folkloreaufführung mit bayerischer Volksmusik und Volkstanz. Raffalt arbeitete eng mit dem Goethe-Institut in München zusammen, dessen Programmausschuss er angehörte und in dem er mehrmals über seine Erfahrungen und die Aussichten für eine kulturpolitische Arbeit in Asien berichtete.[882] Auch Dieter Sattler wurde intensiv in die Planungen für dieses sogenannte Trachtenballett eingebunden und half Raffalt, Schwierigkeiten bei der Einbeziehung der Kooperationspartner wie etwa der Bayerischen Staatsoper auszuräumen.[883] Im Juli 1961 konnte Raffalt Sattler neben einem Kostenvoranschlag auch die Tourdaten des Trachtenballetts „von ca. 40-minütiger Dauer, worin die beste bayerische Folklore alter Tradition zu einer für die Entwicklungsländer sehr aktuellen Themastellung zusammengefasst [wird]: Liebesheirat oder eine Heirat nach Familieninteressen"[884], für den Oktober des Jahres einreichen.

Eine 36-köpfige Gruppe von Volks- und Kulturmusikern, Balletttänzern um den Choreographen Franz Baur-Pantoulier sowie Schuhplattlern wurde schließlich vom 1. bis zum 29. Oktober in 18 Städte des Vorderen und Mittleren Orients geschickt.[885] Reinhard Raffalt sollte hierbei auf besonderen Wunsch von Dieter Sattler die Tournee begleiten und diese zusammen mit Werner Alt aus der Programmabteilung des Goethe-Instituts auch leiten.[886]

Die Resonanz des Trachtenballetts in den zwölf Staaten, die es auf seiner Tournee besuchte, war grandios[887] und die Berichterstattung der Goethe-

---

[882] Vgl. Protokoll der 1. Sitzung des Programmausschusses am 17.12.1960, in: UA Passau, NL Raffalt.
[883] Vgl. Raffalt an Sattler, München, 15.01.1961, in: UA Passau, NL Raffalt.
[884] Raffalt an Sattler, München, 02.07.1961, in: UA Passau, NL Raffalt.
[885] Vgl. ebd.: „Ankara – Baghdad – Teheran – Kabul – Delhi – Calcutta – Kyderabad – Madras – Bangalore – Bombay – Karachi – Cairo – Alexandrien – Amman – Jerusalem – Damaskus – Beirut – Nicosia"; „Watschentanz im Wüstensand. Bayerische Volkskunstgruppe auf Asien-Reise. Bauernhochzeit von Ankara bis Kalkutta" in MM vom 03.10.1961.
[886] Vgl. Raffalt an das Goethe-Institut, München, 26.09.1961, NL Raffalt.
[887] Ein durchwegs positives Echo wurde den Aufführungen in den Kritiken der Auslandspresse zuteil. Vgl. Pressesammlung im NL Raffalt: „The Tehran Journal" vom 08.10.1961 und 09.10.1961; „Kayhan International" aus Teheran vom 08.10.1961; „Hindustan Standard" aus Kalkutta vom 13.10.1961; „Jugantar" aus Kalkutta vom 13.10.1961; „Ananda Bazar" aus Kalkutta vom 13.10.1961; „The Statesman" aus Kalkutta vom 13.10.1961; „The Mail" aus Madras vom 13.10.1961 und 14.10.1961; „The Indian Express" aus Madras vom 14.10.1961; „The Hindu" aus Madras vom 15.10.1961; „Kataka" aus Madras vom 15.10.1961; „German News Weekly" aus Neu Delhi vom 14.10.1961, „Sport & Pastime" aus Madras vom 04.11.1961; „Msyindia weekly" aus Bangalore vom 22.10.1961; „Vision" aus Karachi vom November 1961; „Journal d'Alexandrie" vom 24.10.1961; „Economiste" aus Alexandria vom 29.10.1961; „La Réforme" aus Alexandria vom 17.10.1961, 23.10.1961 sowie 24.10.1961; „Phare Egyptien" aus Alexandria vom 15./16.10.1961, 22./23.10.1961 sowie 24./25.10.1961;

2. Sonderbeauftragter für die deutschen Kulturinstitute in Asien und Afrika | 169

Unterwegs mit dem Trachtenballett in Asien, Oktober 1961[888]

Institute sowie des Auswärtigen Amtes sparte nicht mit Lob.[889] Auch Reinhard Raffalt schrieb nach der Premiere des Trachtenballetts enthusiastisch an Dieter Sattler: „Sie werden verstehen, daß ich die Berichterstattung über die gestrige Premiere unserer Tournee in Ankara lieber der Botschaft überlassen möchte, weil ich mich nicht in den Verdacht des Selbstlobes begeben möchte. Immerhin wird es Sie interessieren, daß wir uns entschlossen haben, bei der nächsten Aufführung in Bagdad die gesamte Länge des Beifalles auf Tonband aufzunehmen, damit Sie eine glaubwürdige Dokumentation des Erfolgs haben."[890]

In Bayern und Deutschland wurde das Trachtenballett jedoch nicht nur begeistert kommentiert und aufgenommen. So kam Kritik aus den Reihen

---

„L'Orient" aus Beirut vom 26.10.1961. – Ähnlich begeistert schildert der Erlebnisbericht des BR-Toningenieurs Karl Filbig die positive Aufnahme der Aufführungen während der Reise. Vgl. Filbig, Karl Michael: Aus dem Leben eines Toningenieurs. München 1997, S. 71–75.

[888] Vgl. Privatbesitz Nina Raffalt, Bildbestand Reinhard Raffalt.
[889] Vgl. Bericht der Deutschen Botschaft in Ankara an das Goethe-Institut in München vom 04.10.1961; Bericht der Deutschen Botschaft in Teheran an Reinhard Raffalt vom 09.10.1961; undatierter Bericht des Goethe-Instituts in Kalkutta an Reinhard Raffalt; Bericht des Goethe-Instituts in Alexandria an Reinhard Raffalt vom 06.11.1961; Bericht des deutschen Konsulats in Alexandria an Reinhard Raffalt vom 27.10.1961; Bericht des deutschen Konsulats in Madras an das Auswärtige Amt und an Reinhard Raffalt vom 25.10.1961, in: UA Passau, NL Raffalt.
[890] Raffalt an Sattler, Izmir, 03.10.1961, in: UA Passau, NL Raffalt.

Schuhplattler aus Berchtesgaden auf der Asienreise des Trachtenballetts, Oktober 1961[891]

der bayerischen Volkskunst, „weil unser ehrwürdiges bayerisches Kulturgut verkünstelt, um nicht zu sagen verkitscht wird"[892]. Reinhard Raffalt wusste um die Problematik dieses Vorwurfs und veranstaltete in Zusammenarbeit mit dem „Münchner Merkur" zwei Vortragsabende über das Trachtenballett. Darüber hinaus stand er mit den Trachten- und Brauchtumsvereinen in Kontakt und konnte somit einige Missverständnisse ausräumen.[893]

Trotz dieser vereinzelten Kritik in Bayern schien das Trachtenballett genau die eigentliche Intention Raffalts einer werbenden deutschen Kulturpolitik in Asien ohne direkte politische Hintergründe getroffen zu haben. Damit wollte Raffalt dem Ostblock entgegentreten und die Herzen der Einheimischen für die Bundesrepublik Deutschland gewinnen. Diese Überzeugung wird besonders auch in einem Bericht des Korrespondenten der Zeitung „Die Welt" über ausländische Kulturveranstaltungen in Indien deutlich.[894]

---

[891] Vgl. Privatbesitz Nina Raffalt, Bildbestand Reinhard Raffalt.
[892] Leserbrief von Anton Demmelmeier „Es blieben doch Zweifel beim ‚Watschentanz am Ganges'", in: MM vom 25./26.11.1961, in: UA Passau, NL Raffalt.
[893] Vgl. Raffalt an Sattler, München, 11.11.1961, in: UA Passau, NL Raffalt.
[894] Vgl. „Die beste Propaganda ist, keine zu machen", in: „Die Welt" vom 17.11.1961, in: UA Passau, NL Raffalt: „Gerade weil man über diese Dinge heutzutage viel nachdenkt und überall nach dem richtigen Rezept gesucht wird, wobei man im übrigen fast immer das Gedächtnis des Publikums wie auch sein Unterscheidungsvermögen unterschätzt, sollten wir hervorheben, daß die letzte deutsche Veranstaltung in den großen Städten Indiens, das Bayerische Volkstanzballett der Bayerischen Staatsoper zusammen mit dem Bläseroktett des Bayerischen Rundfunks, nicht nur ein ungewöhnlich großer und bejubelter Erfolg war, sondern auch –

Auch der Bericht des Goethe-Instituts in Teheran betonte die besondere Wirkung dieses „seriösen Experiments": „Noch nie wurde eine Aufführung so sehr als Geschenk gewertet, mit dem der Gebende nichts weiter will als Freude bereiten. Das war die große Leistung der Aufführung und deswegen war sie für die Iraner ein einmaliges Erlebnis."[895]

Am Beispiel des Trachtenballetts wird jedoch auch punktuell eine große Kontroverse in der auswärtigen Kulturpolitik der 1960er-Jahre deutlich. Denn große Teile intellektueller Kreise in Deutschland waren strikt gegen eine Vermittlung deutscher auswärtiger Kulturpolitik durch ein bayerisches Folkloreensemble. Somit trat als entschiedenster Gegner der Schöpfung Raffalts auch der neue Programmdirektor des Goethe-Instituts, Eckart Peterich, auf, den Raffalt gut aus seiner Zeit an der Deutschen Bibliothek in Rom kannte. Peterich war im Gegensatz zu Raffalt nicht dazu bereit, einem Unterhaltungsbedürfnis der Masse der Zuschauer intellektuelle und bildende Ansprüche unterzuordnen. Obwohl offiziell erst ab Anfang 1962 Programmdirektor, wollte er bereits die Tournee des Trachtenballetts im Oktober 1961 verhindern und nicht mit dem seriösen Namen des Goethe-Instituts verbunden wissen. Es war schließlich Dieter Sattler, der Eckart Peterich in einem Brief vom September 1961 beschwichtigte und zwischen diesem und Raffalt vermittelte.[896] Während Peterich eine auswärtige Kulturpolitik vertrat, die fast ausschließlich auf Studenten, Intellektuelle und Bildungsbürger mit einem modernen und weitgehend elitären Programm abzielte, war Raffalt von einem volkstümlicheren Ansatz der auswärtigen Kulturpolitik überzeugt.

Um diesen Gegensatz zwischen dem Goethe-Institut und dem Erfolg des Trachtenballetts zu entschärfen, einigten sich Sattler und Raffalt noch im November 1961 darauf, die nächste Tournee im kommenden Jahr „völlig unabhängig vom Goethe-Institut unter der alleinigen Ägide des Auswärti-

---

  mit Erfolg – in eine neue Richtung zielte. […] Man kann daher dem Mann, der mit dem Bayerischen Volkstanzballett zum ersten Mal in diese kulturpolitische Richtung zielte, nur raten, sich nicht irre machen zu lassen."
[895] Bericht des Goethe-Instituts Teheran an das Goethe-Institut in München vom 24.10.1961, in: UA Passau, NL Raffalt: „[…] Dieser 2. Teil, das Trachtenballett, fand einen Beifall, wie er in Teheran noch nie gehört wurde. Während das iranische Publikum im allgemeinen nur am Ende einer Veranstaltung Beifall spendet, wurden beim Trachtenballett viele Szenen mit Zwischenapplaus bedacht, der sich von Zeit zu Zeit zu rhythmischem Klatschen und lauten Bravorufen steigerte; denn die freie Atmosphäre, die mit jedem Tanz und jedem Jodler von der Bühne wehte, ergriff alle. Man war nicht mehr Gast bei Europäern, sondern zu Haus; Bruder, Gleichgesinnter. Noch nie wurde eine Aufführung so sehr als Geschenk gewertet, mit dem der Gebende nichts weiter will als Freude bereiten. Das war die große Leistung der Aufführung und deswegen war sie für die Iraner ein einmaliges Erlebnis. Noch jetzt nach 14 Tagen nehmen die Gratulationen zur Idee und Ausführung des Trachtenballetts kein Ende, und der Wunsch wird immer wieder laut, dass es in ganz grossem Rahmen wiederholt wird."
[896] Vgl. Sattler an Eckart Peterich, Bonn, 29.09.1961, in: IfZ, ED 145 Band 85.

gen Amtes"⁸⁹⁷ durchzuführen. Darüber hinaus sollte die nächste Tour den Raum von Indien bis Japan umfassen und darstellerisch etwas erweitert werden. Neben Finanzierungsproblemen flammte nun trotzdem wiederum der kulturpolitische Konflikt zwischen Eckart Peterich und den Befürwortern des Trachtenballetts auf. Da das Auswärtige Amt auch auf vielfältigen Wunsch der deutschen Vertretungen unbedingt an einer Tournee im Herbst 1962 festhalten wollte, trat Peterich von seinem Posten als Programmdirektor des Goethe-Instituts im Sommer 1962 zurück. Als Ergebnis dieser Querelen setzten sich in der auswärtigen Kulturpolitik der Bundesrepublik Deutschland die Befürworter einer Programmvielfalt durch: Intellektuelle Eliten wie auch die Masse der Bevölkerung sollten angesprochen werden. Raffalt selbst nahm an der zweiten Reise des Trachtenballetts im Oktober und November 1962 jedoch nicht mehr teil. Die Tournee führte in zwölf Stationen durch Ost- und Südostasien⁸⁹⁸ und war trotz ihres ebenfalls großen Erfolges die letzte des Raffalt'schen Trachtenballetts. Dem Kulturreferenten der Deutschen Botschaft in Tunis musste Raffalt 1963 auf dessen Nachfrage⁸⁹⁹ mitteilen, dass für das Auswärtige Amt eine solche Unternehmung mittlerweile zu teuer und in der Sache zu umstritten sei, als dass mit einer Wiederaufführung zu rechnen wäre.⁹⁰⁰

c. Produktionsaufgaben als freier Mitarbeiter

Reinhard Raffalt blieb bis Ende Mai 1962 in seiner Funktion als „Sonderbeauftragter für die deutschen Kulturinstitute in Asien und Afrika" beim Auswärtigen Amt angestellt. In einem Schreiben an die von ihm besuchten Botschaften, Konsulate und Kulturinstitute bilanzierte er schließlich, dass „die Entwicklung des Goethe-Instituts, in Sonderheit seiner Programm-Abteilung, […] nunmehr in ein Stadium eingetreten [ist], das es erlaubt, meine Tätigkeit als Sonderbeauftragter für den Ausbau der Kultur-Institute in Asien und Afrika für abgeschlossen zu betrachten. […] Ich wende mich nunmehr reinen Produktionsaufgaben zu und darf der Hoffnung Ausdruck geben, dass einiges darunter, wenn es in Ihre Hände gelangt, sich auch für Ihre Arbeit als brauchbar erweisen wird."⁹⁰¹

Denn die produktiven Aufgaben, denen sich Raffalt nach seinem Ausscheiden als Angestellter des Auswärtigen Amtes im Jahre 1962 widmen wollte, waren auch für das Auswärtige Amt gedacht. So legte er Dieter Sattler

---

⁸⁹⁷ Sattler an Raffalt, Bonn, 30.11.1961, in: UA Passau, NL Raffalt.
⁸⁹⁸ Vgl. Bericht des Ministerialdirigenten im Bayerischen Staatsministerium für Unterricht und Kultus Walter Keim an Sattler, München, 21.01.1963, in: UA Passau, NL Raffalt.
⁸⁹⁹ Vgl. Graf Podewils an Raffalt, Tunis, 09.10.1963, in: UA Passau, NL Raffalt.
⁹⁰⁰ Vgl. Raffalt an Graf Podewils, München, 18.11.1963, in: UA Passau, NL Raffalt.
⁹⁰¹ Raffalt an verschiedene Botschaften, Konsulate und Kulturinstitute in Asien und Arabien, Rom, 20.05.1962, in: UA Passau, NL Raffalt.

eine Reihe von Exposés vor, die er mit Hilfe einer bereits von ihm und dem Münchner Rechtsanwalt Franz Dannecker gegründeten Produktionsfirma herstellen wollte.[902] Durch diese Filme sollte Deutschland vor allem im arabischen sowie asiatischen Raum kulturpolitisch wirken und so im eigentlichen Sinne Raffalts Tätigkeit als „Sonderbeauftragter für die deutschen Kulturinstitute in Asien und Afrika" logisch fortsetzen. Auch konnte er die renommierte Schriftstellerin Annette Kolb für eine Mitwirkung an einem Film gewinnen.[903] Insgesamt wurde ein Produktionsvertrag für vier Filme à 30 Minuten geschlossen, die aber nie über den Stand von Treatments und Probeaufnahmen hinauskamen. Die Gründe für das Scheitern dieser Pläne sind wohl in der Verschiedenheit der Erwartungen an solche Filmproduktionen zu suchen.[904] Als letzte Zusammenarbeit Raffalts mit dem Auswärtigen Amt kann schließlich eine Lateinamerikareise genannt werden, die Raffalt von Mai bis September 1964 als improvisiertes Kooperationsprojekt des Auswärtigen Amtes mit dem Bayerischen Rundfunk durchführte.[905] Durch eine Haushaltskürzung vermochte Dieter Sattler die bereits gegebene Zusage einer kompletten Finanzierung dieser Vortrags- und Informationsreise durch Lateinamerika nicht mehr einzuhalten und das Zustandekommen der Unternehmung war gefährdet. Schließlich konnte Raffalt den Bayerischen Rundfunk dafür gewinnen, ihn zur Produktion eines mehrteiligen Dokumentarfilms nach Süd- und Mittelamerika zu schicken und somit auch einen Teil der Kosten zu übernehmen. Das Auswärtige Amt beteiligte sich ebenfalls finanziell sowie mit Amtshilfe vor Ort; im Gegenzug erstellte Raffalt ein Gutachten über ein zukünftiges deutsches kulturpolitisches Engagement in Lateinamerika.[906]

---

[902] Vgl. Vertrag zwischen der Bundesrepublik Deutschland vertreten durch den Bundesminister des Äußeren und Herrn Dr. Reinhard Raffalt vertreten durch Herrn RA Franz J. Dannecker vom 20.12.1962, in: PAAA, B 95 Band 950A.
[903] Vgl. Raffalt an Dieter Sattler, München, 09.12.1962, in: UA Passau, NL Raffalt.
[904] Vgl. Aufzeichnung über eine Besprechung die Filmprojekte von Dr. Raffalt betreffend, Bonn, 31.01.1963, in: PAAA, B 95 Band 950A.
[905] Hier wird ein großes Talent Raffalts deutlich, der seine Reisen zum Teil durch eine Mischfinanzierung von verschiedenen Institutionen durchführen konnte. Aufgrund seiner guten persönlichen Beziehungen zu Entscheidungsträgern in Politik und Medien kamen diese Einrichtungen für seine Reisekosten auf. Im Gegenzug verpflichtete er sich zur wahlweisen Durchführung von Gutachten, Orgelkonzerten, Film- bzw. Hörfunkproduktionen oder Buchprojekten. Auf diese Art und Weise finanzierte er nicht nur seine Lateinamerikareise 1964, sondern auch schon seine zweite Indienreise zum Jahreswechsel 1955/56.
[906] Vgl. Gutachten über eine mögliche Kulturpolitik der Bundesrepublik in Lateinamerika, in: PAAA, B 97 Band 88.

IX. Reinhard Raffalt und der Bayerische Rundfunk

1. Durchbruch als Reisejournalist

Reinhard Raffalt war seit dem Jahre 1948 in der Abteilung Hörbild für den Bayerischen Rundfunk[907] tätig. In seinen Anfangsjahren berichtete er meist über bayerische Themen sowie verstärkt ab 1951 über Italien. Als große Initialzündung für Reinhard Raffalts Karriere beim Bayerischen Rundfunk können seine ersten großen Auslandsreportagen über die Reisen in den Jahren 1952 durch Afrika und 1954 durch Indien angesehen werden. Beide Reisen kamen durch Raffalts eigene Initiative zustande und begründeten innerhalb des BR seinen Ruhm als Erfolgsautor.

Im Januar 1952 plante Raffalt, dem Chefredakteur des BR, Clemens Münster, „fuer das Afrika-Missions-Projekt einen ungefaehren Kostenvoranschlag zu geben, der sich in der Hauptsache auf die Ergebnisse von Besprechungen mit dem Generalprokurator der Benediktiner-Mission und Erkundigungen bei der Propaganda Fide stuetzt"[908]. Raffalt wollte in einer etwa sechswöchigen Reise durch Ägypten, den Sudan, Uganda, Kenia und Tansania vor allem die Arbeit der Missionsbenediktiner und anderer Orden kennenlernen und mit dem Maihak-Aufnahmegerät festhalten. Mit seinem Vorschlag konnte er Chefredakteur Münster und Intendant von Scholtz überzeugen; sie genehmigten die Durchführung seiner Reise. Ausgestattet mit Empfehlungsschreiben des Generalsekretärs der Kongregation für die Evangelisierung der Völker ging es im Juni 1952 auf die Reise nach Afrika[909]. Raffalt kehrte erst Ende September 1952 und damit viel später als erwartet nach Rom zurück.[910] Mit dem rundfunktechnischen Ertrag seiner Reise, sechs Sendungen mit einer Sendezeit von knapp 4,5 Stunden, zeigte sich der BR im Anschluss sehr zufrieden. Man beabsichtigte daher, Raffalt mit einer ausgedehnten Korrespondententätigkeit in Rom zu betrauen, die ihm monatlich etwa 1000 DM und dem BR etwa fünf Berichte von unterschiedlichem Format sowie unterschiedlicher Länge einbringen sollte.[911] Konkretisiert wurden schließlich neben der thematischen Ausrichtung auch

---

[907] Zur Genese und zum Aufbau des Bayerischen Rundfunks nach dem Zweiten Weltkrieg vgl. Schulz, Georg Karl Maximilian: Die Stimme Bayerns. Der Bayerische Rundfunk zwischen Tradition und Moderne. Regensburg 2018.
[908] Raffalt an BR-Chefredakteur Clemens Münster, Rom, 09.01.1952, in: UA Passau, NL Raffalt.
[909] Vgl. Erzbischof Celso Costantini von der Kongregation für die Evangelisierung der Völker, Vatikanstadt, 07.05.1952, in: UA Passau, NL Raffalt.
[910] Vgl. Raffalt an die Mater Generaloberin der Schwestern vom Heiligen Carl Borromäus Kloster Grafschaft, München, 26.10.1952, in: UA Passau, NL Raffalt.
[911] Raffalt an Clemens Münster, ohne Ort, 13.10.1952, in: UA Passau, NL Raffalt.

organisatorische Fragen. So wünschte sich Raffalt, in Rom als offizieller Korrespondent des Bayerischen Rundfunks auftreten zu dürfen.[912]

Allgemein hatte Raffalt besonders in der Redaktion „Hörbild" unter der Leitung von Margit Wagner einen sehr guten Stand. Er konnte auch kleinere Aufnahmen immer wieder verkaufen und so zu seinem wirtschaftlichen Auskommen in Rom beitragen.[913] Zudem gelang es Raffalt zum Erstaunen seiner Kollegen von der Abteilung „Hörbild" immer wieder, den BR dazu zu bewegen, ihm größere Auslandsreisen zu finanzieren. Beginnend mit seiner Reise nach Nordafrika und in den Nahen Osten 1952 über Indien 1954 bis hin zu einer Reise nach Südostasien 1956 konnte er die Intendanz von seinen Vorhaben überzeugen und dann auch qualitätvolle Ergebnisse in Form mehrteiliger Hörbilder abliefern.

In der deutschen Rundfunklandschaft war Raffalt auf diese Weise recht schnell zu einem gefragten Mann geworden. Im Januar 1955 vermeldete etwa die Zeitschrift „Gong", dass Raffalt in Kürze die deutsche Abteilung von Radio Vatikan übernehmen werde.[914] Raffalt dementierte dies intern in einem Schreiben an Radio Vatikan und auch an den BR, sodass unklar bleibt, wie dieses Gerücht in Umlauf geraten war. Als Beleg für den schnellen Aufstieg Reinhard Raffalts als internationaler Hörfunkreporter kann dieses Faktum jedoch in jedem Fall hinzugezogen werden.

2. Das BR-Auslandsstudio in Rom

a. Erste Überlegungen

Verlief der Aufbau der deutschen Rundfunklandschaft nach dem Zweiten Weltkrieg im Allgemeinen relativ zügig[915], so wurde in der Auslandsberichterstattung noch sehr lange Zeit auf freie Mitarbeiter zurückgegriffen, die – ohne in feste Strukturen eingebunden zu sein – bedarfsweise aus den jeweiligen Ländern berichteten. Die föderale Struktur der deutschen Rundfunkanstalten bedingte zusammen mit den finanziellen und technischen Herausforderun-

---

[912] Raffalt an Clemens Münster, München, 26.10.1952, in: UA Passau, NL Raffalt.
[913] Vgl. Raffalt an Margit Wagner, Rom, 20.09.1951: „Wollt ihr für Euer Archiv oder für die Musik-Abteilung eine Folge von zwölf unbekannten Laudi aus dem 13. Jahrhundert? Ich hab eine Sängerin aufgetan, die wirklich phänomenal ist, und das Zeug herrlich singt. […] Dauer 25 Minuten, auch als Konzert-Zyklus verwendbar, aufgenommen in der Anima, kostet 300.-- für sie und mich. (Wenns geht, kauf es bitte ab, ich brauch entsääätzlich viel Geld!!!!)", in: UA Passau, NL Raffalt. / Margit Wagner an Raffalt, München, 11.03.1952: „Dein Konzert am 30. März habe ich Dir verkauft. Götze zahlt 600.--, wir zahlen 200.--, weil ich gesagt habe, dass eine derartige Musi für uns bei allen möglichen Gelegenheiten dringend benötigt werde und bisher noch nicht vorhanden ist.", in: UA Passau, NL Raffalt.
[914] Vgl. Margit Wagner an Raffalt, München, 27.01.1955, in: UA Passau, NL Raffalt.
[915] Vgl. Bausch, Hans (Hrsg.): Rundfunkpolitik nach 1945. Erster Teil: 1945–1962, München 1980, S. 43–45.

gen eine koordinierte Auslandsberichterstattung für die Bundesrepublik Deutschland.[916]

Gegen Ende der 1950er-Jahre mehrten sich im Bayerischen Rundfunk die Stimmen, die den konzeptionellen Aufbau einer Berichterstattung aus dem Ausland befürworteten. Nach der verstärkten Berichterstattung über die Beerdigungsfeierlichkeiten von Papst Pius XII. und das Konklave im Oktober 1958 verdichteten sich im Bayerischen Rundfunk die Überlegungen, ein erstes festes Auslandsstudio der ARD in Rom zu gründen.[917] Bisher berichtete neben Reinhard Raffalt nur die tagespolitische Korrespondentin Toni Kienlechner für den BR als freie Mitarbeiterin aus Rom.

In den Akten wird deutlich, dass Alois Fink in Zusammenarbeit mit Reinhard Raffalt die ersten konkreten Überlegungen für die Einrichtung eines BR-Studios in Rom formulierte und beide dann auch in den folgenden Jahren die Triebfedern hinter diesem Projekt waren.

Allgemein sollte das Studio als „aktiver Außenposten unseres Programms"[918] nicht nur für Rom, den Vatikan und Italien, sondern auch für den Nahen Osten und Nordafrika zuständig sein. In technischer Hinsicht war vor allem auch das Fernsehen mit einzubeziehen, auch musste die Vertretung aller anderen deutschen Rundfunkanstalten beachtet werden.

Was die Besetzung der Position eines Leiters des neu zu gründenden BR-Studios in Rom betraf, schienen nur Fink oder Raffalt in Frage zu kommen. Und weil Raffalt sich momentan in einem festen Vertragsverhältnis mit der Deutschen Bibliothek befand, wollte Fink sich im November 1958 um die Stelle bemühen, da es „im Hause [...] augenblicklich keinen [B]esseren"[919] gebe. Fink wollte Raffalt dabei unter seiner Studioleitung als Mitarbeiter in Funktion eines Sprechers oder Korrespondenten für den Mittelmeerraum sowie den Vatikan gewinnen. Ebenso interessierte ihn natürlich die Expertise, die sich Raffalt in seinen acht Jahren als Deutsch-Römer an Land und Leuten erworben hatte. Auch ging es Fink darum, Dieter Sattler durch Raffalt als Unterstützer dieser Idee zu gewinnen.[920]

---

[916] Zum Aufbau und der Entwicklung der deutschen Rundfunkanstalten, insbesondere des Bayerischen Rundfunks, nach dem Zweiten Weltkrieg vgl. Bausch, Hans (Hrsg.): Rundfunkpolitik nach 1945. Erster Teil: 1945–1962. München 1980; Bausch, Hans (Hrsg.): Rundfunkpolitik nach 1945. Zweiter Teil: 1962–1980. München 1980; Schwarzkopf, Dietrich (Hrsg.): Rundfunkpolitik in Deutschland. Wettbewerb und Öffentlichkeit. München 1999; Maaßen, Ludwig: Der Kampf um den Rundfunk in Bayern. Berlin 1979; Zunhammer, Thomas: Beiträge zur Geschichte des Bayerischen Rundfunks. Eine Dokumentation. München 1998; Hamm, Margot / Hasselbring, Bettina / Henker, Michael (Hrsg.): Der Ton. Das Bild. Die Bayern und ihr Rundfunk. 1924 – 1949 – 1999. Augsburg 1999; Saur, Karl-Otto: „Ein bisserl was geht immer". Die Geschichte des Bayerischen Rundfunks. München 2009.
[917] Vgl. Fink an Raffalt, München, 16.11.1958, in: UA Passau, NL Raffalt.
[918] Fink an Raffalt, München, 16.11.1958, in: UA Passau, NL Raffalt.
[919] Ebd.
[920] Vgl. ebd.

Reinhard Raffalt mit dem BR-Kollegen Alois Fink und dessen Frau, Mitte der 1950er-Jahre[921]

Fink selbst wollte der BR-Intendanz eine genaue Skizze seiner Pläne liefern, da er das Gefühl hatte, dass dieses Projekt für ihn persönlich eine große Chance sei und es bei einem Zögern passieren könne, dass „eines Tages einer in Rom [säße], der weder Dir noch mir"[922] passe.

Reinhard Raffalt befand sich nun in einer moralischen Zwickmühle, denn auch ihn schien der Posten in einem römischen BR-Auslandsstudio sehr zu reizen. Im Januar 1959 fertigte er nämlich schon für die Intendanz einen „Entwurf für die Errichtung eines römischen Studios des Bayerischen Rundfunks" an. In ihm heißt es: „Durch die Tatsache, dass die ausgedehnten Beziehungen und Erfahrungen der Biblioteca Germanica in den Händen eines ständigen Mitarbeiters des Bayerischen Rundfunks für das Programm dieser Station nutzbringend angewandt wurden, ergibt sich der Gedanke, die künftige Vertretung des Bayerischen Rundfunks in Form eines Studios mit der Biblioteca Germanica sachlich und organisatorisch zu verbinden."[923] Raffalt schlug im Folgenden die Unterbringung des Studios im Palazzo der Deutschen Bibliothek vor; zudem verwies er auf die Möglichkeit, die Synergieeffekte der Kulturarbeit in Rom für den Rundfunk zu nutzen und daher in

---

[921] Vgl. Privatbesitz Nina Raffalt, Bildbestand Reinhard Raffalt.
[922] Ebd.
[923] „Entwurf für die Errichtung eines römischen Studios des Bayerischen Rundfunks von Reinhard Raffalt", Rom, 28.01.1959, in: UA Passau, NL Raffalt.

Personalunion auch die Leitung des römischen Studios übernehmen zu können. In einem ersten Kostenvoranschlag kalkulierte er dabei knapp 112 000 DM an Jahreskosten. In den Akten des Bayerischen Rundfunks aus den Jahren 1959 und 1960 finden sich zum weiteren Vorgehen bezüglich des römischen Studios jedoch keine Vorgänge. Die Planung geriet in den Hintergrund.

b. Die Gründung des BR-Auslandsstudios in Rom

Die Idee eines Auslandsstudios in Rom nahm erst im Verlauf des Jahres 1961 auf Initiative des BR-Intendanten Christian Wallenreiter wieder an Fahrt auf. In einem Schreiben an Hans Bausch, den Vorsitzenden der ARD, sowie an alle anderen Intendanten der deutschen Rundfunkanstalten skizzierte Wallenreiter seine Vorstellung vom Aufbau eines weltweiten deutschen Studionetzes.[924] Hierbei sollte nur jeweils eine deutsche Sendeanstalt für ein Studio redaktionell wie verwaltungstechnisch verantwortlich sein. Da jede Rundfunkanstalt lediglich eine ihrer Größe angemessene Anzahl von Auslandsstudios unterhalten müsste, könnten somit die Kosten proportional verteilt werden. Die Korrespondenten der einzelnen Auslandsstudios würden dann jedoch nicht nur für die entsendende Rundfunkanstalt berichten, sondern im Namen der ARD allen deutschen Sendern Informationen und Material zukommen lassen. Somit könne eine Aufgabenteilung im Ausland entstehen, wovon alle deutschen Rundfunkanstalten profitierten: Sie alle wären zumindest indirekt vor Ort vertreten, kämen sich aber organisatorisch nicht in die Quere. Darüber hinaus könne der Kontakt zu ausländischen Sendeanstalten intensiviert werden, wenn die deutschen Journalisten „mit allen Kreisen und Behörden ihres Landes gute Beziehungen unterhalten"[925].

Diese Forcierung kann auch in direktem Zusammenhang mit der geplanten Gründung eines zweiten deutschen Fernsehprogrammes in Deutschland gesehen werden. Für Wallenreiter bedeutete die Errichtung von eigenen Auslandsstudios auch eine Profilierung der Position der bayerischen Sendeanstalt im deutschen Rundfunkwesen. Er schlug daher im Juni 1961 dem Rundfunkrat die Errichtung von bayerischen Auslandsstudios in Rom und später auch in Wien vor. Dies sei unumgänglich, „wenn der BR weiterhin im internationalen Bereich, nämlich in der großen Politik, tätig sein wolle, wenn er z. B. die alten Beziehungen zu Rom und Wien für sich in Anspruch nehmen wolle"[926]. Wallenreiter vertrat des Weiteren die Position, den Anteil des Bayerischen Rundfunks an der Programmeinspeisung innerhalb der ARD von 20 % auch auf das Übergangsprogramm zu übertragen, das die deutschen

---

[924] Vgl. Wallenreiter an Bausch sowie die anderen Intendanten der deutschen Rundfunkanstalten, München, 04.10.1961, in: BR HistArch, GR 656, Studio Rom.
[925] Ebd.
[926] Protokoll der 212. Sitzung des Rundfunkrates des Bayerischen Rundfunks vom 29.06.1961, S. 15 f., in: BR HistArch, Protokolle des Rundfunkrates 1960–65.

Sendeanstalten bis zur vollständigen Einrichtung eines zweiten deutschen Fernsehprogrammes senden sollten.[927]

Das erste Auslandsstudio der ARD in Rom sollte also einerseits die Stellung des BR in der deutschen Rundfunklandschaft stärken und darüber hinaus die bayerische Berichterstattung innerhalb der ARD intensivieren. Demzufolge war Raffalt von der Intendanz mit dem Erstellen weiterer Entwürfe für die Errichtung eines römischen Studios beauftragt. So beinhaltete sein aus dem Jahre 1961 stammendes Schreiben neben einem ausführlichen Korrespondentennetz im gesamten Mittelmeerraum[928] auch detaillierte Vorschläge für weiteres Personal und zu produzierende Filme, ohne jedoch einen Kostenvoranschlag darzulegen.[929]

Diesen lieferte Raffalt umgehend in einem eigenen Entwurf nach. Er skizzierte darin ein umfassendes Organigramm mit zwei Redakteuren, Kameramann, Toningenieur, vier Assistenten sowie zwei Sekretärinnen. Daneben waren erhebliche Summen für die Repräsentation der Studios sowie seiner Mitarbeiter vorgesehen. Insgesamt belief sich das Jahresbudget auf 502 000 DM, während Raffalt die Produktionskosten auf 600 000 DM für gut 40 Stunden Sendematerial jährlich veranschlagte.[930]

Zu seiner eigenen Person führte er dabei an, dass er „zur Wirksamkeit des Studios […] eine zehnjährige Ortskenntnis der Stadt Rom und eine ihrer schönsten Wohnungen"[931] beitragen könne. Dafür müsse er aber von der Verwaltungsarbeit entlastet werden und zumindest im ersten Jahr die Posten seines Etats eigenmächtig verändern dürfen. Insgesamt erschien ihm für eine solche Tätigkeit eine „Summe von DM 5.000 monatlich eine keineswegs übertriebene, sondern gerechtfertigte Vergütung zu sein"[932] – hierbei waren seine ihm immer außerordentlich wichtigen persönlichen Repräsentationskosten jedoch eingeschlossen. Darüber hinaus schrieb Raffalt auch ein grundlegendes Positionspapier, das die Gründe für die Wahl von Rom als Ort des ersten BR-Auslandsstudios explizit thematisierte.[933]

---

[927] Vgl. Bausch: Rundfunkpolitik, S. 510 f.
[928] Dieses umfangreiche Korrespondentennetz bestand dabei meist aus Personen, die Raffalt auf seinen vielen Reisen im Auftrag des Auswärtigen Amtes kennengelernt hatte.
[929] Vgl. „Entwurf über die Errichtung eines römischen Studios der westdeutschen Rundfunk- und Fernseh-Anstalten Herrn Intendanten Christian Wallenreiter ergebenst vorgelegt von Dr. Reinhard Raffalt", ohne Datum, in: BR HistArch, GR 656, Studio Rom.
[930] Vgl. Kostenvoranschlag für ein römisches Studio (Fernsehen und Rundfunk des Bayerischen Rundfunks München), München, 14.11.1961, in: BR HistArch, VJ 564.
[931] Vgl. „Entwurf über die Errichtung eines römischen Studios der westdeutschen Rundfunk- und Fernseh-Anstalten Herrn Intendanten Christian Wallenreiter ergebenst vorgelegt von Dr. Reinhard Raffalt", ohne Datum, in: BR HistArch, GR 656, Studio Rom.
[932] Ebd. – Hier fällt auf, dass Raffalt bei dem stolzen monatlichen Gehalt von 5000 DM für den Studioleiter in diesem Entwurf des Jahres 1961 genau das Doppelte vorschlug, was er zuvor in einem ersten Entwurf im Januar 1959 veranschlagt hatte.
[933] Vgl. „Gründe für die Errichtung eines Studios des Bayerischen Rundfunks in Rom", ohne Datum, in: UA Passau, NL Raffalt. Bemerkenswert an der Wirkungsgeschichte dieses Papiers

Innerhalb des BR wurden Alois Fink und Reinhard Raffalt weiterhin als Favoriten für die Besetzung des Leiters des römischen Studios gehandelt. Nun war es Fink, der sich in einem Schreiben an Intendant Wallenreiter für seinen Freund Raffalt einsetzte: „Es kann sein, dass sich Herr Dr. Raffalt, den ich selbst ja vor nunmehr über zwölf Jahren zur Mitarbeit am Bayerischen Rundfunk gebracht habe und der seither fast ausschließlich für die Abteilung Hörbild und immer im engsten Kontakt mit mir gearbeitet hat, von seinen Verpflichtungen gegenüber dem Auswärtigen Amt im nächsten Jahr freimachen kann. In diesem Falle besteht kein Zweifel, dass wir als Leiter für ein römisches Studio des Bayerischen Rundfunks keinen besseren Mann finden können. Ich weiss sehr genau, dass auch ich Jahre brauchen würde, um mich dort auch nur einigermassen so einzuleben, wie es Dr. Raffalt getan hat."[934] Von nun an schien der Weg für Raffalt frei. Auf Anweisung Wallenreiters wurden erste Vertragsverhandlungen mit ihm geführt.

In der Zusammenfassung des Ergebnisses dieser Gespräche wird deutlich, dass die Verwaltungsdirektion eins zu eins den Kostenvoranschlag Raffalts inklusive Repräsentationszulagen sowohl der Intendanz als auch der Direktorenkonferenz vorlegte.[935] Trotzdem gab es gegen diesen umfassenden Entwurf Raffalts für das Studio Rom eine Vielzahl von Bedenken. So stellte Gerhard Bogner von der Programmredaktion die gesamte Errichtung eines Studios in Frage: „Wichtig ist nicht, was man alles machen könnte, sondern was für das Programm nötig ist."[936] In diesem Sinne plädierte er für die einfache Entsendung eines weiteren freien Mitarbeiters nach Rom, der sich vordringlich um das Fernsehen kümmern sollte. Dieser könnte mit einem Pauschalvertrag an den BR gebunden und gegebenenfalls durch eine ortsansässige Sekretärin unterstützt werden.

Während dieser Vorschlag den Ideen des Bayerischen Rundfunks für ein römisches Studio zur Profilierung innerhalb der deutschen Rundfunkstationen entgegenstand, kamen von Seiten des Fernsehdirektors Helmut Oeller ebenfalls Einwände zum Entwurf Raffalts. Oeller wollte ein Studio kleinerer Größenordnung in Rom realisieren, auch da er einen Machtverlust der Programmdirektion bzw. eine zu große Eigenmächtigkeit des Studios befürchtete.[937] Personell war er mit der Besetzung Raffalts als Leiter des Studios

---

ist, dass es später wortgetreu mit nur wenigen orthographischen Änderungen als Positionspapier der Intendanz des Bayerischen Rundfunks BR-intern in Umlauf gebracht wurde. Vgl. „Gründe für die Errichtung eines Studios des Bayerischen Rundfunks in Rom", Bayerischer Rundfunk Intendanz, München, 27.03.1962, in: BR HistArch, GR 656, Studio Rom. Für den genauen Wortlaut des Positionspapieres vgl. Kapitel „Programmatische Schriften".

[934] Fink an Wallenreiter, München, 06.10.1961, in: BR HistArch, GR 656, Studio Rom.
[935] Vgl. Verwaltungsdirektor Spies an Intendanz und Direktorenkonferenz, München, 08.12.1961, in: BR HistArch, GR 656, Studio Rom.
[936] Bogner an Wallenreiter, München, 20.09.1961, in: BR HistArch, GR 656, Studio Rom.
[937] Vgl. Oeller an Wallenreiter, München, 07.11.1961, in: BR HistArch, GR 656, Studio Rom.

einverstanden, die Höhe der laufenden Kosten von einer halben Million Mark erschienen ihm jedoch zu hoch und er plädierte für einen Betrag von gut der Hälfte.[938]

Innerhalb des BR gab es jedoch auch Stimmen, die für die Chance plädierten, dass „ein vom Bayerischen Rundfunk betriebenes Studio in Rom gewissermassen die nicht mehr bestehende bayerische Gesandtschaft beim Vatikan ersetzen"[939] könne. Raffalts Entwürfe mit seinem großen Repräsentationsbudget sowie der Zusammenarbeit mit vatikanischen Kreisen zielten in dieselbe Richtung.

Insgesamt schien bei der Kostenplanung alles auf einen Kompromiss zwischen dem kostenintensiven Entwurf Raffalts und den Einsparungsvorschlägen Oellers hinauszulaufen; die Direktorenkonferenz vom November 1961 ging schließlich von 350 000 DM jährlich für Personal und den laufenden Betrieb aus.[940]

Raffalts Berufung zum Leiter des neuen römischen Studios konnte beinahe als beschlossene Sache angesehen werden, als er im März 1962 in der Carl Friedrich von Siemens Stiftung einen Vortrag über den Beitrag Bayerns zur künftigen Kultur Europas hielt[941] und darin die Möglichkeiten des Rundfunks pries: „In Bayern ist der Rundfunk in einer anderen Lage als in anderen Ländern: er ist im Begriff, den Beitrag Bayerns zu einer künftigen europäischen Kultur vorzubereiten."[942]

Ein in den Akten der Verwaltungsdirektion des Bayerischen Rundfunks befindlicher Vertragsentwurf vom 3. April 1962 mit den Modalitäten für die Festanstellung Reinhard Raffalts als Leiter des Studios Rom unterstreicht diese Einschätzung.[943] Es kam letztendlich allerdings doch nicht zu einer Besetzung dieses Postens mit Reinhard Raffalt, wie aus einem Vermerk von Programmdirektor Oeller an Intendant Wallenreiter hervorgeht: „In einem Gespräch mit Herrn Raffalt bestätigte sich mein Eindruck, daß dieser für die gedachte Aufgabe in Rom nicht zur Verfügung stehen wird. Er verweist auf

---

[938] Vgl. Oeller an Wallenreiter, München, 19.12.1961, in: BR HistArch, GR 656, Studio Rom.
[939] Fink an Wallenreiter, München, 06.10.1961, in: BR HistArch, GR 656, Studio Rom.
[940] Vgl. Aktennotiz von Wallenreiter über die Direktorenkonferenz vom 15.11.1961, München, 23.11.1961, in: BR HistArch, VJ 564.
[941] Vgl. Einladung zum Gesprächsabend in der Carl Friedrich von Siemens Stiftung am 27.03.1961; Manuskript der Rede „Gedanken über den Beitrag Bayerns zu der künftigen europäischen Kultur", in: BR HistArch, GR 656, Studio Rom. Die relevanten Passagen dieser Rede finden sich im Anhang der vorliegenden Arbeit.
[942] „Wallenreiters Alpen-Übergang. Reinhard Raffalt spricht in der Siemens Stiftung über ‚Bayerns Beitrag zur künftigen Kultur Europas'" im „Münchner Merkur" vom 29.03.1962, in: Stadtarchiv Passau, Handakte R 8. Im Artikel heißt es weiter, dass Raffalt als „zunächst ‚Verlobter' des Bayerischen Rundfunks die Leitung einer Fernsehdirektion in Rom übernehmen" solle.
[943] Vgl. Vertragsentwurf vom 03.04.1962, in: BR HistArch, VJ 5099.

seine angegriffene Gesundheit."⁹⁴⁴ Was war geschehen? Warum machte Raffalt diesen Rückzieher?

Raffalts Verweis auf seine angeschlagene Gesundheit als Grund für das Ablehnen der Leitung des Studios Rom scheint wenig glaubwürdig, wenn man bedenkt, dass er sich im Herbst 1963 mehrere Monate auf Informationsreise in Lateinamerika aufhielt und von Mai bis September 1964 dann auch dort für den BR drehte. Vielmehr sind die Gründe doch in seiner Abneigung gegen Schreibtischtätigkeiten mit großem Verwaltungsaufwand zu sehen, die die Leitung des Studios mit sich gebracht hätten.⁹⁴⁵ Sosehr ihn die repräsentative Stellung als Studioleiter wohl reizte, überwogen im Sommer 1962 seine kürzlich gemachten bürokratischen Erfahrungen mit dem Auswärtigen Amt.⁹⁴⁶ Somit zog Raffalt es vor, einzelne Produktionsaufträge des BR anzunehmen und seine Leidenschaft für Reisen und freie Arbeit miteinander zu kombinieren.⁹⁴⁷ Auf die Besetzung des römischen BR-Studios angesprochen, schrieb Raffalt nur lapidar: „Leider sind Sie nicht richtig informiert worden: Man hat mir die Leitung des römischen Studios des Bayerischen Rundfunks zwar angetragen, ich habe sie aber nicht angenommen. Meine Funktion beim Bayerischen Rundfunk ist außer der eines ständigen freien Mitarbeiters nur beratender Natur."⁹⁴⁸

Für die Leitung des Studios musste nun wieder neu disponiert werden. Die Wahl fiel auf Alois Fink, der sich ja schon seit 1958 in Warteposition für diesen Posten befunden hatte.⁹⁴⁹ Fink profitierte schließlich von den Vorverhandlungen Raffalts, denn zu seinem monatlichen Gehalt zahlte der BR Auslandszulagen und Kaufkraftausgleiche, wie es Raffalt in Bezugnahme auf die Praxis beim Auswärtigen Amt gefordert hatte.⁹⁵⁰ Damit war die Gründung des ersten Auslandsstudios der ARD vollzogen und es konnte zum 1. Mai 1963 seinen Betrieb aufnehmen.

c. Entwicklung nach der Gründung

Das BR-Auslandsstudio Rom befand sich in unmittelbarer Nähe zur Spanischen Treppe im Palazzo Torlonia-Castellesi und unterstrich mit seiner Lage im historischen Zentrum Roms den kulturpolitischen Anspruch einer Dependance des Bayerischen Rundfunks. Reinhard Raffalt hatte sich für den

---

⁹⁴⁴ Oeller an Wallenreiter, München, 15.06.1962, in: BR HistArch, GR 656, Studio Rom.
⁹⁴⁵ Vgl. Gespräch mit Gerda Hörl vom 24.08.2011.
⁹⁴⁶ Raffalt an verschiedene Botschaften, Konsulate und Kulturinstitute in Asien und Arabien, Rom, 20.05.1962, in: UA Passau, NL Raffalt.
⁹⁴⁷ Vgl. Gespräch mit Nina Raffalt vom 03.08.2011.
⁹⁴⁸ Raffalt an Contessa Ilse Ruggeri Laderchi, 08.10.1963, München, in: UA Passau, NL Raffalt.
⁹⁴⁹ Vgl. Wallenreiter an den Vorsitzenden des Rundfunkrates Max Zilliballer MdL, München, 16.11.1962, in: BR HistArch, GR 656, Studio Rom.
⁹⁵⁰ Vgl. Vorlage an den Verwaltungsrat des Bayerischen Rundfunks für die Sitzung am 06.02.1963, München, 31.01.1963, in: BR HistArch, GR 656, Studio Rom.

2. Das BR-Auslandsstudio in Rom | 183

BR um ein geeignetes Objekt gekümmert und auch zusammen mit einem römischen Anwalt die Mietverhandlungen geführt.[951]

Im Gegensatz zum Entwurf Raffalts, der ein Studio in Rom mit der Verantwortlichkeit für den gesamten Mittelmeerraum und einem weitumspannenden Korrespondentennetz vorsah, war der Aufgabenbereich des Studios nun im Wesentlichen auf Rom, den Vatikan und Italien zugeschnitten. Nur bei besonderen Anlässen sollten Korrespondenten kurzfristig in den Mittelmeerraum entsandt werden. Die Funktionen als verantwortliches Studio für die gesamte ARD, als Anlaufstelle für Redakteure anderer deutscher Sendeanstalten, als Produktionsstätte von Beiträgen für den BR sowie als Koordinationspunkt für die Zusammenarbeit innerhalb der Eurovision blieben jedoch bestehen.[952] Bei der personellen Besetzung übertraf der Bayerische Rundfunk insgesamt sogar Raffalts Entwurf und entsandte einen dritten Redakteur nach Rom.[953]

Was den Fortbestand einer Zusammenarbeit mit Raffalt betraf, ging der Bayerische Rundfunk in seinem Schreiben an Dieter Sattler sowie die beiden deutschen Botschafter in Rom auch explizit auf die Beschäftigung Raffalts ein: „Mit Herrn Dr. Raffalt ist eine vertragliche Vereinbarung vorgesehen, die uns seine Kenntnisse und seine Mitarbeit für die Aufgaben der römischen Redaktion sichern."[954] Dies stellte eine Übereinkunft dar, mit der Raffalt ab April 1963 „die Redaktionen des BR, insbesondere [die] Fernsehdirektion I und [das] Studienprogramm, sowie das Studio Rom in Fragen der Berichterstattung über künstlerische und kulturelle Ereignisse und bei der Planung kulturgeschichtlicher Sendungen beraten"[955] sollte.

Obwohl die Errichtung des römischen Studios insgesamt als Erfolgsmodell innerhalb der ARD gefeiert wurde, war besonders die Anfangsphase mit einigen technischen Schwierigkeiten und organisatorischen Problemen behaftet. So regte Raffalt in einem Schreiben an Intendant Wallenreiter die Schaffung einer Koordinationsstelle für das Studio Rom innerhalb des BR in München an, welche die Anfragen anderer Sender der ARD betreuen sollte. Auch sei zu wenig technisches Personal für das

---

[951] Vgl. dazu Verwaltungskorrespondenz, in: BR HistArch, VJ 5045; Fink an Spies und Oeller, München, 12.02.1963, in: BR HistArch, VJ 564: „Es wäre gut, wenn die Besichtigung in einer Zeit stattfinden könnte, in der auch Dr. Raffalt in Rom ist, der ja den Fürsten Torlonia persönlich kennt."
[952] Vgl. Vorlage an den Verwaltungsrat vom 31.01.1963, in: BR HistArch, HD 690; Niederschrift der Besprechung Oellers mit Fink über die Einrichtung der römischen Redaktion vom 12.03.1963, in: BR HistArch, GR 656, Studio Rom.
[953] Vgl. Fink an Oeller, München, 08.04.1963, in: BR HistArch, HD 690.
[954] Wallenreiter an Sattler, München, 19.03.1963; Wallenreiter an die deutschen Botschafter am Quirinal sowie am Heiligen Stuhl in Rom, München, 05.04.1963, in: BR HistArch, HF 26004.
[955] Vertrag zwischen dem Bayerischen Rundfunk und Reinhard Raffalt vom 01.04.1963, in: BR HistArch, VJ 5099.

Studio vorhanden, die Redaktion mit drei Redakteuren jedoch fast überbesetzt. Ferner schade es dem Image des Bayerischen Rundfunks, dass das Studio nach fünf Monaten immer noch nicht voll betriebsbereit sei und es noch immer Probleme mit der Spedition gebe, die die technische Einrichtung transportierte.[956]

Fink beklagte in der Retrospektive vor allem die „sträflich leichtfertige (im Grunde gar keine) Vorbereitung"[957] des Auslandsstudios und seiner Mitarbeiter auf ihre neue Aufgabe in Rom. Vor allem persönliche Differenzen Finks mit den Direktoren Clemens Münster und Walter von Cube lähmten die Arbeit des Studios im ersten Jahr, und so verließ Fink schon im November 1964 seinen Posten.[958] Als Nachfolger leiteten zunächst Horst Dallmayr kommissarisch und dann ab Mai 1965 Edmund Ringling, der vom Saarländischen Rundfunk abgeworben werden konnte, das Studio Rom.[959] Fink kehrte in die Abteilung Hörfunk des BR zurück und ging 1980 „auf totes Gleis abgeschoben, ohne Programmzuständigkeit, praktisch arbeitslos"[960] in den vorgezogenen Ruhestand.

In einem vertraulichen Dossier an Fernsehdirektor Oeller bilanzierte Helmut Dotterweich nach mehreren Aufenthalten im Studio Rom im Juli 1969, dass „die Arbeitsbedingungen von Studio Rom […] einer Verbesserung"[961] bedürften. Durch die häufigen, kurzen Wechsel der Studioleitung sei eine Chance zur deutlicheren Profilierung des Studios versäumt worden, da keine nachhaltigen persönlichen Kontakte aufgebaut werden konnten, dies aber gerade in Italien für den Erfolg einer solchen Tätigkeit entscheidend sei.

Auch in programmatischer Hinsicht müsse an der Außenwirkung gearbeitet werden. So träten die „zahlreichen und auch gewichtigen Sendungen, etwa von Raffalt"[962] in Rom und in Italien zu wenig ins öffentliche Bewusstsein. Hier könnte eine gesteigerte publizistische Auswertung der Arbeit des BR-Studios Rom innerhalb der ARD diesen Mangel beheben und auch völkerverbindend zwischen Italien und Deutschland wirken.

Trotzdem kann die Initiative des Bayerischen Rundfunks bei der Gründung des BR-Auslandsstudios Rom als modellhaft hinsichtlich des organisatorischen Aufbaus der Auslandsberichterstattung innerhalb der ARD gelten. So vereinbarten die Rundfunkanstalten der ARD nur drei Wochen nach der Inbetriebnahme des römischen Studios vertraglich den Aufbau eines weltumspannenden Auslandskorrespondentennetzes, das durch die von den ein-

---

[956] Raffalt an Wallenreiter, München, 17.10.1963, in: UA Passau, NL Raffalt.
[957] Fink an Bogner, München, 14.03.1989, in: BR HistArch, Personalmappe Dr. Alois Fink.
[958] Vgl. ebd.
[959] Vgl. Chronik des ARD-Studios Rom, in: BR HistArch, HD 690.
[960] Fink an Bogner, München, 14.03.1989, in: BR HistArch, Personalmappe Dr. Alois Fink.
[961] Dotterweich an Oeller, München, 21.07.1969, in: UA Passau, NL Raffalt.
[962] Ebd.

zelnen deutschen Rundfunkanstalten unterhaltenen Auslandsstudios getragen werden sollte.[963]

Reinhard Raffalt selbst – auch wenn er weiterhin „nur" freier Mitarbeiter und Korrespondent des BR blieb – hatte einen entscheidenden Anteil an der Gründung des ersten Auslandsstudios des Bayerischen Rundfunks, dessen Genese er sowohl konzeptionell als auch organisatorisch stark geprägt hatte.

3. Zwischen Hörfunk und Fernsehen

Der Hörfunk hatte Reinhard Raffalt schon früh zu großen Erfolgen verholfen und er selbst konnte mit seinem Stil das Format des Hörbildes entscheidend prägen. Als Autor und Produzent von Beiträgen war er dabei weit über den Sendebereich des Bayerischen Rundfunks tätig. Eine Vielzahl von Anfragen zeigt, dass Raffalts Sendungen auch in anderen Sendeanstalten der ARD (etwa Sender Freies Berlin[964], RIAS Berlin[965], Saarländischer Rundfunk[966], Radio Bremen[967], Norddeutscher Rundfunk[968]) sowie im Österreichischen Rundfunk[969] ausgestrahlt wurden. Hierbei handelte es sich durchgehend um kulturelle sowie kirchenpolitische Beiträge. Daneben verkaufte der BR Raffalts Sprachkurs „Eine Reise nach Neapel … e parlare italiano" nach seiner Erstausstrahlung 1956 auch an andere Rundfunkstationen.[970]

Ohne Zweifel war Raffalt aber auch von den aufkommenden Möglichkeiten des Fernsehens fasziniert, und dies nicht nur in finanzieller Hinsicht.[971] Das ZDF umwarb in seinen Anfangsjahren Reinhard Raffalt mehrfach massiv und versuchte vergeblich, ihn zu einer langfristigen Zusammenarbeit zu bewegen. So schrieb der Gründungsintendant des ZDF, Karl Holzamer, an BR-Intendant Christian Wallenreiter: „Da Sie Herrn Raffalt die Möglichkeit

---

[963] Vgl. Chronik des ARD-Studios Rom, in: BR HistArch, HD 690.
[964] Vgl. u.a. Peter Leonhard Braun, Feature-Abteilung, an Raffalt, Berlin, 17.07.1975, in: UA Passau, NL Raffalt.
[965] Vgl. u.a. Abteilung Kulturpolitik an Raffalt, Berlin, 22.01.1965, in: UA Passau, NL Raffalt.
[966] Vgl. u.a. Hauptabteilung Kultur an Raffalt, Berlin, 09.10.1974, in: UA Passau, NL Raffalt.
[967] Vgl. u.a. Heinrich von Loesch, Feature-Redaktion, an Raffalt, Bremen, 06.07.1962, in: UA Passau, NL Raffalt.
[968] Vgl. u.a. Hans-Eberhard Pries, Redaktion Religion und Philosophie, an Raffalt, Hamburg, 10.11.1973, in: UA Passau, NL Raffalt.
[969] Vgl. u.a. Oskar Schatz, Kulturreferent von Radio Salzburg, an Raffalt, Salzburg, 26.06.1962 sowie Walter Karlberger, Hauptabteilung Kirchenfunk, an Raffalt, Wien, 03.04.1973, in: UA Passau, NL Raffalt.
[970] Vgl. Raffalt an Fink, Rom, 14.01.1957, in: UA Passau, NL Raffalt.
[971] So schlug er dem BR immer wieder hochambitionierte Projekte wie die Produktion einer Fernsehbibel vor, die ihm auf die Dauer von fünf Jahren 600 000 DM einbringen sollte. Dieses Projekt wurde jedoch nie verwirklicht. Vgl. Raffalt an Helmut Oeller, München, 28.10.1968, in: UA Passau, NL Raffalt.

*Aufnahmen für den Italienisch-Sprachkurs „Eine Reise nach Neapel ... e parlare italiano"
in den Jahren 1955/56*[972]

zur Mitwirkung in Fernsehsendungen eingeräumt haben, möchte ich, nachdem Herr Raffalt in Rom überall persona grata und auch ein kundiger und hochgebildeter Publizist ist, im Wege eines Honorarvertrages Herrn Raffalt mit unserer Vertretung in Rom, und damit auch für den Mittelmeerraum, betrauen. Die Aufgaben, die er bei Ihnen hat, würden davon ja nicht berührt."[973] Wallenreiter stand dieser Initiative eher kritisch gegenüber und betonte, dass die Freigabe Raffalts für Produktionen des ZDF „lediglich von Fall zu Fall möglich"[974] sei. Raffalt selbst sah sich an den BR gebunden, und so kam es außer seiner Tätigkeit etwa als Kommentator für das Zweite Vatikanische Konzil oder der Ausstrahlung von einigen Sendungen zu keiner größeren Zusammenarbeit mit dem ZDF.[975]

Auch mit dem italienischen Rundfunk RAI stand Raffalt durchgängig in Kontakt, wobei es vor allem um technische Unterstützung oder die Über-

---

[972] Vgl. Privatbesitz Nina Raffalt, Bildbestand Reinhard Raffalt.
[973] Christian Wallenreiter an Raffalt, München, 04.02.1964, in: UA Passau, NL Raffalt.
[974] Ebd.
[975] Hans-Herbert Westermann an Raffalt, Mainz, 22.10.1963; Hans-Herbert Westermann an Raffalt, Mainz, 04.01.1964; Werner Stratenschulte an Raffalt, Mainz, 16.08.1965, in: UA Passau, NL Raffalt.

setzung und Übernahme von Sendungen musikalischen Inhalts ging.[976] Ein besonderes Projekt stellte dabei die bayerisch-italienische Koproduktion der Johannes-Passion von Bach in der römischen Erzbasilika Santa Maria Maggiore unter der Leitung von Wolfgang Sawallisch[977] dar, die Raffalt aufgrund seiner persönlichen Kontakte mit dem Musikbeauftragten der RAI, Maestro Siciliani und dem Dirigenten Sawallisch vermitteln konnte.[978]

Auch wenn mit „Roma eterna" und „Die Wiederkehr der Götter – Brasilien" gleich zwei von Raffalts Filmen 1966 für den renommierten Grimme-Preis nominiert waren[979], blieb ihm das Medium Fernsehen insgesamt doch eher fremd. So nannte er es in einem programmatischen Vortrag in der Bayerischen Akademie der Schönen Künste im März 1970 „das unbezwingbare Medium"[980]. Denn im Gegensatz zum Hörfunk könne der Zuschauer durch die Flut der Bilder gedanklich kaum mehr am Inhalt des Films teilnehmen. Als Meister einer bilderreichen und geschliffenen Sprache musste er diese nun hinter die visuellen Eindrücke der Bilder zurückstellen. Damit beraubte er sich notgedrungen der Wirkungsmacht seiner sonor-melodiösen Stimme, die ihm seine großen Erfolge in den ersten Jahren beim Bayerischen Rundfunk ermöglicht hatte.[981] Allgemein ist zu konstatieren, dass sich Raffalt nach einer mehrjährigen Pause im Hörfunk von 1967 bis 1971 und einer zeitweiligen Konzentration auf das Fernsehen in seinen letzten Lebensjahren wieder verstärkt dem Medium seiner ersten Jahre widmete.[982]

a. „Phantasie über Orlando di Lasso"

Der Mehrteiler „Phantasie über Orlando di Lasso" kann exemplarisch für Raffalts kulturelles Verständnis von Bayern und Europa stehen. Ohne Zweifel war dies die aufwendigste Produktion, die er jemals für den Bayerischen

---

[976] Vgl. Carlo Alberto Pizzini an Raffalt, Rom, 16.09.1955; Carlo Alberto Pizzini an Raffalt, Rom, 27.12.1956, in: UA Passau, NL Raffalt.
[977] Reinhard Raffalt war über viele Jahre mit dem Dirigenten Wolfgang Sawallisch und dessen Frau Mechthild eng befreundet, ja sogar deren „einzige[r] richtige[r] Freund". Vgl. Mechthild und Wolfgang Sawallisch an Raffalt zum Geburtstag, ohne Ort, 15. Mai ohne Jahr, in: UA Passau, NL Raffalt. Ende des Jahres 1974 mietete sich das Ehepaar Sawallisch schließlich auch im Palazzo del Grillo eine Wohnung. Daher widmete Raffalt seinen neuen Nachbarn einen kürzlich gehaltenen Vortrag, dass der „Grillo […] nicht nur eine Oase der Freundschaft, sondern auch eine ‚Insula Bavarica'" werde. Vgl. Widmung von Reinhard Raffalt an Mechthild und Wolfgang Sawallisch vom 14.12.1974, in: UA Passau, NL Raffalt.
[978] Vgl. Raffalt an Helmut Oeller, München, 21.01.1972, in: UA Passau, NL Raffalt.
[979] Vgl. Grimme-Institut an Raffalt, Marl, 06.01.1966, in: UA Passau, NL Raffalt.
[980] Raffalt, Nina / Raffalt, Reinhard: In memoriam Reinhard Raffalt. Daten und Fakten – Reinhard Raffalt zum 75. Geburtstag. Murnau 1998, S. 98.
[981] Vgl. Manuskript „Das unbezwingbare Medium", in: UA Passau, NL Raffalt.
[982] Vgl. Übersicht der Hörfunksendungen von Reinhard Raffalt im Anhang der vorliegenden Arbeit; Raffalt an Herbert Schindler, ohne Ort, 18.02.1971, in: UA Passau, NL Raffalt: „Es würde mich sehr freuen, wenn dabei eine konkrete Idee herauskäme, denn ich habe mein jahrelanges unfreiwilliges Schweigen im Hörfunk schlechter ertragen, als ich zugeben wollte."

Rundfunk durchführte. Dabei sollte das Leben des berühmten Renaissancekomponisten und Musikers Orlando di Lasso thematisiert werden, der unter Albrecht V. dem Münchner Hof zu einer außerordentlichen kulturellen Blüte europäischen Ranges verholfen hatte.[983]

Für die filmische Umsetzung dieser Idee wurde von Herbst 1967 bis Herbst 1968 an 26 Orten in Bayern, Belgien, Frankreich, Österreich und Italien gedreht.[984] Mit den Vorarbeiten und dem Schnitt wandte Raffalt gut zwei Jahre für dieses Projekt auf; dementsprechend hoch waren natürlich auch die Kosten. Zuerst sollte das Produktionsbudget 1,2 Millionen DM betragen, später wurde das Projekt auf drei einstündige Sendungen und ein Budget von 750 000 DM reduziert. Auch sollten die Ausgaben für die Orlando-di-Lasso-Filme aufgrund der guten Kontakte Raffalts zu Dieter Sattler in einer Mischfinanzierung vom Bayerischen Rundfunk und dem Auswärtigen Amt getragen werden.[985] Hintergrund war die Präsentation Orlando di Lassos als „ein wahrhaft europäisches Schicksal"[986].

Dieser immense Aufwand erzeugte aber auch einiges an Kritik innerhalb des BR, und es kursierten Gerüchte um die großen Produktionskosten: „Es kann einen nicht gleichgültig lassen, wenn da und dort in unserm Haus die Mär verbreitet wird, die ‚Orlando di Lasso'-Filme hätten – sage und schreibe! – 10 Millionen gekostet. Um eine Ente kann es sich in diesem Fall nicht handeln, eher um eine faustdicke Zwecklüge."[987] Es war nämlich innerhalb des Bayerischen Rundfunks bekannt, dass Raffalt, was Produktionsaufwand und -kosten betraf, den Bogen oft überspannte.

Raffalt ließ diese Kritik jedoch an sich abprallen und konnte sein Werk im Juli 1969 sogar in einer Privatvorführung dem bayerischen Ministerpräsidenten Alfons Goppel und dessen Gattin sowie Staatsminister Franz Heubl in den Räumen des BR zeigen.[988] Einem ausgewählten römischen Publikum präsentierte er seine „Phantasie über Orlando" in seiner Wohnung im Palazzo del Grillo. Dabei waren, wie man einem Bericht des „Osservatore Romano" entnehmen kann, mehrere hochrangige Mitglieder der Kurie

---

[983] Vgl. Leuchtmann, Horst: Orlando di Lasso. Sein Leben. Versuch einer Bestandsaufnahme der biographischen Einzelheiten. Wiesbaden 1976.
[984] Raffalt bezeichnete dieses Filmvorhaben sogar als „größtes kulturelles Projekt des Bayerischen Rundfunks". Vgl. Bemerkungen zu „Orlando di Lasso" von Reinhard Raffalt, ohne Ort und Datum, in: UA Passau, NL Raffalt.
[985] Der Bayerische Rundfunk sollte zwei Drittel und das Auswärtige Amt ein Drittel der Kosten tragen. Vgl. Fernsehdirektor Helmut Oeller an Raffalt, München, 02.08.1966, in: UA Passau, NL Raffalt.
[986] Raffalt an Dieter Sattler, München, 29.01.1966, in: UA Passau, NL Raffalt.
[987] Wilfrid Feldhütter an Raffalt, München, 20.08.1969, in: UA Passau, NL Raffalt.
[988] Vgl. Staatsminister Franz Heubl an Raffalt, München, 06.05.1969; Raffalt an Ministerpräsident Alfons Goppel, München, 09.07.1969, in: UA Passau, NL Raffalt.

sowie des römischen Kulturlebens anwesend.[989] Innerhalb der ARD war man mit der „Phantasie über Orlando" zufrieden. Der dritte Teil wurde als deutscher Beitrag für das „Festival de Télévision" in Monte Carlo nominiert.[990] Dafür stellte man extra eine französische Fassung des Films her; er konnte aber keine der begehrten „Goldenen Nymphen" gewinnen.

Raffalt hatte die Darstellung der Vita Orlando di Lassos nicht willkürlich gewählt. Vielmehr sah er zwischen sich und dem Renaissancemusiker gewisse Parallelen. Er selbst war wie di Lasso Musiker und Katholik, lebte fern der Heimat und bemühte sich, ein unabhängiges, nicht an einen Ort gebundenes Leben zu führen.[991] Dabei wollte Raffalt in seinem Film di Lassos Leben und Wirken als „wahrhaft europäisches Schicksal"[992] darstellen, da er sein eigenes in ähnlichen Dimensionen verortete. Für ihn definierte sich dieses „europäische Schicksal" vor allem kulturell. Die gesamteuropäische Bedeutung der Renaissance beeindruckte ihn dabei ebenso wie die kulturelle Stellung Bayerns im europäischen Kontext dieser Zeit. Mit seiner „Phantasie über Orlando di Lasso" wollte Raffalt dies idealtypisch vorführen.[993]

b. „Variationen über Bayern"

Im Vorgriff auf die Olympischen Sommerspiele von München 1972 wurde Reinhard Raffalt vom Bayerischen Rundfunk mit der Gestaltung eines einstündigen Fernsehfilms beauftragt.[994] Dieser beabsichtigte ein „bekanntlich nicht existierendes Traumbayern [zu zeigen, welches] den Olympiadebesuchern ein halbes Jahr vor dem Völkerfest mundgerecht gemacht werden"[995] sollte. Der Film sollte zunächst also nicht in direktem zeitlichem Bezug zur Olympiade im Winter 1971/72 gezeigt werden, später jedoch entschied man sich, ihn am Eröffnungstag der Olympischen Spiele, dem 26. August 1972, in der ARD auszustrahlen.

Im Bayerischen Rundfunk machte man sich ferner Gedanken, wie man diesem Weltereignis allgemein begegnen könne, da sich die Gelegenheit ergäbe, „in Qualität und Aufmachung Programme zu machen, die wir uns sonst nicht leisten könnten; wir bringen München auf eine Weise ins Spiel,

---

[989] Vgl. „Presentati due documenteri del regista tedesco Raffalt" in „L'Osservatore Romano" vom 23.10.1970, in: UA Passau, NL Raffalt.
[990] Vgl. Helmut Dotterweich an Raffalt, München, 10.10.1969, in: UA Passau, NL Raffalt.
[991] Vgl. Gespräch mit Gerda Hörl vom 22.05.2014; Leuchtmann, Horst: Orlando di Lasso. Sein Leben. Versuch einer Bestandsaufnahme der biographischen Einzelheiten. Wiesbaden 1976.
[992] Raffalt an Dieter Sattler, München, 29.01.1966, in: UA Passau, NL Raffalt.
[993] Zur Bedeutung der Renaissance in Bayern vgl. Hartmann, Peter Claus: Bayerns Weg in die Gegenwart. Vom Stammesherzogtum zum Freistaat heute. 3., überab. und erg. Auflage. Regensburg 2012, S. 287–291.
[994] Vgl. Raffalt an Karl Graf von Schönborn-Wiesentheit, München, 25.06.1971, in: UA Passau, NL Raffalt.
[995] Raffalt an Klaus Piper, ohne Ort, 14.02.1971, in: UA Passau, NL Raffalt.

die wir sonst erst planen müßten"[996]. So lieferte auch Raffalt seine eigenen Überlegungen zu den Olympischen Spielen. Er wollte die starke hellenistische Prägung Münchens im Rahmen der Olympischen Spiele betonen und „das Sportfest der Völker wieder zu einem Kampf der Wagen UND Gesänge machen"[997]. Deswegen plädierte er für die Einführung einer „Goldmedaille für Pantomime"[998] analog zu den künstlerischen Bewertungen beim Eislaufen. Auch wenn dies reine Fiktion blieb, zeigt es aber doch recht anschaulich Raffalts Prioritäten in Bezug auf die Olympischen Spiele.

Da ihm bei der Gestaltung seines filmischen Beitrages zu den Olympischen Spielen großer Spielraum eingeräumt wurde, entschied er sich für eine relativ freie Bearbeitung dieses großen Themas, das Land Bayern, seine Kultur und seine Bürger in nur einer knappen Stunde zu porträtieren. In der Folge entzündete sich an dem im Herbst 1971 abgedrehten Film eine starke Kontroverse innerhalb des BR, wie Bayern in einem solchen Beitrag gezeigt werden solle. Dieser Kontroverse vorausgegangen war ein Zerwürfnis zwischen Raffalt und dem verantwortlichen Redakteur der Abteilung „Kulturpolitik" des Bayerischen Fernsehens, Manfred Schwarz.[999]

Im Februar 1972 hatte Schwarz nun Raffalts „Variationen über Bayern" in der Redaktion gesehen und in einem elfseitigen Pamphlet Raffalts Film vernichtend kritisiert.[1000] Er wollte mit seinem Brandbrief verhindern, dass dieser Film am Tag der Eröffnung der Olympischen Spiele von München in der ARD gezeigt würde. Obgleich das Schreiben von Schwarz in einem unsachlichen Ton gehalten war und neben handfesten Unterstellungen auch

---

[996] Helmut Oeller an Raffalt, München, 06.09.1967, in: UA Passau, NL Raffalt.
[997] Raffalt an Helmut Oeller, ohne Ort, 05.10.1967, in: UA Passau, NL Raffalt.
[998] Ebd.
[999] Schwarz hatte nach inhaltlichen wie persönlichen Differenzen im November 1970 BR-Fernsehdirektor Münster um die Entbindung seiner redaktionellen Verantwortung für Reinhard Raffalt gebeten. Er kündigte Raffalt in einem theatralischen Brief die Freundschaft auf, was Raffalt jedoch nicht akzeptieren wollte. Vgl. Schwarz an Münster, München, 05.11.1970; Schwarz an Raffalt, München, 20.01.1971; Raffalt an Schwarz, Rom, 14.02.1971, in: UA Passau, NL Raffalt. – Schwarz entwickelte in den folgenden Jahren eine regelrechte Intimfeindschaft gegenüber Raffalt, die sich in einer Vielzahl von ungefragt eingesandten Berichtigungs- oder Kritikbriefen an den Wahlrömer ausdrückte. Vgl. u.a. Schwarz an Raffalt, München, 22.02.1971; Schwarz an Raffalt, München, 14.02.1972; Schwarz an Raffalt, München, 29.05.1973; Schwarz an Raffalt, München, 13.11.1973, in: UA Passau, NL Raffalt. – Erst nach dem Tod von Reinhard Raffalt schien Schwarz die Aversionen gegenüber seinem Kollegen abgelegt zu haben, indem er einen als Zwiegespräch gehaltenen Nachruf verfasste. Schwarz schickte kurz vor seinem eigenen Tod im Juli 1976 diesen Nachruf an den Passauer Professor Benno Hubensteiner. Vgl. Schwarz, Manfred: Ein Nachruf an Reinhard Raffalt, in: Festschrift der Festspiele Europäische Wochen Passau, hrsg. vom Verein Europäische Wochen Passau. Passau 1987, S. 49–52.
[1000] „'Variationen über Bayern' – Kritische Bemerkungen zu einem Text von Reinhard Raffalt" von Manfred Schwarz, München, 11.02.1971, in: UA Passau, NL Raffalt.

Beleidigungen enthielt[1001], wurde es in den folgenden Wochen intensiv im BR diskutiert. Schwarz ging es bei seiner Kritik dabei weniger um die Schnittsequenzen des Films, sondern um den gesprochenen Off-Text, den Raffalt neben verschiedenen Musikstücken über die Bilder gelegt hatte. Ihm missfiel dabei besonders die Intention Raffalts, durch die starke Bildsprache der bayerischen Klöster und Schlösser ein Bayern zu porträtieren und als gegenwärtig zu beschreiben, welches laut Schwarz schon lange untergegangen war und nichts mit der Gegenwart zu tun hatte. Schwarz wollte im Gegenzug jedoch auch nicht, dass das moderne Bayern stärker betont würde; er forderte vielmehr einen sachlichen Umgang mit der Geschichte und den Traditionen Bayerns, ohne diese als Bindeglied zwischen der Vergangenheit und der Zukunft des Landes zu sehen.[1002]

Schwarz verschickte seine „Stil- und Textkritik" an einen nicht näher definierten Personenkreis im Bayerischen Rundfunk – und Raffalt, fernab vom Geschehen in Rom, musste auf diese Anfeindungen reagieren. Erschwerend für den Autor der „Variationen über Bayern" kam hinzu, dass er sich mit dem verantwortlichen Redakteur Friedrich Mager aufgrund mangelnder Absprachen überworfen hatte und dieser sich nun ebenfalls von Raffalts Film distanzierte, obwohl er ihn in der vorliegenden Fassung im Dezember 1971 abgesegnet hatte.[1003] Mager begründete seinen Stimmungswandel mit Informationsdefiziten und fehlender Absprache durch Raffalt während der Dreharbeiten, was er schon zuvor in mehreren Briefen angemahnt hatte.[1004] Darüber hinaus verwies er auf ein Übergehen seiner Person bei einer privaten Vorführung des Films für Ministerpräsident Alfons Goppel im Dezember sowie indirekt auf eine Protektion Raffalts durch Intendant Wallenreiter.[1005]

[1001] Schwarz schrieb unter anderem, dass er es nicht verstehen könne, wie der Autor eines solchen Textes überhaupt die Abiturprüfung bestehen konnte. Er unterstellte Raffalt in seinem Text einen „faschistischen Jargon". Dabei fallen Begriffe wie „ausgewachsener Trottel", „Roßtäuscher", „andere zum Narren halten und darauf ihre Karriere aufbauen" oder „verkitschte und mißbrauchte Sprache".

[1002] In seinem späteren Nachruf für Reinhard Raffalt beschrieb Schwarz seine Intention so: „Das war ein Bilderbuch-Bayern, das vorgibt das gegenwärtige Bayern zu sein. […] Mißverstehe mich bitte nicht, auch ich hätte die[se] Zeichen des ‚Fortschritts' in meinem Bayernfilm nicht gezeigt. […] Du hast aber nicht erkennen lassen, dass Du von einem vergangenen Bayern sprichst, dass Du uns, unter vorsichtiger Aussparung der Moderne, in ein Museum geführt hast." Vgl. Schwarz, Manfred: Ein Nachruf an Reinhard Raffalt, in: Festschrift der Festspiele Europäische Wochen Passau, hrsg. vom Verein Europäische Wochen Passau. Passau 1987, S. 50 f.

[1003] Vgl. Mager an Raffalt, München, 17.12.1971; Raffalt an Mager, Rom, 25.02.1972, in: UA Passau, NL Raffalt.

[1004] Vgl. Mager an Gerda Hörl, München, 15.06.1971; Mager an Raffalt, München, 12.07.1971, in: UA Passau, NL Raffalt.

[1005] Vgl. Mager an Raffalt, München, 17.12.1971; Raffalt an Mager, Rom, 25.02.1972, in: UA Passau, NL Raffalt. Die Unterstellung einer Protektion geht wohl etwas zu weit, jedoch fällt durchaus auf, dass Raffalt bei Schwierigkeiten mit den betreuenden Redakteuren oft das persönliche Gespräch mit ihm wohlgesonnenen höheren Instanzen wie Intendant Wallen-

Raffalt reagierte auf diese Vorwürfe so schnell wie möglich und schickte Briefe an den Intendanten Wallenreiter sowie an Fernsehdirektor Oeller, in denen er sie über die Anschuldigungen in Kenntnis setzte und ankündigte, sich gegenüber den Vorwürfen von Schwarz mit „jedem zulässigen Mittel […] zur Wehr zu setzen"[1006]. Innerhalb der Kulturredaktion war es nun Helmut Dotterweich[1007], der „Variationen über Bayern" verteidigte.[1008] Er verwies auf den „von Ressentiments, Emotionen und Aversionen"[1009] belasteten Stil von Schwarz und betonte die textlich-stilistische Freiheit der Autoren und die innerhalb der Redaktion besprochene Ausrichtung des Films. Raffalt selbst vermied es, sich zu den gegen ihn und seinen Film vorgebrachten Vorwürfen und Anschuldigungen schriftlich gegenüber Schwarz oder der Kulturredaktion zu äußern. Er führte mehrere Telefongespräche mit Fernsehdirektor Oeller[1010] und hoffte auf eine Intervention der Vorgesetzten zu seinen Gunsten. Doch der BR war daran interessiert, die Causa nicht an die Öffentlichkeit gelangen zu lassen, sondern die Wellen innerhalb der Redaktion vor den Olympischen Spielen rasch zu glätten.

Obwohl Schwarz mit seiner Kritik an der Qualität des Textes und des Films weit über sein Ziel hinausschoss und auch nicht unumstritten innerhalb der Redaktion war, hatte er insgesamt Erfolg. Raffalts „Variationen über Bayern" wurden nicht am Eröffnungstag der Olympischen Spiele von München in der ARD ausgestrahlt. Vielmehr beauftragte man Carl Amery mit der Produktion eines neuen Films[1011] für diesen prestigeträchtigen Sendetermin.[1012]

Insgesamt zeichnete Raffalt in seinem Werk ein museal gehaltenes Bild seiner Heimat und zeigte ausschließlich eine von seiner Geschichte geprägte Kulturlandschaft.[1013] Dementsprechend setzte der Publizist dem Glaubens-

---

reiter oder Fernseh-Chefredakteur Rudolf Mühlfenzl suchte, um seine Vorstellungen verwirklichen zu können.
[1006] Raffalt an Wallenreiter, Rom, 22.02.1972, in: UA Passau, NL Raffalt.
[1007] Helmut Dotterweich betreute Raffalt von nun an bis zu dessen Tod redaktionell.
[1008] Vgl. Dotterweich an Schwarz und Verteilerliste, München, 03.03.1972, in: UA Passau, NL Passau.
[1009] Ebd.
[1010] Vgl. Raffalt an Wallenreiter, Rom, 24.03.1972, in: UA Passau, NL Raffalt.
[1011] „Ansichten über Bayern" von Carl Amery und Jochen Richter.
[1012] Direkten Zuspruch für seine „Variationen über Bayern" bekam Raffalt von den Redakteuren Helmut Dotterweich und Kurt Hoffmann, die die Entscheidung ihrer Kollegen bedauerten und den Film von Amery kritisierten: „Daß ausgerechnet ein linksintellektueller Schwabinger den offiziellen Olympiabeitrag des Bayerischen Rundfunks übertragen erhält, eine Selbstdarstellung des Landes, ist eine besondere Pikanterie." Vgl. Dotterweich an Raffalt, Pattendorf, 30.08.1972, in: UA Passau, NL Raffalt. Der Film sei zutiefst provinziell, berücksichtige die Franken und Schwaben überhaupt nicht und habe den Charakter „einer witzelnden Schulstunde mit historischen Trivialurteilen". Vgl. Dotterweich an Raffalt, Pattendorf, 30.08.1972, in: UA Passau, NL Raffalt.
[1013] Zu den Diskursen über Tradition und Heimat in diesen Jahrzehnten vgl. Vollhardt, Ulla-Britta: Staatliche Heimatpolitik und Heimatdiskurse in Bayern: 1945 – 1970. Identitätsstiftung zwischen Tradition und Modernisierung. München 2008.

und Gedankenerbe Bayerns mit diesem Streifzug durch Kirchen, Klöster, Schlösser, Theater und Opernhäuser gleichsam ein Denkmal. Bilder der Moderne wie Produktionsanlagen, Infrastruktur oder Wohnsiedlungen blendete Raffalt in seinem Blick hierbei ebenso aus wie neue Ausprägungen eines kulturellen Lebens in Bayern. Dies wird auch durch die untermalende Musik deutlich, die einen Bogen von Carl Orff über bayerische Volksmusik bis hin zu Wolfgang Amadeus Mozart spannte.[1014] Raffalt bewegte sich damit ganz in der Kontinuität des Bayerischen Rundfunks in den ersten Jahrzehnten nach dem Zweiten Weltkrieg. In den 1970er-Jahren war ein einsetzender kultureller Wandel jedoch bereits spürbar[1015] – Raffalt repräsentierte mit seinen „Variationen über Bayern" allerdings noch das traditionelle Kunst- und Kulturempfinden innerhalb des BR.

Noch während der Kontroverse im Frühjahr 1972 hatte Raffalt eine stellenweise Überarbeitung der Bilder und des Textes vorgeschlagen[1016]; diese wurde jedoch erst im Laufe des Jahres 1973 vorgenommen[1017], bevor „Variationen über Bayern" an Weihnachten 1973 im Bayerischen Fernsehen ausgestrahlt wurde und bei den Zuschauern ein positives Echo erzielte.[1018] Raffalt hatte in der zweiten Fassung seiner „Variationen über Bayern" den Off-Text komplett überarbeitet und die Bildfolge gestrafft.[1019]

Von seinen Vorgesetzten und der Intendanz fühlte er sich in der Diskussion um sein Werk vollkommen im Stich gelassen. Er empfand das Verhalten des BR als „pure persönliche Demütigung"[1020]. In dieser Kontroverse hatte Raffalt eine empfindliche Niederlage einstecken müssen. Auch mit dem Antritt des neuen Intendanten Reinhold Vöth im Oktober 1972 änderte sich das Klima innerhalb des BR nicht mehr zu seinen Gunsten. Vielmehr können die Querelen um die „Variationen über Bayern" als Vorboten eines sich

---

[1014] Vgl. Anfangs- und Schlusstitel zum Film „Variationen über Bayern", in: UA Passau, NL Raffalt.
[1015] Vgl. Antretter, Georg: „Heimat" sehen? – Bayern-Bilder im Bayerischen Rundfunk, S. 176–195, v.a. 192–194, in: Hamm, Margot / Hasselbring, Bettina / Henker, Michael (Hrsg.): Der Ton. Das Bild. Die Bayern und ihr Rundfunk. 1924 – 1949 – 1999. Augsburg 1999.
[1016] Vgl. Raffalt an Otto Guggenbichler, Rom, 01.05.1972, in: UA Passau, NL Raffalt.
[1017] Vgl. Otto Guggenbichler an Raffalt, München, 17.10.1973, in: UA Passau, NL Raffalt.
[1018] Vgl. Otto Guggenbichler an Raffalt, München, 16.01.1974, in: UA Passau, NL Raffalt. Bis Anfang 1975 wurde „Variationen über Bayern" dreimal im deutschen Fernsehen, zweimal in Österreich sowie einmal in der Schweiz ausgestrahlt. Vgl. Raffalt an Siegfried Lengl, ohne Ort, 03.02.1975, in: UA Passau, NL Raffalt.
[1019] Vgl. Manuskript „Variationen über Bayern", zweite Fassung, ausgestrahlt am 25.12.1973, in: UA Passau, NL Raffalt. Insgesamt sind die textlichen Unterschiede zwischen beiden Fassungen relativ groß, wobei die zweite Fassung ohne Zweifel als gelungener bezeichnet werden kann. Hier ging Raffalt konkret mit kulturhistorischen Bemerkungen auf die gezeigten Bilder ein, während er in der ersten Fassung fast ausschließlich Stimmungen und Gefühlslagen des Landes beschrieb. Für den genauen Text der „Variationen über Bayern" vgl. Kapitel „Programmatische Schriften".
[1020] Raffalt an Oeller, Rom, 08.05.1972, in: UA Passau, NL Raffalt.

abzeichnenden Karriereabstiegs des Publizisten betrachtet werden, dessen Gründe auch in seiner zunehmend angegriffenen Gesundheit und in erworbenen Feindschaften im Berufsleben zu suchen sind.

X. Reinhard Raffalt und die Hanns-Seidel-Stiftung – Aufbau der Auslandsabteilung und politische Berichterstattung aus Rom

Nach der Gründung der Hanns-Seidel-Stiftung im Jahre 1967 beschloss der Vorstand der Stiftung im Februar 1973 die Errichtung eines „Instituts für Internationale Beziehungen und Zusammenarbeit". Dies sollte neben der politischen Bildungsarbeit für die Basis im Inland sowie neben akademischen Tagungen die dritte Säule der Stiftungsarbeit darstellen.[1021]

Mit dem Kronprinzen des österreichisch-ungarischen Kaiserhauses, Otto von Habsburg, konnte die Hanns-Seidel-Stiftung 1974 einen bestens vernetzten Kenner der europäischen Politik als nebenamtlichen „Konsulenten"[1022] für die Auslandsabteilung der Stiftung gewinnen. Er sollte die europapolitische Arbeit der HSS auch durch seine Tätigkeit in der Paneuropa-Union, dem CEDI und der Liga Europa entscheidend prägen.[1023]

Die HSS wollte in der Folge nun ähnlich ihrer Schwesterstiftung, der Konrad-Adenauer-Stiftung, ein Netz von Auslandsvertretungen schaffen, die ihre Arbeit auf der internationalen Bühne verrichteten. Reinhard Raffalts Kontakte zu Franz Josef Strauß und Franz Heubl sowie seine langjährige Tätigkeit als Korrespondent des Bayerischen Rundfunks in Rom schienen ihn für einen solchen Posten zu prädestinieren, und so war Raffalt ab September 1974 als Repräsentant und politischer Berichterstatter der HSS in Rom tätig. Neben der Herstellung von permanenten Kontakten zu italienischen Politikern und Parteien, Mitgliedern des diplomatischen Korps, Persönlichkeiten der höheren Administration, des Wirtschaftslebens und der Publizistik sollte Raffalt auch als Türöffner bei Persönlichkeiten des Kulturlebens sowie des Vatikans fungieren. Darüber hinaus gehörte zu seinen Aufgaben die Darstellung und Repräsentation Bayerns und seiner „christlich-sozialen Politik […] in einer der italienischen Mentalität entsprechend[en]

[1021] Vgl. Höpfinger, Renate: Im Dienst von Demokratie, Frieden und Entwicklung. 40 Jahre Hanns-Seidel-Stiftung: 1967–2007. München 2007, S. 17 f.
[1022] „Pro memoria" von Raffalt an Lengl, Rom, 09.09.1975, in: UA Passau, NL Raffalt.
[1023] Vgl. Baier, Stephan / Eva Demmerle: Otto von Habsburg. Die Biographie. Wien 2002, S. 340 f.

Form"[1024]. Daneben sollte er seine vielfältigen Kontakte zur politischen sowie wirtschaftspolitischen Informationsgewinnung benutzen und für die HSS kurze Berichte wie auch längere Analysen erstellen, die die Zentrale in München auswerten konnte.[1025]

Allerdings war seine gesamte Arbeit für die HSS von mehr oder weniger großen Missverständnissen und Problemen überschattet.[1026] Schon in einem Schreiben vom November 1974, in dem Raffalt die Vertragsunterzeichnung bestätigte, geriet er mit Otto von Habsburg aneinander, der als Vorsitzender des Kuratoriums für den Auslandsdienst der HSS anscheinend „1. Bedingungslose Pflichterfüllung ohne Freizeitanspruch am Wochenende, 2. Soldatisches Ethos, 3. Sparsamkeit"[1027] als unabdingbar für die auswärtigen Vertretungen der Stiftung erachtete. Hierbei verwies Raffalt auf sein „freiwilliges, gänzlich aus Eigenmitteln finanziertes Engagement für Bayern in langen Jahren vor dem Vertragsabschluss"[1028]. Raffalt war darüber hinaus mit der organisatorisch-hierarchischen Unbestimmtheit zwischen der Stiftung und seinen Auslandsmitarbeitern unzufrieden; ihm ging es hierbei um eine klare Festlegung von Weisungsbefugnissen.[1029]

Trotz dieser Unklarheiten belegen verschiedene kleine Informationsanfragen sowie Quartalsberichte[1030] die ersten Früchte dieser Zusammenarbeit. Neben Tagungen in Bonn und am Tegernsee[1031] prägten weitere Berichte etwa zur italienischen Pressebewertung des Chinabesuches von Franz Josef Strauß die tägliche Arbeit Raffalts. Auch referierte er über seine Auffassungen bezüglich der Ostpolitik des Vatikans bei einer vielbeachteten Podiumsdiskussion in Bonn.[1033]

[1024] Entwurf eines Vertrages zwischen Reinhard Raffalt und der Hanns-Seidel-Stiftung, ohne Datum, in: UA Passau, NL Raffalt.
[1025] Vgl. ebd.
[1026] Besonders anschaulich illustriert das gesamte Missverständnis dieser Zusammenarbeit auch die Tatsache, dass Raffalt in seinen Briefen an die Stiftung diese konsequent fälschlicherweise mit „Hanns-Seidl-Stiftung" betitelte und die HSS in ihren Schreiben immer wieder explizit von der „Hanns-Seidel-Stiftung" sprach.
[1027] Raffalt an Staatsminister und Vorsitzenden der HSS Fritz Pirkl, Rom, 22.11.1974, in: UA Passau, NL Raffalt.
[1028] Ebd.
[1029] Vgl. Raffalt an Lengl, Rom, 22.11.1974, in: UA Passau, NL Raffalt.
[1030] Thematisch betrafen die Berichte etwa neue Möglichkeiten einer kulturpolitischen Auslandsarbeit nach den bayerischen Landtagswahlen 1974 oder Einschätzungen bezüglich der innenpolitischen Lage in Italien. Vgl. Raffalt an Lengl, Rom, 22.11.1974; Raffalt an von Habsburg, Rom, 06.02.1975, in: UA Passau, NL Raffalt.
[1031] Leiter der Akademie für Politik und Zeitgeschehen Peter Gutjahr-Löser an Raffalt, München, 30.10.1974, in: UA Passau, NL Raffalt.
[1032] Vgl. von Habsburg an Raffalt, München, 30.01.1975, in: UA Passau, NL Raffalt.
[1033] Vgl. „Rom – Moskau – Jerusalem. Eine Diskussion über die Ostpolitik des Vatikans im Bonner Konrad-Adenauer-Haus" in der PNP vom 23.11.1974.

Insgesamt wird jedoch deutlich, dass die Vorstellungen von Raffalt und der HSS, was die Auslandsarbeit betraf, ziemlich weit auseinanderlagen. Raffalt selbst hatte im Februar 1975 ein umfangreiches Konzept von neun monatlichen Veranstaltungen inklusive Kostenkalkulation vorgelegt, das jedoch von Stiftungsseite nie beantwortet worden war.[1034] Während er in seinem vorläufigen Jahresprogramm für 1975 vor allem auf Filmvorführungen, Empfänge und Symposien setzte, verfehlten nach Otto von Habsburg diese Dinge den Kern der angestrebten Arbeit: „Ich möchte dazu ganz allgemein sagen, daß meines Erachtens Dr. Raffalt über das hinausgeht, was die eigentliche Funktion der Hanns-Seidel-Stiftung sein sollte. Was hier teilweise vorgeschlagen wird, sind Dinge, die sich für ein Kulturinstitut eignen würden, nicht aber für eine Stiftung, die vor allem politische Erziehungsziele verfolgt."[1035]

Raffalt wurde dieses Schreiben von Geschäftsführer Lengl zugespielt, woraufhin er ein wütendes Antwortschreiben aufsetzte, das er jedoch nie abschickte. Er vermisste grundsätzliche Informationen zum Standpunkt und zur Richtung einer Auslandsarbeit der Stiftung und kritisierte Otto von Habsburg in dessen Auffassung, Kulturpolitik habe nichts in der Stiftungsarbeit verloren.[1036]

Im Verlauf des Jahres 1975 gestalteten sich die Aufgaben für Raffalt etwas konkreter, denn er sollte für den HSS-Vorsitzenden Pirkl einen Kontakt mit dem Opus Dei und seinem Gründer Josemaría Escrivá de Balaguer herstellen.[1037] In diesem Zusammenhang hatte er Pirkls Besuch in Rom vorzubereiten[1038] sowie politisch bedeutende Gäste für die Eröffnung der Tagungsstätte der HSS in Wildbad Kreuth anzufragen.[1039] Diesen konkreten Anweisungen schien Raffalt nicht in dem Maße nachgekommen zu sein, wie es die HSS von ihm erwartete. Raffalt hingegen machte in einem von ihm selbst als „Verzweiflungsschreiben"[1040] benannten Brief seiner Unzufriedenheit über die mangelnde Abstimmung Luft. Hierbei ersuchte er die HSS erneut um eingehende Informationen über die derzeitigen und zukünftigen Auslandsprojekte. Auch kritisierte er die fehlende Initiative der HSS in der Kulturpolitik, gäbe es doch die Möglichkeit, „die römische Aussenstelle überhaupt als bayerisches Kulturinstitut zu etablieren, was den Vorteil hätte, dass politische Informationen aller Art ohne die Verdächtigung eingezogen werden könnten, es handle sich um eine maskierte Aussenpolitik

---

[1034] Vgl. Raffalt an Siegfried Lengl, ohne Ort, 03.02.1975, in: UA Passau, NL Raffalt.
[1035] Von Habsburg an Pirkl, ohne Ort, 21.02.1975, in: UA Passau, NL Raffalt.
[1036] Briefentwurf von Raffalt an Pirkl mit Vermerk „nie abgeschickt", ohne Ort und Datum, in: UA Passau, NL Raffalt.
[1037] Vgl. von Habsburg an Raffalt, Pöcking, 07.11.1974, in: UA Passau, NL Raffalt.
[1038] Vgl. von Habsburg an Raffalt, München, 06.05.1975, in: UA Passau, NL Raffalt.
[1039] Vgl. von Habsburg an Raffalt, München, 18.02.1975 sowie von Habsburg an Raffalt, München, 17.04.1975, in: UA Passau, NL Raffalt.
[1040] Raffalt an Pirkl, Rom, 20.05.1975, in: UA Passau, NL Raffalt.

Bayerns"[1041]. Raffalt missfiel seine Stellung innerhalb der HSS, wo er „als Partner und nicht als Funktionär"[1042] wahrgenommen werden wollte. Überhaupt plädierte er dafür, seine Tätigkeit mehr als Werbung für Bayern und weniger als tages- und parteipolitisches Arbeiten zu definieren.

Dies stand jedoch in starkem Gegensatz zu den Ansichten der Stiftung. So stellte Otto von Habsburg dem Repräsentanten der HSS in Rom ein schlechtes Zeugnis aus: Raffalt habe sich weder um die Einladungen bedeutender Persönlichkeiten aus Italien und dem Vatikan für die Eröffnung des Tagungszentrums in Wildbad Kreuth gekümmert noch eine ausreichende Anzahl an Berichten geschrieben. Des Weiteren habe der „hauptamtliche Funktionär"[1043] den Rombesuch des Stiftungsvorsitzenden nicht angemessen vorbereitet und keinerlei Kontakte zum Opus Dei hergestellt.[1044] Von Habsburg schlug Pirkl daher die Kündigung des Vertrags mit Raffalt vor, da „Herr Dr. Raffalt nicht gewillt ist, trotz eines Spitzengehaltes Weisungen auszuführen oder auch nur zu arbeiten"[1045]. Dieser interne Briefwechsel wurde Raffalt wiederum in Auszügen zugespielt.[1046] Daher reagierte er rasch und kündigte selbst seinen Vertrag mit der HSS zum Dezember 1975. Hierbei berief er sich wiederholt auf seine langjährige, eigenständige Vertretung der Interessen Bayerns in Rom sowie auf seine ungebrochene Loyalität dem Freistaat gegenüber.[1047]

Raffalt wollte die Umstände der Beendigung seiner Zusammenarbeit jedoch nicht auf sich beruhen lassen, da sein Kündigungsschreiben von Seiten Pirkls und der HSS unbeantwortet blieb. Deshalb entschloss er sich, in einem „Pro memoria" dem Geschäftsführer der Stiftung die Problematik der Beziehung erneut zu skizzieren. Aufgrund des Fehlens einer grundsätzlichen „Generallinie der Auslandsarbeit, ihre[r] Grenzen sowie [von] Nah- und Fernziele[n]"[1048] habe eine wirkliche Zusammenarbeit zwischen der Auslands-

---

[1041] Raffalt an Pirkl, Rom, 20.05.1975, in: UA Passau, NL Raffalt.
[1042] Ebd.
[1043] Von Habsburg an Pirkl, München, ohne Datum, in: UA Passau, NL Raffalt.
[1044] Vgl. ebd.
[1045] Von Habsburg an Pirkl, München, ohne Datum, in: UA Passau, NL Raffalt.
[1046] Dies wird im Nachlass Raffalts deutlich.
[1047] Vgl. Raffalt an Pirkl, Rom, 26.07.1975, in: UA Passau, NL Raffalt: „Gleich Ihnen dürfte auch der Herr Schatzmeister noch präsent haben, was ich bei unserer ersten Begegnung in Rom ausführte: daß ich nämlich durch mindestens zehn Jahre und mit ausschließlich von mir verdientem Geld die Interessen Bayerns in Rom zu vertreten suchte, soweit es irgend in meinen Möglichkeiten lag. Der Herr Landesvorsitzende, Dr. h.c. Franz Josef Strauß, wird dies auf Befragen zweifellos ohne Einschränkung bestätigen können. […] Ich hoffe, mit diesem Schritt eine Mißlichkeit beseitigt und der Hanns-Seidl-Stiftung die Auslandsarbeit in der von ihr gewünschten Form für die Zukunft erleichtert zu haben. […] Selbstverständlich steht die Lösung dieses Vertragsverhältnisses außerhalb meiner ungebrochenen Loyalität dem Land Bayern gegenüber, ebenso wie sie in keiner Weise meinen Willen schmälert, der Heimat in jeder denkbaren Form zu dienen."
[1048] „Pro memoria" von Raffalt an Lengl, Rom, 09.09.1975, in: UA Passau, NL Raffalt.

abteilung und ihm nicht stattgefunden. Die verschleierte Funktion Otto von Habsburgs als Leiter der Auslandsabteilung mit weitreichenden Kompetenzen und Weisungsvollmachten sei ihm nie dargelegt worden. Auch seien seine gemachten Vorschläge nie direkt beantwortet worden. Immer sei er nur indirekt, d.h. unter der Hand über die – meist negativen – Resonanzen seiner Ideen informiert worden. Die persönliche Kränkung Raffalts wird besonders auch gegen Ende seines Schreibens deutlich: „Es würde mein tiefstes Bedauern erregen, sollte es der Hanns-Seidl-Stiftung [sic!] nicht gelingen, als meinen Nachfolger eine Persönlichkeit zu finden, die gleich mir sämtliche Ausgaben für Bewirtung, Zeitungsabonnements, Bücheranschaffungen und Telefon aus den eigenen Bezügen finanziert und Spesen nur in Anspruch nimmt, wenn die Veranlassung direkt von der Zentrale ausgeht. Die notwendige Einseitigkeit, welche die ausschließliche Konzentration auf tagespolitische Fragen mit sich bringt, ist unter deutschsprachigen Korrespondenten in Rom weit verbreitet und dürfte genau jenes Licht auf die jeweils zur Analyse gewünschte Situation werfen, das ich nur so schwer aufzubringen vermag."[1049]

Bei der Nachfolgersuche griff die HSS nun nicht auf einen anderen Journalisten zurück, sondern führte erste Verhandlungen mit Vertretern der Ackermann-Gemeinde in Rom, die Pirkl die Türen zum Opus Dei öffnen sollten. Man entschied sich für eine Kooperation mit dem katholischen Verband, der 1946 zur Aussöhnung von Sudetendeutschen mit ihren katholischen Brüdern und Schwestern in der Tschechoslowakei gegründet worden war.

Diese Kooperation bedeutete für die Hanns-Seidel-Stiftung eine weitgehende Beschränkung der römischen Auslandsarbeit auf den Vatikan. Das schien die Stiftungsleitung jedoch nicht zu bedauern, wollte sie doch die Dependance nun weitgehend für die Besucherbetreuung bayerischer Politiker sowie für die Etablierung der HSS im Vatikan nutzen, da bislang „die HSSt durch Dr. Raffalt keinen sehr guten Namen erhalten hat, und man daher langsam die vatikanischen Kreise daran gewöhnen müsste, dass die St mit Raffalt nicht mehr identisch ist"[1050].

Franz Josef Strauß hingegen missbilligte die Umstände des Ausscheidens Raffalts aus der Stiftung. Raffalt versicherte seinem Freund, dass er nun „zu der individuellen Art und Weise [zurückkehren werde], in der ich, schon ein Jahrzehnt vor meinem Kontakt mit der Stiftung, in Rom für Bayern tätig war"[1051]. Er wolle weniger tagespolitische Analysen durchführen als in größeren Zusammenhängen „Dir und jedem anderen Vertreter unserer Sache

---

[1049] „Pro memoria" von Raffalt an Lengl, Rom, 09.09.1975, in: UA Passau, NL Raffalt.
[1050] Von Habsburg an Pirkl, ohne Ort, 03.10.1975, in: UA Passau, NL Raffalt. Dieses Schreiben wurde Raffalt neben anderen Informationen zu seiner Stellung innerhalb der HSS zugespielt und verdeutlicht die interne Zerrissenheit der Stiftung zu jener Zeit.
[1051] Raffalt an Strauß, ohne Ort, 08.01.1976, in: UA Passau, NL Raffalt.

weiterhin mit Urteil, Meinung und gegebenenfalls mit Rat zur Verfügung stehen – ohne Kosten und Vertrag"[1052].

Auch den Geschäftsführer der HSS, Siegfried Lengl, beriet Raffalt nach seinem Ausscheiden hinsichtlich einer Ausstellung zum 30-jährigen Jubiläum zur bayerischen Verfassung und zur Wiederherstellung des Freistaats Bayern in programmatischer Hinsicht. Dabei plädierte er für eine stärkere Betonung Bayerns als europäisches Land, eine Darstellung der Gleichzeitigkeit von Tradition und Fortschritt sowie die Schaffung des Bildes „eines Landes von Lebenskraft, Optimismus und Unternehmungsgeist […], [das] sich insgesamt aus einer gelebten Tradition"[1053] entwickelt habe.

Allgemein führte die HSS ihre Auslandsarbeit in Rom nach dem Ausscheiden Raffalts mit reduzierten Mitteln und beschränktem Aufgabenspektrum durch das Personal der Ackermann-Gemeinde weiter, bis sie schließlich zur Gänze eingestellt wurde. Ab dem Jahr 1977 konzentrierte sich die Stiftung mehr auf ihre entwicklungspolitische Arbeit in Afrika und Asien. 1979 erfolgte dann eine grundlegende Neugestaltung der Auslandsarbeit der Stiftung, die nun mit dem Institut für Auswärtige Beziehungen zusätzlich zur entwicklungspolitischen Arbeit demokratische Prozesse vor allem in Osteuropa fördern wollte.[1054] Eine umfassende, weltumspannende und auch in Europa kontinuierlich präsente Auslandsarbeit der Hanns-Seidel-Stiftung hatte es allerdings trotz erheblicher Mittelaufstockung des Bundes 1977 auch nach dem Kreuther Trennungsbeschluss nie gegeben.

XI. Reinhard Raffalt und sein Werk im Bild der Öffentlichkeit

1. Wahrnehmung der Person

Reinhard Raffalt wurde Anfang der 1960er-Jahre durch seine steigende Popularität sowie die zeitweilige Verlagerung seines Lebensmittelpunktes von Rom nach München in der Bundesrepublik als eine Person des öffentlichen Lebens wahrgenommen. Dies äußerte sich in verschiedenen Zeitungs- und Illustriertenberichten.

[1052] Raffalt an Strauß, ohne Ort, 08.01.1976, in: UA Passau, NL Raffalt.
[1053] Raffalt an Lengl, ohne Ort, 08.01.1976, in: UA Passau, NL Raffalt.
[1054] Vgl. Höpfinger, Renate: Im Dienst von Demokratie, Frieden und Entwicklung. 40 Jahre Hanns-Seidel-Stiftung: 1967–2007. München 2007, S. 91.

In einem Porträt der „Stuttgarter Nachrichten" wurde Raffalt dabei als „Vielseitige[r]"[1055] bezeichnet: „Alles in allem eine beneidenswerte Vereinigung von wacher, schmiegsamer Sensibilität und zupackender, formender Vitalität. Er arbeitet gern, was er verarbeitet, interessiert ihn ungeheuer. Er scheut dann keine Anstrengung. Die Produktivität schreibt er dem Glück zu, dem Vater, der ihn Wichtiges von Unwichtigem unterscheiden lehrte, und der Chance, rechtzeitig aus dem angestammten Milieu herausgekommen zu sein, was einen fähig macht, den Weltstoff leichter in den Griff zu bekommen."[1056] Raffalt besaß in der Tat viele Talente. Er war ein ausgezeichneter Musiker und sehr guter Rhetoriker. Darüber hinaus verfügte er über Charme und Humor und war gerne in Gesellschaft. Dies alles ermöglichte ihm, eine berufliche Stellung im kulturpolitischen Bereich in Rom zu begründen und sie auf publizistischem Gebiet auszubauen. Seine Wandelbarkeit gestattete es ihm ferner, gleich mehrere „Karrieren" einzuschlagen: als Musiker, Journalist, Schriftsteller und Kulturpolitiker.

In einem noch früheren Porträt, das in der Zeitschrift „Rundfunkhörer und Fernseher" des Verbands der Rundfunkhörer und Fernsehteilnehmer in Bayern e.V. zu lesen war, wurde Raffalt als „eifrigster Brückenbauer"[1057] zwischen Bayern und der Welt bezeichnet. Dabei fand vor allem sein Reportagestil Lob: „Reinhard Raffalt ist die beneidenswerte Gabe zu eigen, diese Harmonie in seiner Sprache zum Klingen zu bringen. Ihm zuzuhören ist ein Ohrenschmaus. Wer sich in unserer lauten Welt ein Gefühl für die Musik der Sprache erhalten hat, wird mir beipflichten, wenn ich sage, daß es sich lohnen würde, für Reinhard Raffalt das Mikrophon noch einmal zu erfinden."[1058] Dementsprechend enthusiastisch fiel auch das Fazit des Porträts aus: „In Reinhard Raffalt, dem Direktor der Biblioteca Germanica in Rom, hat Deutschland einen Botschafter, der sich der vollkommenen Gunst seines Gastlandes erfreut; die Hörer des Bayerischen Rundfunks haben in ihm einen Interpreten des Geistes, vor dem wir uns in Ehrfurcht und Dankbarkeit verneigen, und einen Dolmetscher jenes Landes, dem unser aller Sehnsucht gilt: Italien."[1059] Hier wird Raffalts lebenslanges Bestreben deutlich, durch seine Werke und sein Wirken als „Kontextvermittler zwischen den Kulturen"[1060] aufzutreten. Es war ihm ein echtes Anliegen, seine deutschsprachigen Leser, Zuschauer und Hörer nicht nur in fremde Welten einzuführen, sondern diese

---

[1055] „Reinhard Raffalt" in den „Stuttgarter Nachrichten" vom 21.01.1964, in: UA Passau, NL Raffalt.
[1056] Ebd.
[1057] „Funk bei der Arbeit: Die Brücke zum Nachbarn" in „Rundfunkhörer und Fernseher" vom 22.03.1959, in: UA Passau, NL Raffalt.
[1058] Ebd.
[1059] Ebd.
[1060] Vgl. Hahn, Oliver / Lönnendonker, Julia / Schröder, Roland (Hrsg.): Deutsche Auslandskorrespondenten. Ein Handbuch. Konstanz 2008, S. 44–64.

ihnen auch zu erklären und so vertraut zu machen. Gleichzeitig wollte er selbst im Ausland als Vertreter der deutschsprachigen Kultur auftreten und dadurch eine Brücke zwischen den verschiedenen Kulturen bauen.

Große Breitenwirkung erzielte ein im Juni 1961 erschienenes mehrseitiges Porträt[1061] mit vielen Bildern über „den massigen, breitschultrigen Mann mit dem offenen Jungenlachen, [der] vermutlich […] zu viel [kann], um nur einen einzigen Beruf zu haben"[1062]. Abgebildet am Steuer seines schwarzen Alfa Romeo Giulietta Cabriolet vor der Kulisse von Schloss Nymphenburg wurde Raffalt als perfekter Mittler zwischen Bayern und Italien inszeniert, der sich kunstsinnig auf internationalem Parkett bewegte und als Träume und Wünsche für die Zukunft „ein Privatflugzeug […] und ein kleines Privatobservatorium auf dem Dach seines römischen Hauses"[1063] angab. Diese Charakterisierung eines charmanten Tausendsassas, der sich beruflich auf vielen Feldern zwischen Deutschland und Italien bewegte, entsprach dabei durchaus der Wirklichkeit. Denn Raffalt verstand es vor allem in den 1960er-Jahren meisterhaft, gleichzeitig für das Auswärtige Amt, den Bayerischen Rundfunk sowie verschiedene Verlage und Zeitungen tätig zu sein.

Im Bericht zur Verleihung des Bayerischen Poetentalers 1969 wurde Raffalt „als Meister urbayerischer Lebensart [bezeichnet], der als Lebenskünstler aus dem Dasein ein Kunstwerk mache und zum heimlichen Botschafter Bayerns in Rom geworden sei"[1064]. Dabei charakterisierte ihn Manfred Schwarz in seiner Laudatio als Dilettant im etymologisch ureigensten Sinne: „Die Abwechslung und die Beschäftigung mit dem, was ihm gerade Spaß macht, was delectiert, das ist doch ein Grundzug in Raffalts vielschichtigen Begabungen, Berufen, Ämtern, die er manchmal mit solcher Bravour und Laune praktiziert, als ritte er bloß ein Steckenpferd. Er spielt großartig Orgel, hat er es doch an der größten Orgel Bayerns schon mit 16 Jahren begonnen, aber er hat aus seiner Delectatio nie einen Beruf gemacht, er ist zumindest nicht lange Organist geblieben. Er hat glänzende Artikel geschrieben, aber der Mühsal des hauptberuflichen Journalisten zu entgehen gewußt. Er hat Bücher geschrieben, die gut waren und solche, die sich gut verkaufen ließen und wird sich doch nicht als Schriftsteller bezeichnen. Er hat eine große Bibliothek aufgebaut, aber er ist doch kein Bibliothekar. Er ist mit diplomatischem Auftrag durch die halbe Welt gereist, aber er ist doch kein Diplomat.

[1061] Viele der Formulierungen und Informationen des Porträts im „Gong" finden sich auch in späteren Porträts und Beschreibungen Reinhard Raffalts wieder. Vgl. „Weltenbummler mit Tiefgang. ‚Nachfolger'-Autor Reinhard Raffalt hat heute viele Berufe" in der Kölnischen Rundschau, Mai 1963; „Raffalt unter der Lupe. Interview mit dem Autor des ‚Nachfolgers' im Filmstudio" in „Neues Österreich" vom 25.02.1965, in: UA Passau, NL Raffalt.
[1062] „Reinhard Raffalt hat viele Berufe" im „Gong" 22/1961, in: UA Passau, NL Raffalt.
[1063] Ebd.
[1064] „‚Bayerisches Laudate' im Künstlerhaus. Rudolf Kriß, Reinhard Raffalt und Herbert Schneider erhielten den Poetentaler" im MM, Ende November 1969, in: UA Passau, NL Raffalt.

Er hat gute Filme gemacht, aber er möchte sich doch keinen Filmregisseur heißen lassen."[1065] Hier wird Raffalts großes Streben nach Unabhängigkeit deutlich, was sich beruflich darin äußerte, dass er auch unter Inkaufnahme finanzieller Nachteile stets berufliche Freiheit einer Festanstellung vorzog. Es war ihm dabei von höchster Wichtigkeit, dass ihm sein Schaffen nicht nur Spaß machte, sondern ihn auch geistig erfüllte. Wenn er einer Tätigkeit oder Thematik überdrüssig war, konnte er sich als Selbstständiger rasch neuen Bereichen zuwenden und wenn möglich auch getroffene vertragliche Vereinbarungen abändern. So gelang es ihm über weite Strecken seiner Karriere, sich immer wieder Nischen zu suchen, in denen er sein Können entfalten konnte. Erst in den 1970er-Jahren vermochte er es aufgrund veränderter Zeitumstände, einer nachlassenden eigenen Wandlungsfähigkeit, anwachsender finanzieller Engpässe sowie einer angegriffenen Gesundheit immer weniger, seine Strategie erfolgreich zu behaupten.

In seinen Lebenserinnerungen beschrieb der Journalist und Schriftsteller Gustav René Hocke neben einem bunten Panorama des Roms der 1940er- bis 1970er-Jahre Reinhard Raffalt folgendermaßen: „Er sah aus wie ein sogenannter Barockmensch, konnte naiv auftreten wie ein Sancho Panza und schlau sein wie Don Quijote. In der Musikgeschichte kannte er sich gut aus. Ihm verdanke ich manche Anregungen für die musikalischen Studien zum Alt-Manierismus in der Musik. Raffalt hat mir oft, in seiner späteren prächtigen Barock-Wohnung, in einem der schönsten Palazzi Roms unweit der Kaiser-Fora, sozusagen Symmetrie der Klassik mit Asymmetrie des Alt-Manierismus, geduldig wie ein breiter wuchtender Buddha mit erheblichem Spumante-Durst, Akkord um Akkord Unterschiede zwischen zwei ‚Ausdruckszwängen' klar gemacht."[1066]

Raffalts Bild in der Öffentlichkeit entsprach in einigen Teilen voll und ganz der historischen Realität, zu großen Stücken war es jedoch auch mehr Dichtung als Wahrheit. So halten sich bis heute einige Legenden und Geschichten, die sich um die Person Reinhard Raffalt ranken. Etwa soll er eine italienische Prinzessin geehelicht und von ihr dann den majestätischen Palazzo del Grillo geerbt haben.[1067] Zudem ist des Öfteren von phantastischen Honoraren im Millionenbereich und dionysischen Festgelagen die Rede.

[1065] Laudatio zur Verleihung des Bayerischen Poetentalers an Reinhard Raffalt, gehalten von Manfred Schwarz im November 1969, in: UA Passau, NL Raffalt.
[1066] Hocke, Gustav René: Im Schatten des Leviathan. Lebenserinnerungen 1908–1984. München 2004, S. 420.
[1067] Vgl. Gespräch mit Oriol Schaedel vom 09.05.2014. Vielmehr konnte sich Raffalt die kostspielige Miete der mit wertvollen antiken Möbeln ausgestatteten Wohnung im Palazzo del Grillo nur wegen eines großzügigen zinslosen Darlehens des römischen Bankiers Enrico Scaretti in Höhe von drei Millionen Lire leisten. Vgl. Savona, Paolo: Una campana per l'Italia. Enrico Scaretti – A bell for Italy. Roma 2013; Manuskript „Straßen, die Geschichte machten: Via del Corso", in: UA Passau, NL Raffalt.

All diese Ausschmückungen haben wie die meisten Gerüchte einen kleinen wahren Kern[1068], halten jedoch einer Überprüfung der historischen Wirklichkeit nicht stand.[1069] Auch konnte eine immer wieder durch Gerüchte kolportierte Arbeit Reinhard Raffalts für den Bundesnachrichtendienst (BND) in den Quellen nicht nachgewiesen werden.[1070]

Diese Beispiele zeigen aber, wie die außergewöhnliche Persönlichkeit und der ausgefallene Lebensstil Reinhard Raffalts die Phantasie der Menschen beflügeln konnten – wenn auch die Realität oftmals weniger aufsehenerregend war. Denn Reinhard Raffalt faszinierte seine Leser, Zuschauer und Hörer nicht nur durch seine treffenden Inhalte und seine ausdrucksvolle Sprache, es war auch die Besonderheit seiner Lebensart und seines Wesens, die seine Liebhaber beeindruckte. Es erschien, dass Raffalt nicht bloß einem Beruf nachging, sondern seinen Traum lebte; als sei er „ein Mensch, der an allem, was er tut, seine Freude haben will. […] Denn er hat sich als Meister in einer urbayerischen Art der Künstlerschaft erwiesen – als Lebenskünstler, dem alle Künste der Töne, des Wortes und der Gedanken, des Umgangs mit Menschen zu einem Mittel dienen: diese höchste Kunst damit zu orchestrieren."[1071]

2. Leser-, Hörer- und Zuschauerpost

Reinhard Raffalt erhielt in seiner beinahe drei Jahrzehnte andauernden publizistischen Tätigkeit eine große Menge an Leser-, Hörer- und Zuschauerbriefen.[1072] Im Folgenden soll eine Bewertung dieser Korrespondenzen vorgenommen werden, um allgemeine Aussagen zur Rezeption von Raffalts Werk treffen zu können.

[1068] So war er zum Beispiel – wie bereits erwähnt – in erster Ehe für kurze Zeit mit der römischen Schauspielerin Anna Maria Sprovieri verheiratet. Es trifft auch zu, dass er eine Mietwohnung im repräsentativen Palazzo del Grillo besaß. Seine Honorare beim Bayerischen Rundfunk waren vergleichsweise hoch und er liebte gutes Essen sowie Wein und Spirituosen. Diese Fakten wurden im Laufe der Jahre immer stärker ausgeschmückt und verbrämt.

[1069] Die vielfach in der spärlichen Literatur über Reinhard Raffalt auftauchende Formulierung, dass er 1955 „auf Veranlassung von Ludwig Curtius" zum Direktor der Deutschen Bibliothek in Rom ernannt worden war, ist ebenso in der Sache nicht korrekt. Vgl. dazu auch Kapitel VIII der vorliegenden Arbeit.

[1070] Vgl. BArch Koblenz, B 206. Ebenso gibt es keine von der DDR-Staatssicherheit angelegte Akte über Reinhard Raffalt im Archiv der Behörde des Bundesbeauftragten für die Unterlagen des Staatssicherheitsdienstes der ehemaligen Deutschen Demokratischen Republik (BStU).

[1071] Laudatio zur Verleihung des Bayerischen Poetentalers an Reinhard Raffalt, gehalten von Manfred Schwarz im November 1969, in: UA Passau, NL Raffalt.

[1072] Im Nachlass Reinhard Raffalts nehmen diese Rückmeldungen zu seinem Schaffen mehrere Ordner mit Titeln wie „Meine lieben Hörer" ein. Meist finden sich darin Briefe seiner Anhänger sowie die Antworten Raffalts.

a. Beschäftigung mit Rom und Italien

Die Verbreitung seines Rombuches „Concerto Romano" und die gleichzeitige Ausstrahlung des Sprachkurses „Eine Reise nach Neapel ... e parlare italiano" machten Raffalt in den Jahren 1956/57 auf einen Schlag in ganz Bayern und Deutschland bekannt. Mit einem Mal wurde er als deutschsprachige Institution in Rom wahrgenommen, und das wirkte sich auf das Aufkommen seiner Hörer- bzw. Leserpost aus.

So schrieb die zuständige Hörbild-Redakteurin Margit Wagner nach der Ausstrahlung der ersten Sendungen des Sprachkurses an Raffalt: „Bisher (nach 2 Sendungen) ungezählte Anrufe, etwa 100 Briefe hierher und 100 zum Verlag, natürlich alle mit Bitten und Nachfragen zum Text. In ganz München ist kein ‚gehört-gelesen' mehr zu kriegen!"[1073] In einer anderen Veröffentlichung ist sogar von 2000 positiven Zuschriften binnen zwei Wochen die Rede.[1074]

Viele Hörer verstanden Raffalts Sprachkurs und seine Romliteratur als „wesentlichen Beitrag zum Verständnis zwischen unseren Völkern diesseits und jenseits der Alpen"[1075]. Raffalt habe sie durch seine Werke erst zu einer eingehenden Beschäftigung mit Italien, seiner Kultur und Sprache ermutigt und dazu gebracht, „in kleinem Maße etwas zur Völkerverständigung"[1076] beizutragen.

Besonders deutlich wird die Grenzen überschreitende Bedeutung von Raffalts Hörfunksendungen durch das Schreiben eines 13-jährigen Mädchens aus der DDR, das den Sprachkurs im Radio verfolgte, durch einen Onkel aus Schweinfurt Raffalts „Concerto Romano" geschickt bekam und sich nun nach nichts mehr als einer Reise nach Italien sehnte: „Bis jetzt sind das aber nur Träume, denn bis jetzt gibt es bei uns nur Reisen in die Volksdemokratien und die Sowjetunion, und unsere Hoffnungen sind eigentlich recht schwach, daß das jemals anders wird!"[1077] Raffalt antwortete ihr aufmunternd, dass mit Sicherheit „eines Tages auch Dein grosser Wunsch in Erfüllung gehen und Du [...] dieses schöne Land bereisen können [wirst]"[1078].

[1073] Margit Wagner an Raffalt, München, 19.10.1956, in: UA Passau, NL Raffalt.
[1074] Vgl. „Funk bei der Arbeit: Die Brücke zum Nachbarn" in „Rundfunkhörer und Fernseher" vom 22.03.1959, in: UA Passau, NL Raffalt. Natürlich gab es auch vereinzelt Anmerkungen, die eine größere Alltagstauglichkeit bei Wortschatz und Thema der Lektionen wünschten oder etwa sprachliche Fehler anmerkten. So hatte etwa für einige Lehrer der Italienischkurs zu wenig didaktische Eignung und sie befanden die eingestreuten Musikstücke, Alltagsszenen und Charakterstudien als störendes Beiwerk. Vgl. Oberlehrer Hans Knorr an den Bayerischen Rundfunk, Burglengenfeld, 07.05.1957; Raffalt an Oberlehrer Hans Knorr, ohne Ort, 29.09.1957, Lehrerin Anna Wissmann an den Bayerischen Rundfunk, Eggenfelden, 29.04.1957, in: UA Passau, NL Raffalt.
[1075] Werner Stoy an Raffalt, Calmbach, 13.10.1974, in: UA Passau, NL Raffalt.
[1076] Herta Neumann an Raffalt, Arolsen, 03.06.1972, in: UA Passau, NL Raffalt.
[1077] Hertha Stein an Raffalt, Aue, 21.01.1958, in: UA Passau, NL Raffalt.
[1078] Raffalt an Hertha Stein, ohne Ort, 23.07.1958, in: UA Passau, NL Raffalt.

Auch in Ungarn wurde sein „Concerto Romano" gelesen, das „nicht nur weltanschaulich, sondern in seiner ganzen Auffassung [ganz besonders gefiel] und [die] Sehnsucht [weckte,] Rom wieder einmal zu besuchen – welcher Wunsch aber unerfüllbar ist …"[1079]

Auch vielen älteren Menschen bot sich durch Raffalts eindrucksvolle Hörbilder die Möglichkeit, im Geiste zu verreisen, wenn Geldmangel oder gesundheitliche Gebrechen eine wirkliche Reise nach Rom oder Italien unmöglich erscheinen ließen.

Raffalt fand über die Generationen hinweg mit seinen italienischen Themen ein großes Publikum, wie viele Zuschriften von Schülern und Studenten in den 1950er- und 1960er-Jahren zeigen. Er nahm dabei im Leben vieler Leser einen festen Platz ein: „In den stillen Stunden der Muße, die mir in dem rastlosen Berufsleben noch übrigbleiben, sind Ihre Bücher mir stets strahlende Leuchten der Weisheit und des Wissens gewesen. Durch Ihre Werke sind die großen Gestalten der italischen und römischen Vergangenheit an meine Seite getreten und haben mich gelehrt, das Dasein aus der Vogelschau mit den Augen der Gelassenheit zu betrachten."[1080] Raffalt wurde somit für einen Teil seiner Leser und Zuhörer zum „geistige[n] Nährvater"[1081].

Anhänger verschiedenen Alters und beiderlei Geschlechts schwärmten von Raffalts Werken und baten ihn oft um die Übersendung eines Fotos oder um die Aufnahme einer Briefkorrespondenz. Mehrmals wird dabei deutlich, dass es meist Raffalts Stimme war, die die Hörer sympathisch fanden oder in die sie sich gar „hoffnungslos verliebte[n]"[1082]. Einen besonderen Platz in den Leserbriefen nehmen auch schwärmerische Gedichte auf Reinhard Raffalt ein, in denen auf die Magie seiner Stimme angespielt wurde.[1083] Dabei vermochte er es mit seinem sonoren Organ, seinem angenehmen Duktus und seiner leichten, manchmal ins Ironische gehenden Art, als Gesprächspartner oder gar Freund aus der Ferne in die Wohnzimmer seiner Hörer zu gelangen.[1084] Raffalts Hörbilder vermittelten allgemein meist inhaltsstarke Themen, ohne dabei jedoch belehrend zu wirken. Sie waren vielmehr in einem lockeren Plauderton gehalten. So transportierte er lebhafte Bilder über die Alpen. Gerade auch seine Schilderungen des römischen Alltags der fiktiven Familie Battistini sind eindrucksvolle, durch Klänge, Musik- und Sprachaufnahmen illustrierte Milieustudien.

[1079] Georg Ürögdi an Raffalt, Budapest, 01.09.1958, in: UA Passau, NL Raffalt.
[1080] Siegfried Wilhelm Hain an Raffalt, Guttenberg, 04.02.1967, in: UA Passau, NL Raffalt.
[1081] Peter Moosbauer an Raffalt, Augsburg, 03.11.1965, in: UA Passau, NL Raffalt.
[1082] Annegret Rahmel an Raffalt, Nürnberg, 03.01.1959, in: UA Passau, NL Raffalt.
[1083] Vgl. Elisabeth Lautner an Raffalt, Ingolstadt, 24.05.1959, in: UA Passau, NL Raffalt.
[1084] Auch Raffalts Beiträge über Indien wurden von den Hörern des Bayerischen Rundfunks mit großem Interesse aufgenommen und er bekam Massen an positiven Zuschriften. Raffalt selbst sprach sogar von 1500 Briefen aus allen Teilen der Bevölkerung.

b. Beschäftigung mit der katholischen Kirche

In eine oftmals kontroverse Richtung[1085] gingen die Hörer- und Zuschauerbriefe, wenn es sich um Sendungen mit religiösem Inhalt handelte. So entzündete sich an Raffalts Kommentierung der Übertragung der Osterfeierlichkeiten in Rom 1968 von verschiedenen kirchlichen Seiten Kritik, da er sich negativ über den verkündeten vollkommenen Ablass des Papstes geäußert hatte.[1086] Raffalts Einordnung des Osterablasses als nachkonziliares Zugeständnis an die Traditionalisten brachte einen Leserbriefschreiber sogar so in Rage, dass er verlangte, „einen solchen Judas […] niemals mehr zu hören [zu] bekommen"[1087].

Seine Fähigkeit, auf kritische und zuweilen unverschämte Hörerbriefe mit feiner Ironie zu antworten, zeigt ein Fall aus dem Jahre 1971. Hier wurde Raffalt in einem knappen Vierzeiler ohne Anrede beschuldigt, den Papst zum Kommunisten abzustempeln. Das Pamphlet endete mit dem Satz: „Ein Teil der Kommentatoren der Fernsehanstalten sind die grössten Idioten des 20. Jahrhunderts."[1088] Ihm antwortet Raffalt, dass er „dem letzten Satz Ihres Briefes […] nur insofern [widerspreche], als das Jahrhundert zu beglückwünschen wäre, wenn er zutrifft"[1089].

Auch was seine Beschäftigung mit dem Verfall der römischen Traditionen in der katholischen Kirche in Fernsehen und textlicher Form betraf, zeugen die Zuschriften von einer Kontroverse. So wurde ihm etwa in einer Vielzahl von Schreiben vorgeworfen, dass er ein „Apologet des Bestehenden"[1090] sei, der die Kirche „auf die Modelle der Vergangenheit festlegen"[1091] wolle.

Raffalt selbst bezeichnete den brieflichen Zuspruch zu der im April 1971 in der ARD ausgestrahlten Sendung „Der Verfall der römischen Tradition"

[1085] So erreichten Raffalt immer wieder Schreiben von offenkundig geistig Verwirrten, die ohne zu erkennende Intention entweder mit Bibelzitaten oder kruden Thesen ihre Meinung ausdrückten. Diese wanderten in der Regel unbeantwortet zu den Akten. Eine andere Sendung Raffalts über „Spanien unter Halbmond und Kreuz" erzürnte einen Hörer ob der positiven Würdigung des spanischen Judentums. In unverblümt antisemitischer Art und Weise versucht der Leserbriefschreiber Raffalt von seinem Irrtum zu überzeugen und schickt ihm ein mehrseitiges Konvolut mit „Beweisen" für die jüdische Weltverschwörung. Raffalt antwortete in diesem Fall nicht persönlich, sondern ließ durch seine Sekretärin lapidar ausrichten, dass er an solchen Ideen nicht interessiert sei. Vgl. Ernst Deckl an Raffalt, Memmingen, 23.12.1963; Gerda Mauerberger an Ernst Deckl, München, 15.01.1964, in: UA Passau, NL Raffalt.

[1086] Vgl. Theodor Becker SJ an Raffalt, Frankfurt am Main, 01.05.1968; Rektor des Redemptoristenkollegs Innsbruck Pater Alfred Schedl an Radio Vatikan, Innsbruck, 03.05.1968; Pater Heinrich Huthmacher an Radio Vatikan, Hamburg, 15.04.1968, in: UA Passau, NL Raffalt.

[1087] Pater Adalbert Stummbillig an Radio Vatikan, Kufstein-Kleinholz, 28.04.1968, in: UA Passau, NL Raffalt.

[1088] Artur Ehlert an den Bayerischen Rundfunk, Heilbronn, 04.10.1971, in: UA Passau, NL Raffalt.

[1089] Raffalt an Artur Ehlert, München, 27.10.1971, in: UA Passau, NL Raffalt.

[1090] Pfarrer Alfons Beil an Raffalt, Heidelberg, 09.04.1971, in: UA Passau, NL Raffalt.

[1091] Ebd.

als „außerordentlich groß, sodaß man den Mut nicht zu verlieren"[1092] brauche. Leider treibe der „geistige Konformismus […] phantastische Blüten und der Jammer [sei] nur, daß die konservative Seite sich das bewegungslos gefallen"[1093] ließe. Dabei kritisierten einige Zuschauer seine vermeintliche Unkenntnis sowie eine bewusste Irreführung, indem er nur auf plakative Beispiele schaue und in Klischees das vermeintlich Römische dem Christlichen überordne.[1094] Raffalt antwortete den Anschuldigungen in geschliffener Rhetorik, ohne jedoch auf inhaltliche Kritik einzugehen.[1095]

Zur gleichen Sendung erhielt er auch Lob, etwa von Seiten des baden-württembergischen Landtagspräsidenten a. D. Franz Gurk, der ein Schreiben an den Intendanten des BR richtete und ihn beglückwünschte, dass „in Herrn Raffalt eine gebildete Persönlichkeit zu Wort und Bild gekommen ist. Er hat viele heiße Eisen aufgegriffen, aber Wort und Bild waren in einer Sachlichkeit und überzeitlichen Gesamtschau, der man den Respekt nicht versagen"[1096] könne. MdB Carl Otto Lenz bezeichnete die Sendung als eine „der wichtigsten Fernsehsendungen der letzten Jahre"[1097]. Und auch ein 17-jähriger Schüler, der später Erzbischof von München und Freising, Kardinal und Vorsitzender der Deutschen Bischofskonferenz werden sollte, äußerte sich positiv: „Es hat mir sehr gefallen, daß Sie nicht – was sehr leicht wäre – einfach die sogenannten Progressiven in Bausch und Bogen verurteilt haben, sondern gerade auch die kritisiert haben, die sich konservativ nennen und die nicht die schöpferische Kraft aufbringen, diese Tradition fortzuführen. […] Ich selbst beschäftige mich schon längere Zeit mit dem Gedanken, Priester zu werden. Ich war zeitweise ziemlich unsicher, bedingt durch die Unsicherheit in der Kirche. Ihre Studie ist zwar ein Bericht über einen Verfall, aber der Film über das Trappistenkloster hat mir doch zu denken gegeben und meine Hoffnung auf eine neue (alte) Kirche gestärkt."[1098] Raffalt antwortete ihm, dass er sich freue, dass „Sie den Begriff des Konservativen im

---

[1092] Raffalt an Heribert von Rhein, ohne Ort, 04.05.1971, in: UA Passau, NL Raffalt.
[1093] Ebd.
[1094] Vgl. Hans-Otto Bussalb an Raffalt, Bonn, 05.04.1971; Richard Rademacher an Raffalt, Castrop-Rauxel, 09.04.1971, in: UA Passau, NL Raffalt.
[1095] Raffalt an Richard Rademacher, ohne Ort, 07.05.1971, in: UA Passau, NL Raffalt: „Ihren Vorwurf der Unredlichkeit nehme ich zur Kenntnis, sehe allerdings keine Veranlassung zu einer Rechtfertigung. Hätten Sie mir geschrieben, daß Sie meine Meinung nicht teilen und dafür sachliche Gründe angegeben, dann hätten wir diskutieren können. Eine pamphletische Argumentation, wie Sie sie üben, verleiht Ihren Argumenten den Beigeschmack des nicht Seriösen, den Sie mir vorwerfen. […] Im Übrigen beglückwünsche ich Sie zu der Sicherheit, sich zu meinem Richter aufzuwerfen und versichere, daß ich weit davon entfernt bin, Ihren Ansichten gegenüber das gleiche zu tun."
[1096] Landtagspräsident a.D. von Baden-Württemberg und MdL Franz Gurk an Intendant Wallenreiter, Karlsruhe, 08.04.1971, in: UA Passau, NL Raffalt.
[1097] MdB Carl Otto Lenz an Raffalt, Kirschhausen, 10.04.1971, in: UA Passau, NL Raffalt.
[1098] Reinhard Marx an Raffalt, Geseke in Westfalen, 09.04.1971, in: UA Passau, NL Raffalt.

selben Sinne auffassen, wie ich es tue, und offenbar Ihr Leben danach einzurichten trachten"[1099], und bestärkte ihn in dessen Entschluss, Priester zu werden und sich „gegen die Profanisierung und Homilisierung des Evangeliums und der Kirche zur Wehr"[1100] zu setzen.

Ähnlich breit waren die Zuschriften bei „Wohin steuert der Vatikan?" gestreut. Raffalt selbst bilanzierte dies so: „Die Reaktionen auf das Buch reichen von wütenden Angriffen über schüchterne Zustimmung bis zu einzelnen entschlossenen und positiven Bekenntnissen. Immerhin ist als Wirkung zu verspüren, daß im letzten halben Jahr fast keine Woche ohne die Erwähnung der vatikanischen Ostpolitik in führenden Zeitungen verging. So hatte die Arbeit wohl ihr Gutes, denn bis zum letzten Herbst zuckten die meisten Politiker gleichgültig die Achseln, sobald vom Vatikan die Rede war."[1101]

Von vielen Lesern wurde Raffalt als einer der „ganz wenigen Konservativen [angesehen], die [i]hren Fuß in den Massenmedien haben"[1102]. Diese Feststellung mag in ihrer Gänze vielleicht etwas überzogen sein, waren Raffalts Themen meist doch nur zum Teil massentauglich und fanden sich eher in den Feuilletons wieder. Festzuhalten ist jedoch, dass Raffalt in allen Jahren seines publizistischen Wirkens stark rezipiert wurde und es ihm gelang, durch seine Werke auch noch Jahrzehnte nach seinem Tod in Erinnerung zu bleiben.

3. Analysen des Bayerischen Rundfunks

Im Folgenden soll die Rezeption von Raffalts Fernsehsendungen anhand von Zuschauerbefragungen und Pressesammlungen des Bayerischen Rundfunks untersucht werden.[1103]

So führte der BR für die Sendung „Mit Reinhard Raffalt in den Vatikanischen Museen" eine telefonische Befragung von privaten Fernsehteilnehmern in München und seinen Vororten durch. Dafür wurden 314 Anrufe getätigt, um schließlich 100 Zuschauer erfolgreich befragen zu können.[1104]

[1099] Raffalt an Reinhard Marx, ohne Ort, 04.05.1971, in: UA Passau, NL Raffalt.
[1100] Ebd.
[1101] Raffalt an Ilse Keyl, ohne Ort, 09.05.1974, in: UA Passau, NL Raffalt.
[1102] Wolfgang Hammel an Raffalt, Hameln, 24.05.1975, in: UA Passau, NL Raffalt.
[1103] Dass diese ersten Versuche einer Medienanalyse des Bayerischen Rundfunks nicht mit den Anforderungen heutiger Quotenermittlung der Hörer- und Zuschauerforschung vergleichbar sind, liegt auf der Hand. Vgl. Bessler, Hansjörg: Hörer- und Zuschauerforschung. München 1980. Wenn auch die Aussagekraft solcher Untersuchungen durch methodische Schwächen nicht überschätzt werden sollte, lassen sich dennoch aus diesen Analysen Rückschlüsse auf eine Rezeption der Sendungen Reinhard Raffalts ziehen.
[1104] Die Resonanz der befragten Beamten, Ingenieure, Angestellten, Zimmerer, Rentner und Handelsvertreter war sehr positiv: „Das war eine herrliche Sendung! Herr Raffalt trägt so angenehm vor! Endlich einmal ein Abendprogramm mit Niveau! Hoffentlich findet diese Sendung eine Fortsetzung!" Vgl. 821. Telefonische Befragung von privaten Fernsehteilneh-

Insgesamt äußerten sich 89,7 % „zustimmend", 6,9 % „zustimmend mit Einschränkungen" und nur 3,4 % „ablehnend" in Bezug auf die ausgestrahlte Sendung.[1105] Zudem unterteilte der BR die Zuschauer in die Kategorien „Beamte/Angestellte", „Freie Berufe", „Selbstständige mit Klein- und Mittelbetrieben in Handel, Handwerk und Gewerbe" sowie „Selbstständige mit Großbetrieben in Handel, Handwerk und Gewerbe".[1106]

Die Sendung „Torquato Tasso. Die Geschichte eines Verfolgungswahnes" hatte ähnliche Zustimmungsraten: 85,8 % „zustimmend", 7,1 % „zustimmend mit Einschränkungen" und 7,1 % „ablehnend". Allerdings ist die Repräsentativität dieser Untersuchung als sehr eingeschränkt zu beurteilen, da von 100 befragten Zuschauern nur 14 die Sendung gesehen hatten.[1107] Der Pressespiegel äußerte sich ebenso positiv. „Ein ganz seltener literarischer Leckerbissen für einen Sonntagabend"[1108], optierte der Berliner Tagesspiegel. Auch die Badischen Neuesten Nachrichten waren voll des Lobes: „Begleitet von Victor Schamonis dezent [das] Wort unterstützende[r] Kamera unternahm Reinhard Raffalts analytische Studie den gelungenen Versuch, des Dichters wirkliches Leben nachzuzeichnen."[1109]

Raffalts Theaterstück „Der Nachfolger", das in der Inszenierung des Wiener Burgtheaters vom ZDF aufgezeichnet und im September 1965 ausgestrahlt worden war, konnte als großer Erfolg bezeichnet werden. Laut der Programmdirektion des ZDF für Theater und Musik lag die Einschaltquote bei 21 % und „unter den zahlreichen Pressestimmen befand sich keine einzige ablehnende"[1110].

Auch Reinhard Raffalts Sendung „La Barca – Eine Erinnerung an das alte Venedig" wies eine recht hohe Einschaltquote auf. So hatten von 100 befragten Zuschauern 39 die Sendung gesehen und davon 71,8 % sie mit „zustimmend", 17,9 % mit „zustimmend mit Einschränkungen" und 10,3 %

---

mern in München und den Vororten durch den Bayerischen Rundfunk, in: UA Passau, NL Raffalt. Inhaltliche Kritik hingegen ist kaum festzustellen. Allein ein Zuschauer befand: „Was man früher von Raffalt gesehen hat, war haushoch drüber! Es geht nicht, daß er nur vor einem Sarkophag steht und babbelt. Schamoni hat auch gefehlt!" Vgl. 821. Telefonische Befragung von privaten Fernsehteilnehmern in München und den Vororten durch den Bayerischen Rundfunk, in: UA Passau, NL Raffalt.

[1105] Vgl. 821. Telefonische Befragung von privaten Fernsehteilnehmern in München und den Vororten durch den Bayerischen Rundfunk, in: UA Passau, NL Raffalt.
[1106] Dabei ist festzuhalten, dass sich bei allen untersuchten Umfragen die überwiegende Mehrzahl der befragten BR-Zuschauer stets in der Gruppe Beamte/Angestellte einordnen.
[1107] Vgl. Kurze Zuschauerbefragung des Bayerischen Rundfunks über „Torquato Tasso. Die Geschichte eines Verfolgungswahnes", in: UA Passau, NL Raffalt.
[1108] „Vor dem Fernsehschirm: Torquato Tasso" im Berliner Tagesspiegel vom 27.01.1970, in: UA Passau, NL Raffalt.
[1109] „Torquato Tasso" in den Badischen Neuesten Nachrichten vom 27.01.1970, in: UA Passau, NL Raffalt.
[1110] E. Müller-Franken an Raffalt, Mainz, 29.09.1965, in: UA Passau, NL Raffalt.

mit „ablehnend" beurteilt.[1111] Während das positive Urteil im Tenor mit „Herrliche Bilder – eine wunderbare Sprache – gut gewählte Musik: Ein ausgezeichneter Bericht! Die beste Sendung des Abends"[1112] beschrieben werden konnte, hätten die Kritiker lieber einen Bericht über Stadt und Leute in der heutigen Zeit gesehen oder kritisierten den „langweiligen Stil". Die SZ berichtete über die Sendung: „Raffalt bot alles auf, um dem Zuschauer den Aufenthalt so vergnüglich wie möglich zu machen: den singenden Gondoliere, den Kapellmeister Vivaldi, Kameraschwenks über eine zauberhafte Vergangenheit und vor allem die vielen Schwänke, die Giovanni preiszugeben wußte. Man mußte wohl ein intimer Kenner sein, um das alles bis ins letzte auskosten zu können, aber auch der unvermittelt mit dieser vergangenen Welt Konfrontierte konnte sich noch aufs köstlichste delektieren."[1113] „La Barca" richtete sich also, wie die meisten von Raffalts Produktionen, an ein vorgebildetes, an Geschichte und Kultur interessiertes Publikum. Darüber hinaus sprach die SZ in ihrem Bericht ein weiteres Phänomen an, das Raffalts Fernsehsendungen fast durchgängig kennzeichnete: „Raffalt erzählte so frisch von der Leber weg, daß der Zuschauer oft viel weniger mit dem Auge als mit dem Ohr beschäftigt war, das Fern-Sehen war über manche Passagen ganz unwichtig geworden."[1114] Raffalts Stil blieb eben doch dem Hörfunk verhaftet, dieses Metier beherrschte er bis zur Perfektion und es gelang ihm kaum, seine Fernsehsendungen so zu gestalten, dass die Bilder die Geschichte erzählten und der Off-Text nur so sparsam wie möglich eingesetzt werden konnte.

Raffalts kirchenkritische Sendung „Der Verfall der römischen Tradition in der katholischen Kirche" sahen von 100 befragten Personen 28, wovon sich 89,3 % „zustimmend" und 10,7 % „ablehnend" äußerten.[1115] Die Kritiken in den deutschen Zeitungen war sehr gemischt. Während „Die Welt" die Sendung als „originellen Geschichtsunterricht von Oberlehrer Raffalt für konfessionelle Volksschulen"[1116] bezeichnete, befanden die „Kieler Nachrichten", dass die um 21.45 Uhr beginnende Sendung als „Perlen vor die Müden geworfen"[1117] worden war. Auch der „Gong" bescheinigte ihr „ungemein interessante Stunden"[1118]. Deutliche Kritik gab es von der Münchner

---

[1111] Vgl. 741. Telefonische Befragung von privaten Fernsehteilnehmern in München und den Vororten durch den Bayerischen Rundfunk, in: UA Passau, NL Raffalt.
[1112] Ebd.
[1113] „La Barca" in der SZ vom 04.11.1969, in: UA Passau, NL Raffalt.
[1114] Ebd.
[1115] Vgl. 843. Telefonische Befragung von privaten Fernsehteilnehmern in München und den Vororten durch den Bayerischen Rundfunk, in: UA Passau, NL Raffalt.
[1116] „Politik in der Kirche?" in „Die Welt" vom 06.04.1971, in: UA Passau, NL Raffalt.
[1117] „Perlen vor die Müden" in den Kieler Nachrichten vom 06.04.1971, in: UA Passau, NL Raffalt.
[1118] Bericht im „Gong" 17/1971, in: UA Passau, NL Raffalt.

Abendzeitung.[1119] Die FAZ berichtete etwas ausgewogener. Raffalt habe mit breitem Pinsel ein Gemälde von der Verschmelzung der antiken Weltsicht mit Kaiser- und Mysterienkult und dem Christentum gezeichnet. Dabei bedauere er, dass dieser kulturelle Zusammenhang, welcher die katholische Kirche über 2000 Jahre bestimmt habe, nun zerrissen werde. Er vergesse dabei jedoch, dass dieser Zusammenhang von Antike und Christentum jedoch wohl nur noch in den Köpfen einiger Altphilologen und Historiker existiere. Das langsame Eingehen der Kirche auf das zeitgenössische Selbstverständnis der Menschen sei somit vielmehr Teil ihres Heilsauftrages und keine Anpassung an die oder Kapitulation vor der Moderne.[1120]

Die Funk-Korrespondenz lobte Raffalts Fernsehsendung „Zwei Römer. Geschichte aus dem IV. Jahrhundert nach Christus" als „ein Beispiel für nicht-routinierten, hochindividualistischen, sachlich fundierten Fernsehjournalismus, der sich engagiert weiß"[1121]. Auch der erste Teil des Dreiteilers „Die Wiederkehr der Götter. Bilder aus der Glaubenswelt Lateinamerikas. Mexiko" fand im gleichen Artikel sehr lobende Worte. Die Zuschauerbefragung des BR über diese Sendung, die zur besten Sendezeit um 20.15 Uhr ausgestrahlt worden war, zielte in die gleiche Richtung: Von 100 Zuschauern hatten 71 die Sendung gesehen; davon äußerten sich 93,0 % „zustimmend", 2,8 % „zustimmend mit Einschränkungen" und nur 4,2 % „ablehnend".[1122] Ein allgemeines Urteil lautete: „Raffalt ist einmalig, wir hören ihn sehr gern. Im Hörfunk ist er noch besser, da er eine wunderbare Sprache hat. […] Ich freue mich schon auf die Fortsetzung!"[1123]

Der zweite Teil der Reihe „Die Wiederkehr der Götter. Bilder aus der Glaubenswelt Lateinamerikas. Anden" hatte ähnliche Zustimmungsraten: Von 100 Befragten sahen 36 die Sendung; 88,9 % äußerten sich „zustimmend", 5,5 % „zustimmend mit Einschränkungen", 2,8 % „fast ablehnend" und ebenfalls 2,8 % „ablehnend".[1124]

Zum dritten Teil „Die Wiederkehr der Götter. Bilder aus der Glaubenswelt Lateinamerikas. Brasilien" liegt leider keine Zuschauerumfrage des BR vor.

[1119] „TV-Kritik. ‚Der Verfall der römischen Tradition in der katholischen Kirche'" in der AZ vom 05.04.1971, in: UA Passau, NL Raffalt: „Der langatmige Titel versprach nicht gerade Kurzweil zum späten Sonntagabend. Reinhard Raffalt, renommierter katholischer Autor mit römischem Wohnsitz, hielt sich an den Titel. Nach dem Motto ‚Zum bisher Gesagten möchte ich zusammenfassend folgendes sagen' laberte er den letzten Interessierten von der Mattscheibe weg."

[1120] Vgl. „Tradition in der katholischen Kirche. Tagebuch eines Fernsehers" in der FAZ vom 06.04.1971, in: UA Passau, NL Raffalt.

[1121] „Der engagierte Außenseiter" in der Funk-Korrespondenz vom 01.01.1965, in: UA Passau, NL Raffalt.

[1122] Vgl. 459. Telefonische Befragung von privaten Fernsehteilnehmern in München und den Vororten durch den Bayerischen Rundfunk, in: UA Passau, NL Raffalt.

[1123] Ebd.

Während die Vorberichterstattung in großen Tönen auf die Trilogie einstimmte[1125], fiel das Presseecho zu Raffalts Südamerika-Sendungen eher durchwachsen aus. Wurden die Bilder von Kameramann Victor Schamoni dabei durchwegs gelobt, war den meisten Kritikern Raffalts Wortlaut zu knapp und zu lyrisch sowie zu wenig informativ und illustrierend.[1126] Die Münchner Abendzeitung unterstellte Raffalt gar, dass er „insofern kein objektiver Journalist [sei], als er in seiner Arbeit so stark mit der katholischen Kirche verbunden ist, daß er die Vielfältigkeit modernen Lebens darüber nicht betrachtet und die Religion isoliert"[1127]. Infratest urteilte in einem größeren Exposé, dass die Sendetrilogie von Reinhard Raffalt und Victor Schamoni bei „recht guter Sehbeteiligung keine sehr interessierte Aufnahme"[1128] gefunden habe. Der Bericht selbst habe sehr hohe, wenn nicht zu hohe Anforderungen an die Zuschauer gestellt. Da die Sendung eine Fülle von Bildern und Einzelheiten brachte, diese jedoch kaum einordnete, habe das gezeigte Material mehr oder weniger in der Luft gehangen. Des Weiteren erklärte der Kommentar die Bilder nicht immer ausreichend. Somit führte die fehlende Einheit von Wort und Bild zu einer Ermüdung und zum Abhängen auch interessierter Zuschauer.[1129]

Das Presseecho über Raffalts als Mehrteiler angelegte, mit fiktiven Elementen durchzogene Biographie „Phantasie über Orlando" war ebenso von gemischter Natur. Die SZ schrieb über den Film, dass es nicht schwer gewesen wäre, „sich auszudenken, wie langweilig und von trockenen Bildungselementen strotzend diese Sendung über Orlando di Lasso hätte werden können. Nichts von alledem. Auch wer sich von Reinhard Raffalt a priori einiges erwartet hatte, war wohl überrascht von der nahezu mühelosen Leichtigkeit, mit der er den ersten Teil seiner vierteiligen Sendung über den Renaissancekomponisten aufbereitet hatte."[1130] Während die Rhein-Neckar-Zeitung befand, dass Raffalts „erlesener, philosophisch vertiefter Text […] fast zu kostbar für das flüchtige Medium"[1131] Fernsehen sei, merkte der Mannheimer Morgen an,

---

[1124] Vgl. 460. Telefonische Befragung von privaten Fernsehteilnehmern in München und den Vororten durch den Bayerischen Rundfunk, in: UA Passau, NL Raffalt.
[1125] Vgl. „Die Götter kehren wieder. Reinhard Raffalt drehte drei Fernsehberichte über Südamerika" in AZ vom 19./20.12.1964, in: UA Passau, NL Raffalt.
[1126] Vgl. „Fernsehen unter der Lupe" in der Nachtdepesche Berlin vom 23.12.1964; „Gesehen: Magisches Halbdunkel" im Kölner Stadt-Anzeiger vom 24.12.1964; „Wiederkehr der Götter" in Rheinische Post vom 28.12.1964; Kurzbericht in Der Allgäuer/Kempten vom 29.12.1964; Kurzbericht in den Ruhrnachrichten Dortmund vom 30.12.1964; „Die Wiederkehr der Götter" im Hamburger Abendblatt vom 02.01.1965, in: UA Passau, NL Raffalt.
[1127] „Fernsehen gestern" in der AZ vom 23.12.1964, in: UA Passau, NL Raffalt.
[1128] Infratest-Index zu „Die Wiederkehr der Götter", in: UA Passau, NL Raffalt.
[1129] Vgl. ebd. Trotz alledem wurde Victor Schamoni für „Die Wiederkehr der Götter" 1966 wegen seiner künstlerischen Kameraführung mit dem Adolf-Grimme-Preis ausgezeichnet.
[1130] „Gelungene Phantasie" in der SZ vom 27.07.1971, in: UA Passau, NL Raffalt.
[1131] „Phantasie über Orlando" in der Rhein-Neckar-Zeitung vom 27.07.1971, in: UA Passau, NL Raffalt.

dass man „das Gedankengut und die geschichtlichen Fakten der Renaissance sehr gut kennen [müsse] […], um den ersten Teil dieser fiktiven Selbstbiographie des niederländischen Komponisten des 16. Jahrhunderts mit Gewinn zu sehen"[1132]. Auch scheine es kaum möglich, dass „ein Fernsehzuschauer ohne entsprechende spezifische Vorkenntnisse diese zeitphilosophischen Betrachtungen in nicht mehr gebräuchlichem Deutsch verstehen oder nachvollziehen"[1133] könne. Die Funk-Korrespondenz schrieb, dass der Stil sehr altmodisch, eher evozierend sowie auf Imagination unter dem Vorwand einer kulturhistorischen Gesamtschau aus sei. Die Frage müsse gestellt werden, für wen dieser Film gemacht sei, da er weder den kunsthistorisch Interessierten noch den Musikliebhaber anspreche, sondern eher wohl den „flüchtigen Beschauer"[1134]. Beinahe vernichtend zur „Phantasie über Orlando" äußerte sich „Die Zeit", die Raffalt „nichtssagende Wortgespinste"[1135] ohne Mehrwert und Informationsgehalt über das Leben und Werk Orlando di Lassos bescheinigte. Sie mutmaßte, dass Raffalt wohl einmal den Auftrag besessen zu haben schien, einen Kulturfilm über die Renaissance-Denkmäler in bayerischen Museen zu drehen, und als das Material, das eine einzige Folge von Schwenks und Fahrten über Möbel, Schmuckstücke und Waffen sei, nicht zu verwenden war, einfach mit Musik und beliebigem Text zu einer Phantasie über Orlando di Lasso umgewandelt habe.[1136] Mit dieser Vorstellung tat der Kritiker Heinz Josef Herbert dem ungeheuren Aufwand, mit dem „Phantasie über Orlando" in halb Europa gedreht worden war, unrecht, auch wenn seine Aussagen über Bild und Text durchaus nachvollziehbar sind. Er schloss seinen Artikel mit der ironischen Feststellung, dass man zur „höheren Ehre"[1137] von München als Olympiastadt einfach drei weitere Orlando-di-Lasso-Filme gedreht habe.

In die gleiche Kerbe schlug ein ebenfalls in der „Zeit" abgedruckter Leserbrief des Münchner Schriftstellers Christian Grote, der den enormen Aufwand kritisierte, unter dem „Phantasie über Orlando" entstanden war. So habe es zur Präsentation des Films im Antiquarium der Münchner Residenz einen opulenten Empfang mit geladenen Politikern, Wittelsbachern und Kulturschaffenden gegeben, der jeder Beschreibung spottete: „Hier fanden sich Staat und Rundfunk zusammen, um Kultur zu feiern, wie sie sie verstehen. Ein Tanz um's Goldene Kalb."[1138] Darüber hinaus sei der Film unter vergleichbarem Brimborium in Paris und Rom präsentiert worden und Reinhard Raffalt habe bereits einen Vertrag mit dem BR über Filme ähnli-

---

[1132] „Phantasie über Orlando di Lasso" im Mannheimer Morgen vom 27.07.1971, in: UA Passau, NL Raffalt.
[1133] Ebd.
[1134] „Gold und Eitelkeit" in der Funk-Korrespondenz 32/33 1971, in: UA Passau, NL Raffalt.
[1135] „Eine zweite Wirklichkeit" in der „Zeit" vom 30.07.1971, in: UA Passau, NL Raffalt.
[1136] Ebd.
[1137] Ebd.
[1138] „Goldenes Kalb" in „Die Zeit" vom 13.08.1971, in: UA Passau, NL Raffalt.

chen Zuschnitts abgeschlossen; „redaktionelle Mitsprache oder Mitarbeit an seinen Filmen würde Raffalt lachend ablehnen, er verhandelt über Themen und Geld nur mit der Leitung des Hauses"[1139]. Auch wenn in diesen Aussagen viel Neid mitschwang, traf der Leserbriefschreiber durchaus einen Punkt: Raffalts Filme waren vergleichsweise aufwendig produziert und er selbst verstand seine Rolle als selbstständiger Autor, der so wenig wie möglich Rücksprachen mit den betreuenden Redaktionen hielt.

In der Zusammenschau ist festzuhalten, dass Raffalts Sendungen über die gesamten knapp 30 Jahre eine große und dabei meist positive Resonanz auslösten. Dies belegen verschiedene Schreiben des BR an ihn, in denen für einzelne Sendungen „über hundert begeisterte Zuschriften"[1140] nachgewiesen sind. Von den 1950er- bis in die 1970er-Jahre zählte Raffalt zu den Erfolgsautoren des Bayerischen Rundfunks. Dabei gelang es ihm, seinem Publikum nicht nur vorgegebene Themen zu vermitteln, sondern er setzte eigene, ihm persönlich wichtige Inhalte für Fernsehen und Rundfunk um und konnte so in der Öffentlichkeit als „eigenständige Marke" wahrgenommen werden.[1141]

[1139] „Goldenes Kalb" in „Die Zeit" vom 13.08.1971, in: UA Passau, NL Raffalt.
[1140] Eva Geissler vom BR an Raffalt, München, 08.12.1958, in: UA Passau, NL Raffalt.
[1141] Vgl. Gespräch mit Gerda Hörl vom 26.08.2015.

> „Der Mensch braucht ein starkes Gefühl für Heimat,
> wenn er die Herrlichkeiten, die aus Geschichte und Welt zu ihm kommen,
> nicht nur sammeln, sondern verwandeln will."[1142]
>
> (Reinhard Raffalt)

C Schlussbetrachtung

Reinhard Raffalt wuchs in einer liberal-konservativen Familie in Passau auf und wurde durch seine Eltern sowie sein Umfeld in einem bildungsbürgerlichen Kontext katholischer Ausprägung sozialisiert. Trotz dieses religiösen Hintergrunds kam der Heranwachsende durch Schule und Hitlerjugend mit dem Nationalsozialismus in Berührung. Nach dem Zweiten Weltkrieg und Studien in Passau und Tübingen fand Raffalt als Journalist bei der Passauer Neuen Presse und als freier Mitarbeiter des Bayerischen Rundfunks ein Auskommen. Hier gelang es ihm, erste journalistische Auslandsreisen durchzuführen, bis er sich ab 1951 schließlich fest in Rom installierte.

Die Anfänge seiner Tätigkeit in Italien waren von relativ prekären Verhältnissen mit gelegentlichen journalistischen Aufträgen und musikalischen Initiativen bei der deutschen Nationalkirche Santa Maria dell'Anima geprägt. Raffalts Musikalität eröffnete ihm dann die Türen zu einem Kreis einflussreicher Deutsch-Römer wie Ludwig Curtius oder Dieter Sattler. Zweiterer war es dann auch, der Raffalt als Direktor der neu gegründeten Deutschen Bibliothek in Rom installierte.

In den 1950er-Jahren erlebte Reinhard Raffalt durch seine Tätigkeit als Gründungsdirektor der Deutschen Bibliothek sowie durch seine äußerst erfolgreichen Rom-Bücher einen rasanten Aufstieg. Raffalts Charme, seine Bildung und sein positives, gewinnendes Wesen öffneten ihm schnell viele Türen. Seine kommunikativen Fähigkeiten und seine hohe soziale Kompetenz ermöglichten es ihm, sich mühelos in erweiterten kulturellen, politischen und kirchlichen Kreisen zu bewegen und sich ein Netzwerk mit verzweigten personellen Querverbindungen aufzubauen.

Nach einer zweiten Station im Dienste des Auswärtigen Amtes unter Protektion seines Freundes und Förderers Dieter Sattler konzentrierte sich Raffalt auf Produktionsaufgaben für den Bayerischen Rundfunk sowie mehrere publizistische wie auch dramatische Projekte. Er wirkte entscheidend bei der

---

[1142] Manuskript „Das Antiquarium und seine Konsequenzen" anlässlich der Verleihung des Bayerischen Verdienstordens 1971, in: UA Passau, NL Raffalt.

Gründung des BR-Studios in Rom mit und knüpfte Kontakte zur Bayerischen Staatsregierung.

Auf dem Höhepunkt seiner beruflichen Laufbahn befand sich Raffalt ohne Zweifel in den 1960er-Jahren. Hier wird besonders seine enorme Vielseitigkeit und Schaffenskraft deutlich, die ihn in verschiedenen Bereichen wie Rundfunk, Kulturpolitik, Theater sowie Publizistik wirken und seine Popularität in bislang ungeahnte Höhen steigen ließen. Dabei zeichnete ihn vor allem auch die Fähigkeit aus, wendig zu denken und zu handeln sowie berufliche Nischen zu finden, die er als „homo universalis" mit vielen Talenten auch auszufüllen vermochte.[1143]

Freilich waren ihm hierbei auch Grenzen gesetzt. So traf er in den 1950er- und 1960er-Jahren mit seinen Themen den Nerv der Zeit. Die sozialen Veränderungsprozesse in den 1970er-Jahren berührten sein Weltbild jedoch nur peripher und er hatte einer sich dynamisierenden und modernisierenden Gesellschaft nun weniger anzubieten.[1144]

Insgesamt war Raffalt eine komplexe Persönlichkeit mit vielen Seiten, die einander nicht gegensätzlich waren, sondern erst in Ergänzung sein Wesen ausmachten. Seit seiner Jugend verfügte er über ein Wertefundament, in dem die katholische Kirche und seine bayerische Heimat auf der einen, Weltoffenheit sowie Verbundenheit mit Italien und Europa auf der anderen Seite die Eckpfeiler darstellten. Für sein Leben waren das Streben nach Unabhängigkeit und der Drang zur Selbstverwirklichung prägend.

Selbst verstand sich Raffalt, wenn auch zu verschiedenen Phasen seines Lebens in unterschiedlicher Gewichtung, als Musiker, Schriftsteller und Publizist, als Journalist für Zeitung und Rundfunk oder als politisch Wirkender. Dabei kreisten all die von ihm in seinen verschiedenen Berufsfeldern behandelten Themen um einen Fixpunkt: die Kultur.

Insofern könnte man Raffalt als Publizisten mit kulturpolitischen Ambitionen bezeichnen. Denn Reinhard Raffalts kulturelles Wirken bestimmten zwei Anliegen: Zum einen vermittelte Raffalt in den deutschsprachigen Raum internationale, vor allem europäische und dabei besonders italienische Themen. Dies schlug sich während seines gesamten, knapp 30-jährigen Berufslebens vor allem in Beiträgen für den Bayerischen Rundfunk, aber auch in Buchform nieder. Zum anderen vertrat er Kultur aus Deutschland im Ausland, was besonders in seinen Jahren beim Auswärtigen Amt sowie der kurzen Dienstzeit für die Hanns-Seidel-Stiftung der Fall war.

Die beidseitig ausgerichtete, in diesem Sinne transnationale Mission seines kulturellen Wirkens hatte darüber hinaus einen spezifischen Charakter, als Raffalt zeit seines Lebens sowohl in Bayern als auch in Rom verankert war. Diese Komponente, die Raffalt durch eine Vielzahl von Reisen nach Asien,

---

[1143] Vgl. Gespräch mit Nina Raffalt vom 24.08.2015.
[1144] Vgl. Elisabeth Dryander an Nina Raffalt, Palermo, 25.06.1976, in: Privatbesitz Nina Raffalt.

Afrika und Südamerika noch erweiterte, formte seine Persönlichkeit und sein kulturelles Schaffen.

Als Publizist mit kulturpolitischen Ambitionen prägte Reinhard Raffalt in den ersten Jahrzehnten nach dem Zweiten Weltkrieg wesentlich das bayerische und deutsche Bild von Rom sowie Italien.[1145] Seine Sendungen im Bayerischen Rundfunk und seine publizistischen Werke erreichten dabei ein Millionenpublikum. Hier trug er zu einer Popularisierung bürgerlichen Bildungsgutes bei.

Bayern und Italien bildeten die Fixpunkte seines Interesses. Die zentralen Momente, welche sein kulturelles Schaffen antrieben, waren im Besonderen das antike Rom als geistige Wiege Europas, das christliche Abendland und der Humanismus sowie die katholische Kirche als Erbin und Bewahrerin antiker und christlicher Traditionen. Dabei war es ihm ein besonderes Anliegen, Einflüssen aus anderen Kulturen auf die eigene Kultur nachzuspüren. Dies tat er zu Beginn seiner beruflichen Laufbahn auf vielen Fernreisen sowie in Rom. In seinen späteren Jahren zog es ihn wieder mehr in seine Heimat Bayern.

Daneben war er während seiner Zeit für das Auswärtige Amt an der Vermittlung der Kultur der Bundesrepublik im Ausland beteiligt. Dies erfolgte in enger Abstimmung mit seinem Förderer Dieter Sattler. Der Auslandskorrespondent Reinhard Raffalt wirkte als „Kontextvermittler zwischen den Kulturen"[1146] und bestimmte somit auch in dieser Form als nichtstaatlicher Akteur die auswärtige Kulturpolitik mit.[1147]

Analog zu Sattler kann Raffalt als „späte[r] Repräsentant des ausklingenden bürgerlichen Zeitalters"[1148] betrachtet werden. Raffalt sah sich hierbei jedoch weniger als „Politiker des zweiten Gliedes"[1149] im Dienste der Kultur, sondern er näherte sich seinen Themen zumeist künstlerisch an und suchte zeit seines Lebens auf dem Feld der Kultur gestalterisch zu wirken.

Im Rückblick auf die vorliegende Arbeit wird deutlich, dass ein akteurszentrierter Ansatz der kulturellen Außenbeziehungen in der dargebotenen Form über die reine Biographie hinaus auch breite Erkenntnisse zur Geschichte und den kulturellen Ambitionen des Bayerischen Rundfunks, zur

---

[1145] Vgl. Schmid, Alois (Hrsg.): Handbuch der bayerischen Geschichte. Das neue Bayern, von 1800 bis zur Gegenwart. Teilband 2: Die innere und kulturelle Entwicklung. Begr. von Max Spindler. 2., völlig neu bearbeitete Auflage. München 2007, S. 612.

[1146] Vgl. Hahn, Oliver / Lönnendonker, Julia / Schröder, Roland (Hrsg.): Deutsche Auslandskorrespondenten. Ein Handbuch. Konstanz 2008, S. 44–64.

[1147] Als kulturpolitisch tätiger Angestellter war sein Wirkungskreis dabei ein anderer als als Journalist und Schriftsteller im Ausland. Festzuhalten ist jedoch, dass sich Raffalt wohl nie selbst als klassischer Auslandskorrespondent verstand. Tagespolitische Analysen waren ihm in der Sache und von seinem künstlerischen Selbstverständnis her eher fremd. Vgl. Domeier, Norman / Happel, Jörn: Journalismus und Politik. Einleitende Überlegungen zur Tätigkeit von Auslandskorrespondenten 1900–1970, in: Zeitschrift für Geschichtswissenschaft. 62. Jahrgang. Heft 5. Berlin 2014, S. 389–397.

[1148] Stoll, Ulrike: Kulturpolitik als Beruf. Dieter Sattler (1906–1968) in München, Bonn und Rom. Paderborn 2005, S. 488.

[1149] Ebd., S. 509.

Geschichte des kulturellen Elements in der bundesdeutschen Außenpolitik und nicht zuletzt zur Entwicklung des Föderalismus in der Bundesrepublik zu liefern imstande ist.

Die Beantwortung der eingangs gestellten Frage, warum Raffalt, der vor wenigen Jahrzehnten noch eine Person des öffentlichen Lebens in der alten Bundesrepublik war, heute weitgehend vergessen ist, führt dabei tief hinein in die Ursachen für die Kultur-, Identitäts- und Kontinuitätsbrüche im westdeutschen Bürgertum. Diese Umbrüche setzten etwa um 1960 ein und sollten an Intensität den Bruch von 1945 um ein Vielfaches übertreffen.[1150]

Was seine eigene Vergangenheit als Jugendlicher und junger Erwachsener im Dritten Reich sowie seine formelle Mitgliedschaft in Hitlerjugend und NSDAP anbelangte, ist zu konstatieren, dass Reinhard Raffalt dies nach dem Zweiten Weltkrieg weder privat noch beruflich thematisierte. Auch in seinem späteren Wirken als Journalist und Schriftsteller kann ein Motiv der „Verdrängung" unübersehbarer, bedrohlich erscheinender moderner Entwicklungen etwa in Kultur, Kirche und Gesellschaft als wesentliches Motiv und zugleich Erfolgsrezept im Werk Raffalts gesehen werden.

Mit dem Erreichen des 50. Lebensjahres nahm Raffalts Bereitschaft, sich auf neue Themen einzulassen, sowie seine geistige Agilität mehr und mehr ab, und damit erlahmte auch sein publizistisches Schaffen. Dazu kamen enorme finanzielle Engpässe sowie eine starke Verschlechterung seines Gesundheitszustandes. Dies alles führte auch zu einer schleichenden Eintrübung seines bis dahin vorherrschend lebensfrohen Wesens.

Die für Ende Juni 1976 in Klosterneuburg geplante Hochzeit mit Nina Bertram hätte Raffalt neuen Aufschwung und positiven Antrieb geben sollen, allerdings kam es nicht mehr dazu. „Ein barockes Leben"[1151] ging zu Ende, und doch lebt Reinhard Raffalt in seinem Werk bis heute fort.[1152]

[1150] Zum kulturellen Wandel in den 1950er- und 1960er-Jahren vgl. Faulstich, Werner (Hrsg.): Die Kultur der 50er Jahre. München 2007; Glaser, Hermann: Die 50er Jahre. Deutschland zwischen 1950 und 1960. Hamburg 2005; Glaser, Hermann: Die 60er Jahre. Deutschland zwischen 1960 und 1970. Hamburg 2007; Korte, Hermann: Eine Gesellschaft im Aufbruch. Die Bundesrepublik Deutschland in den sechziger Jahren. Wiesbaden 2009; Kießling, Friedrich / Rieger, Bernhard (Hrsg.): Mit dem Wandel leben. Neuorientierung und Tradition in der Bundesrepublik der 1950er und 60er Jahre. Köln / Weimar / Wien 2011.

[1151] Fink, Alois: Reinhard Raffalt, in: Festschrift der Festspiele Europäische Wochen Passau hrsg. vom Verein Europäische Wochen Passau. Passau 1982, S. 158–162, S. 161.

[1152] In treffender Weise charakterisiert gleichartig der Text zum Sterbebildchen sein Leben und Wirken: „Reinhard Raffalt / am 15. Mai 1923 in Passau geboren, / blieb als Wahl-Römer und / bewußter Europäer seiner / bayerischen Heimat tief verbunden. / Verwurzelt in christlichem Glauben / und humanistischer Gesinnung / wurde er ein oft unbequemer Mahner. / In meisterlicher Sprache, / getragen von reichem Wissen, / erfüllt von lebendiger Musikalität, / vermittelte er die Fülle / abendländischer Kultur. / Ein Mensch, der mit vollen Händen / Liebe schenkte, verließ diese Welt / am Morgen des 16. Juni 1976", in: Stadtarchiv Passau, Handakte R 8.

> *„Ich habe immer versucht,*
> *mein Wirken in Rom von jener blassen Internationalität freizuhalten,*
> *die Herkunft und Heimatgefühl verleugnet."*[1153]
> *(Reinhard Raffalt)*

D Anhang

I. Programmatische Schriften

1. Editionsrichtlinien

Für den Editionsteil wurden Schriften und Reden von Reinhard Raffalt ausgewählt, die besonders eindrucksvoll seine mental-ideelle Verortung sowie sein kulturelles und kulturpolitisches Wirken – vor allem in bayerischem Kontext – erkennen lassen. Passagen, die nicht diesen Themenkomplex betreffen, werden nicht abgedruckt und durch eckige Klammern gekennzeichnet.

Die ausgewählten Beispiele werden auf der Grundlage der im Nachlass Raffalts überlieferten Exemplare abgedruckt. Die Editionsrichtlinien orientieren sich an den Grundsätzen, die bei der Edition der Ministerratsprotokolle zugrunde lagen.[1154] Auslassungen sowie Zusätze des Bearbeiters werden stets durch eckige Klammern […] kenntlich gemacht. Orthographische und offensichtliche Schreibfehler werden stillschweigend korrigiert. Eine Anpassung auf die heute gültige Rechtschreibung findet nicht statt. Handschriftliche Anmerkungen von Reinhard Raffalt werden kursiv abgedruckt.

[1153] Raffalt an Alfons Goppel, ohne Ort, 25.06.1970, in: UA Passau, NL Raffalt.
[1154] Vgl. Gelberg, Karl-Ulrich: Die Protokolle des Bayerischen Ministerrats 1945–1954. München 1995–2005.

2. Edition ausgewählter Schriften und Reden

Glückwunschschreiben an den Passauer Bischof Simon Konrad Landersdorfer zu dessen Namenstag[1155]

Passau, den 22. Oktober 1941

Eure Exzellenz!

Im Namen der katholischen Jugend, deren Vertreter auch heute wieder wie jedes Jahr zu dem traditionellen Glückwunschbesuch erschienen sind, bringe ich Ihnen zu Ihrem hohen Namensfeste die aus tiefer Ehrfurcht und unveränderlicher Treue zu Ihrem hohen priesterlichen Amte, wie zu Ihrer Person entspringenden Segenswünsche desjenigen Teils unserer Diözesanfamilie dar, der Ihrem Herzen – wie wir wissen – am nächsten steht.

Gerade in der Gegenwart ist es ja mehr als je zur Notwendigkeit geworden, sich, bedrängt von den vielen schicksalsschweren Zeichen der Zeit, immer enger um jene unsere Mutter zu scharen, die uns das Wort des Herrn, aus dem wir alle Lebenskraft schöpfen, wahr und unverfälscht durch die Jahrtausende bewahrt hat: die Kirche.

Immer aber im Leben ist die Jugend der wertvollste Teile, denn sie soll das geistige und seelische Erbe der Zukunft weitertragen, sie soll, dem Rufe des Herrn folgend, immer bereit sein, gegen alle Angriffe von außen, treu dafür Sorge tragen, daß das Wort Schrift und Hilfe göttlicher Gnade immer leuchtender und sieghafter auf dem Banner der Kirche stehen möge: „Und die Pforten der Hölle werden sie nicht überwältigen."

Um Eurer Exzellenz unseren Willen dazu zu bezeugen, stehen wir hier. Als Nachfolger der Apostel, als Oberhaupt unserer Diözese mögen Sie, hochwürdigster Herr, von uns zu Ihrem Namenstage die Versicherung annehmen, daß in den Reihen der katholischen Jugend unvermindert die Treue zu unserer heiligen Religion auch in Zukunft fortleben wird. Denn wohl bewußt ist uns allen, was die Zeit erfordert und wir sind der Ansicht, das Leben nie besser meistern zu können denn als wahre, standhafte und gläubige Christen.

Eurer Exzellenz aber wünschen wir, daß der Herr Sie uns noch lange Jahre als Hirten unserer Passauer Diözese erhalten möge. Der Heilige Geist helfe auch Ihnen bei der Erfüllung Ihrer schweren Amtspflichten. Er mache Sie reich an Gnaden und glücklich im Herzen, Eurer Exzellenz Arbeit zum Wohle, uns allen zu Heil und Segen.

[1155] Vgl. Glückwunschschreiben von Reinhard Raffalt an den Passauer Bischof Simon Konrad Landersdorfer zu dessen Namenstag, Passau, 28.10.1941, in: UA Passau, NL Raffalt.

Über den Barock[1156]
Einführungsvortrag zum Orgelkonzert in der St. Michaelskirche zu Passau am 05. Juni 1946

[…]
Barock – das ist Pracht der Farben, Reichtum der Formen, Bewegtheit der Linien, der Gebärden, der Sprache, des Gemütes, höfischer Prunk, rauschende Feste, Freude am Dasein, an der Schöpfung, Freude am natürlich und übernatürlichen Leben, Freude endlich an und in Gott, des ihres letzten Ende alles dienstbar wird, was Odem hat, ihn zu loben.

Barock – das ist aber auch Flucht aus der Wirklichkeit in den Traum, Abkehr vom Irdischen, Hoffnung auf das Jenseits, Busse und Reue, Verzicht auf alle Sinnenfreude, mystische Einkehr in Gebet und Fasten, tiefe, schmerzliche Einsamkeit der Seele in Erwartung der letzten Dinge, Pessimismus und Zweifel an der Welt und ihrem Lauf, Beugung unter die Herrschaft des Todes, unablässliches Suchen nach dem Heile, Unruhe und Sehnsucht nach innerem Frieden.

Barock – das ist endlich in allen Empfindungen echtes Pathos – in der Freude wie in der Trauer, in der Verherrlichung des Lebens und im Abbild des Todes, im Preise des grossen, gütigen, barmherzigen, und in der Schilderung des gerechten, furchtbaren, richtenden Gottes.

Barock – das ist die letzte Kulturepoche, welche auf der Basis der gemeinsamen Religion das Abendland zu einer Einheit zusammenfasste, trotz schärfster Gegensätze eins in den Grundwahrheiten des Glaubens, aus denen letzten Endes alle Äusserungen des menschlichen Lebens fliessen.
[…]

Über die Kulturpolitik[1157]
Rede auf einer Tagung des Goethe-Instituts 1960

Hier folgt die Stellungnahme eines Praktikers, also eines Menschen, der die nicht eben dankbare Aufgabe übernommen hat, die respektablen kritischen Gedanken nachdenklicher Geister über die sogenannte Kulturpolitik mit der Wirklichkeit in Einklang zu bringen. Seit fünf Jahren stehe ich einem Hause

---

[1156] Einführungsvortrag zum Orgelkonzert am 05.06.1946 in der St. Michaelskirche zu Passau, in: UA Passau, NL Raffalt.
[1157] Rede von Reinhard Raffalt, ohne exaktes Datum, in: UA Passau, NL Raffalt.

vor, das den Namen Biblioteca Germanica trägt, in einem alten Palast im Zentrum von Rom untergebracht ist und nicht eine Bibliothek im engeren Sinne, sondern ein Kulturinstitut sein möchte.

Ein Kulturinstitut ist eine Stätte, die von Menschen eines Landes besucht werden soll, um Geist, Charakter, Gemeinsamkeiten, Leben und Vorstellungswelt eines anderen Landes kennen – und wenn möglich – schätzen zu lernen.

Ein Kulturinstitut dient der Vermittlung geistiger Güter von einem Land zum anderen, in der Form von Veranstaltungen, Diskussionen, Vorträgen, Musikabenden, Ausstellungen, es leiht Bücher aus, es macht Zeitschriften zugänglich, es gibt Auskünfte über den Stand der Forschung, der Wissenschaft, des Theaters, der Künste, es hat Zeitungen aufliegen und stellt als wichtigste Aufgabe Menschen des eigenen Landes den Menschen des Gastlandes auf eine unpolitische, persönliche, gastfreundliche Weise vor.

Es handelt sich also um eine Aufgabe, die schon ihrer Natur nach von zwei verschiedenen Gesichtspunkten aus ein Luxus ist: vom Gesichtspunkt der Wirtschaftlichkeit aus (Kulturinstitute kosten Geld, sogar viel Geld, und die Wirkung, die sie erzielen, ist bestenfalls eine psychologisch, nicht aber eine statistisch feststellbare) – und vom Gesichtspunkt der Politik aus, denn Kulturinstitute sollen einen unpolitischen Charakter haben, obwohl sie auf tausend Wegen mit der Außenpolitik ihres Trägerlandes verknüpft sind.

Hier kommt zunächst noch einmal die Fragwürdigkeit des Begriffes der Kulturpolitik zum Vorschein. Denn Politik zielt auf reale Wirkungen, Kultur auf geistige Verständigung. Als ich mit meinem Institut in Rom anfing, fand ich eine Fülle von traditionsreichen Instituten vor: ausländische Akademien von hohem Rang und altem Namen, auch italienische Institute, die sich mit bestimmten Sektoren des Auslandes berufsmässig oder gar wissenschaftlich beschäftigen, und in diesem geistigen Kontext sollte nun auch die Bundesrepublik eine Stimme erwerben – ich sage erwerben, weil es wirklich eine Frage der Gewinnung von Freunden und Gönnern war, vor die wir uns gestellt sahen. Ich kann Ihnen versichern, meine verehrten Zuhörer, dass nichts deprimierender ist, als einen Vortrag eines Mannes mit berühmtem Namen nach allen denkbaren Seiten sorgfältig vorbereitet zu haben – und dann kommt dieser Mann nach Rom und hat einen guten Vortrag in der Tasche und alles steht bereit, die Besucher zu empfangen, und dann kommen nur ganz wenige. Die Erfahrung, die wir in Rom gemacht haben, lehrt uns eines: ein Kulturinstitut soll seine Ziele nicht zu hoch stecken. Es ist sehr viel wichtiger, wenn in einer fremden Hauptstadt viele wichtige Leute das Bewusstsein erwerben, sich in den hübschen Räumen eines der Bundesrepublik gehörenden Hauses bei sehr guter Musik ohne jede Prätention entspannen zu können, als eine offizielle geistige Repräsentation zu pflegen, die in anderem Rahmen viel wirkungsvoller wäre. Wenn man einen hervorragenden Chirurgen von internationalem Rang einlädt, ist es besser, ihn in der Universität von Rom vor seinen Fachkollegen und vor den Studenten reden zu lassen, als ihn zu einem voraussetzungslosen allgemeinbildenden Vortrag in das Kulturinstitut einzuladen, wo er nur Dinge sagen kann, die den Fachleuten überhaupt nichts neues bieten. Will man einen solchen Mann wirklich präsentieren, so muss es in der gesellschaftlichen Form geschehen, die im Gastlande üblich ist, und zwar nach dem Vortrag, den er vor seinen Fachkollegen gehalten hat. Die Wirkung, die durch solche anschliessenden menschlichen Kontakte erzielt wird, ist meistens gar nicht einzuschätzen.

Wir haben hier in Rom vor drei Jahren die Bach-Gesellschaft gegründet. Sie ist eine stadtrömische Institution italienischen Rechts, ohne offiziellen deutschen Zuschuss. Die musikalisch interessierten Mitglieder der nicht ganz zu Recht geschmähten römischen Gesellschaft gehören ihr an. Ihre Konzerte finden statt in den grossen Palästen Roms. Der Oberbürgermeister von Rom stellt seit dem Gründungsjahr regelmässig für das Anfangs- und das Schlusskonzert der Saison das Kapitol zur Verfügung. Der italienische Staat gab für ein Konzert den Palazzo Barberini frei, der belgische Botschafter seine Privatwohnung in der Villa Doria Pamphili, der spanische Botschafter seine Residenz im Palast Karls V. auf dem spanischen Platz, der brasilianische Botschafter einen Amtssitz im Palazzo Doria auf der Piazza Navona, der englische Botschafter liess die London Mozart Players für ein Konzert aus London nach Rom kommen – alles auf deutsche Initiative und – mit Ausnahme eines einzigen, nicht grossen Sonderzuschusses – ohne deutsches Geld. Ich bin davon überzeugt, dass Kultur ohne eine gesellschaftsbildende Initiative nicht leben kann, denn wo die Gesellschaft fehlt, die sie trägt, wird Kultur zu einem Nützlichkeitsfaktor auf dem Gebiete einer primitiven und nationalistischen Propaganda. Wenn sich indessen ein Weg beschreiten lässt, der die Funktion der deutschen Geisteswelt in ihrer innigen Verflechtung mit der Kultur Europas sichtbar und lebendig macht, verliert die Kulturarbeit die Peinlichkeit der Werbung und gewinnt die Freude an den gemeinsamen Schönheiten der abendländischen Kultur zurück, die – nicht zuletzt durch unsere Schuld – so lange verloren war.

Es ist also weitgehend eine Frage, wie weit der Gastgeber, also der Leiter des Instituts, in der Lage ist, eine solche freundschaftlich zwanglose Begegnung zwischen Menschen des Gastlandes und Persönlichkeiten des Landes, das er vertritt, herbeizuführen, eventuelle Sprachschwierigkeiten geschickt auszugleichen und eine Atmosphäre wechselseitigen Wohlgefühls zu schaffen. Dazu gehört ein wenig Menschenkenntnis und ziemlich viel Phantasie – und das macht die Arbeit in den Kulturinstituten so problematisch, denn Phantasie ist das am wenigsten messbare Element in der menschlichen Natur – und die Kulturinstitute sind einer Behörde untergeordnet, die <u>ihrer</u> Natur nach messen und wägen muss.

Man wirft, um gleich ein konkretes Anliegen zur Sprache zu bringen, dem Auswärtigen Amt recht oft vor, es stelle für die Kulturarbeit im Ausland zu wenig Mittel zur Verfügung. Dies ist gänzlich relativ. Ich gebe offen zu, dass wir in Rom sehr viel mehr Mittel nötig hätten, als wird haben. Aber ich kann nicht einsehen, dass dies ein Grund sein soll, um die ganze Schuld an der zögernden Entwicklung der Kulturarbeit im Ausland der behördlichen Zentrale in die Schuhe zu schieben. Wenn ein Kulturinstitut wirklich funktioniert, dann müssen sich in der Stadt des Gastlandes mit der Zeit eine ganze Reihe von Gönnern finden, die selbst zu finanziellen Opfern bereit sind – nicht weil sie etwa so viel Sympathie für die Deutschen hätten, sondern weil sie der Sache zustimmen, die von den Deutschen gemacht wird, um nicht zu sagen, obwohl sie von den Deutschen gemacht wird.

Die eigentliche Kulturarbeit, die in der Gegenwart sinnvoll erscheint, kann nur auf Zusammenarbeit gegründet sein. Das heisst: nicht der Zustand ist ideal, in dem ein Land in einer Stadt des anderen seine Kultur präsentiert, sondern der, worin die Menschen des Gastlandes durch die Existenz eines Kulturinstitutes dazu angeregt werden, etwas zu tun, was der geistigen Welt beider Völker angehört.

Gedanken über den Beitrag Bayerns zu der künftigen europäischen Kultur[1158]
Rede in der Carl Friedrich von Siemens Stiftung am 27. März 1962

[…]

Innerhalb des bundesrepublikanischen Zivilisationsgebietes wird kein Land mit so gemischten Gefühlen betrachtet. Grollend, aber nicht ganz zu Unrecht stecken wir den Vorwurf ein, provinzielle Eigenbrödler zu sein. Unsere Abneigung gegen eine Berücksichtigung nicht-bayerischer Verhältnisse gibt uns einen willkommenen Vorwand für unsere berühmte direkte Ausdrucksweise, die erfahrungsgemäß oftmals im Reden weniger wirkungsvoll ist als im Schweigen. Aber jenseits dieser Dinge ist ein seltsames Phänomen festzustellen: nehmen wir an, ein Mensch, der in Bayern beheimatet ist, tut einen Schritt vom Wege, einer jener fatalen Schritte, die in der Öffentlichkeit bekannt werden, ohne dass sie mit ihnen etwas Rechtes anzufangen wüsste. Was geschieht? Man fällt über diesen Menschen her, nicht nur, weil man überzeugt ist, er habe Unrecht getan, sondern auch, weil er aus Bayern ist. Umgekehrt würde niemand das Ärgernis, das ein Mensch aus Köln oder Düsseldorf der Öffentlichkeit geben könnte, dem Lande Nordrhein-Westfalen zur Last legen. Ist das nicht merkwürdig? Offenbar setzt man in dem Augenblick, so ein Bayer im Spiel ist, dessen Taten mit seinem Lande in eine direkte,

---

[1158] „Gedanken über den Beitrag Bayerns zu der künftigen europäischen Kultur" von Reinhard Raffalt, gehalten am 27.03.1962 in der Carl Friedrich von Siemens Stiftung, in: BR HistArch, GR 656, Studio Rom.

ungebrochene Beziehung. Dass das nur im negativen Fall geschieht, sollte uns zu denken geben.

Um es noch an einem anderen Beispiel zu erhärten: wenn an einem Münchner Theater eine französische, spanische oder englische Komödie aufgeführt wird, kann man in der Kritik immer wieder lesen, die Aufführung – sofern sie nicht zu Recht verrissen wird – sei zwar interessant oder gut oder sogar hervorragend gewesen, aber leider deutsch – also nicht genug spanisch, französisch oder englisch. In Hamburg oder Frankfurt würde eine solche Feststellung niemandem einfallen. Offenbar verlangt man von bayerischen Theatern die klare Unterscheidung gewisser nationaler Stil-Akzente, die man uns doch nur zutrauen kann, weil man voraussetzt, dass wir selber einen Stil haben. Stil aber äussert sich nicht nur in der Kunst, sondern auch im Leben. Und die Lebensauffassung von Bayern unterscheidet sich offenbar noch immer wesentlich von der anderer Gruppen der europäischen Gesellschaft. Ein Bayer ist ein anderer Mensch als alle anderen Europäer. Die Frage ist nicht, ob er ein besserer ist. Die Frage ist, ob er es weiss.

Erlauben Sie mir eine kleine Zwischenbemerkung. Es ist eine Utopie, unser Land als ein Kulturland zu betrachten. Auch bei uns ist das Gleichgewicht zwischen Kultur und Zivilisation längst ins Wanken geraten und zugunsten der Zivilisation entschieden. Wir hatten eine Kultur, und wir haben noch Reste davon. Was uns von den anderen Stämmen deutscher Zunge unterscheidet, ist die Kraft, mit der diese Reste von Kultur unsere Auffassung von Zivilisation beeinflussen. Jedenfalls ist es der industriellen Gesellschaft, die sich auch bei uns ausgiebig beheimatet hat, bisher nicht gelungen, unsere Lebensvorstellung nur an Kühlschränken und Volkswagen auszurichten. Nicht das Oktoberfest, aber eine Figur wie der Kiem-Pauli, ein Ereignis, wie das Wiedererstehen der Münchener Residenz und ein Naturgesetz, wie der Salvator-Ausschank auf dem Nockherberg haben verhindert, dass das bayerische Lebensgefüge ausschließlich von der Weltzivilisation diktiert wird.

Diese drei Beispiele sind willkürlich. Carl Orff und sein Werk wäre ein viertes, die Musica viva ein fünftes, der nächtliche Festzug zur Münchener Achthundert-Jahrfeier ein sechstes und die Faschingsdienstags-Maskeraden der Marktfrauen auf dem Viktualien-Markt ein siebentes. Unzählige Beispiele aus anderen bayerischen Städten liessen sich hinzufügen. Jedenfalls ist eines sicher: ausserhalb Bayerns werden die Bayern beurteilt, wie wenn es zwischen Lebensraum und Einzelpersonen keinen Unterschied gäbe. Innerhalb Bayerns hat die industrielle Zivilisation nur eines fertiggebracht: dass aus dem alten Stammesbewußtsein der Franken, Schwaben und Bayern ein neues Landesbewußtsein wurde, das wir nicht unterschätzen sollen.

Ich gebe zu, daß dieses Landesbewußtsein mindestens zur Hälfte auf die Gewissheit gegründet ist, als Bayer nun endlich nicht mehr in den Verdacht zu geraten, man wisse nicht, was Rock and Roll und Twist von einander unterscheidet. Zur anderen Hälfte ist es aber vielleicht doch darauf gegründet, dass man auch noch weiß, was einen Andachts-Jodler vom Gregorianischen Choral unterscheidet.
[…]

Mit der gebotenen Skepsis, die unser Thema verlangt, fragen wir uns nun: gibt es überhaupt eine europäische Kultur? Die pessimistische Antwort wäre: Nein. Es gibt sie nicht. Es hat eine europäische Kultur gegeben, solange es Europa nicht gegeben hat. Und wenn es Europa wirklich geben wird, wird es keine eigene Kultur haben.

Dass es eine europäische Kultur gegeben hat, bedarf keines Beweises. Wir haben sie in eine glänzende museale Hülle gesteckt und freuen uns an ihrem Scheinleben. Dieses Scheinleben unseres europäischen Kultur-Erbes kostet uns eine Menge Geld. Aber es verschafft uns die Möglichkeit, uns zur Ruhe zu legen in dem schönen Irrtum, dass an der Höhe unserer Kulturfonds die Höhe unserer Kultur abzulesen sei. Das ändert jedoch nichts an der Tatsache, dass die Kultur Europas die Kultur unserer Väter ist, und nicht die unsere. Hierfür ein Beispiel: Vor einem unbekannten Musikstück des 18. Jahrhunderts werden wir vielleicht in die Verlegenheit kommen, es in Spanien, Polen, Frankreich oder Österreich zu lokalisieren. Aber es wird uns nicht schwerfallen, dieses Musikstück dem 18. Jahrhundert zuzuschreiben. Womit wir einen nachträglichen Beweis dafür erbringen, dass es im 18. Jahrhundert eine europäische Musikbewegung hab. Sie gehört der Vergangenheit an, und auch dafür haben wir den Beweis: denn die einzige, wirklich lebensfähige Musikbewegung, die es in unserer Zeit gibt, ist nicht in Europa zu Hause, sondern heute schon in der ganzen Welt: der Jazz. An ihm hat das ganze gegenwärtige Europa in genau derselben Weise teil, wie jedes einzelne europäische Kulturland im 18. Jahrhundert an der neapolitanischen Oper oder an der französischen Ouvertüre teilhatte. Die Kultur-Impulse, die heute auf uns treffen, haben ihre Wurzel nicht mehr in Europa. Für sie ist die Zivilisation nicht wie für uns ein Kultur-Partner, sondern ein Kulturboden. Unsere Situation gegenüber der europäischen Kultur ist die von Erben eines ungeheuren Vermögens, das nicht liquid ist. Unserer Situation gegenüber der Zivilisation ist die Frage, was man tun soll, um dieses Vermögen liquid zu machen.

Wenn wir den Ablauf der europäischen Kulturepochen in der Vergangenheit betrachten, fällt uns auf, dass sich ihr Stilwille über unseren Erdteil ausgebreitet hat – über Kriege und Krisen hinweg. Wenn wir die Entwicklung der West-Zivilisation betrachten, finden wir, dass die Ost-West-Spannung für die Verbreitung und Förderung ihrer Güter keine ausschlaggebende Rolle spielt.

Wir bleiben also in Europa an einem kritischen Punkt hängen. Unsere Kultur gehört der Vergangenheit an, unsere Zivilisation ist von der anderer Erdteile nicht mehr wesentlich zu unterscheiden. Unser europäisches Bewusstsein stößt mit unserem weltbezogenen Lebenskomfort direkt zusammen. Das ist ein faszinierender Prozess.

Ein künftiges Europa kann nur existieren, wenn es sich von der übrigen Welt in seiner Kultur unterscheidet. Denn in seiner Zivilisation wird es sich von ihr nicht mehr unterscheiden. Es muss also für ein künftiges Europa auch eine künftige europäische Kultur geschaffen werden. Und damit wären wir beim Kern des Problems.

Kann man eine Kultur schaffen? Ja – aber nur, wenn man anerkennt, dass Kultur durch Säen und Ernten entsteht. Sie läßt sich nicht fabrizieren. Wollen wir das einmal anerkennen. Dann stehen wir sofort vor einer neuen Frage: muß Kultur mit der Hand gesät und geerntet werden, oder läßt es sich auch mit der Maschine machen? Diese Frage ist neu, denn in der bisherigen Menschheitsgeschichte ist noch niemand in die Verlegenheit gekommen, sie zu beantworten. Wir, meine sehr verehrten Herren, – wir sind in dieser Verlegenheit. Und hier behaupte ich: es geht auch mit der Maschine, es geht auch mit der Zivilisation – denn es ist für eine künftige Kultur gar nicht wichtig, ob ihre Samenkörner regelmäßig oder willkürlich oder zufällig auf den Boden gestreut werden. Alles hängt von der Beschaffenheit des Bodens ab, auf den diese Samenkörner fallen. Und damit wären wir – wieder – bei Bayern.

Man sagt von uns Bayern, wir seien ein vitales Volk. Dafür gibt es mehrere Beweise, zum Beispiel das Oktoberfest, oder unseren Dialekt, oder den bayerischen Barock, oder den kernfesten Bauernstand, einschließlich des Leonhardi-Rittes. Die Soziologie unserer Landeshauptstadt München läßt mich ein wenig an dieser Vitalität zweifeln. Bei Wilhelm Hausenstein ist nachzulesen, was aus München geworden wäre, ohne die Fremden, die sich hier – mit grantiger Duldung durch die Einheimischen – nieder gelassen haben. Zweifellos hätte unsere Vitalität schon in der Vergangenheit nicht ausgereicht, diese Stadt zu ihrer eigentlichen Bedeutung zu führen. Die Impulse kamen also von aussen – man kann dabei bis auf Heinrich den Löwen zurückgehen, oder auf den hochzulobenden Brauer, der aus Westphalen das erste Bockbier in das saure Weinland Bayern brachte. Ich brauche nicht im Einzelnen aufzuzählen, woher das alles kam, was wir mit Stolz unser Eigentum nennen. Die Rolle Bayerns in der vergangenen europäischen Kultur ist deswegen nicht weniger preiswürdig. Es hat den Nährboden gegeben für vieles, was anderwo nicht so üppig gediehen hätte können. Dieser Prozeß hat aber seine Spuren hinterlassen, auch wenn die Schaustellung unserer Vitalität sie manchmal nach aussen hin verdeckt. Denn tatsächlich hat dieses Land Bayern nicht ein eindeutiges, sondern ein gebrochenes Verhältnis zu drei Lebensbereichen, denen es naturnotwendig verhaftet ist: zur Vergangenheit, zur Umwelt, und zu seiner eigenen Zukunft.

Unser gespaltenes Verhältnis zur Vergangenheit ist offensichtlich. Die Bewahrer von Volkstum und Brauchtum möchten das zarte Pflänzchen echten bayerischen Heimatgefühls vor dem bösen Zeitgeist schützen, anstatt es gegen ihn abzuhärten. Bayerns Könige wandern durch das Bewußtsein des Landes als halbwirkliche Figuren von großer Anziehungskraft; sie bilden eine Art moralischer Garantie für das Bayerische in den Bayern, aber sie sind auch schon zu lange tot, um nicht ein Gewissensstachel zu sein.

Für die Restauratoren unserer Kunstdenkmäler ist der bayerische Barock eine Ausdrucksform, die niemals ihren Abschluß gefunden hat. Und in der Tat: was ist nicht alles immer noch barock am Leben in Bayern. Nur: wir geben das nicht gerne zu, weil wir uns genieren. Und wir genieren uns, weil wir Angst haben, man könnte über uns lachen. Das Verhältnis zu unserer eigenen Tradition ist unsicher.

Zu unserer Umwelt sind wir auch nicht unbefangen. Wir haben eine gewisse Vorstellung von Internationalität. In ihr mischen sich Mißtrauen und Neugier, wobei die Neugier meistens überwiegt. In der Zustimmung gegenüber den geistigen Importen aus anderen Ländern sind wir spontan, in der Kritik an unseren eigenen Dingen ungerecht, in beidem fehlt uns das sichere Urteil, weil wir uns nicht zutrauen, es fällen zu können. Die Vereinbarkeit von Jodler und Elektronenmusik scheint uns absurd – also entscheiden wir uns für eines von beiden und bewältigen keines ganz.

Da wir ohne Tradition nicht leben wollen und ohne Technik nicht leben können, schließen wir vor der Zukunft die Augen, und hoffen, dass sie uns vergisst. Wenn sie uns aber wirklich vergässe, würden wir die ganze Welt anklagen, schuldlos ein Hinterwäldler-Dasein führen zu müssen. So stellt sich in unserem Lebensraum im Kleinen heute schon dar, was im Großen das Problem der künftigen Kultur Europas ist. Es geht nicht ohne Zivilisation, aber es geht auch nicht mit ihr allein. Der Nährboden, den wir einer künftigen Kultur Europas anbieten können, ist nicht das Land Bayern mit seiner alten Kultur, sondern das Land Bayern mit seiner Zivilisation plus seiner alten Kultur. Dies müßte in unserem Lande eingesehen werden, und um es begreiflich zu machen bietet uns die Zivilisation selbst ein unvergleichliches Mittel an: den Rundfunk und das Fernsehen.

Vielleicht sollten wir uns einen Moment überlegen, daß der Rundfunk – in seiner optischen wie in seiner akustischen Qualität – nicht nur mit Programm arbeitet, sondern auch mit Zeit. Mit der Lebenszeit jedes einzelnen Menschen, für deren Ablauf er solange die Gestaltung übernimmt, als dieser Mensch zuhört oder zusieht. Dabei stehen sich zwei Faktoren gegenüber: der Rundfunk muß durch Qualität honorieren, daß ihm seine Teilnehmer ihre Zeit geben. Und die Teilnehmer müssen sich durch diese Qualität zum Anhören oder Ansehen des Programms verführen lassen, auch wenn sie eigentlich keine Zeit hätten. Daneben gibt es die ominöse Berieselung, die mit der Zeit umgeht als wäre sie gar nicht vorhanden.

Die Rolle, die der Rundfunk im Hinblick auf unser Thema spielt, ist schwerlich zu überschätzen. Denn er spricht seine Teilnehmer nicht als Masse oder Gemeinschaft an, sondern als einzelne Menschen in ihrer privaten Sphäre. Das Eigenartige ist, dass sich die Rundfunkteilnehmer selber auch gar nicht als Kollektiv fühlen – ganz anders, als im Kino, als im Theater oder im Konzert-Saal. Deshalb hat der Rundfunk mehr als jedes andere vergleichbare Instrument die Möglichkeit, die Meinung des Einzelnen zu bilden. Und in dieser privaten Sphäre beginnt seine Aufgabe gegenüber unserem Land.

Ich sprach vorhin von der Unsicherheit, die unser Verhältnis zur eigenen Vergangenheit, zu unserer Umwelt und zu unserer Zukunft trübt. Wenn der Rundfunk als Förderer eines gefestigten Gegenwartsdenkens in unserem Lande aufträte, müßte er zunächst dieser Unsicherheit zu Leibe rücken. Dies würde bedeuten, dass man Vergangenheit, Umwelt und Zukunft nicht mehr als isolierte Denk- und Gefühlsbereiche behandelt, sondern zusammen sieht. Dieses Zusammensehen von Erbe und Möglichkeiten wiederum wird nur gelingen, wenn im Bewußtsein unseres Landes die Isolation gegenüber der Welt, in der wir leben, ein Ende nimmt. Und hier bietet sich ein ungeheurer Stoff. Wir brauchen ein neues Nachbarschaftsgefühl Bayerns zu seiner Umwelt, und dies kann nur entstehen, wenn ihm ein Angebot an Weltstoff vorhergeht, das möglichst vielfältig, vor allem aber klar durchdacht sein sollte. Dies endlich setzt voraus, dass diejenigen die bemerkenswerte Rolle erkennen sollten, die diesem Instrument in der gegenwärtigen kulturellen Situation unseres Landes zufällt.

Ich bitte, diese letzten Gedanken über den Rundfunk nicht unbedingt als eine Kritik an den bestehenden Verhältnissen aufzufassen. Nur sollten diese Verhältnisse bestehen bleiben und sich nicht zugunsten eines zivilisatorischen Konformismus verändern. In Bayern ist der Rundfunk, soviel ich sehe, in einer anderen Lage als in den anderen Ländern. Er ist im Begriffe, den Beitrag Bayerns zu einer künftigen europäischen Kultur vorzubereiten. Wie dieser Beitrag aussehen wird, hängt von der Sicherheit des gegenwärtigen Lebensgefühls in unserem Lande ab – vom Fallen oder Bestehenbleiben unserer Hemmungen, vom Erwachen oder Ausbleiben eines weltbürgerlichen

Bewußtseins, vom Leben oder Sterben der vier Qualitäten, die Bayerns kulturelles Profil seit alters bestimmt haben: Bildung, Phantasie, Realismus und Bescheidenheit.

Um diese vier Qualitäten in die Welt von heute nahtlos einzufügen, brauchen wir ein kulturelles Gewissen in Bayern. Dieses Gewissen läßt sich nicht auf eine bestimmte Anzahl von Personen beschränken – es muß in allen Menschen unseres Landes entstehen. Der Rundfunk könnte es wecken, wenn man ihn nicht daran hindert.

[…]

Gründe für die Errichtung eines Studios des Bayerischen Rundfunks in Rom[1159]

Lebensstil und Architektur der Landeshauptstadt München zeigen deutlich, daß die kulturelle Orientierung Bayerns nach dem Süden nicht der Vergangenheit angehört. Das Interesse der lesenden Öffentlichkeit an Publikationen, die mittelmeerische Themen zum Gegenstand haben, ist immer noch im Steigen. Andererseits pflegen Menschen des Mittelmeerraumes heute mehr als je ihr Vorstellungsbild vom geistigen und kulturellen Leben der Bundesrepublik mit den Begriffen Bayern und München zu identifizieren. Sie zeigen ein starkes Bedürfnis, mit uns auf einer Ebene ins Gespräch zu kommen, die wenigstens einige ihrem eigenen Lebensbild verwandte Elemente aufweist. Dem kommt unsere Bemühung um eine Art von „südlichem Stil" entgegen. Fazit: der Kontakt Bayerns mit der internationalen Welt wird naturgemäß weit eher durch den Süden hergestellt, als durch irgendeine andere Blickrichtung.

Die Vermittlerrolle des Bayerischen Rundfunks in diesem Prozess trat bisher in zahlreichen Einzelunternehmungen zu Tage. An ihre Stelle eine besser fundierte, qualitativ höherstehende und lebendigere Produktion zu setzen, war schon seit einigen Jahren der Wunsch des Hauses. Dies führte in jüngster Zeit zu dem Gedanken, für den Mittelmeer-Raum eine eigene Redaktion mit der notwendigen technischen Ausrüstung zu schaffen. Als Sitz dieser Redaktion wurde die Stadt Rom gewählt, was – außer dem evidenten Direkt-Kontakt mit dem Mittelmeer-Raum – noch folgende Gründe hat:

Rom ist die Bayern am nächsten liegende internationale Metropole. Der internationale Charakter der Stadt beschränkt sich keineswegs auf den Vatican, dessen Funktionieren – außer bei großen kirchlichen Ereignissen – nach

---

[1159] Vgl. „Gründe für die Errichtung eines Studios des Bayerischen Rundfunks in Rom", ohne Datum, in: UA Passau, NL Raffalt sowie „Gründe für die Errichtung eines Studios des Bayerischen Rundfunks in Rom", Bayerischer Rundfunk Intendanz, 27.03.1962, München, in: BR HistArch, GR 656, Studio Rom.

außen kaum in Erscheinung tritt. Indessen könnte zum Beispiel eine seriöse Berichterstattung über die permanenten Ost-West-Gespräche, die in gewissen römischen Salons unabhängig von Tagesereignissen im Gange sind, einen außerordentlich interessanten Kommentar zur Beurteilung der Weltpolitik bilden.

Die Internationalität Roms zeigt sich weiterhin deutlich in der Weltgeltung seiner modernen Architektur, seiner Mode und seiner Filmproduktion.

Da Rom von nahezu allen, aus dem fernen, mittleren und nahen Osten kommenden Verkehrsflugzeugen als erste europäische Stadt angeflogen wird, kann die Zusammensetzung orientalischer Besucher der Stadt nicht bunter und interessanter gedacht werden.

Ebenso groß scheint die Attraktion Roms für die angelsächsische Welt zu sein, die in den letzten fünfzehn Jahren aus dieser Stadt geradezu das friedliche Schlachtfeld für ihre Begegnung mit der romanischen Mentalität gemacht hat.

Schließlich hat Rom – abgesehen von der vielfältigen und intensiven politischen Bemühung der Italiener um alle Staaten des Mittelmeergebietes – eine besondere Bedeutung für die mohamedanische Welt, die in sehr genau erwogener, distanzierter Sympathie des Vaticans eine Art Bundesgenossenschaft gegen den Atheismus erblickt.

So unterhalten viele mohamedanische Länder – neben ihrer diplomatischen Vertretung bei der italienischen Republik – noch eine Gesandtschaft am Vatican.

Trotz der außerordentlichen Vielfalt der von außen eindringenden Impulse ist das geistige und kulturelle Klima der Stadt – dank der gelassenen Mentalität ihrer Bevölkerung – nicht hektisch, sondern von Humor gewürzt und durch Grazie entschärft. Dies erleichtert eine publizistische Vermittlung all dieser Eindrücke außerordentlich. Es ist nirgends schwieriger als in Rom, eine Reportage langweilig zu machen, weil die Menschen es selbst verhindern. Dies bedeutet aber nicht, daß durch das Eindringen einer humanen Toleranz in den behandelten Gegenstand die Präzision der vermittelten Tatsachen nachlassen muß.

Rom ist der Sitz einer Reihe bedeutender wissenschaftlicher Institute, von denen für die Arbeit der Studios das Instituto arabico und das Instituto per il medio ed estremo Oriente besonders interessant sein dürften.

27 Nationen unterhalten wissenschaftliche und künstlerische Akademien und Kulturinstitute in der Stadt Rom.

Einen bedeutenden Anteil an dem wissenschaftlichen Ruf der Stadt Rom hat die Archäologie. Innerhalb ihres Gebietes ist der deutsche Beitrag auf stadtrömischem Boden durch ein noch auf Winckelmann zurückgehendes Institut besonders gefestigt. Die Geschichte der Wiederauffindung des echten Laokoon-Armes, wodurch eine dreihundertjährige irrtümliche Ergänzung der berühmten Plastik berichtet wurde, ist ein abenteuerlicher Roman, der sich glänzend verfilmen und ebensogut für den Hörfunk verwenden ließe – wobei Lessing und Goethe, noch unser gegenwärtiges Bildungsgut ohne Bereicherung bleiben würden.

Der Beitrag, der sich auf dem italienischen Element der Stadt Rom für das Fernseh- und Hörfunk-Programm ziehen ließe, ist gar nicht abzumessen. Er reicht von der italienischen Kammer-Oper des 18. Jahrhunderts bis zum traditionellen Fußballspiel Roma-Lazio, das alljährlich eine Art Privat-Carneval der Römer ist.

Hierher gehören auch die hervorragenden musikalischen Aufführungen im historischen Milieu, so etwa die Opern in den Caracalla-Thermen, die Orchester-Konzerte von S. Cecilia im Forum Romanum und die Musik-Feste der Römischen Bach-Gesellschaft in sonst unzugänglichen Privat-Palästen und Schlössern.

Nicht zu vergessen ist, daß sich in Rom die zentrale Planung für den italienischen Süden vollzieht, dessen Erschließung Italien bisher zu dem vordringlichsten europäischen Entwicklungsland hat werden lassen.

Schließlich bietet Rom ein in Europa einzigartiges Schauspiel dar, das die Stadt über ihre lokal-italienische Bedeutung weit hinaus hebt: das in der Stadt Rom von der Geschichte angehäufte Bildungsgut kennt nicht die Trennung zwischen gegenwärtigem Leben und musealer Vergangenheit. Es gibt keine andere Stadt in Europa, die sich mit Rom in der nahtlosen Verflechtung von niemals preisgegebener Vergangenheit und bewußtem gegenwärtigen Leben messen könnte. Da innerhalb der Bundesrepublik dasselbe Phänomen bestenfalls in Bayern festgestellt werden kann, würde die bayerische Lebens-Kontinuität durch die römische Parallele eine welt-bezogene, ernsthafte Unterstützung erfahren.

Dies alles involviert die Voraussetzung: wenn die komplexe Struktur des Landes Bayern nicht in Gefahr laufen soll, aus der Perspektive eines künftigen Europa als provinziell angesehen zu werden, ist eine spontane Austausch-Bereitschaft gegenüber dem mittelmeerischen Süden ebenso notwendig wie eine positive intellektuelle Wachheit gegenüber dem Norden.

Wenn man dies anerkennt, wird man von selbst zu dem Schluß kommen, daß das römische Studio – das ja allen deutschen Stationen zur Verfügung stehen soll – eine Programm-Aufgabe hat, die die innerbayerischen Verhältnisse weit überflügelt. Daß Bayern in der Lage ist, den Stil dieses Studios zu bestimmen, kann auf die divergierende Bevölkerung der Bundesrepublik einen erwägenswerten Einfluss haben. Hier kommt das – leider zu oft als primitiv geschmähte – Bildungs-Element des Rundfunks in seinem wahren Sinne zur Geltung.

Festrede im Cuvilliestheater in München[1160]
Rede zum 100. Geburtstag von Ludwig Thoma am 20. Januar 1967

[...]
Es musste erst dieses Jubilaeum herankommen, bevor wir uns auf Feststellungen besannen, die eigentlich seit einem halben Jahrhundert überfluessig, weil jedermann gelaeufig sein sollten – etwa: dass Ludwig Thoma ein Dichter unseres Landes, vielleicht der groesste seit Walther von der Vogelweide ist. Bei einem Manne wie Fontane betonen heute nur noch die Fachleute, in seinem Werk sei eine dichterische Summe des Preussentums gezogen; im Bewusstsein der gebildeten Welt ist er laengst nichts anderes als ein deutscher Dichter. Thoma hingegen, weil ein Bayer, hat seinen Hinterwaeldler-Stempel weg. Kurt Martens „Deutsche Literatur der Gegenwart" praegt ihn dem Wehrlosen nicht ohne Wohlwollen auf: „Auch der Altbayer Ludwig Thoma ist um seiner frisch-froehlichen Bauerngschichten und einiger bodenstaendiger Einakter willen den Heimatkuenstlern zuzuzaehlen." Ist „bodenstaendig" ein Diminuitiv?

In Italien wuerde kein Mensch auf den Gedanken kommen, Giovanni Verga, dessen Dichtungen im baeuerlichen Sizilien wurzeln, mit dem Epitheton „Heimatkuenstler" zu schmuecken, obwohl Sizilien in seiner Mentalitaet vom uebrigen Italien fast noch weiter entfernt ist, als wir von jenen Zonen, in denen die Richter ueber unsere Dichtung zumeist zuhause sind. Es bleibt also die Frage: hat Ludwig Thoma durch seine Liebe zu Bayern seine dichterische Verbindlichkeit gegenueber den Deutschen eingebuesst?

Der Mann, der als fuehrender Kopf den „Simplicissimus" zur ersten satirischen Zeitschrift deutscher Sprache von internationalem Rang erhob, kann nicht mehr dagegen kaempfen, dass man ihn zum Assoziationsobjekt fuer den allseits beliebten, uebergeordneten Kulturbegriff der „Seppl-Hose" hat werden lassen.

[...]
Wir muessen uns darueber klar sein, dass wir einen Mann feiern, der – wenn er noch lebte – den Gasballon unserer Selbstgefaelligkeit mit Wonne aufgestochen haette. Er haette nichts anbrennen lassen – nicht den famosen Begriff „Weltstadt mit Herz", den wir so leicht als vollendete Tatsache und so ungern als unerfuellte Forderung empfingen, nicht die Soziologie des Auswaertigen Dienstes, worin der Anteil unseres Landes nach der Maxime bemessen wird: „Ach, ein Konsulat in Feuerland ist frei, da koennen wir einen Bayern unterbringen.", nicht die Fronleichnamsprozession in Muenchen, die einstmals – viele von Ihnen werden sich noch daran erinnern –

[1160] Rede über Ludwig Thoma am 20.01.1967 im Cuvilliestheater in München, in: UA Passau, NL Raffalt.

gleichzeitig ein Fest des Glaubens und der bayerischen Lebenskraft gewesen ist und heute nur noch das organisierte Bild eines Wimpel- und Bannertreffens aufweist, wie es genausogut jede beliebige Industriestadt bieten koennte.

Welch ein Glueck, meine Damen und Herren, dass diese Stimme verstummt ist, die unserer Jugend klar gemacht haette, dass Heimat auch dann noch ein Trost sein kann, wenn man glaubt, es sei chic, sich ihrer zu schämen und dass die Liebe zu unserem Land der Anfang der Liebe zur Welt ist. Was taeten wir mit einem solchen Menschen, hielte er uns den „Bayernspiegel" von 1967 vor, worin wir erkennen muessten, dass er Recht hat, wenn er uns fragt: was ist euch eigentlich eure Heimat noch wert? Bringt, so frage ich, noch irgendjemand die Kraft auf, seine Heimat so zu lieben, an seiner Heimat so zu leiden, wie Thoma es getan? Wer von uns hielte seinem unbestechlichen Blick noch stand, diesem scharfsichtigen, pfeifenumwoelkten Auge, wenn es um das Bewusstsein geht: da ist Land und Wald, Berg und See, da sind Sonne, Regen und Schnee, und ein Himmel, der sich darueber spannt – und dem allen gehoere ich zu wie die Bank zum Haus, das Brot zum Tisch, der Pflug zum Feld? Das sind unzeitgemaesse Gefuehle, ich weiss, und sie waren es auch schon zu Thomas Zeiten.

[…]

Am Ende des ersten Weltkrieges bricht das Bayern Ludwig Thomas zusammen, er glaubt, sich in allem getaeuscht zu haben. Vielleicht war es ein Traum gewesen, sein Bayern, nur noch eine schuettere Form, unter der das echte Leben laengst erloschen war: Bestaendigkeit, aufrechter Sinn, Freude am einfachen Leben, und das Wohlgefuehl, das nur die Dankbarkeit gegen die Natur verleiht. Vielleicht war es eine romantische Sicht auf Bayern gewesen, der er so viele Jahre nachgegangen – voller Ironie und dennoch an der Wirklichkeit vorbeisinnierend? Selbst wenn es so war, koennen wir ihn gluecklich preisen. Denn er hatte wenigstens noch die Moeglichkeit, diesen Traum zu traeumen.

[…]

Es war die Heimat, die ihn hielt, wenn er seine Haut zum Markte trug gegen alles, was ihm an der Welt nicht passte. Mag ihm auch der Zusammenbruch dieses Haltes nicht erspart geblieben sein, er glaubte an sein Land und dessen Menschen. Er hat alle Defekte gesehen, die im bayerischen Charakter liegen – alle. Schonungslos hat er sie geschildert, wir erfreuen uns heute noch daran. Was ihn aber von uns trennt, ist die Frage: sehen wir diese Schattenseiten noch im selben Sinne wie er, der sie ruegte, weil es ihm um die Erhaltung des guten bayerischen Kernes ging – loben wir uns nicht seit langem zu Tode, weil es uns nur noch um ein Bild geht, das wir zeigen wollen, und nicht wie ihm um eine Sinnesart? Wuerde er uns nicht, wenn er unter uns traete, ganz einfach fragen: wo ist in Bayern – getraeumt oder nicht – wo ist in Bayern noch Heimat fuer mich?

Festrede zur Verleihung des Bayerischen Poetentalers[1161]
Rede zur Verleihung des Bayerischen Poetentalers in München im November 1969

[...]
Sind wir nicht alle immer wieder verführt, dieses Land Bayern in unserem Inneren zu etwas zu machen, was es in der mahlenden Mechanik unserer Tage gar nicht gibt und nach dem Willen vieler hart-realistischer Zukunftsplaner auch gar nicht mehr geben darf? Wir hören diese kostbare Musik, die irgendwann und irgendwo aus einem bayerischen Herzen aufgestiegen ist und sagen: ja – das ist Bayern – und schon sind wir auf einer Insel des Friedens und der Übereinstimmung gelandet. Diese Insel hat aber nichts zu schaffen mit der Wirklichkeit unserer Tage, worin sich längst jene gemütlich eingerichtet haben, die befriedigt zusehen, wie wir in unserem eigenen Haus zur Minderheit werden. Sind uns die Schmähungen nicht schon fast zur Gewohnheit geworden, mit denen man unser Wesen als schwerfällig und gedankenarm höhnt, unseren Stolz in Dummheit ummünzt und unsere Lebensfreude als hinterwäldlerisch verachtet? Zugegeben: es wird im Lande wenig unversucht gelassen, dieser wunderbaren bayerischen Gabe der Lebensphantasie die Flügel zu stutzen. Die katholische Kirche etwa, würde ich meinen, entwickelt darin einen Eifer, der entwaffnend ist, weil man ihn gar nicht für möglich hält. Dies führt – gemischt mit den Verkitschungen bayerischer Lebensart – bei vielen von uns zur Resignation. Resignieren aber kann man auf manche Weise, etwa durch die Flucht in die Vergangenheit oder in Pessimismus und Abkehr. Beides beobachten wir – die Flucht in die Vergangenheit bei einem Teil der Gebildeten und Fallweise bei konservativen Kabinettsmitgliedern, Pessimismus und Abkehr eher beim schlichten Bürger, für den die Kunst des Bretzenbackens noch zur Kultur gehört, deren Verfall er beklagt, indem er über letscherte Bretzen grantelt.
[...]

Europa und die Provinz oder Vom standfesten Ort in Krisenzeiten[1162]
Rede in Ingolstadt am 24. Juni 1972

[...]
Sehen wir uns Bayern an, das Bild einer Provinz im alten römischen Sinne. Von allem, was ich sagte, ist ein Quäntchen hier zu spüren. Der Machtkampf zwischen Ost und West hat eine sehr empfindliche Grenze, die vor unserer

---
[1161] Vgl. Rede anlässlich der Verleihung des Bayerischen Poetentalers im November 1969, in: UA Passau, NL Raffalt.
[1162] Europa und die Provinz oder Vom standfesten Ort in Krisenzeiten, in: UA Passau, NL Raffalt.

Haustüre verläuft. Wir haben eine reich gegliederte Landschaft, zum größten Teil von Menschen bewohnt, die noch immer mit den Jahreszeiten leben, obwohl die katholische Kirche im Zeichen des Fortschritts die Bittgänge, das Kirchweihfest und die Martinsgans als Magie anprangert. Wir haben aufstrebende Städte, aber nur eine mäßige Zahl von Großstädten, in denen die Atemluft Beklemmungen verursacht. In ihrem Lauf durch Bayern verwandelt sich die Donau aus einem Fluß in einen Strom, doch reicht dieser Beginn gerade nur aus, um das bayerische Selbstbewußtsein mit einem Hauch von Internationalität zu würzen. Im Ganzen genommen ist dieses Bayern immer noch das, was man ein Land nennen kann; zwar mit Maßen sich verwandelnd durch die Zeit, in der wir leben, aber eingedenk seines Charakters, seiner Stärken und seiner Schwächen.

Naturgemäß bleiben die Schmähungen nicht aus. In der Bundesrepublik als Bayer zu gelten, ist bekanntlich eine Belastung. In einer vielförmigen Gesellschaft, die die Entwurzelung zur Wohltat der Zivilisation erhoben hat, muß ein jeder auffallen, der im Tiefgang einer bäuerlichen und patriarchalischen Verbindung mit seinem Land das Gefühl für Heimat bewahrt hat. Aus dieser Wurzel kommt – glaube ich – das besondere Verhältnis Bayerns zur Tradition. Es ist zu primitiv, wenn man behauptet, wir seien der Tradition verhaftet, weil wir aus Trägheit die Kraft nicht aufbrächten, Tradition kritisch zu prüfen. Wenn man Tradition kritisch prüft, untersucht man, ob sie noch lebendig ist oder eine erstarrte Form, die nichts mehr besagt. Wenn man aber weiß, daß das Erbe der Vergangenheit, wie gut oder schlecht es auch sei, ein Teil des Charakters des Landes ist und daß dieses Land lebt – dann erübrigt sich die Kritik. Unsere Tradition lebt. Sie ist christlich, ihre Form ist katholisch, nicht nur im Glauben, sondern auch in der Kultur. Deshalb haben es ja auch die fortschrittlichen Kleriker so schwer, uns zu erklären, warum die Kirche jetzt von dieser Kultur nichts mehr wissen will, mit der sie über ein Jahrtausend lang unser Land in einen Glanz getaucht hat, auf den wir stolz waren und den wir jetzt als feudalistische Prunksucht verachten sollen. Die Kraftproben der Welt halten auch bei uns ihren Einzug. Auch vor uns taucht schon die Frage auf, ob wir uns nicht bereit finden könnten, in die Spottchöre einzustimmen, mit denen man heute die Geschichte und die Menschen, die sie gemacht haben, zu einem Trümmerhaufen aus Verblendung und Aberglauben „umfunktioniert". Es könnte der Augenblick kommen, da es auf der Welt und sonderlich in Europa nur noch wenige Stätten geben wird, an denen die Geschichte noch in das gegenwärtige Leben hereinreicht, weil ihre Tradition nicht folkloristische Maskerade, sondern in die Natur der Menschen eingewoben ist. Nur in der Provinz wird sich das allgemeine Bewußtsein erhalten können, das den Lebensgrund einer Kultur darstellt; die innere Übereinstimmung in der Auffassung vom menschlichen Leben, von seinen Rechten, Ansprüchen, Pflichten und von seiner Würde. Nur die Provinz kann heute noch ein Land des Bewahrens sein, das den weltweiten

Gegensatz zwischen Tradition und Fortschritt auf ein Maß zurückführt, welches dem Menschen verträglich ist. Wie immer der Massenstaat aussehen mag, der in vielen Köpfen als das Zukunftsbild einer nicht mehr westlich orientierten Bundesrepublik schon Gestalt gewonnen hat – mit jenen weiten Teilen Bayerns, die man heute noch im römischen Sinne als Provinz bezeichnen kann, wird dieser Massenstaat es schwer haben. Allerdings unter einer Voraussetzung: es muß gelingen, dieses Land zu einem neuen Bewußtsein seiner selbst zu führen. Dann ist es vielleicht dazu bestimmt, durch seine Eigenständigkeit, durch sein Maß und seine Kultur eines der letzten Zeugnisse zu sein, in deren Betrachtung spätere Zeiten erkennen, was das alte Europa war und was das neue sein könnte.

Manuskript „Variationen über Bayern"[1163]
Zweite, textlich sowie schnitttechnisch überarbeitete Fassung, ausgestrahlt am 25. Dezember 1973 im Bayerischen Fernsehen

Weiß und blau spannt sich der Himmel an seinen schönsten Tagen über dem Lande Bayern. Seine Bewohner sind längst nicht alle aus bayerischem Stamm. Den Norden haben die Franken inne, den Westen die Schwaben, in der Mitte, im Süden und Osten leben die Altbayern, und überall verstreut sind die Menschen, denen das Land nach dem letzten Kriege Zuflucht bot. Ihnen allen ist Bayern nicht ein nationaler, kaum ein vaterländischer Begriff, sondern etwas Wichtigeres: Heimat. Heimat ist die Übereinstimmung von Natur, Geschichte und menschlichem Leben. Man kann sie nicht erklären – ebensowenig, wie die Donau hier an den Ufern der Stadt Passau erklären kann, wie viele Flüsse des Landes sie in sich trägt. *Melodien gleich, die zusammenströmen, damit Musik ertönt.*

Musik

Passau, eine Stadt, von den Römern gegründet, von Italien geprägt. Ein Jahrtausend lang stand sie unter der Herrschaft geistlicher Fürsten aus bayerischen, österreichischen und böhmischen Geschlechtern. Im hohen Mittelalter entstand hier die Endfassung des Nibelungenliedes. Die kirchliche Gewalt des Bistums reichte bis nach Ungarn, dessen erste christliche Königin Gisela ihr Leben in Passau als Äbtissin beschloß. Eine Stadt, nicht frei von Melancholie, wie sie sich immer einstellt, wenn man versucht, dem Sinn der Geschichte nachzuspüren. Passau gehört noch keine zwei Jahrhunderte zu Bayern. Wie

---

[1163] Vgl. Manuskript „Variationen über Bayern", zweite Fassung, ausgestrahlt am 25.12.1973, in: UA Passau, NL Raffalt.

bayerisch aber seine Menschen in ihrem Wesen sind, tritt zutage bei ihren Festen. Da kommen die Bewohner des alten Passauer Landes, des unteren bayerischen Waldes bis hinein zur Grenze Böhmens, auf der Landzunge zwischen Donau und Inn zusammen, um zu feiern. Und wen feiern sie? Sich selber.

Musik

Dieses Feuerwerk hat ein Mann aus Franken inszeniert, der Nürnberger und italienische Erfindung ineinander mischte. Das Schunkeln haben sie aus dem Rheinland übernommen, und die untergelegte Musik stammt von dem Schwaben Werner Egk. Ihr Doppelrhythmus ist altbayerisch und heißt hierzulande „der Zwiefache" – spannungsreich wie der Charakter der Bayern zwischen Eigensinn und Gutmütigkeit, Bescheidenheit und Pracht, Wunderglauben und Stolz.

Musik

Der Passauer Dom – Barock, von Italienern erbaut. Manche mögen solches Pathos theatralisch finden, den Bayern ist Theater immer schon eine zweite Wirklichkeit gewesen. Sie schlossen den Barock in ihr Herz, weil er ihnen den Himmel vor Augen stellte wie ein Schauspiel. Sie brauchten seinen Inhalt nicht zu spielen, sie konnten ihn leben, Tag für Tag.
In Frauenau an der böhmischen Grenze spielt Erich Eisch mit Glas. Er wird dem Kopf, den er formt, zum Schluss die Narrenkappe aufsetzen. In der Welt der Vernünftigen hat der Narr keinen Platz. In Bayern trauen ihm manche noch zu, der einzig Weise zu sein.

Musik

Nicht einmal der Wissenschaft war es in Bayern erlaubt, nur auf ihre Nüchternheit zu pochen. Die Last der Wahrheit zu tragen, bedarf es der Kraft und der Anstrengung, die man besser aufbringt, wenn man sie dargestellt hat. Tausend Jahre hatte das Benediktiner-Kloster Metten schon gelebt, bevor es seiner Bibliothek dieses reiche Kleid überstülpte – und das ist schon wieder zweieinhalb Jahrhunderte her. Achtundvierzig Generationen Mönche trugen einen Glauben, der gleichzeitig Gesittung bedeutete, in das Land nördlich der Donau – in den bayerischen Wald. In den frühen klösterlichen Chroniken wird der Wald mit dem Worte „Eremus" benannt, der Sitz der Einsamkeit.
  Noch heute sind die Menschen im Walde wortkarg. Ihr Feind ist der böhmische Wind, der den Bauern den Weizen verweht. „Böhmischer Wind, ich bitt dich schön, laß mir mein Weizen am Berge stehn", sagt der

Bauer in einem alten Lied des Waldlandes. Aber der Wind hört nicht. Ohne Ernte hat mancher Bauer früher sein Feld verlassen und verlegte sich aufs Besenbinden. Im Lied hört man noch seine Klage: „Wenn ich die Besen gebunden hab, geh' ich die Straßen wohl auf und ab – Leute, wer kauft mir Besen ab?"

Nach Süden fällt das Waldland ab zur Donau. An ihrem Nordufer liegt Regensburg, einst ein Kastell des römischen Kaisers Marcus Aurelius, seit dem Mittelalter überragt von einem gotischen Dom. Er ist gleich den Kathedralen Frankreichs erbaut nach dem Prinzip, das der Heilige Thomas von Aquin vor siebenhundert Jahren formulierte: „Das Verlangen nach Erkenntnis der Wahrheit kommt erst zur Ruhe auf dem höchsten Gipfel, bei Gott." Damals war Europa noch ein christlicher Begriff und keine politische Utopie.

Die Idee einer übernationalen, geistigen Einheit verkörperten die Kaiser, die im nördlichen Teil des heutigen Bayern, in Franken, oftmals residierten – mit Vorliebe auf der Burg zu Nürnberg. Mit Recht fühlten sich die alten Nürnberger dem Weltgeschehen durch Jahrhunderte besonders nahe gerückt. Von ihrem Bürgerstolz künden die erzbeschlagenen Hochgräber des Johannis-Friedhofs, auf dem der Tod seine Schrecken eingebüßt hat und die Trauer der Hoffnung weicht.

Albrecht Dürer, der größte unter den Künstlern der Stadt, hatte einen jüngeren Zeitgenossen, Hans Sachs. Dieser zeigte das alte Nürnberg von der menschlichsten Seite. Sein Brot verdiente er als Schuhmacher, *seinen Geist labte er mit griechischer Philosophie,* seiner Phantasie verdanken wir sechstausend Gedichte. Die Lieder, die er als Meistersinger verfaßte, sind zugleich Kunst und Nürnberger Handwerk.

Musik

Von seinem Feldversteck aus hätte Hans Sachsens David nicht weit zu wandern brauchen, um nach Mainfranken zu gelangen – und damit in dessen glorreiche Stadt Würzburg. Der Wein, der an diesen Hängen wächst, ist dem Körper wohltätig und hat die Kraft, den Geist mit dem Leben zu versöhnen.

Größere Wunder noch traute man dem Heiligen Kilian zu, dem Reichspatron der Franken, unter dessen Schutz im Schatten des Neumünsters der Dichter Walter von der Vogelweide begraben liegt – obwohl er an den römischen Päpsten Zeit seines Lebens nichts Gutes hat finden können. Von Rom, Wien und Paris beeinflußt, präsentiert sich das Würzburg des achtzehnten Jahrhunderts. In seiner Residenz wird heute nicht mehr geistlichen Kurfürsten gehuldigt, sondern Mozart. Durch Tiepolos Treppenhaus und die Kaiserzimmer, dann hinaus in das Maintal nach Volkach, hinüber nach Bamberg, schließlich in die Eremitage von Bayreuth wird uns das Posthorn verlocken, das Mozart seiner schönsten Serenade eingefügt hat.

Musik

Weil wir schon beim Phantasieren sind – Arkadien, das Land reizender Nymphen, durch das der unglückliche Orpheus wandert, um die verlorene Eurydike in hinschmelzender Klage zu suchen, Arkadien gibt es auch in Bayern. Natürlich ist es sehr exklusiv. Folglich brauchen wir, um dorthin zu reisen, erst einmal ein Schloß – Pommersfelden. Und später ein Theater – das Markgräfliche in Bayreuth. Die Musik bietet – in der Oper „Orfeo" – der oberpfälzische Ritter von Gluck. Es fehlt nur noch die Nymphe, uns abzuholen. Hier ist sie.

Musik

In solch melancholischen Momenten überlegt der industrielle Zeitgenosse wahrscheinlich einmal mehr, welche unnützen Träume in diesem Lande durch die Römer geweckt worden sind, auf die ja schließlich der ganze arkadische Zauber zurückgeht. In künstlichen Ruinen hat man ihrer Welt nachgetrauert, die so schön heidnisch sind, daß es nicht einmal die Kirche störte.

Schon vor dem Christentum waren die Römer nach Bayern gekommen – Augsburg zum Beispiel verdankt ihnen seine Gründung. Sie hatten die Klarheit ihrer Sprache und den Luxus ihrer Bäder mitgebracht – Anlaß genug, um die natürliche Blickrichtung der Bayern auf den Genius zu lenken, der das Mittelmeer regiert. Denn wer will schon nach Norden schauen, wenn im Süden Venus winkt, die Göttin der Freude und der Schönheit, die allein bewirkt, daß der Reichtum die Verschwendung liebt und nicht den Geiz. Das gilt für Augsburg zumal, dem die Römer mit dem Fernhandel von Wolle und Textilien den ältesten Reichtum Bayerns zubrachten und gleichzeitig den Sinn für den Völkerfrieden.

Augustus, Gründer der Stadt, hatte die Idee von der unter einem Recht befriedeten Welt. Augsburg trägt seinen Namen.

Musik

Wer das Wasser bändigt, kann es zur Arbeit zwingen, das hatten die Augsburger von den Römern gelernt. Wer die Arbeit beherrscht, kommt zu Vermögen, so lehrte das Mittelalter. Wer die Früchte der Arbeit in die Welt verschickt, wird reich, das erkannten die Fugger. Inschrift in der Fuggerei: „Zum Heile der Stadt und aus tiefster Dankbarkeit für die von Gott empfangenen Güter stiften die Brüder Ulrich, Georg und Jakob Fugger ihren fleißigen, aber armen Mitbürgern einhundertsechs Häuser." Der erste soziale Wohnungsbau – begonnen im Jahr 1519. Gegenwärtige Miete pro Wohnung: Eine Mark und zweiundsiebzig Pfennig im Jahr. Kein Staatszuschuss. Den heutigen Reichen ins Stammbuch zu schreiben.

Im Jahr 99 nach Christus hatte Tacitus diese Stadt „splendidissima" genannt, die Glanzvolle. Siebzehn Jahrhunderte später verlangte die Welt von Augsburg immer noch Glanz – durch die Verarbeitung von Gold und Silber.

Im berühmten Augsburger Tafelsilber schlugen Schönheit und Gaumenlust zusammen. Und auch der Großmogul, von dem man die Gewürze bezog, kam da nicht mit. Doch hat die Üppigkeit ihre Grenzen – nicht nur die Augsburger, die Bayern insgesamt haben es oft erfahren durch Kriege, Plünderungen, Not und Pest.

Trotzdem sind sie optimistisch geblieben. Denn was man auf Erden genießt, hat der Himmel geschenkt. Zwar läßt sich der Himmel nicht beweisen – aber was bedeutet in Bayern schon ein Beweis? Das Paradies ist eine Notwendigkeit. Ottobeuren zeigt es.

Musik

Wer das Paradies erlangen will, darf sein Herz nicht an irdische Dinge hängen. Dazu mahnt die große Orgel, die kostbarste von Bayern, mit einem Lied aus der Pestzeit.

Musik

Die vielen Wohnungen im Hause des Vaters, von denen das Evangelium spricht, stellte man sich einstmals vor wie etwa das alte Bischofshaus in Bamberg, wohin wir nocheinmal gekommen sind, um die Heinrichsprozession zu sehen. Heinrich II., den die Byzantiner die Zierde Europas, seine Untertanen den Mönch auf dem Throne nannten, war um das Jahr 1000 römisch-deutscher Kaiser gewesen und hatte das Bistum Bamberg gegründet. Zusammen mit seiner Gemahlin Kunigunde hat ihn die Kirche später heilig gesprochen. Heute noch begehen die dankbaren Bamberger sein Gedächtnis alljährlich in einer großen Prozession.

Musik

Die Schädelplatten der beiden Heiligen hat man schon vor Jahrhunderten aus den Gräbern gehoben und in goldene Reliquiare gefaßt. In dieser Form tragen Erzbischof und Weihbischof das Kaiserpaar heute noch leibhaftig durch die Stadt. Manche mögen das für heidnisch halten. Sollte es aber fromm sein, wäre es dann falsch?

Als die Kaiserin Kunigunde noch lebte, trug sie diese Krone – heute verwahrt in der Schatzkammer der Münchner Residenz. Auch dort noch ist von den Heinrich-Schätzen zu spüren: Wer über das Land gebot, mußte geheiligt sein – und wenn nicht in seiner Person, so in seinem Amt. Deshalb haben auch die späteren Herrscher Bayerns es nie für einen Umweg gehalten, ihr

Land aus den Händen der Himmelskönigin zu empfangen. Die kalte Vernunft allein hat in Bayern niemals ausgereicht, um wirksam zu regieren.

Wer wunderbare Hilfe erlangt hat, gibt seine Dankbarkeit kund. Wer Hilfe in Zukunft erhofft, muß auf Erden seine Schwächen erkennen und bereuen. Niemand versteht die Fehler und die Unvollkommenheiten eines Menschen tiefer, niemand verteidigt sie beredter, als eine Mutter. Das katholische Bayern sah seine Mutter in der schwarzen Madonna von Altötting.

Nirgends im Lande zeigte sich wie hier, daß der Lohn des Kinderglaubens die Geborgenheit ist.

Musik

Wie überall, so ist auch in Bayern die tiefste Erfahrung des Glaubens der Tod. Johann Holzer hat ihn auf der Decke der Wallfahrtskirche Sankt Anton in Partenkirchen im Augenblick der Niederlage dargestellt. Gleichzeitig aber hat er den Menschen im Elend gezeigt und die Hartherzigkeit angeklagt, die auch hierzulande nicht unbekannt ist. Der Weihrauch – selbst im Himmel gestreut – hilft nichts gegen sie. Damit solche Schattenseiten nicht ungebührlich auffallen, sehen sich die Bayern gerne ein wenig kleiner; so können sie gewiß sein, wenn sie bitten, auch zu empfangen. Und empfangen haben sie nun wirklich. Denn was kann einem Volke besseres geschehen, als daß der Grundzug seines Wesens die Freude am Leben ist?

Musik

Königsdorf hat seinen großen Tag. Aus dem ganzen Alpenland sind Menschen zusammengekommen in ihrer angestammten Tracht, um eine neue Kompanie Gebirgsschützen gründen zu helfen. Die Vorfahren dieser Bauern haben im Jahre 1705 eine österreichische Armee angegriffen, die München besetzt hielt. Sie wollten die Hauptstadt für ihren Kurfürsten freikämpfen und sind in der Bauernschlacht von Sendling bis zum letzten Mann aufgerieben worden. Ein Dorf, das eine Schützenkompanie haben will, muss nachweisen, bei Sendling dabei gewesen zu sein. Königsdorf konnte es. Einer der Bauernführer von Sendling war der legendäre Schmied von Kochel – eine Figur, die für Bayern stets die Anhänglichkeit an eine Familie verkörpert hat, welche durch acht Jahrhunderte die Geschichte des Landes bestimmte: das Haus Wittelsbach. Die meisten Herrscher Bayerns waren voller Humor, legten Wert auf Etikette, um sie fortwährend zu durchbrechen, liebten die Musik und haben fürs Leben gern gebaut – zumal in ihrer Hauptstadt München. Fast immer eilte ihre Phantasie den Mitteln voraus, die ihnen zu Gebote standen. So ist München ein ewiges Rezitativ geworden, das auf eine künftige Arie zustrebt, deren Einsatz gerade eben bevorsteht.

Schlafzimmer in der Residenz, überschäumend von Rokoko. Bayern – hineingeträumt in französische Eleganz. Ein Gitter trennt vom Privatesten, dem Bett. Man paradierte damit. Geschlafen hat darin kein Mensch.

Schatzkammerstücke in italienischer Manier. Den verwendeten Steinen schrieb man magische Kräfte zu. Im Leben des Landes Bayern ist oftmals entscheidend, was sich nicht berechnen läßt.

Der Viktualien-Markt, das Herz der Weltstadt mit Herz. München liebt es, nach Laune die Gesichter zu wechseln. *Hier einige davon, begleitet von einem Bläsersextett des Münchner Komponisten Hans Ludwig Hirsch.*

Musik

Es war unvermeidlich. Jetzt sind auch wir dort angelangt, wo es im sinnigen Liede heißt, daß „des Königs Ludwigs Zweiten alle seine Schlösser stehn." Mit schuldigem Respekt – von allen Bayern war es vermutlich er, der mit der rauhen Wirklichkeit am wenigsten anfangen konnte. Hier in Linderhof träumte er von einer Vergangenheit, wie sie nicht war, haderte mit einer Gegenwart, die ihm nicht lag, und hoffte auf eine Zukunft, die ihn verstehen würde. Es bedurfte auch für einen König großen Mutes, gegen Zeit und Rechnung das Reich seiner Phantasie der Wirklichkeit näher zu rücken, und Schönheit, wie er sie empfand, zum Sinn seiner Herrschaft zu machen. Heute noch träumen manche Bayern von einer Welt, die golden ist, wie er sie sah. Diese goldene Welt aber liegt im Tal. Weit über ihr beginnt ein anderes Bayern. Der Prüfstein des Landes sind die Berge. Sie haben die Bayern gelehrt, zu erkennen, was Freiheit ist und zu ahnen, daß das Schicksal größer ist als der Mensch.

Musik

Die Menschen, die dieses Land geschaffen haben, waren weit entfernt von der Anmaßung, mit dem Leben umzugehen, als ob es ihnen allein gehöre. Das Thema zu den Variationen über Bayern ist das Vertrauen in den Ratschluß des Himmels, der es wohl mit uns meint.

[1164] Vgl. Rede zum Jahrestag der bayerischen Verfassung am 29.11.1974 in Landshut, in: UA Passau, NL Raffalt.

Bayern – Utopie und Wirklichkeit[1164]
Rede zum Jahrestag der bayerischen Verfassung, gehalten am 29. November 1974 in Landshut von Reinhard Raffalt

[…]

Ich habe vorhin die Lage Europas innerhalb der Welt angedeutet – nun ist es wohl an der Zeit, von der Lage Bayerns innerhalb Europas zu sprechen. Zu dieser Frage, meine Damen und Herren, schlägt heute die Stunde zur Besinnung. Und da ist es wohl nicht falsch, gleich mit dem Negativen anzufangen. Zugegeben, wir sind langmütig und – was die Artikulation unserer Gedanken betrifft – auch etwas langsam. Aber kann man es noch als Tugend bezeichnen, wenn wir den Herrschaften aus dem Norden, die viele Jahre hindurch keine Gelegenheit versäumt haben, uns als hinterwäldlerisch zu erklären, auch noch Führungspositionen in unserer Gesellschaft einräumen – samt Alterssitzen in unseren schönsten Landschaften, nur weil sie schneller reden und glauben, sie hätten damit den Nachweis erbracht, auch gescheiter zu sein als wir? Kann man es noch als Tugend rechtfertigen, wenn die berühmte „liberalitas Bavarica" dazu führt, daß in unseren Großstädten die Vereinsamung wächst und die Jugend der in Bayern beheimateten Stämme immer mehr verlernt, was es bedeutet, eine Heimat zu haben? Kann man es noch als Tugend plakatieren, wenn unsere Gastfreundschaft sich damit brüstet, eine Weltstadt mit Herz produziert zu haben, obgleich um den Preis, daß der Herzschlag des Landes darin immer weniger vernehmbar wird? Wir müssen künftig ein wenig von dem Hochmut abrücken, mehr zu scheinen als wir wirklich sein wollen. Denn das Trümmerfeld, das eine Gesellschaft ohne Gott und Gewissen am Ende des letzten Krieges hinterlassen hat und angesichts dessen sich das bayerische Volk eingedenk seiner tausendjährigen Geschichte eine demokratische Verfassung gab – dieses Trümmerfeld ist weggeräumt, aber nicht aus der Welt geschafft. Man wird sich fragen müssen, welchen Gefahren das lapidare Wort heute noch ausgesetzt ist, das den Artikel Eins unserer Verfassung bildet: „Bayern ist ein Freistaat".

Was bedeutet das? Ein freier Staat? Das ist Bayern nur in begrenztem Umfang, da seine wirtschaftliche und politische Handlungsfähigkeit mittlerweile mehr in die Zustände der Bundesrepublik einbezogen sind, als unsere Verfassung je vorsehen konnte. Ein Staat freier Bürger? Nun, das sind wir wirklich, bis zur Verwegenheit – nämlich genau bis zu der niemals definierten Demarkationslinie zwischen dem „Grant", den der Bürger sich erlauben kann, weil er der eigenen Existenz noch halbwegs sicher ist, sobald er fühlt, der Gegenstand eines landesfremden Spieles zu werden, dessen Einsatz er zahlen soll, ohne daß man ihn gefragt hätte. Grant und Ohnmacht – welch sonderbarer Gegensatz. Es sollte die Bewohner unseres Landes mit einem gewissen Stolz erfüllen, daß die Gegensätze in Bayern immer den Beigeschmack des Absurden hatten. Nicht ohne Vorbedacht hat der heilige Thomas von Aquin gesagt:

„credo quia absurdum – weil es unwahrscheinlich ist, deshalb glaube ich." Von hier aus können wir uns dem Lebensgefühl eines Staates nähern, der nur eingeschränkt ein freier Staat ist, zur Gänze aber ein Staat freier Bürger, dazu bestimmt, eine ihm selber unbequeme Abhängigkeit zu dulden, obwohl er eine eigene Verfassung hat und zwischen Grant und Ohnmacht mit Fug und Recht behauptet, ein Freistaat zu sein.

[…]

Wenn wir in unserer Hymne singen „Er behüte deine Fluren", dann bekennen wir uns nicht nur zur Heimaterde und zur Frömmigkeit, sondern zu einem Zustand unseres Landes – zur Beständigkeit, die ihre Kraft aus dem Glauben zieht, daß der Mensch zwar der Herr des Erdreichs sein kann, aber nicht der Herr seiner selbst. Einzusehen, wie sehr jeder auf den Nächsten angewiesen ist, verlangt eine Bescheidenheit, an der gemessen die Querelen der industriellen Gesellschaft bedeutungslos werden, weil in einem so aufgefaßten Leben die Zufriedenheit wesentlicher ist als die Gier nach den flüchtigen Gütern des Reichtums und der Macht. Bayern wird nur Bayern bleiben, wenn die Bewohner dieses Landes sich unablässig darauf besinnen, der Heimaterde den Vorrang zu geben vor den Ideologien, die uns heute – auch in christlicher Verbrämung – so gerne zum Sozial-Hochmut und zur Selbstgerechtigkeit verführen würden. Die Ideologien sind von Menschen gemacht, mit der Heimaterde aber ist Gott.

Durch die Katastrophen des letzten Krieges haben viele Werte ihren Sinn verloren – so die Treue, die Tapferkeit und das Vaterland. Bayern wäre wie kein anderes Land Europas dazu geschaffen, an die Stelle solcher fragwürdig gewordener Werte andere zu setzen – für die Treue die Verantwortung des Bürgers, für die Tapferkeit die Überwindung der Menschenfurcht, für das Vaterland die Heimat. Blicken wir uns doch um – warum kommt man denn in hellen Scharen, um sich bei uns niederzulassen? Warum kann man trotzdem nicht darauf verzichten, uns für Tölpel zu erklären, obwohl man Bürger dieses Landes geworden ist? Und warum sind so viele dieser Neubürger andererseits bereit, einen bayerischen Patriotismus zu entwickeln, wie wir ihn selber nie für nötig gehalten haben? Doch nur, weil sie die Kraft des Landes und seiner Menschen spüren, die aus dem Heimatgefühl erwächst und der sie nichts Vergleichbares entgegensetzen können. Wir haben keinen Grund, auf eine solche Erkenntnis stolz zu sein. Das Heimatgefühl entwickelt sich durch ein Geflecht menschlicher Beziehungen im gleichen Lebensraum und durch die gleiche Auffassung von Freiheit, Ordnung und Würde. Deshalb bedeutet Heimat nicht nur Geborgenheit, sondern auch Verpflichtung. Sie kommt zum Tragen im Staat. Menschen, deren Heimat mit ihrem Staat identisch ist, fühlen sich als Einheit und fassen ihren Staat nicht als Ergebnis der Politik oder der Bürokratie, sondern als Volksstaat auf. Dies ist die Grundlage für die bayerische Verfassung, welche nicht von ungefähr sich selbst als demokratisch bezeichnet. Lassen Sie uns einen Augenblick darüber nachdenken.

Das Wort „Demokratie" heißt „Herrschaft des Volkes". Nun gibt es in unserer nächsten Nachbarschaft einen deutschen Staat, der sich als Volks-Demokratie versteht. Das Wort ist verräterisch. Denn „Volks-Demokratie" kann eigentlich nur bedeuten „Herrschaft des Volkes über das Volk" – und so sieht dieser Staat ja auch aus. Im Namen des Volkes herrschen Einzelne über das Volk. Im Sinne der bayerischen Verfassung dagegen haben die Vertreter des Volkes zugunsten des Gemeinwohls zu arbeiten, aber sie besitzen nicht das Recht, den Bürger unter Berufung auf das Gemeinwohl zu kommandieren. Nie in der neueren Geschichte war der Begriff „Demokratie" so belastet wie heute, nie hat sich Demokratie im täglichen Ringen vergleichbar bewähren müssen, nie war das Gleichgewicht zwischen Regierungs-Vollmacht und Freiheits-Anspruch gefährdeter. Das Maß an Freiheit, das der Bürger verlangt, gerät in Konflikt mit dem Willen zur Ordnung, den der gleiche Bürger zu seinem Schutz entwickelt. Darüber hinaus geht die allseitige Forderung, der Menschenwürde ihr Recht zu sichern. Um all das in Harmonie zu bringen, hat unsere Verfassung in einem Augenblick des allgemeinen Chaos darauf bestanden, Bayern als Freistaat zu definieren. Darauf können wir sehr wohl stolz sein – aber erfüllen wir, jeder Einzelne, wirklich die Voraussetzung, in unserer eigenen Existenz diesen Freistaat zu verkörpern?

Ich kann mich des Eindruckes nicht erwehren, als blickten manche Bundesländer auf unseren Freistaat mit schlecht verhohlenem Neid. Von außen gesehen ist Bayern ein privilegiertes Land, worin Volk und Staat in tausendjähriger Geschichte zur Einheit geworden sind. Aber von innen? Sind wir wirklich bereit, für dieses Land im Herzen Europas die Opfer zu bringen, die der Begriff des Freistaates von uns verlangt? Wann endlich werden wir uns selber helfen, anstatt die kläglichen Bittgänge nach Norden fortzusetzen, die uns zwar Geld einbringen, aber auch die Abhängigkeit von einer landesfremden Politik? Wann wird Bayern sich entschließen, Kapital aus der Tatsache zu schlagen, daß es in Österreich und der Schweiz Verbündete hat, die durch eine gewachsene alpenländische Nachbarschaft die natürlichen Freunde Bayerns sind – so sehr man sich in der Vergangenheit auch gezankt haben mag? Die europäische Idee ist beinahe bankrott. Die alpenländische Nachbarschaft ist es nicht – und sie wäre das Herz Europas, das endlich zu schlagen beginnen sollte.

Hier sind wir wieder bei einer Utopie angelangt, der die harte politische Wirklichkeit entgegenzustehen scheint. Bayern kann, da es zum Verband der Bundesrepublik gehört, keine selbstständige Außenpolitik betreiben. Anders sind die Möglichkeiten in der Wirtschaft, anders in der Kulturpolitik. Beide Bereiche des privaten und öffentlichen Lebens würden, so meine ich, eine gewisse Kurskorrektur verdienen. Angesichts der gegenwärtigen Weltlage wäre es wohl kein Fehler, die Frage neu zu überdenken, wieviel Sinn es noch hat, Geld und Investitionen für weit entfernte Länder aufzuwenden, solange deren Machthaber ihre Politik prinzipienlos jedem zuschlagen, der ihrem Überwertigkeits-Komplex am geschicktesten Nahrung gibt. Europa liegt näher – und

Entwicklungshilfe ist auch in unserem Land noch keineswegs überflüssig geworden. Materielle Aufwendungen bilden aber nur einen Teil der Entwicklungshilfe, der andere ist geistiger Natur. Was wissen wir eigentlich von unserer Herkunft, unserer Geschichte, was von der Gestalt, die Europa angenommen hätte, wenn man Bayern wegdächte? Bedenklich wenig. Was wissen wir von den Möglichkeiten, die das Land aus sich selbst anbietet – für die Zukunft, oder – Gott behüte – für die Zeiten der Not? Wir können es uns nicht mehr leisten, in einem Freistaat namens Bayern zu leben ohne ein bayerisches Staatsbewusstsein, und diesem ist nicht genüge getan, wenn es ausschließlich beim Fußball zum Ausdruck kommt. Die Zeit wird ernster und unsere Sorgen werden sich nicht verringern. Dafür gibt es ein todsicheres Merkmal – das Verhalten der Jugend. Die Kommunarden sind verschwunden, die Gammler verflüchtigen sich, die Droge verliert ihren Reiz, Wasser und Seife kommen wieder zu Ehren, man setzt sich ein Ziel, lernt, schuftet – und selbst die Liebe gibt es plötzlich wieder. Die Nostalgie-Welle sollte ein Warnruf sein – für uns, die wir dieser Jugend die Hand reichen müssen; denn es liegt an uns, den jungen Menschen dieses Landes einleuchtend zu machen, daß es nicht gleichbedeutend ist mit Unterwerfung unter die repressive Gesellschaft, wenn man Bürger ist im Freistaat Bayern. Und es liegt an uns, der Selbstverherrlichung den Kampf anzusagen, die Unvollkommenheiten einzugestehen, die zum Wesen dieses Volksstaates gehören wie die Schwächen zur menschlichen Natur. Schließlich werden wir umso glaubwürdiger sein, je tiefer wir bedenken, daß Bayern nicht denkbar ist ohne Religion. Welche Kapriolen Theologen und Kapläne auch immer schlagen mögen, um die Verweltlichung der Kirchen voranzutreiben – sie werden es ebensowenig wie die Marxisten fertig bringen, unser Land total zu verweltlichen. Denn immer noch lebt in uns ein Vertrauen, das über diese Welt hinausgeht. Es ist ausgedrückt in der Präambel zur bayerischen Verfassung. Und es dringt aus unserem Herzen, wenn wir singen: „GOTT MIT DIR, DU LAND DER BAYERN."

Festrede auf die Theatinerkirche[1165]
Rede zur 300. Jahrfeier der Münchner Theatinerkirche am 04. Mai 1975 von Reinhard Raffalt

[...]
Die Weltgeschichte kann eine Kette von Prozessen sein, die sich zwar nicht in ihrem Resultat, aber in ihrem Verlauf grenzenlos wiederholen. Große Teile der Welt hängen dieser Theorie an. Hierzulande sieht man, Gott sei Dank, den Menschen noch als menschlich geschaffen an, als ein Wesen, das einen

---
[1165] Döpfner, Julius (Hrsg.): 1675–1975. 300 Jahre Theatinerkirche. St. Ottilien 1975.

Nachbarn hat, dem vertraut oder mißtraut werden kann, einen Partner, den man liebt oder haßt.

Jedenfalls aber zeigt Bayern in seinen Menschen, daß diese entschlossen sind, mit der Welt zu leben, die sie prägte, einschließlich der Vorzüge und Fehler, welche sie aufweist. Man mag dieses Land als eine Insel der Utopisten betrachten, diese selbst werden immer das Gefühl von Heimat behalten, welches jenseits allen Haders eine vertraute und gütige Erde zu geben weiß. Zwischen der Geschichte und der Zukunft wird dieses Land die Forderung des Augenblicks erkennen müssen. Sie heißt: Zusammenhalten, damit das Bild von Bayern, das jeder, der dieses Land liebt, in sich trägt, nicht an Auszehrung stirbt, damit also Werke wie die Theatinerkirche, auch in ihrem inneren Sinn, nicht zum Gegenstand der Vergeßlichkeit werden – angesichts der schweren Zeiten, deren Vorzeichen wir täglich sehen.

Es fehlen nur noch wenige Jahre, bis sich acht Jahrhunderte vollendet haben seit dem Tage, an dem das Haus Wittelsbach begonnen hat, die bayerischen Lande zu regieren – und zu formen. Es ist ein Gebot nicht nur der Ehrfurcht, mehr noch der Dankbarkeit, zu einem solchen Anlaß der Fürsten zu gedenken, welche es uns ermöglicht haben, dieses Land als Heimat zu empfinden und die Welt nicht als Fremde. Zusammenhalten – das heißt, wissen, daß man zusammengehört. Ich meine, hierzulande sollten sich alle des Zusammengehörens bewußt werden, denen Wärme und Geborgenheit, Wahrheit der Empfindung und Freiheit der Rede noch mehr wiegen als der Kitzel des puren Geschäfts.

Wenn das Bayernlied die Worte enthält „er behüte deine Fluren", dann sollte man das nicht nur als ein Bekenntnis zur Heimaterde und zur Frömmigkeit auffassen. Gemeint ist damit der Zustand dieses Landes – die Beständigkeit, die ihre Kraft aus dem Glauben zieht, daß der Mensch zwar der Herr des Erdreiches sein kann, aber nicht der Herr seiner selbst. In einem so aufgefaßten Leben wird die Zufriedenheit wesentlicher sein als die Gier nach den flüchtigen Gütern des Reichtums und der Macht.

Wäre es denn wirklich so falsch, dem Gefühl für Heimat den Vorrang zu geben vor den Ideologien, die uns heute – zum Teil nicht ohne christliche Verbrämung – so gerne zum Sozialhochmut und zur Selbstgerechtigkeit verführen möchten? Die Ideologien sind von Menschen gemacht, mit der Erde der Heimat aber ist Gott.

Die jungen Menschen dieses Landes werden vielleicht manche Schwierigkeiten damit haben, daß es nicht gleichbedeutend ist mit der Unterwerfung unter die gegenwärtige Gesellschaftsform, wenn man ein Bürger Bayerns ist. Es liegt an uns Älteren, der Selbstverherrlichung den Kampf anzusagen und die Selbstbesinnung an ihre Stelle zu setzen.

[…]

II. Verzeichnis der für den Bayerischen Rundfunk produzierten Sendungen

1. Hörfunksendungen von Reinhard Raffalt[1166]

Nr.	Hörfunksendungen von und mit Reinhard Raffalt	Abteilung des BR bzw. Bezeichnung	Aufnahmedatum	Gesendet am	Dauer
1	Donaufahrt	BR: Hörbild / Reihe: „Land und Leute"	–	02.08.1948	–
2	Gespräch am Orgeltisch – Gespräch zwischen Reinhard Raffalt und Alois Fink	BR: Hörbild / Reihe: „Nachtstudio"	–	15.04.1949	–
3	Skizzen einer österlichen Stadt – Passau	BR: Hörbild / Reihe: „Land und Leute"	–	16.04.1949	–
4	Vom Spessart zum Odenwald Musik: Freie Improvisation am Klavier (ca. 15'00)	BR: Hörbild / Reihe: „Wanderungen durch Bayern"	20.08.1949	04.09.1949	29'49
5	Amorbach – Kirche und Orgel	BR: Hörbild / Reihe: „Land und Leute"	–	10.10.1949	–
6	Weinlese in Franken	BR: Hörbild	07.10.1949	18.10.1949	30'05
7	Pilgerfahrt nach Rom – auf alten Straßen durch Italien	BR: Hörbild / Reihe: „Land und Leute"	–	18.12.1949	–
8	Über den verborgenen Gott – Zwiegespräch zwischen einem Heiden und einem Christen (mitgeteilt von Nikolaus von Kues, Kardinal von St. Peter ad Vincula)	BR: Hörbild / Reihe: „Land und Leute" – nicht gesendetes Manuskript, zwei Manuskriptversionen	–	–	–
9	Die sieben Hauptkirchen von Rom	BR: –		02.02.1950	–

[1166] Vgl. Verzeichnis aller nach umfassenden Recherchen im BR-Schallarchiv nachweisbaren Hörfunksendungen von Reinhard Raffalt. Datum der Aufnahme und Erstsendung sowie Dauer vermerkt, soweit in den Archivalien belegt. Besonderer Dank gilt dabei Otto Striebel für sein großes Engagement bezüglich der Ton- und Bilddokumente Reinhard Raffalts.

Nr.	Hörfunksendungen von und mit Reinhard Raffalt	Abteilung des BR bzw. Bezeichnung	Aufnahmedatum	Gesendet am	Dauer
10	Primavera Fiorentina	BR: –	–	23.03.1950	–
11	Bach in deutschen Kirchen (Rundgespräch mit Dr. Sattler)	BR: –	–	25.05.1950	–
12	Musik und Architektur	BR: Nachtstudio	–	25.05.1950	–
13	Sizilien	BR: –	–	09.08.1950	–
14	Salzburg	BR: Hörbild / Reihe: „Land und Leute"	–	27.07.1950	–
15	Der Palio in Siena	BR: –	–	26.08.1951	–
16	Kirchenmusik aus der deutschen Nationalkirche Santa Maria dell'Anima in Rom	Aufnahme erfolgte durch die RAI	25., 27. und 30.11.1951	–	162'37
17	Die Situation der Ostkirchen	BR: Kultur / Reihe: „Diese unsere Welt"	08.04.1952	–	28'15
18	Italienische Unterhaltungsmusik	BR: –	–	17.04.1952	–
19	Land am Nil	BR: –	–	12.10.1952	–
20	Jerusalem und die östliche Christenheit (Streit um Jerusalem)	BR: Hörbild	–	13.10.1952	35'00
21	Tanganjikafahrt	BR: Hörbild	16.10.1952	11.12.1952	67'20
22	Forum Romanum	BR: Kultur / Reihe: „Diese unsere Welt"	27.02.1953	–	29'00
23	Adenauer exportiert keine Madonnen – Deutsch-italienische Kulturbeziehungen	Manuskript vom Februar/ März 1953	–	–	–
24	Corelli und der römische Barock	BR: Hörbild / Ausland	04.03.1953	25.05.1953	28'15
25	Das neue Land der Christenheit	BR: Hörbild	–	03.04.1953	–
26	Monte Cassino, die Mutter der abendländischen Klöster	BR: Kirchenfunk / Reihe: „Katholische Welt"	–	23.08.1953	30'00

Nr.	Hörfunksendungen von und mit Reinhard Raffalt	Abteilung des BR bzw. Bezeichnung	Aufnahmedatum	Gesendet am	Dauer
27	Die Geburt der Melodie in Italien	BR: –	–	06.09.1953	–
28	Apizius, der Wirt mit der antiken Küche	BR: Hörbild / Reihe: „Unsere Nachbarn"	–	08.10.1953	–
29	Die Villa des Horaz	BR: –	–	18.10.1953	–
30	Bedrohter Süden	BR: –	–	22.10.1953	–
31	Die Heiligen der ersten Tage	BR: Hörbild	–	01.11.1953	60'00
32	Roma – Lazio	BR: –	–	12.11.1953	–
33	„Magia Verde" Deutscher Titel: „Das grüne Geheimnis" Ein Dokumentarfilm von Leonardo Bonzio (Auszeichnung: „Palme" von Cannes 1953)	Manuskript: Filmkritik / November 1953	–	wurde nicht gesendet	–
34	„Vitelloni" Deutscher Titel: „Die Müßiggänger" Eine Tragikomödie von Federico Fellini (Auszeichnung: „Silberner Löwe" von Venedig 1953)	Manuskript: Filmkritik / November 1953	–	wurde nicht gesendet	–
35	Familie Battistini feiert Weihnachten	BR: Hörbild	17.12.1953	25.12.1953	41'30
36	Volksmusik aus Italien	BR: Schulfunk	–	27.01.1954	30'00
37	Neapel – oder die Kunst zu überleben	BR: Hörbild / Reihe: „Am Rande unseres Kontinents"	04.02.1954	05.02.1954	60'05
38	Rom und die Römer	BR: –	–	07.02.1954	–
39	Die Nacht von Santiago	BR: Hörbild	10./11.03.1954	15.04.1954	42'00
40	Die Geburt des barocken Rom	BR: Hörbild	20.03.1954	21.03.1954	51'35

Nr.	Hörfunksendungen von und mit Reinhard Raffalt	Abteilung des BR bzw. Bezeichnung	Aufnahmedatum	Gesendet am	Dauer
41	Vier Apostel – ihre Schicksale und Wege: Jakobus und Andreas	BR: Hörbild / Reihe: „Land und Leute"	06.04.1954	10.04.1954	44'20
42	Vier Apostel – ihre Schicksale und Wege: Markus und Thomas	BR: Hörbild / Reihe: „Land und Leute"	08.04. und 10.04.1954	17.04.1954	42'30
43	Familie Battistini feiert Ostern	BR: Hörbild	15.04.1954	18.04.1954	26'10
44	Die Nacht von Santiago	BR: Hörbild / Kultur und Erziehung	15.04.1954	15.04.1954	46'50
45	Capri oder der extreme Westen	BR: Hörbild / Reihe: „Am Rande unseres Kontinents"	–	11.06.1954	–
46	Familie Battistini fährt in Urlaub	BR: Hörbild	–	15.08.1954	–
47	Der Traum des Kaisers Akbar	BR: Hörbild / Reihe: „Diese unsere Welt"	–	12.12.1954	30'00
48	Drei Wege durch Indien: „Die Straße der Götter" (I. Teil)	BR: Hörbild	27.12.1954	28.12.1954	59'40
49	Drei Wege durch Indien: „Die Straße der Wiedergeborenen" (II. Teil)	BR: Hörbild	28.12.1954	30.12.1954	57'45
50	Drei Wege durch Indien: „Die Straße der Erlösung" (III. Teil)	BR: Hörbild	30.12.1954	03.01.1955	55'45
51	Passau	BR: Schulfunk / Reihe: „Erdkunde"	–	24.02.1955	30'00
52	„Ignatius von Loyola"	BR: Hörbild / Reihe: „Welt der Männer"	–	31.03.1955	–
53	„Aurangseb – Der letzte Kaiser Indiens"	BR: Hörbild / Ausland / Reihe: „Welt der Männer"	09. und 10.07.1955	12.08.1955	49'30

Nr.	Hörfunksendungen von und mit Reinhard Raffalt	Abteilung des BR bzw. Bezeichnung	Aufnahmedatum	Gesendet am	Dauer
54	Städte, die die Welt bedeuten: Rom	BR: Hörbild / Ausland / Reihe: „Städte, die die Welt bedeuten"	30./31.07. 1955 und 04.08.1955	09.09.1955	59'55
55	Reinhard Raffalt, Hans Stein, Wolf Posselt: Beisetzung des Kronprinzen Ruprecht von Bayern	BR: Reportage	06.08.1955	06.08.1955	58'25
56	Orgelimprovisationen über zwei alte bayerische Lieder	BR: –	–	06.08.1955	–
57	Städte, die die Welt bedeuten: Venedig	BR: Hörbild / Ausland / Reihe: „Städte, die die Welt bedeuten"	13./14.12. 1955	12.01.1956	49'50
58	Bücher für den Weihnachtstisch: „Concerto Romano"	BR: Buchvorschläge	–	18.12.1955	–
59	Das römische Bethlehem (Santa Maria Maggiore)	BR: Hörbild / Ausland	15.12.1955	25.12.1955	47'05
60	Tag eines Papstes (Pius XII.)	BR: Hörbild	–	02.03.1956	–
61	Iden des März – Cäsar	BR: Hörbild	09.–11.03.1956	15.03.1956	56'55
62	Semana Santa in Cordoba	BR: Hörbild / Ausland	27.03.1956	30.03.1956	55'30
63	Ratschläge für Romreisende	BR: –	–	19.04.1956	–
64	Familie Battistini fährt aufs Land	BR: Hörbild / Ausland	10.05.1956	20.05.1956	36'35
65	Städte, die die Welt bedeuten: Hongkong	BR: Hörbild / Ausland / Reihe: „Städte, die die Welt bedeuten"	01., 02. und 10.12.1956	13.12.1956	49'35
66	Die kleine und die große Überfahrt (I. Teil)	BR: Hörbild / Ausland	21. und 22.12.1956	28.12.1956	55'40

Nr.	Hörfunksendungen von und mit Reinhard Raffalt	Abteilung des BR bzw. Bezeichnung	Aufnahmedatum	Gesendet am	Dauer
67	Die kleine und die große Überfahrt (II. Teil)	BR: Hörbild / Ausland	22. und 23.12.1956	02.01.1957	53'20
68	Die kleine und die große Überfahrt (III. Teil)	BR: Hörbild / Ausland	27. und 28.12.1956	04.01.1957	58'50
69	Guaglione	BR: –	–	20.02.1957	–
70	Eine Reise nach Neapel … e parlare italiano (Italienischer Sprachkurs)	BR: Hörbild / Land und Leute	1956/57	ab Oktober 1956	je 30'00
71	Städte, die die Welt bedeuten: Kalkutta	BR: Hörbild / Ausland / Reihe: „Städte, die die Welt bedeuten"	–	09.05.1957	–
72	Familie Battistini macht Abitur	BR: Hörbild / Ausland	–	03.11.1957	43'20
73	Familie Battistini macht kurzen Prozeß	BR: Hörbild / Ausland	–	21.11.1957	–
74	Familie Battistini macht Karriere	BR: Hörbild / Ausland	–	05.12.1957	35'25
75	Stornelli Romani	BR: –	–	25.12.1957	41'50
76	Alma Mater 1958: Die Gregoriana	BR: –	27.03.1958	–	–
77	La piú bella del mondo	BR: –	–	30.03.1958	–
78	Alma Mater 1958: Salamanca	BR: –	–	08.05.1958	–
79	Das römische Leben der Paolina Bonaparte	BR: Hörbild / Reihe: „Diese unsere Welt"	–	06.07.1958	28'50
80	Portraits aus acht Jahrhunderten: Orlando di Lasso (800 Jahre München)	BR: Hörbild / Inland / Reihe: „800 Jahre München – Portraits aus acht Jahrhunderten"	19.07.1958	26.07.1958	29'15

Nr.	Hörfunksendungen von und mit Reinhard Raffalt	Abteilung des BR bzw. Bezeichnung	Aufnahmedatum	Gesendet am	Dauer
81	Das spanische Orakel des Balthasar Gracian	BR: Hörbild / Reihe: „Diese unsere Welt"	26.07.1958	–	28'20
82	Die Ordnung der Welt und der Musik (dargestellt am Beispiel Indiens)	BR: Hörbild / Reihe: „Diese unsere Welt"	05.09.1958	–	28'00
83	Sondersendung zum Tod von Papst Pius XII. – Überführung von Papst Pius XII. von Castelgandolfo nach Rom (10.10.1958), Aufbahrung Pius' XII. in St. Peter (11.10.1958), Glockenschläge von St. Peter	BR: Zeitfunk / Hörbericht aus Rom	10. und 11.10.1958	–	39'00
84	Beisetzung von Papst Pius XII. in St. Peter in Rom am 13.10.1958	BR: Zeitfunk / Hörbericht aus Rom	13.10.1958	–	32'40
85	Römischer Herbst (Autunno di Roma)	BR: Kultur	01.11.1958	–	–
86	Campo Santo Teutonico	BR: Hörbild / Ausland / Reihe: „Das offene Fenster"	–	16.11.1958	11'97
87	Karl V.	BR: Hörbild	20.11.1958	–	114'00
88	Einzug in Venedig	BR: Hörbild	29.11.1958	–	103'20
89	Die Grotten von St. Peter in Rom	BR: Hörbild / Reihe: „Diese unsere Welt"	30.11.1958	–	31'15
90	Die großen Liebenden: „Romeo und Julia"	BR: –	–	14.12.1958	–
91	Die Straße der sieben Katzen	BR: Hörbild / Ausland	28.01.1958	01.01.1959	57'50
92	Das Konklave 1958	BR: Hörbild / Sondersendung	–	–	48'50
93	Noblesse oblige	BR: Hörbild / Ausland / Reihe: „Das offene Fenster"	01.02.1959	01.02.1959	14'25

Nr.	Hörfunksendungen von und mit Reinhard Raffalt	Abteilung des BR bzw. Bezeichnung	Aufnahmedatum	Gesendet am	Dauer
94	Anagni: „Die Stadt in der Provinz"	BR: Hörbild / Ausland	18.–20.03.1959	21.03.1959	101'50
95	Römische Brunnen	BR: Hörbild / Ausland	23., 26. und 28.03.1959	29.03.1959	53'45
96	Karfreitag in der Kirche vom Hl. Grab in Jerusalem	BR: Hörbild / Reportage	27.03.1959	–	41'15
97	Europas Wohlstand reicht nur bis Potenza	BR: Wirtschaftsfunk / Feature	26. und 28.04.1959	–	112'15
98	Palazzo del Grillo – Geschichte eines römischen Hauses	BR: Hörbild / Reihe: „Diese unsere Welt"	03.05.1959	–	27'00
99	Aus Rom – Reinhard Raffalt: „Musikkorrespondenten berichten" (I)	BR: Unterhaltung	08.05.1959	–	29'45
100	Jerusalem, die Stadt des Heiligen Geistes	BR: Hörbild / Ausland	02., 03. und 13.05.1959	–	58'45
101	Bericht über eine Reportage	BR: Hörbild / Reihe: „Diese unsere Welt"	24.05.1959	–	27'50
102	Herkulaneum und Pompeji	BR: Hörbild / Ausland / Reihe: „Heimat und Welt"	22.–26.06.1959	27.06.1959	112'30
103	Aus der Campagna	BR: Hörbild / Ausland	10.08.1959	10.08.1959	43'40
104	Papa Lambertini	BR: Hörbild / Reihe: „Diese unsere Welt"	04.10.1959	04.10.1959	24'00
105	Aus Rom – Reinhard Raffalt: „Musikkorrespondenten berichten" (II)	BR: Unterhaltung	16.11.1959	–	33'00
106	Der Untergang des Osmanenreiches	BR: Hörbild / Ausland	23./24. und 29.01.1960	30.01.1960	53'05

Nr.	Hörfunksendungen von und mit Reinhard Raffalt	Abteilung des BR bzw. Bezeichnung	Aufnahmedatum	Gesendet am	Dauer
107	Der Escorial	BR: Hörbild / Ausland	09./10. und 24.10.1960	–	53'45
108	Das Weihnachtskonzert	BR: Hörbild / Ausland	21. und 23./24.07.1960	25.12.1960	87'00
109	Westöstliche Reise (I)	BR: Hörbild / Ausland, ein kulturpolitisches Hörbild	25./26.09. und 08.10.1960	10.10.1960	58'05
110	Westöstliche Reise (II)	BR: Hörbild / Ausland, ein kulturpolitisches Hörbild	15.–17.10.1960	17.10.1960	57'15
111	Westöstliche Reise (III)	BR: Hörbild / Ausland, ein kulturpolitisches Hörbild	26.–28. und 30.10.1960	31.10.1960	57'20
112	Das Haus der Musik – Reinhard Raffalt an der Orgel im Dom zu Passau	BR: Hörbild	20.–23.03.1961	–	71'45
113	Nachbarn von heute – Partner von morgen (Industriestaat + Entwicklungsland = Italien)	BR: Wirtschaftsfunk / Feature	24./25.03.1961	–	39'55
114	La Mamma: „Die Mutter, die Herrscherin in der italienischen Familie"	BR: Hörbild / Ausland	31.05.1961	29.06.1961	28'30
115	Westöstliche Reise (III) (geänderte und gekürzte Fassung von 1960 sowie Neuaufnahme der letzten 7 Minuten)	BR: Hörbild / Ausland, ein kulturpolitisches Hörbild	23. und 27.09.1961	29.09.1961	53'20
116	Mozart, das Schicksal eines heimlichen Propheten	BR: Hörbild / Ausland	04., 08./09., 20. und 23.12.1961	26.12.1961	116'40

Nr.	Hörfunksendungen von und mit Reinhard Raffalt	Abteilung des BR bzw. Bezeichnung	Aufnahmedatum	Gesendet am	Dauer
117	Der Nachfolger	BR: Kulturkritik (Szenenausschnitt aus „Der Nachfolger")	06.10.1962	–	24'59
118	Der Nachfolger (Gemeinschaftsproduktion des BR mit dem Südwestfunk Baden-Baden und dem ORF)	BR: Hörspiel	07.–11.12.1962	–	100'30
119	Alpenländischer Barock – Die Beschreibung eines Lebensstils	BR: Hörbild / Ausland	25.–27.03., 01.04. und 08.04.1962	22.04.1962	100'00
120	Neapel	BR: Hörbild / Ausland	19.07.1962	–	53'40
121	„Schlage doch, gewünschte Stunde" – Johann Sebastian Bach	BR: Hörbild	12. und 14./15.11.1962	–	88'50
122	Monteverdi	BR: Hörbild	10. und 12./13.12.1962	–	118'40
123	Die Sixtinische Kapelle	BR: Ein kulturhistorisches Hörbild	05./06.04.1963	07.04.1963	63'00
124	Europäisches Konzert – Im Bauch des Monuments	BR: Hörbild / Ausland	11.04.1963	22.04.1963	43'05
125	Gedanken zum Konklave	BR: Kirchenfunk / Sondersendung	18.06.1963	–	17'55
126	Verkündigung des neuen Papstes Paul VI. und Segen Pauls VI.	BR: Kirchenfunk / Sondersendung	21.06.1963	–	06'20
127	30 Minuten aus der Papstkrönung Pauls VI. am 30. Juni 1963	BR: Kirchenfunk / Sondersendung	30.06.1963	–	28'00
128	Torquato Tasso	BR: –	–	03.03.1963	–
129	Die Abenteuer des Laokoon	BR: Hörbild / Reihe: „Diese unsere Welt"	05.07.1963	–	29'05

1. Hörfunksendungen von Reinhard Raffalt

Nr.	Hörfunksendungen von und mit Reinhard Raffalt	Abteilung des BR bzw. Bezeichnung	Aufnahmedatum	Gesendet am	Dauer
130	Musik jenseits der Töne	BR: Hörbild / Reihe: „Diese unsere Welt"	08.11.1963	–	28'45
131	Schlussbericht von der 2. Sitzungsperiode des Zweiten Vatikanischen Konzils	BR: Kirchenfunk / Sondersendung	04.12.1963	–	28'30
132	Spanien unter Halbmond und Kreuz (I): Burgos	BR: Hörbild / Ausland	13.12.1963	–	54'00
133	Spanien unter Halbmond und Kreuz (II): Toledo	BR: Hörbild / Ausland	16.12.1963	–	53'45
134	Spanien unter Halbmond und Kreuz (III): Granada	BR: Hörbild / Ausland	20.12.1963	–	52'25
135	Röm. Stationskirchen: S. Maria Maggiore	BR: Kirchenfunk	17.12.1963	–	28'20
136	Kardinal Bessarion: „Ein Weg von Byzanz nach Rom"	BR: Kulturkritik	03.03.1963	–	27'15
137	Monumentum per Gesualdo	BR: Hörbild / Ausland	04. und 06.03.1964	–	57'10
138	Röm. Stationskirchen: S. Giovanni im Lateran	BR: Kirchenfunk	09.03.1964	–	28'10
139	Röm. Stationskirchen: S. Croce in Gerusaleme	BR: Kirchenfunk	11.03.1964	–	19'00
140	Röm. Stationskirchen: St. Peter in Rom	BR: Kirchenfunk	14.05.1964	–	29'10
141	Röm. Stationskirchen: St. Paul vor den Mauern	BR: Kirchenfunk	15.05.1964	–	29'20
142	Röm. Stationskirchen: St. Maria in Trastevere	BR: Kirchenfunk	15.05.1964	–	25'05
143	Die gebaute Fuge – 1200 Jahre Ottobeuren	BR: Hörbild / Inland Sondersendung	16.05.1964	05.07.1964	58'50
144	Zusammenfassender Bericht der Eröffnung der 3. Konzilssession	BR: Kirchenfunk / Sondersendung	14.09.1964	–	27'50

Nr.	Hörfunksendungen von und mit Reinhard Raffalt	Abteilung des BR bzw. Bezeichnung	Aufnahmedatum	Gesendet am	Dauer
145	Reise im Widerspruch Lateinamerika zwischen heidnischer und christlicher Kultur, II. Teil (Südamerika – in La Paz)	BR: Hörbild / Ausland	02.10.1964	–	59'05
146	Reise im Widerspruch Lateinamerika zwischen heidnischer und christlicher Kultur, III. Teil (Südamerika – in Mexico City)	BR: Hörbild / Ausland	02.10.1964	–	58'35
147	Reise im Widerspruch Lateinamerika zwischen heidnischer und christlicher Kultur, I. Teil (Südamerika – in der Stadt Lima)	BR: Hörbild / Ausland	04.10.1964	–	58'50
148	Abschluss der 3. Konzilsperiode	BR: Kirchenfunk / Sondersendung	21.11.1964	–	30'10
149	Röm. Stationskirchen: S. Stefano Rotondo	BR: Kirchenfunk	20.12.1964	–	28'25
150	Das Jüngste Gericht Die Fresken Michelangelos in der Sixtinischen Kapelle	BR: Kirchenfunk / Sondersendung	20.12.1964	–	18'50
151	Filmen in Südamerika	BR: Hörbild / Reihe: „Das offene Fenster"	27.12.1964	–	13'30
152	Das Ende des barocken Rom	BR: Hörbild / Ausland	04.06.1965	–	92'65
153	Das Teatro San Carlo in Neapel	BR: Hörbild / Ausland	04.06.1965	–	82'50
154	Trägt China wirklich eine Maske?	BR: Kulturkritik / Reihe: „Diese unsere Welt"	11.11.1965	–	30'15
155	Der Mönch im Osten und Westen	BR: Kulturkritik / Reihe: „Diese unsere Welt"	16.12.1965	–	24'20

Nr.	Hörfunksendungen von und mit Reinhard Raffalt	Abteilung des BR bzw. Bezeichnung	Aufnahmedatum	Gesendet am	Dauer
156	Röm. Stationskirchen: S. Anastasia	BR: Kirchenfunk	20.12.1965	–	26'40
157	Das Jüngste Gericht (I)	BR: Hörbild	21.02.1966	–	59'15
158	Das Jüngste Gericht (II)	BR: Hörbild	21.02.1966	–	59'10
159	Der Kulturspiegel	BR: Kulturkritik / Münchner Premieren: „Das Gold von Bayern" von RR	17.10.1966	–	29'45
160	Der Antichrist (I)	BR: Hörbild / Ausland	05.12.1966	–	57'00
161	Der Antichrist (II)	BR: Hörbild	05.12.1966	–	58'50
162	Teatro la Fenice in Venedig	BR: Hörbild	09.01.1967	–	89'00
163	Röm. Stationskirchen: S. Sabina	BR: Kirchenfunk / Reihe: „Katholische Welt"	20.04.1967	–	28'45
164	Das Vermächtnis des Petrus	BR: Kirchenfunk	26.06.1967	–	53'30
165	Volkskundliche Aufnahmen –Zuspielung zur Sendung „Totenbräuche" (Instrumentalmusik), Inhalt: Orgel Sant'Anselmo, Rom	BR: –	27.04.1970	–	29'10
166	Das Reichsstift Ottobeuren	BR: Land und Leute / Reihe: „Monumenta Europaea (V)"	–	07.02.1971	–
167	Der Escorial bei Madrid	BR: Land und Leute / Reihe: „Monumenta Europaea (VI)"	–	07.03.1971	–
168	Stift Klosterneuburg	BR: Land und Leute / Reihe: „Monumenta Europaea (IX)"	28./29.06.1971	04.07.1971	53'05

Nr.	Hörfunksendungen von und mit Reinhard Raffalt	Abteilung des BR bzw. Bezeichnung	Aufnahmedatum	Gesendet am	Dauer
169	Figaro lebt – Ein „zeitweise aktuelles" Hörbild	BR: HA Kultur	09./10.02.1972	–	88'00
170	Autostrada del Sole (I) – Das Porträt einer Straße, gezeichnet von Reinhard Raffalt	BR: Hörbild	11./12.03.1972	–	83'30
171	Nero	BR: Hörbild / Serientitel: „Römische Kaiserporträts" (I)	17./18.07.1972	–	48'50
172	Hadrian	BR: Hörbild / Serientitel: „Römische Kaiserporträts" (II)	17./18.07.1972	–	47'40
173	Heliogabal	BR: Hörbild / Serientitel: „Römische Kaiserporträts" (III)	24.08.1972	–	53'30
174	Verdi und die Mailänder Scala	BR: Hörbild / Pausenfüller zur Aida-Übertragung aus dem Münchner Nationaltheater am 04.09.1972	04.09.1972	04.09.1972	18'25
175	Röm. Stationskirchen: Basilika S. Apostoli Geschichte und Geschichten um das Grabmal Jakobs III.	BR: Kirchenfunk	01.02.1973 (Studio Rom)	–	28'35
176	Autostrada del Sole (II) – Das Porträt einer Straße, gezeichnet von Reinhard Raffalt	BR: Hörbild und Feature	25.05.1973	–	87'45
177	Tiberius	BR: Hörbild / Serientitel: „Römische Kaiserporträts" (IV)	30.05.1973	–	53'55

Nr.	Hörfunksendungen von und mit Reinhard Raffalt	Abteilung des BR bzw. Bezeichnung	Aufnahmedatum	Gesendet am	Dauer
178	Röm. Stationskirchen: Das Pantheon	BR: Kirchenfunk	01.06.1973	–	28'45
179	Cavalli und die venezianische Oper – Ein Essay von Reinhard Raffalt	BR: Hörbild / Feuilleton (Pausenfüller zur Pastoraloper „Egisto" von Francesco Cavalli)	25.06.1973	30.06.1973	22'30
180	Domitian	BR: Hörbild / Serientitel: „Römische Kaiserporträts" (V)	23.08.1973	–	52'55
181	Musik im Schloß – Mitschnitt eines öffentlichen Konzertes in Schloß Schleißheim	BR: E-Musik	05.09.1973	–	95'05
182	Röm. Stationskirchen: Il Gesu	BR: Kirchenfunk	04.12.1973	–	27'35
183	Marc Aurel	BR: Hörbild / Serientitel: „Römische Kaiserporträts" (VI)	04.12.1973	–	53'10
184	La Bella Figura – Geschichten aus Italien	BR: Hörbild	20.12.1973	–	82'55
185	Röm. Stationskirchen: Sant'Andrea della Valle	BR: Kirchenfunk (ARD-Studio Rom)	08.07.1974	–	28'30
186	Die Borgias (Eine Familiengeschichte)	BR: Hörbild / Reihe: „Sonntag um sechs"	11./12.09.1974	–	107'45
187	Diokletian	BR: Hörbild / Serientitel: „Römische Kaiserporträts" (VII)	11./12.09.1974	–	55'00
188	Röm. Stationskirchen: Sant'Agostino	BR: Kirchenfunk	29.10.1974	–	25'00

Nr.	Hörfunksendungen von und mit Reinhard Raffalt	Abteilung des BR bzw. Bezeichnung	Aufnahmedatum	Gesendet am	Dauer
189	Die Geschichte des Heiligen Jahres	BR: Kirchenfunk / Sondersendung / Studio Rom	23.12.1974	–	53'25
190	Constantin	BR: Hörbild / Serientitel: „Römische Kaiserporträts" (VIII)	10.01.1975	–	55'20
191	Die Medici (Eine Familiengeschichte)	BR: Hörbild und Feature / Reihe: „Sonntag um sechs"	10./11.01. 1975	–	108'05
192	Straßen, die Geschichte machten: Rom – Via del Corso	BR: Hörbild / Reihe: „Sonntag um sechs"	15./16.03. 1975	–	117'10
193	Julian Apostata	BR: Hörbild / Serientitel: „Römische Kaiserporträts" (IX)	12.04.1975	–	58'35
194	Das Leben Palestrinas	BR: Kirchenfunk / Sondersendung – Wort	17.04.1975	–	28'20
195	Röm. Stationskirchen: SS. Giovanni e Paolo	BR: Kirchenfunk	30.05.1975	–	29'00
196	Röm. Stationskirchen: SS. Cosmas und Damianus	BR: Kirchenfunk	19.07.1975	–	28'40
197	Der Tiber – Beschreibung eines Flusses	BR: Hörbild / Reihe: „Sonntag um sechs"	03./04.11. 1975	–	107'35
198	Augustus (I)	BR: Hörbild / Serientitel: „Römische Kaiserporträts" (X, Teil I)	09.12.1975	–	58'10
199	Röm. Stationskirchen: S. Maria in Cosmedin	BR: Kirchenfunk	14.01.1976	–	28'35

Nr.	Hörfunksendungen von und mit Reinhard Raffalt	Abteilung des BR bzw. Bezeichnung	Aufnahmedatum	Gesendet am	Dauer
200	Augustus (II)	BR: Hörbild / Serientitel: „Römische Kaiserporträts" (X, Teil II)	23.05.1976	–	58'20
201	Alois Fink: Zum Tod von Reinhard Raffalt	BR: –	–	16.06.1976	–

2. Fernsehsendungen von Reinhard Raffalt[1167]

Nr.	Fernsehsendungen von Reinhard Raffalt	Kamera von	Aufnahmedatum	Gesendet am	Dauer
1	Der Übergang – Vom alten zum neuen Papst	Victor Schamoni	–	27.06.1963	15'04
2	Zwei Römer – Eine Geschichte aus dem IV. Jahrhundert nach Christus	Victor Schamoni	–	1964	–
3	Das Martyrium des Johannes und Paulus	Victor Schamoni	–	20.12.1964	–
4	Wiederkehr der Götter (I): Mexico	Victor Schamoni	–	22.12.1964	43'00
5	Wiederkehr der Götter (II): Im Hochland der Anden: Peru – Bolivien	Victor Schamoni	–	29.12.1964	43'00
6	Wiederkehr der Götter (III): Brasilien	Victor Schamoni	–	01.01.1965	43'00
7	„Öffentliches Konsistorium" – Interview mit dem Paderborner Erzbischof Lorenz Jäger	–	–	25.02.1965	16'00
8	Der Nachfolger	–	–	12.09.1965	–
9	Roma eterna (I): Der Kaiser und seine Stadt	Victor Schamoni	–	18.11.1965	50'00

[1167] Vgl. Verzeichnis aller nach umfassenden Recherchen im BR-Fernseharchiv nachweisbaren Fernsehsendungen von Reinhard Raffalt.

Nr.	Fernsehsendungen von Reinhard Raffalt	Kamera von	Aufnahmedatum	Gesendet am	Dauer
10	Roma eterna (II): Die Abenteuer des Laokoon	Victor Schamoni	–	16.12.1965	60'00
11	Roma eterna (III): Brücke zwischen Himmel und Erde	Victor Schamoni	–	13.01.1966	55'00
12	Roma eterna (IV): Das Märchen von Amor und Psyche	Victor Schamoni	–	10.02.1966	54'00
13	Roma eterna (V): Glanz von Mond und Sonne seine Stadt	Victor Schamoni	–	10.03.1966	58'00
14	Roma eterna (VI): Die Engelsburg	Victor Schamoni	–	05.05.1966	57'00
15	Römische Skizzen: Tag- und Nachtgesichter	Victor Schamoni	09.09.1966	19.02.1967	39'44
16	Römische Skizzen: Piazza Navona	Peter Treutler	–	30.07.1967	50'00
17	Das Gold von Bayern	–	–	1967	–
18	Römische Skizzen: Raritäten aus Sizilien	Victor Schamoni	–	1968	–
19	Palio di Siena	Victor Schamoni	–	06.10.1968	59'15
20	Phantasie über Orlando di Lasso. Ein europäisches Schicksal in der Renaissance (I)	Victor Schamoni	–	20.03.1969	55'00
21	Phantasie über Orlando di Lasso. Ein europäisches Schicksal in der Renaissance (II)	Victor Schamoni	–	21.03.1969	55'00
22	Phantasie über Orlando di Lasso. Ein europäisches Schicksal in der Renaissance (III)	Victor Schamoni	–	27.03.1969	55'00
23	Phantasie über Orlando di Lasso. Ein europäisches Schicksal in der Renaissance (IV)	Victor Schamoni	–	28.03.1969	55'00

2. Fernsehsendungen von Reinhard Raffalt | 267

Nr.	Fernsehsendungen von Reinhard Raffalt	Kamera von	Aufnahmedatum	Gesendet am	Dauer
24	La Barca – Eine Erinnerung an das alte Venedig	Victor Schamoni	–	02.11.1969	40'59
25	Torquato Tasso: Geschichte eines Verfolgungswahns – Psychoanalytische Studie über den italienischen Dichter 1544–1595	Victor Schamoni	–	25.01.1970	45'00
26	Der Verfall der römischen Tradition in der katholischen Kirche (I)	–	–	04.04.1971	60'00
27	Der Verfall der römischen Tradition in der katholischen Kirche (II)	–	–	08.04.1971	60'00
28	Ein Kavalier reist durch Italien: Charles de Montesquieu	Andreas Lembke	–	25.03.1973	43'00
29	Der bairische Pracht – Herzog Albrecht V. und seine Schätze	Victor Schamoni	–	11.01.1973	43'43
30	Der bairische Pracht – Herzog Wilhelm V. und seine Schätze	Victor Schamoni	–	23.04.1973	43'00
31	Flandern – eine europäische Kulturlandschaft	Victor Schamoni	–	10.06.1973	42'24
32	Variationen über Bayern	Hannes Schindler	–	25.12.1973	42'13
33	Fragen zum Heiligen Jahr	Victor Schamoni	–	12.01.1976	–

III. Quellen- und Literaturverzeichnis

1. Ungedruckte Quellen

Universitätsarchiv Passau (UA Passau)
Nachlass Reinhard Raffalt
(ca. zwölf Regalmeter Akten, bestehend aus 95 Ordnern sowie ca. 30 Konvoluten, bislang noch nicht archivalisch erschlossen)

Historisches Archiv des Bayerischen Rundfunks (BR HistArch)
BR HistArch Personenmappe Alois Fink
BR HistArch Personenmappe Reinhard Raffalt
BR HistArch GR/656
BR HistArch HD/690
BR HistArch HF/5910.1
BR HistArch HF/9927.2
BR HistArch HF/23240.16
BR HistArch HF/26004
BR HistArch VJ/564
BR HistArch VJ/5045
BR HistArch VJ/5099
BR HistArch VJ/5102
BR HistArch VJ/5104

Politisches Archiv des Auswärtigen Amtes (PAAA)
B 1 Band 114
B 11 Band 961
B 11 Band 1096
B 90 Band 92
B 90 Band 93
B 90 Band 154
B 90 Band 297
B 90 Band 649
B 90 Band 677
B 95 Band 950A
B 96 Band 35
B 96 Band 38
B 96 Band 158
B 96 Band 159
B 96 Band 399
B 97 Band 88
Personalakten NA 55415

Archiv für Christlich-Soziale Politik (ACSP)
NL Müller Josef G 82
NL Müller Josef G 84/13
NL Strauß DS PV 96
NL Strauß PV 6772
NL Strauß PV 6800
NL Strauß PV 8883
NL Strauß PV 8936
NL Strauß PV 9120
NL Strauß PV 10074
NL Strauß PV 10821

Stadtarchiv Passau
Handakte R 8

Institut für Zeitgeschichte (IfZ)
ED 145 Band 46
ED 145 Band 47
ED 145 Band 48
ED 145 Band 55
ED 145 Band 62
ED 145 Band 85
ED 145 Band 87

Staatsarchiv Landshut (StALa)
StALa Spruchkammer Passau Nr. 4543

Bischöfliches Zentralarchiv Regensburg
Archiv der Zentrale des Cartellverbandes der katholischen deutschen Studentenverbindungen (CV)

Bundesarchiv Berlin (BArch)
BArch NSDAP-Gaukartei Mitgliedsnummer 2537545
BArch NSDAP-Gaukartei Mitgliedsnummer 8591164

Bundesarchiv Koblenz (BArch)
BArch B 206

Archiv der Deutschen Dienststelle für die Benachrichtigung der nächsten Angehörigen von Gefallenen der ehemaligen deutschen Wehrmacht (WASt)
Auszug aus dem Wehrstammbuch des Reinhard Raffalt

Archiv des Collegium Germanicum et Hungaricum (ACGU)
ACGU Hist 470

Archiv des Campo Santo Teutonico
Bruderschaftsbücher der Erzbruderschaft

Archiv der Santa Maria dell'Anima (ASMA)
ASMA A.IV c
ASMA A.VI.12 Decreta
ASMA K 22
ASMA K 47
ASMA K 72

Archiv des DHI Rom
N 28, K 1–2
N 28, K 3–4
N 29, K 85
N 29, K 87
N 29, K 91
N 29, K 125
N 29, K 126
N 29, K 144
N 29, K 225
N 29, K 252
N 29, K 404
N 29, K 405
N 29, K 406
N 29, K 515
N 29, K 532

Privatbesitz Nina Raffalt
Bildbestand Reinhard Raffalt
Nachlass Michael und Hildegard Raffalt
Persönliche Fragmente zu Reinhard Raffalt

Zeitzeugengespräche mit
Nina Raffalt, geb. Bertram, am 3. August 2011 sowie am 24. August 2015 in
 München
Gerda Hörl, geb. Mauerberger, am 24. August 2011 und am 26. August 2015
 in München sowie am 20. und 22. Mai 2014 in Rom
Irene von Kutzschenbach, geb. Bartschmid, am 5. September 2011 in Passau
Karl Neumann am 19. September 2011 sowie am 23. März 2015 in München
Oriol Schaedel am 9. Mai 2014 in Rom

Gisela Stiermann (†) am 15. Mai 2014 in Monte Sant'Angelo/Poli
Pater Remigius Rudmann OSB am 6. Juni 2014 in St. Ottilien
Gabriele Henkel (†), geb. Hünermann, am 24. Juni 2015 per E-Mail
Franz Georg Strauß am 4. November 2015 in Wildbad Kreuth

2. Gedruckte Quellen und Literatur

Abelein, Manfred: Deutsche Kulturpolitik. Dokumente. Düsseldorf 1970.
Abelein, Manfred: Die Kulturpolitik des Deutschen Reiches und der Bundesrepublik Deutschland. Ihre verfassungsrechtliche Entwicklung und ihre verfassungsrechtlichen Probleme. Köln 1968.
Antretter, Georg: „Heimat" sehen? – Bayern-Bilder im Bayerischen Rundfunk, S. 176–195, v.a. 192–194, in: Hamm, Margot / Hasselbring, Bettina / Henker, Michael (Hrsg.): Der Ton. Das Bild. Die Bayern und ihr Rundfunk. 1924 – 1949 – 1999. Augsburg 1999.
Arnold, Hans: Auswärtige Kulturpolitik. Ein Überblick aus deutscher Sicht. München / Wien 1980.
Auswärtiges Amt (Hrsg.): Leitsätze zur auswärtigen Kulturpolitik. Bonn 1970.
Baier, Stephan / Eva Demmerle: Otto von Habsburg. Die Biographie. Wien 2002.
Baasner, Rainer (Hrsg.): Briefkultur im 19. Jahrhundert. Tübingen 1999.
Battafarano, Italo Michele: Von Linden und roter Sonne. Deutsche Italien-Literatur im 20. Jahrhundert. Bern [u.a.] 2000.
Bauer, Franz J.: Rom im 19. und 20. Jahrhundert. Konstruktion eines Mythos. Regensburg 2009.
Bauer, Rudolph: Bundestag und Kulturpolitik. Untersuchung und Darstellung der Entwicklung, Zusammensetzung und Arbeit des Kulturpolitischen Ausschusses des Bundestages 1949–65. Erlangen-Nürnberg 1969.
Baumeister, Martin: Ankommen, um zurückzukehren? Italienische Arbeitsmigranten im Nachkriegsbayern, in: Schmid, Alois / Weigand, Katharina (Hrsg.): Bayern – mitten in Europa. Vom Frühmittelalter bis ins 20. Jahrhundert. München 2005, S. 402–418.
Bausch, Hans (Hrsg.): Rundfunkpolitik nach 1945. Erster Teil: 1945–1962. München 1980.
Bausch, Hans (Hrsg.): Rundfunkpolitik nach 1945. Zweiter Teil: 1962–1980. München 1980.
Bayerischer Landtag (Hrsg.): Bayern und das Grundgesetz, München 1999.
Becker, Rainald: Bayerische Diplomaten im Lateinamerika der Nachkriegszeit. Karl Graf Spreti und Gebhard Seelos, in: Hartmann, Peter Claus / Schmid, Alois (Hrsg.): Bayern in Lateinamerika. Transatlantische Verbindungen und interkultureller Austausch. München 2011, S. 281–315.

Benz, Wolfgang (Hrsg.): Wie wurde man Parteigenosse? Die NSDAP und ihre Mitglieder. Frankfurt am Main 2009.

Berg, Jan: Hochhuths „Stellvertreter" und die „Stellvertreter"-Debatte. Köln 1977.

Bernard, Andreas / Raulff, Ulrich (Hrsg.): Briefe aus dem 20. Jahrhundert. Frankfurt am Main 2005.

Bessler, Hansjörg: Hörer- und Zuschauerforschung. München 1980.

Beyme, Klaus von: Kulturpolitik und nationale Identität. Studien zur Kulturpolitik zwischen staatlicher Steuerung und gesellschaftlicher Autonomie. Wiesbaden 1998.

Beyrer, Klaus / Abels, Norbert (Hrsg.): Der Brief. Eine Kulturgeschichte der schriftlichen Kommunikation. Heidelberg 1996.

Blasche, Sebastian: Die grundsätzliche Mitwirkung der Länder bei der Gesetzgebung. Eine verfassungsdogmatische Untersuchung zu Art. 79 Abs. 3, 2. Var. GG vor dem Hintergrund einer möglichen Einführung von Volksgesetzgebung in das Grundgesetz. Baden-Baden 2006.

Bode, Matthias: Die auswärtige Kulturverwaltung der frühen Bundesrepublik. Eine Untersuchung ihrer Etablierung zwischen Norminterpretation und Normgenese. Tübingen 2014.

Bödecker, Hans Erich: Biographie. Annäherung an den gegenwärtigen Forschungs- und Diskussionsstand, in: Bödecker, Hans Erich (Hrsg.): Biographie schreiben. Göttingen 2003, S. 9–63.

Böswald, Alfred: Die Seele suchen. Werner Egk und der Donauwörther Kulturpreis. Erinnerungen und Erfahrungen. Donauwörth 1994, S. 78–87.

Böttigheimer, Christoph (Hrsg.): Zweites Vatikanisches Konzil. Programmatik – Rezeption – Vision. Freiburg im Breisgau 2014.

Bogner, Gerhard: 65 Jahre Funkgeschichten (1927–1992). Baldham 2010.

Braun, Dieter: Deutsche Kulturpolitik im Ausland. 1955 bis heute. Dokumente, Kommentare, Tendenzen. München 1966.

Brechenmacher, Thomas: Alois Hudal. Der „braune Bischof"?, in: Freiburger Rundbrief, Nr. 2 (14). Freiburg 2007, S. 130–132.

Brütting, Richard [u.a.] (Hrsg.): Konflikt und Konsens. Deutschland, Italien und Russland auf dem Weg zum vereinten Europa: Ergebnisse des 5. Internationalen Seminars 1999 / Conflitto e consenso: la Germania, l'Italia e la Russia verso l'Europa unita: atti del V Seminario internazionale 1999. Frankfurt am Main / New York 2001.

Brütting, Richard / La Salvia, Adrian: Italien-Ansichten. Italien in Selbst- und Fremdwahrnehmung. Akten des 6. Internationalen Seminars. Belluno. 1.–5. Oktober 2001 / Immaginario dell'Italia in patria e all'estero: atti del VI Seminario Internazionale. Belluno. 1–5 ottobre 2001. Frankfurt am Main 2005.

Brunner, Otto / Conze, Werner / Koselleck, Reinhart (Hrsg.): Geschichtliche Grundbegriffe. Historisches Lexikon zur politisch-sozialen Sprache in Deutschland 7. Stuttgart 1992, S. 697–774.

Budde, Gunilla-Friederike (Hrsg.): Transnationale Geschichte. Themen, Tendenzen und Theorien. Göttingen 2006.

Büttner, Frank: Kunst nach 1945, in: Spindler, Max / Schmid, Alois (Hrsg.): Handbuch der bayerischen Geschichte (Band IV/2). München 2007, S. 672–686.

Burkard, Dominik: Alois Hudal – ein Anti-Pacelli? Zur Diskussion um die Haltung des Vatikans gegenüber dem Nationalsozialismus, in: Zeitschrift für Religions- und Geistesgeschichte 59,1. Leiden/Boston 2007, S. 61–89.

Burkhard, Claudia: Kulturpolitik als Strukturpolitik? Konzepte und Strategien deutscher und italienischer Kulturpolitik im Vergleich. Frankfurt/Main u.a. 2015.

Burtscheidt, Andreas: Edmund Freiherr Raitz von Frentz. Rom-Korrespondent der deutschsprachigen katholischen Presse 1924–1964. Paderborn 2008.

Carl Friedrich von Siemens Stiftung (Hrsg.): Das Problem der Kontaktbildung in der zeitgenössischen Gesellschaft. München 1960.

Colschen, Lars: Deutsche Außenpolitik. Paderborn 2010.

Conrad, Sebastian / Osterhammel, Jürgen (Hrsg.): Das Kaiserreich transnational. Deutschland in der Welt 1871–1914. Göttingen 2004.

Conze, Vanessa: Das Europa der Deutschen. Ideen von Europa in Deutschland zwischen Reichstradition und Westorientierung (1920–1970). München 2005.

Creuzberger, Stefan: Westintegration und neue Ostpolitik. Die Außenpolitik der Bonner Republik. Berlin 2009.

Deutscher Bundesrat (Hrsg.): 50 Jahre Herrenchiemseer Verfassungskonvent – zur Struktur des Deutschen Föderalismus. Tagungsband zum wissenschaftlichen Symposium vom 19. bis 21. August 1998. Bonn 1999.

Dipper, Christof (Hrsg.): Deutschland und Italien 1860–1960. Politische und kulturelle Aspekte im Vergleich. München 2005.

Döpfner, Julius Kardinal (Hrsg.): 1675–1975. 300 Jahre Theatinerkirche. München 1975.

Dopsch, Heinz: Bayern und Italien. Politik, Kultur, Kommunikation (8.–15. Jahrhundert). Festschrift für Kurt Reindel zum 75. Geburtstag. München 2001.

Doka, Carl: Kulturelle Aussenpolitik. Zürich 1956.

Dombrowski, Beate: Nationale Imagepflege oder authentische Kulturarbeit? Strukturen und Ergebnisse auswärtiger Kulturpolitik unter besonderer Berücksichtigung der Arbeit des Goethe-Instituts in Rom. Hildesheim 1995. [Unveröffentlichte Diplomarbeit]

Domeier, Norman / Happel, Jörn: Journalismus und Politik. Einleitende Überlegungen zur Tätigkeit von Auslandskorrespondenten 1900–1970, in: Zeitschrift für Geschichtswissenschaft. 62. Jahrgang. Heft 5. Berlin 2014, S. 389–397.

Dünninger, Eberhard: Öffentliche Kulturpflege seit 1918, in: Spindler, Max (Hrsg.): Handbuch der bayerischen Geschichte (Band IV/2). München 1975, S. 1234–1280.

Düring, Marten / Eumann, Ulrich: Diskussionsforum Historische Netzwerkforschung: Ein neuer Ansatz in den Geschichtswissenschaften, in: Geschichte und Gesellschaft 39/3. Göttingen 2013, S. 369–390.

Düring, Marten / Keyserlingk, Linda von: Netzwerkanalyse in den Geschichtswissenschaften. Historische Netzwerkanalyse als Methode für die Erforschung von historischen Prozessen, in: Schützeichel, Rainer / Jordan, Stefan: Prozesse – Formen, Dynamiken, Erklärungen. Wiesbaden 2015, S. 337–350.

Düwell, Kurt / Link, Werner (Hrsg.): Deutsche auswärtige Kulturpolitik seit 1871. Köln / Wien 1981.

Dulphy, Anne / Frank, Robert / Matard-Bonucci, Marie-Anne / Ora, Pascal (Hrsg.): Les relations culturelles internationales au XXe siècle. De la diplomatie culturelle à l'acculturation. Brüssel 2010.

Eberts, Gerhard: Katholische Akademie in Bayern. 1957–2007. 50 Jahre intellektuell, spirituell, aktuell. München 2008.

Egger, Christine: Transnationale Biographien. Die Missionsbenediktiner von St. Ottilien in Tanganjika 1922–1965. Köln 2016.

Emge, Richard Martinus: Auswärtige Kulturpolitik. Eine soziologische Analyse einiger ihrer Funktionen, Bedingungen und Formen. Berlin 1967.

Ernesti, Jörg: Paul VI. Der vergessene Papst. Freiburg im Breisgau 2012.

Espagne, Michel / Middell, Matthias (Hrsg.): Von der Elbe bis an die Seine. Kulturtransfer zwischen Sachsen und Frankreich im 18. und 19. Jahrhundert. Leipzig 1993.

Etzemüller, Thomas: Biographien. Lesen – erforschen – erzählen. Frankfurt am Main 2012.

Färber, Konrad Maria: Ein Römer aus der Dreiflüssestadt. Auf den Spuren von Reinhard Raffalt. Direktor der Biblioteca Germanica in Rom, in: Passauer Almanach 7. Hrsg. von Edith Rabenstein, Gerhard Braunsperger und Karl-August Friedrichs. Passau 2010, S. 67–73.

Fait, Barbara / Treml, Manfred: Auf dem Weg zum Grundgesetz. Verfassungskonvent Herrenchiemsee 1948. Augsburg 1998.

Faulstich, Werner (Hrsg.): Die Kultur der 50er Jahre. München 2007.

Feldkamp, Michael F.: Pius XII. und Deutschland. Göttingen 2000.

Fetz, Bernhard: Die vielen Leben der Biographie. Interdisziplinäre Aspekte einer Theorie der Biographie, in: Fetz, Bernhard (Hrsg.): Die Biographie – Zur Grundlegung ihrer Theorie. Berlin 2009, S. 3–66.

Filbig, Karl Michael: Aus dem Leben eines Toningenieurs. München 1997.
Fink, Alois: Reinhard Raffalt, in: Festschrift der Festspiele Europäische Wochen Passau hrsg. vom Verein Europäische Wochen Passau. Passau 1982, S. 158–162.
Fink, Alois: Straubinger Zeitungs-Geschichte. Beiträge zu einer Geschichte der Presse in Straubing, unter besonderer Berücksichtigung des Straubinger Wochenblattes und des Straubinger Tagblatts. München 1953.
Fink, Alois (Hrsg.): Unbekanntes Bayern III. München 1959.
Flemming, Victoria von / Kittner, Alma-Elisa (Hrsg.): Barock – Moderne – Postmoderne. Ungeklärte Beziehungen. Wiesbaden 2014.
Froese, Leonhard: Auswärtige Kulturpolitik – kulturelle Außenpolitik, in: Schneider, Christian (Hrsg.): Die deutsche Schule im Ausland. Beiträge zur auswärtigen Kulturpolitik. Heidelberg 1969, S. 7–17.
Gabriel, Thomas: Walter Hornsteiner. Portrait. Erstdruck: Drei Hymnen. Passau 2004.
Gamper, Markus / Düring, Marten / Reschke, Linda (Hrsg.): Knoten und Kanten III. Soziale Netzwerkanalyse in der Politik- und Geschichtsforschung. Bielefeld 2014.
Gehler, Michael: Zeitgeschichte im dynamischen Mehrebenensystem – Zwischen Regionalisierung, Nationalstaat, Europäisierung, internationaler Arena und Globalisierung. Bochum 2001.
Gelberg, Karl-Ulrich: Die Protokolle des Bayerischen Ministerrats 1945–1954. München 1995–2005.
Gelberg, Karl-Ulrich: Staatsbewusstsein und Föderalismus in Bayern nach 1945, in: Hanns-Seidel-Stiftung (Hrsg.): Politische Studien. Orientierung durch Information und Dialog. München 2003, S. 64–78.
Geppert, Alexander C.T.: Forschungstechnik oder historische Disziplin? Methodische Probleme der Oral History, in: Geschichte in Wissenschaft und Unterricht 45.5 (Mai 1994), S. 303–323.
Glaser, Hermann: Die 50er Jahre. Deutschland zwischen 1950 und 1960. Hamburg 2005.
Glaser, Hermann: Die 60er Jahre. Deutschland zwischen 1960 und 1970. Hamburg 2007.
Goethe-Institut (Hrsg.): Römische Reden. Zehn Jahre Deutsche Bibliothek Rom. Goethe-Institut 1955–1965. München 1965.
Greipl, Michael: In Memoriam Dr. Reinhard Raffalt, in: Ostbairische Grenzmarken 18. Passau 1976, S. 152–154.
Große, Ernst / Trautmann, Günther: Italien verstehen. Darmstadt 1997.
Großmann, Johannes: Ein Europa der „Hintergründigen". Antikommunistische christliche Organisationen, konservative Elitenzirkel und private Außenpolitik in Westeuropa nach dem Zweiten Weltkrieg, in: Johannes Wienand / Christiane Wienand (Hrsg.): Die kulturelle Integration Europas. Wiesbaden 2010, S. 303–340.

Guiotto, Maddalena / Lill, Johannes (Hrsg.): Italia – Germania. Deutschland – Italien. 1948–1958. Firenze 1997.

Hafez, Kai: Die politische Dimension der Auslandsberichterstattung. Baden-Baden 2002.

Hahn, Oliver / Lönnendonker, Julia / Schröder, Roland (Hrsg.): Deutsche Auslandskorrespondenten. Ein Handbuch. Konstanz 2008.

Hamm, Margot / Hasselbring, Bettina / Henker, Michael (Hrsg.): Der Ton. Das Bild. Die Bayern und ihr Rundfunk. 1924 – 1949 – 1999. Augsburg 1999.

Hansen, Klaus P.: Kultur und Kulturwissenschaft. Eine Einführung. 4., vollständig überarbeitete Auflage. Tübingen 2011.

Hardtwig, Wolfgang / Wehler, Hans-Ulrich (Hrsg.): Kulturgeschichte heute. Göttingen 1996.

Hartmann, Peter Claus: Bayerns Weg in die Gegenwart. Vom Stammesherzogtum zum Freistaat heute. 3., überab. und erg. Auflage. Regensburg 2012.

Heinle, Fritz: Deutsch-Römer aus nordschwäbischem Geschlecht. Reinhard Raffalts Vorfahren aus dem Donauwörther Raum, in: Nordschwaben. Zeitschrift für Landschaft, Geschichte, Kultur und Zeitgeschehen. 5. Jahrgang (Heft 2). Aalen 1977, S. 91–93.

Hemecker, Wilhelm: Die Biographie. Beiträge zu ihrer Geschichte. Berlin [u. a.] 2009.

Henkel, Gabriele: Die Zeit ist ein Augenblick. Erinnerungen. München 2017.

Herkendell, Andreas W.: Deutsch-italienischer Kulturaustausch in der Schlagerwelt der fünfziger und sechziger Jahre, in: Italienisch 18/2 (1996), S. 74–87.

Hersche, Peter: Muße und Verschwendung. Europäische Gesellschaft und Kultur im Barockzeitalter. Freiburg / Basel / Wien 2006.

Hieronymus, Sophronius Eusebius: Vatikan intern. Stuttgart 1973.

Hindrichs, Andrea: „Teutonen" in Arkadien. Deutsche auswärtige Kulturpolitik und Kulturvermittlung in Italien von 1949–1970 zwischen Steuerungsversuch und dem Wunsch nach Anerkennung. München 2010.

Hocke, Gustav René: Im Schatten des Leviathan. Lebenserinnerungen 1908–1984. München 2004.

Hockerts, Hans Günther: Zeitgeschichte in Deutschland. Begriff, Methoden, Themenfelder, in: Historisches Jahrbuch 113 (1993), S. 98–127.

Hoegner, Wilhelm: Die Grundlagen der Bayerischen Verfassung, in: Politische Studien 66 (1955), S. 6–23.

Hoegner, Wilhelm: Lehrbuch des Bayerischen Verfassungsrechts. München 1948.

Höpfinger, Renate: Im Dienst von Demokratie, Frieden und Entwicklung. 40 Jahre Hanns-Seidel-Stiftung: 1967–2007. München 2007.

Hubensteiner, Benno: Bayerische Geschichte. Staat und Volk – Kunst und Kultur. 17. Auflage. Rosenheim 2009.
Hubensteiner, Benno: Vom Geist des Barock. Kultur und Frömmigkeit im alten Bayern. 2., durchgesehene Ausgabe. München 1978.
Huber, Ludwig (Hrsg.): Bayern, Deutschland, Europa. Festschrift für Alfons Goppel. Passau 1975.
Hübler, Martin: Die Europapolitik des Freistaats Bayern. Von der Einheitlichen Europäischen Akte bis zum Amsterdamer Vertrag. München 2002.
Hürten, Heinz: Der Topos vom christlichen Abendland in Literatur und Publizistik nach den beiden Weltkriegen, in: Albrecht Langer (Hrsg.): Katholizismus, nationaler Gedanke und Europa seit 1800. Paderborn 1985, S. 131–154.
Hummel, Karl-Joseph (Hrsg.): Vatikanische Ostpolitik unter Johannes XXIII. und Paul VI. 1958–1978. Paderborn / München 1999.
Jahresbericht der Kulturabteilung des Auswärtigen Amts 1964 / 1966 / 1968. Bonn 1964 / 1966 / 1968.
Jahres- und Tagungsbericht der Görres-Gesellschaft 1976. Köln 1977.
Jehle, Thomas: Die auswärtige Kulturpolitik des Freistaates Bayern von 1945 bis 1978. München 2018.
Jordan, Lothar / Kortländer, Bernd (Hrsg.): Nationale Grenzen und internationaler Austausch. Studien zum Kultur- und Wissenschaftstransfer in Europa. Tübingen 1995.
Jost, Jonas: Der Abendland-Gedanke in Westdeutschland nach 1945. Versuch und Scheitern eines Paradigmenwechsels in der deutschen Geschichte nach 1945. Hannover 1994.
Kaelble, Hartmut / Kirsch, Martin / Schmidt-Gernig, Alexander: Zur Entwicklung transnationaler Öffentlichkeiten und Identitäten im 20. Jahrhundert. Eine Einleitung, in: Dies. (Hrsg.): Transnationale Öffentlichkeiten und Identitäten im 20. Jahrhundert. Frankfurt am Main / New York 2002, S. 7–33.
Kahn-Ackermann, Georg: Die auswärtigen Kulturbeziehungen der Bundesrepublik Deutschland. Ein kritischer Überblick über die ersten 25 Jahre, in: Europa-Archiv 24 (1973), S. 854–862.
Kahnt, Antje: Düsseldorfs starke Frauen. 30 Portraits. Düsseldorf 2016.
Kathe, Steffen R.: Kulturpolitik um jeden Preis. Die Geschichte des Goethe-Instituts von 1951 bis 1990. München 2002.
Kaussen, Helga: 50 Jahre Goethe-Institut. Murnau, Manila, Minsk. München 2001.
Keller, Thomas: Einleitung – Ein Leben in und zwischen verschiedenen Kulturen führen, in: Thum, Bernd / Keller, Thomas (Hrsg.): Interkulturelle Lebensläufe. Tübingen 1998, S. 1–29.
Keller, Thomas: Kulturtransferforschung – Grenzgänge zwischen den Kulturen, in: Moebius, Stephan / Quadflieg, Dirk (Hrsg.): Kultur. Theorien der Gegenwart. Wiesbaden 2011. S. 101–128.

Kettenacker, Lothar (Hrsg.): Kulturpräsenz im Ausland: Deutschland, Frankreich, Schweiz. Basel 1998.

Kießling, Friedrich / Rieger, Bernhard (Hrsg.): Mit dem Wandel leben. Neuorientierung und Tradition in der Bundesrepublik der 1950er und 60er Jahre. Köln / Weimar / Wien 2011.

Kilper, Heiderose / Lhotta, Roland: Föderalismus in der Bundesrepublik Deutschland. Eine Einführung, Opladen 1996.

Kindler, Gabriele: Wenn bei Capri die rote Sonne… Die Italiensehnsucht der Deutschen im 20. Jahrhundert. Karlsruhe 1997.

Kock, Peter Jakob: Bayerns Weg in die Bundesrepublik. München 1988.

Körner, Hans-Michael / Schuller, Florian (Hrsg.): Bayern und Italien. Kontinuität und Wandel ihrer traditionellen Bindungen. Lindenberg im Allgäu 2010.

Kokorz, Gregor / Mitterbauer, Helga (Hrsg.): Übergänge und Verflechtungen. Kulturelle Transfers in Europa. Bern / Wien 2004.

Kommission für Bayerische Landesgeschichte bei der Bayerischen Akademie der Wissenschaften (Hrsg.): Wege nach Europa. Zeitschrift für Bayerische Landesgeschichte 78 (1), München 2015.

Korte, Hermann: Eine Gesellschaft im Aufbruch. Die Bundesrepublik Deutschland in den sechziger Jahren. Wiesbaden 2009.

Koss, Siegfrid / Löhr, Wolfgang (Hrsg.): Biographisches Lexikon des KV, Band 6, Schernfeld 2000, S. 102 f.

Krauße, Erika (Hrsg.): Der Brief als wissenschaftshistorische Quelle. Berlin 2005.

Krieger, Wolfgang: Franz Josef Strauß. Der barocke Demokrat aus Bayern. Göttingen 1995.

Kulturpolitische Gesellschaft Landesgruppe Bayern (Hrsg.): Bausteine Bayerischer Kulturpolitik. Eine Diskussionsgrundlage. Nürnberg 2008.

Kutzschenbach, Irene von / Sporer, Marianne (Hrsg.): Alltag, der nicht alltäglich war. Passauer Schülerinnen erinnern sich an die Zeit zwischen 1928 und 1950. Passau 1999.

Lamprecht, Karl: Über auswärtige Kulturpolitik. Leipzig 1913.

Lanzinner, Maximilian: Reorganisation und Reform. Kultur- und Bildungspolitik in Bayern 1945–1968, in: Bayerische Landeszentrale für Politische Bildungsarbeit (Hrsg.): Kulturstaat Bayern. 19. und 20. Jahrhundert. München 1997, S. 65–90.

Laufer, Heinz / Münch, Ursula: Das föderative System der Bundesrepublik Deutschland. München 1997.

Lejeune, Carlo: Die deutsch-belgischen Kulturbeziehungen 1925–1980, Wege zur europäischen Integration? Köln / Wien 1992.

Lepenies, Wolf: Kultur und Politik. Deutsche Geschichten. München / Wien 2006.

Leuchtmann, Horst: Orlando di Lasso. Sein Leben. Versuch einer Bestandsaufnahme der biographischen Einzelheiten. Wiesbaden 1976.
Lill, Johannes: Völkerfreundschaft im Kalten Krieg? Die politischen, kulturellen und ökonomischen Beziehungen der DDR zu Italien 1949–1973. Frankfurt am Main 2001.
Lill, Rudolf: Deutsch-italienische Beziehungen seit dem Zweiten Weltkrieg, in: Jahrbuch der Villa Vigoni 1985–1989. Tübingen 1990, S. 152–163.
Lindemann, Hans / Müller, Kurt: Auswärtige Kulturpolitik in der DDR. Die kulturelle Abgrenzung der DDR von der Bundesrepublik. Bonn-Bad Godesberg 1974.
Lippert, Barbara: Auswärtige Kulturpolitik im Zeichen der Ostpolitik. Verhandlungen mit Moskau 1969–1990. Münster 1996.
Löffler, Bernhard: Reinhard Raffalt – Publizist, Bildungsbürger, Deutsch-Römer, in: Ostbairische Lebensbilder. Passau 2004, S. 165–181.
Loth, Wilfried: Der Prozess der europäischen Integration. Antriebskräfte, Entscheidungen, Perspektiven, in: Gewerkschaftliche Monatshefte 46 (1995), S. 703–714.
Loth, Wilfried: Deutsche Europa-Konzeptionen in der Eskalation des Ost-West-Konflikts 1945–1949, in: Geschichte in Wissenschaft und Unterricht 7 (1984), S. 453–470.
Loth, Wilfried: Die Europa-Diskussion in den deutschen Besatzungszonen, in: Ders. (Hrsg.): Die Anfänge der europäischen Integration 1945–1950, Bonn 1990.
Loth, Wilfried / Osterhammel, Jürgen (Hrsg.) : Internationale Geschichte. Themen – Ergebnisse – Aussichten. München 2000.
Maaß, Kurt-Jürgen (Hrsg.): Kultur und Außenpolitik. Handbuch für Wissenschaft und Praxis. 3., vollständig überarbeitete und erweiterte Auflage. Baden-Baden 2015.
Maaßen, Ludwig: Der Kampf um den Rundfunk in Bayern. Berlin 1979.
März, Peter / Oberreuter, Heinrich (Hrsg.): Weichenstellung für Deutschland. Der Verfassungskonvent von Herrenchiemsee. München 1999.
Mahr, Johannes: Bernhard Schlink. Der Vorleser, S. 159–176, in: Schneider, Sabine (Hrsg.): Lektüren für das 21. Jahrhundert. Klassiker und Bestseller der deutschen Literatur von 1900 bis heute. Würzburg 2005, S. 168.
Mallonitz, Renata Lumbe Edle von: Der letzte Herbst. Ein historischer Roman aus Böhmen. Heidelberg 2009.
Manning, Till: Die Italiengeneration. Stilbildung durch Massentourismus in den 1950er und 1960er Jahren. Göttingen 2011.
Martin, Berthold: Jahrbuch der auswärtigen Kulturbeziehungen. Band 1–2. Bonn 1964/1965.
Fortsetzung unter dem Titel: Martin, Berthold: Auswärtige Kulturbeziehungen. Band 3–4. Neuwied / Berlin 1966/67.

Matheus, Michael (Hrsg.): Deutsche Forschungs- und Kulturinstitute in Rom in der Nachkriegszeit. Tübingen 2007.

Melloni, Alberto (Hrsg.): Das II. Vatikanische Konzil. Geschichte – Bedeutung – Wirkung. Ein Historischer Atlas. Milano / Stuttgart 2015.

Michels, Eckard: Von der Deutschen Akademie zum Goethe-Institut. Sprach- und auswärtige Kulturpolitik. 1923–1960. München 2005.

Mitterbauer, Helga / Scherke, Katharina (Hrsg.): Ent-grenzte Räume. Kulturelle Transfers um 1900 und in der Gegenwart. Wien 2005.

Mollier, Madeleine: Pensieri e previsioni di Mussolini al tramonto. Rom 1948.

Mumme, Martin: Strategien auswärtiger Bewußtseinspolitik. Von der Macht der Ideen in der Politik. Würzburg 2006.

Nawiasky, Hans / Leusser, Klaus: Die Verfassung des Freistaates Bayern vom 2. Dezember 1946. Systematischer Überblick und Handkommentar. München 1948.

Nawiasky, Hans: Die Verfassung des Freistaats Bayern vom 2. Dezember 1946. Ergänzungsband zum Handkommentar unter Mitarbeit von Hans Lechner. München 1953.

Neumann, Hermann (Hrsg.): Grafenau. Bayerischer Wald. 600 Jahre Stadt 1376–1976. Grafenau 1976.

Neumann, Karl: Zum 75. Geburtstag Reinhard Raffalt. Erinnerungen eines Schulfreunds, in: Europäisches Gymnasium Leopoldinum Passau. Jahresbericht 1997/98. Passau 1998, S. 95–100.

Nickisch, Reinhard M. G.: Brief. Stuttgart 1991.

Niethammer, Lutz: Lebenserfahrung und kollektives Gedächtnis. Die Praxis der „Oral History". Frankfurt am Main 1985.

Nipperdey, Thomas: Der Föderalismus, in: Nachdenken über die deutsche Geschichte. München 1986, S. 60–109.

Oberreuter, Heinrich: Föderalismus, in: Staatslexikon der Görres-Gesellschaft 1986, S. 632–638.

Oexle, Otto Gerhard: Geschichte als Historische Kulturwissenschaft, in: Hardtwig, Wolfgang / Wehler, Hans-Ulrich (Hrsg.): Kulturgeschichte heute. Göttingen 1996, S. 14–40.

Osterhammel, Jürgen: Geschichtswissenschaft jenseits des Nationalstats. Studien zur Beziehungsgeschichte und Zivilisationsvergleich. Göttingen 2001.

Osterhammel, Jürgen: Sklaverei und die Zivilisation des Westens. München 2000.

Osterhammel, Jürgen: Transferanalyse und Vergleich im Fernverhältnis, in: Kaelble, Hartmut / Schriewer, Jürgen (Hrsg.): Vergleich und Transfer. Frankfurt a. Main / New York 2003, S. 439–469.

Patel, Kiran Klaus: Überlegungen zu einer transnationalen Geschichte, in: Zeitschrift für Geschichtswissenschaft. 52. Jahrgang. Heft 1. Berlin 2004, S. 626–645.

Paulmann, Johannes (Hrsg.): Auswärtige Repräsentationen. Deutsche Kulturdiplomatie nach 1945. Köln 2005.

Paulmann, Johannes: Deutschland in der Welt: Auswärtige Repräsentationen und reflexive Selbstwahrnehmung nach dem Zweiten Weltkrieg – eine Skizze, in: Hockerts, Hans Günter (Hrsg.): Koordinaten deutscher Geschichte in der Epoche des Ost-West Konflikts. München 2004, S. 63–78.

Paulmann, Johannes: Grenzüberschreitung und Grenzräume. Überlegungen zur Geschichte transnationaler Beziehungen von der Mitte des 19. Jahrhunderts bis in die Zeitgeschichte. Gerhard A. Ritter zum 75. Geburtstag, in: Conze, Eckhart / Lappenküper, Ulrich / Müller, Guido (Hrsg.): Geschichte der internationalen Beziehungen. Erneuerung und Erweiterung einer historischen Disziplin. Köln 2004, S. 169–197.

Peisert, Hans Georg: Die auswärtige Kulturpolitik der Bundesrepublik Deutschland. Stuttgart 1978.

Pernau, Margit: Transnationale Geschichte. Göttingen 2011.

Pesch, Otto Hermann: Das Zweite Vatikanische Konzil. Vorgeschichte – Verlauf – Ergebnisse – Wirkungsgeschichte. Würzburg 2011.

Petersen, Jens: Das deutschsprachige Italienbild nach 1945, in: QFIAB 76 (1996), S. 455–495.

Petersen, Jens: Italienbilder – Deutschlandbilder. Gesammelte Aufsätze. Köln 1999.

Petersen, Jens: Vorspiel zu „Stahlpakt" und Kriegsallianz: das deutsch-italienische Kulturabkommen vom 23. November 1938, in: VfZ 36 (1988), S. 41–77.

Pimmer, Hans: Redemokratisierung des Konzertlebens in Ostbayern nach dem II. Weltkrieg. Wiederaufbau in drei Stadtkreisen. Egelsbach 1993.

Plichta, Vanessa / Müller, Guido: Zwischen Rhein und Donau. Abendländisches Denken zwischen deutsch-französischen Verständigungsinitiativen und konservativ-katholischen Integrationsmodellen 1923–1957, in: Journal of European Integration History 5 (1999), Heft 2, S. 17–47.

Plichta, Vanessa: „Eine Erneuerung des Abendlandes wird eine Erneuerung des Reiches sein". Europaideen in der Zeitschrift „Neues Abendland" (1946–1958), in: Grunewald, Michel / Bock, Hans Manfred (Hrsg.): Der Europadiskurs in den deutschen Zeitschriften (1945–1955). Bern [u.a.] 2001, S. 319–343.

Plichta, Vanessa: Reich – Europa – Abendland, in: Im Sog des Westens. Sonderheft der Vorgänge. Zeitschrift für Bürgerrechte und Gesellschaftspolitik 154 (2001), S. 60–69.

Pöthig, Charis: Italien und die DDR. Die politischen, ökonomischen und kulturellen Beziehungen von 1949–1980. Frankfurt am Main 2000.

Pyta, Wolfram: Geschichtswissenschaft, in: Klein, Christian (Hrsg.): Handbuch Biographie. Methoden, Techniken, Theorie. Stuttgart 2009, S. 331–338.

Raffalt, Nina / Raffalt, Reinhard: In memoriam Reinhard Raffalt. Daten und Fakten – Reinhard Raffalt zum 75. Geburtstag. Murnau 1998.
Raphael, Lutz: Geschichtswissenschaft im Zeitalter der Extreme. Theorie, Methoden, Tendenzen von 1900 bis zur Gegenwart. München 2010.
Reineke, Eva: Rom über die Alpen tragen, in: Baudach, Frank / Walter, Axel E. (Hrsg.): Festschrift für Ingrid Bernin-Israel. München 2000, S. 517–520.
Reinhard, Wolfgang: Familie und Klientel. Untersuchungen zur gesellschaftlichen Struktur und Dynamik des Papsttums und der politischen Sozialgeschichte der frühen Neuzeit. Freiburg 1973.
Reinhard, Wolfgang: Freunde und Kreaturen. „Verflechtung" als Konzept zur Erforschung historischer Führungsgruppen. Römische Oligarchie um 1600. München 1979.
Reitmayer, Morten / Marx, Christian: Netzwerkansätze in der Geschichtswissenschaft, in: Stegbauer, Christian / Häußling, Roger (Hrsg.): Handbuch Netzwerkforschung. Wiesbaden 2010, S. 869–880.
Rieder, Maximiliane: Deutsch-italienische Wirtschaftsbeziehungen. Kontinuitäten und Brüche 1936–1957. Frankfurt 2003.
Rieder, Maximiliane: 50 Jahre Anwerbevertrag zwischen Deutschland und Italien. Italienische „Gastarbeiter" und Unternehmer in Bayern und München, in: Münchner Statistik 3 (2005), S. 1–14.
Riepertinger, Rainhard (Hrsg.): Bayern – Italien. Die Geschichte einer intensiven Beziehung. Darmstadt 2010.
Robinson, Piers: The CNN Effect: The Myth of News, Foreign Policy and Intervention. London 2002.
Roeck, Bernd / Schuckert, Charlotte (Hrsg.): Deutsche Kulturpolitik in Italien. Entwicklungen, Instrumente, Perspektiven. Ergebnisse des Projektes „ItaliaGermania". Tübingen 2002.
Röhreke, Harriet: Mosaik fallender Steine. Gedichte. München 2009.
Rossbach, Udo: Die auswärtige Kulturpolitik der Bundesrepublik Deutschland. Grundlagen, Ziele, Aufgaben. Stuttgart 1980.
Rotte, Ralph: Die Außen- und Friedenspolitik des Heiligen Stuhls. Eine Einführung. 2., vollständig überarbeitete Auflage. Wiesbaden 2014.
Saldern, Adelheid von: „Kunst für's Volk". Vom Kulturkonservativismus zur nationalsozialistischen Kulturpolitik, in: Welzer, Harald (Hrsg.): Das Gedächtnis der Bilder. Ästhetik und Nationalsozialismus. Tübingen 1995, S. 45–104.
Salzmann, Bernhard: Europa als Thema katholischer Eliten, Fribourg 2006.
Sattler, Dieter: „Die Stunde der Kulturpolitik", in: Landeszentrale für politische Bildung Baden-Württemberg (Hrsg.): Der Bürger im Staat, Heft 4. Filderstadt 1960, S. 82–86.
Saur, Karl-Otto: „Ein bisserl was geht immer". Die Geschichte des Bayerischen Rundfunks. München 2009.

Savona, Paolo: Una campana per l'Italia. Enrico Scaretti – A bell for Italy. Roma 2013.
Schäffer-Huber, Gisela: Passau 1930 bis 1970. Erfurt 2011.
Schelhas, Johannes: Das Zweite Vatikanische Konzil. Geschichte – Themen – Ertrag. Regensburg 2014.
Schildt, Axel: Zwischen Abendland und Amerika. Studien zur westdeutschen Ideenlandschaft der 50er Jahre. München 1999.
Schindler, Herbert (Hrsg.): Bayerns goldenes Zeitalter. Bilder aus Barock und Rokoko. München 1968.
Schmid, Alois (Hrsg.): Handbuch der bayerischen Geschichte. Das neue Bayern, von 1800 bis zur Gegenwart. Teilband 2: Die innere und kulturelle Entwicklung. Begr. von Max Spindler. 2., völlig neu bearbeitete Auflage. München 2007.
Schmid, Alois (Hrsg.): Von Bayern nach Italien. Transalpiner Transfer in der Frühen Neuzeit. München 2010.
Schmidt-Bergmann, Hansgeorg: Zwischen Kontinuität und Rekonstruktion. Kulturtransfer zwischen Deutschland und Italien nach 1945. Tübingen 1998.
Schneider, Wolfgang (Hrsg.): Auswärtige Kulturpolitik. Dialog als Auftrag – Partnerschaft als Prinzip. Essen 2008.
Schöttger, Detlev (Hrsg.): Adressat: Nachwelt. Briefkultur und Ruhmbildung. München 2008.
Schreiner, Patrick: Außenkulturpolitik. Internationale Beziehungen und kultureller Austausch. Bielefeld 2011.
Schulz, Georg Karl Maximilian: Die Stimme Bayerns. Der Bayerische Rundfunk zwischen Tradition und Moderne. Regensburg 2018.
Schuster, Jörg (Hrsg.): Briefkultur. Texte und Interpretationen von Martin Luther bis Thomas Bernhard. Berlin 2013.
Schwarz, Manfred: Ein Nachruf an Reinhard Raffalt, in: Festschrift der Festspiele Europäische Wochen Passau hrsg. vom Verein Europäische Wochen Passau. Passau 1987, S. 49–52.
Schwarzkopf, Dietrich (Hrsg.): Rundfunkpolitik in Deutschland. Wettbewerb und Öffentlichkeit. München 1999.
Seidl, Daniella: „Wenn man aus Bayern kommt, ist man ein südlicher Mensch." Münchens „neue" Italianità: Die Sommerhauskultur in Italien, in: Bayerisches Jahrbuch für Volkskunde 2008, S. 97–111.
Singer, Otto: Auswärtige Kulturpolitik in der Bundesrepublik Deutschland. Konzeptionelle Grundlagen und institutionelle Entwicklung seit 1945. Berlin 2003.
Spindler, Max: Die Grundlagen der Kulturentwicklung in Bayern (Kultur und Politik). München 1949.
Stegbauer, Christian: Netzwerkanalyse und Netzwerktheorie. Ein neues Paradigma in den Sozialwissenschaften. Wiesbaden 2008.

Stehle, Hansjakob: Die Ostpolitik des Vatikan. 1917–1975. München / Zürich 1975.
Stehle, Hansjakob: Geheimdiplomatie im Vatikan. Die Päpste und die Kommunisten. Zürich 1993.
Stoll, Ulrike: Das Bayerische Trachtenballett auf Asientournee. Ein Fallbeispiel zur auswärtigen Kulturpolitik der Bundesrepublik Deutschland um 1960, in: Paulmann, Johannes (Hrsg.): Auswärtige Repräsentationen. Deutsche Kulturdiplomatie nach 1945. Köln 2005, S. 279–289.
Stoll, Ulrike: Kulturpolitik als Beruf. Dieter Sattler (1906–1968) in München, Bonn und Rom. Paderborn 2005.
Sturm, Roland: Föderalismus in Deutschland, Opladen 2001.
Tan, Jinfu: Die Entwicklung der deutsch-chinesischen Kulturbeziehungen 1949–1989. Ein Beitrag zur Geschichte der auswärtigen Kulturpolitik der Bundesrepublik Deutschland. Regensburg 1997.
The Palgrave dictionary of transnational history. From the mid-19th century to the present day. Basingstoke [u.a.] 2009.
Thiessen, Hillard von / Windler, Christian (Hrsg.): Akteure der Außenbeziehungen. Netzwerke und Interkulturalität im historischen Wandel. Köln [u.a.] 2010.
Thiessen, Hillard von / Windler, Christian (Hrsg.): Nähe in der Ferne. Personelle Verflechtung in den Außenbeziehungen der Frühen Neuzeit. Berlin 2005.
Trommer, Siegfried Johannes: Die Mittlerorganisationen der auswärtigen Kulturpolitik. Tübingen 1984.
Trommler, Frank: Kulturmacht ohne Kompass. Deutsche auswärtige Kulturbeziehungen im 20. Jahrhundert. Köln 2014.
Trunk, Achim: Europa, ein Ausweg. Politische Eliten und europäische Identität in den 1950er Jahren. München 2007.
Twardowski, Fritz von: Anfänge der deutschen Kulturpolitik zum Ausland. Bonn 1970.
Unfried, Berthold (Hrsg.): Transnationale Netzwerke im 20. Jahrhundert. Historische Erkundungen zu Ideen und Praktiken. Individuen und Organisationen. Leipzig 2008.
Vellusig, Robert: Schriftliche Gespräche. Briefkultur im 18. Jahrhundert. Wien 2000.
Verhandlungen des Deutschen Bundestags. Stenographische Berichte. Band 36. 2. Wahlperiode. Sitzung 201–209. 04. April–10. Mai 1957. Bonn 1957.
Vogel, Hans-Jochen: Bayern und das Grundgesetz, in: Ders. (Hrsg.): Demokratie lebt auch vom Widerspruch. Zürich 2001, S. 159–177.
Vollhardt, Ulla-Britta: Staatliche Heimatpolitik und Heimatdiskurse in Bayern: 1945 – 1970. Identitätsstiftung zwischen Tradition und Modernisierung. München 2008.

Vordemann, Christian: Deutschland-Italien. 1949–1961. Die diplomatischen Beziehungen. Frankfurt am Main / New York 1994.
Vorländer, Herbert (Hrsg.): Oral History. Mündlich erfragte Geschichte. Göttingen 1990.
Wehler, Hans-Ulrich (Hrsg.): Geschichte und Psychoanalyse. Frankfurt am Main 1974.
Weiland, Albrecht: Der Campo Santo Teutonico in Rom und seine Grabdenkmäler. Rom 1988.
Werner, Michael: Konzeptionen und theoretische Ansätze zur Untersuchung von Kulturbeziehungen, in: Colin, Nicole [u.a.] (Hrsg.): Lexikon der deutsch-französischen Kulturbeziehungen nach 1945. Tübingen 2013, S. 23–31.
Werner, Michael / Zimmermann, Benedicte: Vergleich, Transfer, Verflechtung. Der Ansatz der Histoire croisée und die Herausforderung des Transnationalen, in: Geschichte und Gesellschaft 28 (2002), S. 607–636.
Witte, Barthold C.: Deutsche Kulturpolitik im Ausland. Ziele – Chancen – Grenzen, in: Karl Dietrich Bracher / Manfred Funke / Hans-Peter Schwarz (Hrsg.): Deutschland zwischen Krieg und Frieden. Beiträge zur Politik und Kultur im 20. Jahrhundert. Bonn 1990, S. 371–383.
Wittek, Bernhard: Und das in Goethes Namen. Das Goethe-Institut von 1951 bis 1976. Berlin 2006.
Wölke, Gabriele: Auswärtige Kulturpolitik und Außenwirtschaft. Köln 1983.
Wüst, Wolfgang (Hrsg.): Schwaben und Italien. Zwei europäische Kulturlandschaften zwischen Antike und Moderne. Aufsätze zur Bayerischen Landesausstellung 2010 „Bayern-Italien" in Füssen und Augsburg. Augsburg 2010.
Zehetmair, Hans: Kultur bewegt. Kulturpolitik für Bayern. München 2001.
Zeitschrift für Kulturaustausch. Hrsg. vom Institut für Auslandsbeziehungen. Band 28. Regensburg 1978.
Znined-Brand, Victoria: Deutsche und französische Kulturpolitik. Eine vergleichende Analyse. Das Beispiel der Goethe-Institute in Frankreich sowie der Instituts und Centres Culturels Francais in Deutschland seit 1945. Frankfurt am Main 1999.
Zunhammer, Thomas: Beiträge zur Geschichte des Bayerischen Rundfunks. Eine Dokumentation. München 1998.

3. Publikationen von Reinhard Raffalt

Abendländische Kultur und Christentum. Essays. München 1981.
Cantata Romana. Römische Kirchen. Leben mit Rom IV. München 1977.
Concerto Romano. Leben mit Rom. München 1955 [14. Auflage München 1999].

Das Ende des römischen Prinzips. München 1970.
Das Gold von Bayern. Kommödie [sic!] in fünf Bildern. München 1966.
Der Nachfolger. Ein Schauspiel. München 1962.
Der Papst in Jerusalem. München 1964.
Die Kirche zum Heiligen Geist – wörtlich genommen. Vortrag am 14.10.1971 in der Hl.-Geist-Kirche zu München anläßlich der Festwoche „700 Jahre Pfarrei Hl. Geist". München 1971.
Die kleine und die große Überfahrt. Eine Reise zu den Menschen Buddhas. München 1957.
Die verborgenen Geschenke der Kirche vom Heiligen Geist. Vortrag am 17.10.1975 in der Heilig-Geist-Kirche zu München anläßlich der Wiederherstellung der Asamschen Deckenfresken. München 1975.
Divertimento Romano. Leben mit Rom V. München 1978.
Drei Wege durch Indien. Berichte und Gedanken über einen Erdteil. Nürnberg 1957.
Eine Reise nach Neapel … e parlare italiano. Ein Sprachkurs durch Italien. München 1957 [16. Auflage München 2006].
Ein römischer Herbst. München 1958.
Fantasia Romana. Leben mit Rom II. München 1959.
Große Gestalten der Geschichte. München 1979.
Große Kaiser Roms. München 1977.
Musica Eterna. Aus fünf Jahrhunderten abendländischer Musik. München 1978.
Über die Problematik der Programm-Musik. Ein Versuch ihres Aufweises an der Pastoral-Symphonie von Beethoven, der Berg-Symphonie von Liszt und der Alpensinfonie von Strauß. Passau 1949.
Romanische Welt. Reiseberichte aus Italien und Spanien. München 1980.
Sinfonia Vaticana. Ein Führer durch die Päpstlichen Paläste und Sammlungen. Leben mit Rom III. München 1966.
Wie fern ist uns der Osten? München 1961.
Wohin steuert der Vatikan? Papst zwischen Religion und Politik. München 1973.
Zwei Meditationen. München 1961.

4. Zeitungsartikel und elektronische Quellen

„Schubert-Strauß-Abend. Das NS-Frankenorchester in Passau" in der DZ vom 24.01.1940. (von Reinhard Raffalt)
„Franz Schubert – Johann Strauß. Gastkonzert des NS-Frankenorchesters. Ein großes musikalisches Erlebnis" in der DZ vom 25.01.1940. (von Reinhard Raffalt)
„Johannes Brahms. Zur 43. Wiederkehr des Todestages eines großen Komponisten" in der DZ vom 05.04.1940. (von Reinhard Raffalt)

2. Gedruckte Quellen und Literatur | 287

„1490 – Wolf Huber – 1940. Fürstlicher Hofmaler in Passau. ‚Ein ehrsam und kunstreich Mann'" in der DZ vom 29.08.1940. (von Reinhard Raffalt)

„Hitlerjugend-Schwimmfest" in der DZ vom 28.06.1941. (von Reinhard Raffalt)

„Das Bann-Schwimmfest der Jugend. Bei starker Beteiligung gute Gesamtleistung und verbesserte Zeiten" in der DZ vom 02.07.1941. (von Reinhard Raffalt)

„Morgen Bann- und Untergausportfest" in der DZ vom 05.07.1941. (von Reinhard Raffalt)

„Mozart-Serenade im Gymnasium. Unter Leitung von Otto Dunkelberg. 128. Stiftungsfest des Musikalischen Vereins" in der DZ vom 15.07.1941. (von Reinhard Raffalt)

„Sportfest des Gymnasiums. Gute Ergebnisse wurden erzielt. Gemeinschaftsleistung war entscheidend" in der DZ, ohne Datum. (von Reinhard Raffalt)

„JM-Lager auf Oberhaus. Schulung der Führerinnen der Jungmädel" in der DZ vom 31.07.1941. (von Reinhard Raffalt)

„Abbild von Macht und Meisterschaft. Die Sammlung von Alt-Passauer Siegeln im Ostmarkmuseum Oberhaus" in der DZ vom 12.08.1941. (von Reinhard Raffalt)

„Filmstunde der Hitlerjugend" in der DZ vom 13.10.1941. (von Reinhard Raffalt)

„Was alte Passauer Portale erzählen. Für Wesen und Geschichte. Künder kunstgeschichtlicher Entwicklung" in der DZ vom 30.11.1941. (von Reinhard Raffalt)

„W. A. Mozart. Zu seinem 150. Todestag am 05. Dezember" in der DZ vom 05.12.1941. (von Reinhard Raffalt)

„Die Passauer Kaiserhochzeit im Bild. Wagners Gemälde im Rathaussaale. Apotheose des prunkenden Barock" in der DZ vom 15.12.1941. (von Reinhard Raffalt)

„Bach – Beethoven – Mozart. Zum Musikabend des HJ-Bannerorchesters" in der DZ vom 25.03.1942. (von Reinhard Raffalt)

„Was JM-Führerinnen können. Ein Jahr fleißiges Lernen brachte in der Prüfung schönsten Erfolg" in der DZ vom 01.04.1942. (von Reinhard Raffalt)

„Höfischer Abend. Veranstaltung des Singkreises Passau im Großen Rathaussaal" in der PNP vom 05.03.1946.

„Über eine Laienaufführung. Das ‚Dr. Faust-Spiel' in Passau" in der PNP vom 22.10.1946.

„‚Der Sturz'. Zur Uraufführung des Singkreises Passau" in der PNP vom 16.05.1947.

„Aufstand in Calabrien" in der PNP vom 17.04.1950. (von Reinhard Raffalt)

„Gerechtigkeit für die Gefangenen" in der PNP vom 01.09.1950. (von Reinhard Raffalt)
„Es ist kein Friede unter den Oliven Italiens. Die hungernden Menschen in Calabrien fühlen sich verlassen und revoltieren" in der PNP vom 23.11.1950. (von Reinhard Raffalt)
„Spanien – Land der Gegensätze. Bericht von einer Spanienreise im Januar 1951" in der PNP vom 08.03.1951. (von Reinhard Raffalt)
„Pariser Bilderbogen. Blick auf die 2000-jährige französische Hauptstadt im Frühling" in der PNP vom 05.04.1951. (von Reinhard Raffalt)
„Was nicht auf dem Programm stand. Als der Bundeskanzler in die Anima in Rom zur Messe kam" in der PNP vom 28.06.1951. (von Reinhard Raffalt)
„Aus dem Passauer Kulturleben von Dr. Saam. Reinhard Raffalt an der Domorgel" in der PNP vom 10.07.1951.
„Musica religiosa a S. Maria dell'Anima" in „L'Osservatore Romano" vom 28.05.1953.
„Von fremdem Völkern und Ländern" im „Gong" vom 21.02.1954.
„Concerto Romano" in der FAZ vom 08.03.1956.
„Deutscher Geist in Italien?" in der SZ vom 15.05.1956.
„Mut zur deutschen Sprache" in der FAZ vom 19.12.1956.
„Wie arbeitet die deutsche Kulturdiplomatie? Italien zeigt wenig Interesse: Schwirige Aufgaben in Rom – Ein Anfang ist gemacht" in „Die Welt" vom 04.02.1957.
„Export von Kultur" in der FAZ vom 24.04.1957.
„Musiche del Settecento. Alla Biblioteca Germanica presente Donna Carla Gronchi è stata fondata l'Associazione Romana G. S. Bach" in „Il Messaggero" vom 07.06.1957.
„Das ‚Centro Thomas Mann'. Ueber das Problem der deutschen Kulturarbeit in Italien" in der FAZ vom 08.06.1957.
„Bruckner und Bach in Rom" in der FAZ vom 18.11.1957.
„Le prime romane" in „Il Messaggero" vom 25.11.1957.
„Einheit des europäischen Geistes. Bach-Gesellschaft in Rom gegründet" in „Der Tagesspiegel" vom 26.11.1957.
„Barockmusik und Kerzenschein" in der FAZ vom 04.12.1957.
„Von den Alpen bis Neapel. Zu neuen Italienbüchern von Nils von Holst und Reinhard Raffalt" in der FAZ vom 12.12.1957.
„Ausland" in „Schweizerische Musikzeitung" vom 01.01.1958.
„Kulturpolitik so und so" in der FAZ vom 06.02.1958.
„Zu wenig Wege führen nach Rom. Erfolge und Versäumnisse deutscher Kulturpolitik in Italien" in der SZ vom 02.05.1958.
„Le prime romane" in „Il Giornale d'Italia" vom 14.05.1958.
„Die Römische Bach-Gesellschaft" in „Praline" vom Mai 1958.

„Hat Deutschland wieder zwei Gesichter? Italienisches Unbehagen über Widersprüche der deutschen Kulturpolitik" in der Rheinischen Post vom 31.05.1958.

„Le prime romane" in „Il Giornale d'Italia" vom 27.06.1958.

„La musica a Roma" in „La Voce Repubblicana" vom 20.11.1958.

„Roms Intellektuelle lieben keinen Kerzenschein. Randbemerkungen zur Kulturarbeit der Bundesrepublik in Italien" in der Kölnischen Rundschau vom 01.03.1959.

„Funk bei der Arbeit: Die Brücke zum Nachbarn" in „Rundfunkhörer und Fernseher" vom 22.03.1959.

„Le prime a Roma. Serenata settocentesca al Palazzo del Grillo" in „Il Tempo" vom 20.06.1959.

„Ist Cäsar tot?" in der FAZ vom 29.08.1959.

„Deutscher Geist in Rom" in der SZ, ohne Datum.

„Musica al fresco" in „Vita – Settimanale di notizie" vom 29.10.1959.

„Inaugurazione alla G. S. Bach" in „La Voce Repubblicana" vom 05.12.1959.

„Un concerto di classe" in „Vita – Settimanale di notizie" vom 10.12.1959.

„Kammermusik genügt nicht. Kulturpolitik und Informationspolitik im Ausland" in der FAZ vom 04.02.1960.

„‚Centro Thomas Mann'. Eine Lücke in der deutsch-italienischen Kulturarbeit" in der FAZ vom 24.02.1960.

„Bonn schießt Böcke in Rom. Nicht deutsch-freundliche, sondern linksintellektuelle Kreise wurden von der deutschen Kulturpolitik gefördert" in „Christ und Welt" vom 10.03.1960.

„Notte memorabile a Bracciano nel castello degli Odescalchi" in „Il Tempo" vom 07.07.1960.

„‚La dame à la Licorne' di Cocteau e Chailley nel Castello di Bracciano" in „Il Messaggero" vom 07.07.1960.

„Reinhard Raffalt hat viele Berufe" im „Gong" 22/1961.

„Drei Jahre Associazione Giovanni Sebastiano Bach in Rom" in „Madame" vom Oktober 1961.

„Watschentanz im Wüstensand. Bayerische Volkskunstgruppe auf Asien-Reise. Bauernhochzeit von Ankara bis Kalkutta" in MM vom 03.10.1961.

„Bayerische Botschaft in Indien. Reinhard Raffalt über eine weißblaue Tournee. Ein Abend des Münchner Merkur" in der SZ vom 22.11.1961.

„Befreiendes Lachen auf asiatischen Gesichtern. Reinhard Raffalt spricht im Sophiensaal – Bayerische Liebesheirat im Orient" in MM vom 22.11.1961.

„Es blieben doch Zweifel beim ‚Watschentanz am Ganges'" in MM vom 25./26.11.1961.

„Notizie della musica" in „Il Messaggero" vom 12.03.1962.

„Wallenreiters Alpen-Übergang. Reinhard Raffalt spricht in der Siemens-Stiftung über ‚Bayerns Beitrag zur künftigen Kultur Europas'" in MM vom 29.03.1962.

„Der Humanismus hat eine Aufgabe im Weltgespräch. 350-Jahr-Feier des Humanistischen Gymnasiums Passau" in der PNP vom 16.07.1962.
„Papst wider Willen. Uraufführung im Kleinen Haus: ‚Der Nachfolger' von Reinhard Raffalt" in der Stuttgarter Zeitung vom 09.10.1962.
„Die purpurnen Geschworenen. Reinhard Raffalts Schauspiel ‚Der Nachfolger' im Kleinen Haus erfolgreich aufgeführt" in den Stuttgarter Nachrichten vom 09.10.1962.
„Das scheinbar belauschte Konklave. ‚Der Nachfolger' von Reinhard Raffalt in Stuttgart" in der Rheinischen Post vom 09.10.1962.
„Uraufführung von Reinhard Raffalts ‚Der Nachfolger'" in der NZZ vom 10.10.1962.
„Mit allzu glattem Glanze. ‚Der Nachfolger' von Raffalt in Stuttgart" in der FAZ vom 10.10.1962.
„16 Kardinäle suchen einen Papst. Reinhard Raffalts ‚Der Nachfolger' in den Münchner Kammerspielen" in der SZ vom 11.10.1962.
„Die Geheimnisse des Konklave" in MM vom 11.10.1962.
„Eine Papstwahl auf der Bühne. Raffalts ‚Der Nachfolger' in Stuttgart uraufgeführt" in der Frankfurter Rundschau vom 12.10.1962.
„Die 29 Geschworenen" in „Der Spiegel" 42/1962, S. 107 f.
„Dramatische Auseinandersetzung mit einer Papstwahl. Münchner Erstaufführung ‚Der Nachfolger' von Reinhard Raffalt. Paul Verhoeven in der Titelrolle" in den Oberösterreichischen Nachrichten vom 13.10.1962.
„Das Schauspiel vom Konklave. Reinhard Raffalts ‚Der Nachfolger' in München" in der NZZ vom 13.10.1962.
„Stuttgarts neues Kleines Haus eröffnet. Zwei Klassiker und eine Uraufführung" im Berliner Tagesspiegel vom 14.10.1962.
„Papstwahl auf der Bühne" im Rheinischen Merkur vom 19.10.1962.
„Klerikales Blabla" im Bayernkurier vom 20.10.1962.
„Direkter Draht zum Vatikan. Der Protest eines Katholiken gegen ein katholisches Bühnenstück" von Carl Amery in „Die Zeit" vom 14.12.1962.
„Concerto di Bach a Palazzo Pecci" in „La Tribuna politica" vom 05.02.1963.
„Tutto Mozart" in „Vita – Settimanale di notizie" vom 14.02.1963.
„Der Schritt vom Erhabenen zur Banalität. Gestern Abend im Burgtheater: ‚Der Nachfolger' von Reinhard Raffalt" im „Express" vom 23.03.1963.
„Haupt- und Staatsaktion einer Papstwahl. Großer Abend des Burgtheaters mit Reinhard Raffalts Schauspiel ‚Der Nachfolger'" in „Neues Österreich" vom 24.03.1963.
„Das mehrfache Wunder am Burgtheater. ‚Der Nachfolger' – auch in der deutschen Dramatik: Reinhard Raffalt" in der Kronen-Zeitung vom 24.03.1963.
„Theater, vor dem man kapituliert. Premiere im Burgtheater: Reinhard Raffalts ‚Der Nachfolger'" in „Die Presse" (Wien) vom 25.03.1963.

„Im Burgtheater: ‚Der Nachfolger'" in der „Volksstimme" (Wien) vom 26.03.1963.
„Weltenbummler mit Tiefgang. ‚Nachfolger'-Autor Reinhard Raffalt hat heute viele Berufe" in der Kölnischen Rundschau, Mai 1963.
„Den Heiligen Geist durchs Schlüsselloch sehen. Peter Weihs inszenierte als Gast in den Linzer Kammerspielen den zehnbildrigen religiösen Reißer ‚Der Nachfolger' von Reinhard Raffalt" in den Oberösterreichischen Nachrichten vom 08.10.1963.
„Eine erdachte Papst-Wahl auf der Bühne. Linzer Kammerspiele brachten Reinhard Raffalts ‚Nachfolger'" im Linzer Volksblatt vom 08.10.1963.
„TV-Sensation um Papst. Burgtheater-Autor Reinhard Raffalt als Kommentator. Publikum verlangt Wiederholung der Sendung" im Wiener „Neuen Kurier", Januar 1964.
„Reinhard Raffalt" in den Stuttgarter Nachrichten vom 21.01.1964.
„Die Götter kehren wieder. Reinhard Raffalt drehte drei Fernsehberichte über Südamerika" in der AZ vom 19./20.12.1964.
„Fernsehen gestern" in der AZ vom 23.12.1964.
„Fernsehen unter der Lupe" in der Nachtdepesche Berlin vom 23.12.1964.
„Gesehen: Magisches Halbdunkel" im Kölner Stadt-Anzeiger vom 24.12.1964.
„Wiederkehr der Götter" in der Rheinischen Post vom 28.12.1964.
„Der engagierte Außenseiter" in der Funk-Korrespondenz vom 01.01.1965.
„Die Wiederkehr der Götter" im Hamburger Abendblatt vom 02.01.1965.
„Raffalt unter der Lupe. Interview mit dem Autor des ‚Nachfolgers' im Filmstudio" in „Neues Österreich" vom 25.02.1965.
„Was wird aus dem Papsttum? Ein Vortrag von Reinhard Raffalt in der Bibliotheksgesellschaft" in den Stuttgarter Nachrichten vom 15.11.1965.
„Der Engel der Armen. Reinhard Raffalts neues Stück ‚Das Gold von Bayern'" in der AZ vom 14./15.05.1966.
„Wie berät Raffalt das Münchner Residenz-Theater? Ein Gespräch mit dem neuernannten dramaturgischen Beirat des Staatsschauspiels" in MM vom 15.07.1966.
„Uraufführung im Staatsschauspiel. Raffalts ‚Gold von Bayern'" im Trostberger Tagblatt vom 14.10.1966.
„Nach dem Goldrausch der Katzenjammer. Morgen Uraufführung der Komödie ‚Das Gold von Bayern' im Cuvilliéstheater" in der SZ vom 15.10.1966.
„Das Floriansgeld erstickt Revolutionsbrand. Raffalts ‚Gold von Bayern' wird im Cuvilliés-Theater uraufgeführt" in der PNP vom 15.10.1966.
„Die Spitzederin im Cuvilliéstheater. Raffalts ‚Gold von Bayern' wird uraufgeführt, Glanz bayerischer Charaktere" in MM vom 15./16.10.1966.
„Die Lady und das Geld. Zur Münchner Uraufführung von Raffalts ‚Das Gold von Bayern'" in der AZ vom 15./16.10.1966.

„Ach, wir Armen! Reinhard Raffalts ‚Gold von Bayern' im Münchener Cuvilliéstheater" in der SZ vom 18.10.1966.

„Adeles genialer Gaunerstreich. Heiterer Abend im Münchner Cuvilliéstheater mit Ambesser, Eva Vaitl, Beppo Brem" in „Der Bote Feucht-Nürnberg" vom 18.10.1966.

„Zu süß. Reinhard Raffalts ‚Das Gold von Bayern'" im „Donau Kurier" (Ingolstadt) vom 18.10.1966.

„Wieder von Adele Spitzeder hereingelegt. Uraufführung im Cuvilliéstheater: Reinhard Raffalts ‚Gold von Bayern'" in MM vom 18.10.1966.

„Weiß-blaue Geldgeschäfte auf der Bühne. Raffalts ‚Das Gold von Bayern' uraufgeführt" in „Die Welt" vom 18.10.1966.

„Deppen gibt's immer. Raffalts ‚Gold von Bayern' im Cuvilliéstheater" in der AZ vom 18.10.1966.

„‚Das Gold von Bayern'. Reinhard Raffalts Komödie fand in München wenig Anklang" im Hofer Anzeiger vom 18.10.1966.

„‚Das Gold von Bayern' von Reinhard Raffalt in München uraufgeführt" in der Mittelbayerischen Zeitung (Regensburg) vom 18.10.1966.

„Das Komödienhafte im ‚Gold von Bayern' kam nicht zur Geltung" in der PNP vom 18.10.1966.

„Beifall und Pfiffe für ‚Das Gold von Bayern'" im Traunsteiner Wochenblatt vom 19.10.1966.

„‚Das Gold von Bayern'. Eine schwache Raffalt-Uraufführung in München" in der Nürnberger Zeitung vom 19.10.1966.

„Der König und die Betrügerin. Reinhard Raffalts ‚Gold von Bayern' in München" im Mannheimer Morgen vom 19.10.1966.

„Märchen von Adele und der Majestät. Reinhard Raffalts Komödie ‚Das Gold von Bayern'" in der Rheinischen Post vom 19.10.1966.

„Münchner Kulturspiegel. Beifall und Pfiffe für ‚Das Gold von Bayern'" im „Würmtal-Boten" vom 20.10.1966.

„‚Das Gold von Bayern'. Raffalts Komödie im Münchener Cuvilliéstheater uraufgeführt" im Coburger Tageblatt vom 20.10.1966.

„Reinhard Raffalts Adele Spitzeder. Die Uraufführung von ‚Das Gold von Bayern' in München" im Darmstädter Echo vom 20.10.1966.

„Adele Spitzeder als Märchenfigur. Reinhard Raffalts ‚Gold von Bayern' in München uraufgeführt" in der Lindauer Zeitung vom 20.10.1966.

„Der Traum vom goldenen Bayern. Raffalts Adele-Spitzeder-Komödie in München uraufgeführt" in der Bayerischen Staatszeitung vom 21.10.1966.

„Die Spekulantin und der König. Reinhard Raffalts ‚Gold von Bayern' im Münchner Cuvilliéstheater" in der FAZ vom 21.10.1966.

„Raffalt: Dame im Herzen" in „Der Spiegel" 43/1966, S. 188 f.

„Zwielichtige ‚Wahrheiten' über Oberbayern. Eisiges Schweigen und Pfiffe für die Komödie ‚Das Gold von Bayern'" im Fürstenfeldbrucker Tagblatt vom 22.10.1966.

„Uraufführung: Fräulein Spitzeder nicht sehr komisch. Im Cuvilliéstheater ‚Das Gold von Bayern' von Reinhard Raffalt" im Bayernkurier vom 22.10.1966.

„Das Gold von Bayern. Komödie in fünf Bildern von Reinhard Raffalt" in „Die Tat" vom 22.10.1966.

„Der König und die Zinsbetrügerin. Zur Uraufführung von Reinhard Raffalts ‚Gold von Bayern' in München" im „Fränkischen Volksblatt" (Würzburg) vom 22.10.1966.

„Kein Edelmetall. Münchner Uraufführung von Reinhard Raffalts ‚Gold von Bayern'" in der Frankfurter Rundschau vom 26.10.1966.

„Die gewitzte Bankiere aus Preußen. Raffalts ‚Gold von Bayern' in München uraufgeführt" im „General-Anzeiger" (Bonn) vom 04.11.1966.

„Geburtstagsböller für Ludwig Thoma. Veranstaltungen in München zum 100. Geburtstag des Dichters" in der SZ vom 23.01.1967.

„Raffalt tritt zurück" in der SZ vom 25./26.02.1967.

„Reinhard Raffalt hat das Residenztheater verlassen: ‚Was soll ich da eigentlich?'" in der AZ vom 25./26.02.1967.

„Raffalt geht als Dramaturg des Residenztheaters" in MM vom 25./26.02.1967.

„Schlendrian?" in „Die Welt" vom 28.02.1967.

„Kunst im Vatikan. Reinhard Raffalt: ‚Sinfonia Vaticana'" in der FAZ vom 08.10.1968.

„La Barca" in der SZ vom 04.11.1969.

„‚Bayerisches Laudate' im Künstlerhaus. Rudolf Kriß, Reinhard Raffalt und Herbert Schneider erhielten den Poetentaler" in MM, Ende November 1969.

„Torquato Tasso" in den Badischen Neuesten Nachrichten vom 27.01.1970.

„Vor dem Fernsehschirm: Torquato Tasso" im Berliner Tagesspiegel vom 27.01.1970.

„Stimme der Vernunft in der Sprache Niederbayerns. Festrede zu Ehren Dr. Hans Kapfingers von Dr. Reinhard Raffalt" in der PNP vom Februar 1970.

„Presentati due documenteri del regista tedesco Raffalt" in „L'Osservatore Romano" vom 23.10.1970.

„Auf der Suche nach einem neuen Kulturbegriff" in der NZZ vom 13.11.1970.

„TV-Kritik. ‚Der Verfall der römischen Tradition in der katholischen Kirche'" in der AZ vom 05.04.1971.

„Tradition in der katholischen Kirche. Tagebuch eines Fernsehers" in der FAZ vom 06.04.1971.

„Perlen vor die Müden" in den Kieler Nachrichten vom 06.04.1971.

„Politik in der Kirche?" in „Die Welt" vom 06.04.1971.

„Phantasie über Orlando di Lasso" im Mannheimer Morgen vom 27.07.1971.

„Phantasie über Orlando" in der Rhein-Neckar-Zeitung vom 27.07.1971.
„Gelungene Phantasie" in der SZ vom 27.07.1971.
„Eine zweite Wirklichkeit" in der „Zeit" vom 30.07.1971.
„Goldenes Kalb" in „Die Zeit" vom 13.08.1971.
„Gold und Eitelkeit" in der Funk-Korrespondenz 32/33 1971.
„Bischofssynode in Rom" in den Westfälischen Nachrichten vom 27.10.1971.
„Viel Prominenz in Baumburg. ZDF-Sendung voraussichtlich im November" im Trostberger Tagblatt vom 18.07.1972.
„Musikfest in Baumburg. Rossinis ‚Petite Messe Solenelle' unter Wolfgang Sawallisch in Musteraufführung" im Trostberger Tagblatt vom 18.07.1972.
„‚Das ist in München nicht zu kriegen'. Triumph des kirchenmusikalischen Belcantos in der Baumburger Stiftskirche" im Oberbayerischen Volksblatt vom 20.07.1972.
„Raffalts ‚linker' Papst. Premiere eines Buches: ‚Wohin steuert der Vatikan?'" in den Westfälischen Nachrichten vom 11.10.1973.
„Autor zwischen allen Stühlen. Reinhard Raffalt las in Münster aus seinem Buch ‚Wohin steuert der Vatikan?'" in der Münsterschen Zeitung vom 13.10.1973.
„Mit Spekulationen gefüllt" in den Westfälischen Nachrichten vom 03./04.11.1973.
„Quo vadis, Domine?" in „Die Presse" vom 07.11.1973.
„Ein Rest von Geheimnis. Zwei Bücher über den Vatikan" in der NZZ vom 16.11.1973.
„Verwirrt vom Vatikan" in der „Welt am Sonntag" vom 18.11.1973.
„Was leistet die geistliche UNO?" in MM vom 28.11.1973.
„Vom Mut, unmodern zu sein. Reinhard Raffalts neues Buch über den Vatikan" in der SZ vom 01./02.12.1973.
„Enttäuschte Liebe. Pillenverbot und Zölibatsdisziplin nach innen, progressive Politik und Annäherung nach außen. Neue Thesen zur Vatikanpolitik" in „Deutsche Allgemeine Sonntagszeitung" vom 02.12.1973.
„Mit vollen Segeln nach Moskau? Raffalt kritisiert Papst Paul VI. Kritik vor leeren Stuhlreihen" in „Hukup. Hildesheims erstes Informations- und Anzeigenblatt" vom 08.12.1973.
„Unbequeme Ansichten. Reinhard Raffalt analysiert Papst und vatikanische Politik" in „Kirchenzeitung" vom 08.12.1973.
„Vatikan wohin? – Vatikan intern! Zu zwei Neuerscheinungen auf dem Büchermarkt" in „Konradsblatt. Wochenzeitung für das Erzbistum Freiburg" vom 09.12.1973.
„Wohin die Ostpolitik Pauls VI. steuert. Wiedervereinigung mit der Orthodoxie als Ziel" in der FAZ vom 22.12.1973.
„Un libro tedesco attribuisce simpatie socialiste a Paolo VI. L'autore del saggio parla di una ‚Ostpolitik' della Santa Sede" in „Corriere della sera" vom 23.12.1973.

„Vatikan – was tun? Weihnachtliche TV-Diskussion und zwei Bücher. Wohin steuern die Kirchen?" in der Rheinischen Post vom 27.12.1973.

„Gott aussparen?" von Nikolaus Benckiser in der FAZ vom 03.01.1974.

„Römisches – allzu Römisches" in „Die Welt" vom 03.01.1974.

„,Pure invenzioni' su Papa Montini" in „Il Tempo" vom 04.01.1974.

„Un ,Papato socialista'? Dispute su un libro uscito in Germania" in „La Stampa" vom 04.01.1974.

„Simpatie politiche attribuite a Paolo VI. Una polemica delicata" in „Secolo d'Italia" vom 04.01.1974.

„Vatikan-Sprecher dementiert Raffalts Behauptungen" in der FAZ vom 04.01.1974.

„Kontakte mit Moskau? Zum Protest gegen Reinhard Raffalts Vatikan-Buch" in der AZ vom 05.01.1974.

„Die vatikanische Ostpolitik" in der FAZ vom 13.01.1974.

„Opfer vor dem Götzen Zeitgeist. Zu Reinhard Raffalts kritischer Neuerscheinung ,Wohin steuert der Vatikan?'" in der „Augsburger Allgemeinen" vom 19./20.01.1974.

„Frontalangriff auf die Ostpolitik des Vatikans. Buch eines deutschen Katholiken: Ist der Papst ein Sozialist?" in „Die Welt" vom 29.01.1974.

Kolumne „Bayern aktuell" von Franz Schönhuber in der AZ vom 15.02.1974.

„Der ,linke' Papst" in „Orientierung" vom 15.02.1974.

„Falsche Maßstäbe. Reinhard Raffalt über Papst Paul VI." in „Christ in der Gegenwart" vom 24.02.1974.

„Rom ist ein Weichtier. ,Wohin steuert der Vatikan?' AZ-Gespräch mit Autor Reinhard Raffalt" in der AZ vom 27.02.1974.

„Die ,Vatikanische Ostpolitik' im Urteil zweier Autoren" in „Kirche und Gesellschaft" 17/1974.

„Gott schreibt gerade auch auf krummen Zeilen" im Bayernkurier vom 02.03.1974.

„Die heile Welt steht kopf. Was steckt hinter der abenteuerlichen These vom linksorientierten Papst Paul VI.?" in „Vorwärts" vom 02.05.1974.

„Rom – Moskau – Jerusalem. Eine Diskussion über die Ostpolitik des Vatikans im Bonner Konrad-Adenauer-Haus" in der PNP vom 23.11.1974.

„Neues Passionsspiel aus Quellen des Barocks. Oberammergau vor der Wahl zwischen den Texten von 1750 und 1860. Neufassung aus beiden im Gespräch" in der SZ vom 20./21.09.1975.

„Nachruf an Reinhard Raffalt" in der PNP vom 18.06.1976.

„Reinhard Raffalt gestorben" in der SZ vom 18.06.1976.

„Reinhard Raffalt zum Gedenken" in MKKZ vom 20.06.1976.

„Reinhard Raffalt wurde beerdigt" in der AZ vom 21.06.1976.

„Er konnte die Zeit deuten aus dem Wissen um die Vergangenheit" in der PNP vom 21.06.1976.

„Von der barocken Vielseitigkeit eines bayerischen Publizisten – Zum Tode Reinhard Raffalts" in der SZ vom 02.07.1976.

„Bei der Papstwahl durchs Schlüsselloch gelinst. Reinhard Raffalts ‚Nachfolger' im Ernst-Deutsch-Theater" in „Die Welt" vom 18.11.1978.

„Dr. Reinhard Raffalt – ein bayerischer Europäer. Zum 5. Todestag des berühmten Passauers. Er war tief in der Heimat verwurzelt" in der PNP vom 16.06.1981.

„Das Hörbild ist das Fernsehen der Phantasie. Zur Programmgestaltung des Radio-Features am Beispiel des Bayerischen Rundfunks" in der SZ vom 21.05.1986.

„Reinhard Raffalt: Unter den Vielseitigen ein Allseitiger" in der PNP vom 15.06.1996.

http://reinhard-raffalt.de/pages/home.html
[zuletzt aufgerufen im Februar 2018]

Porträt von Reinhard Raffalt als Autogrammkarte, Ende der 1950er-Jahre[1168]

> „Was wir zusammen in Italien erlebt haben,
> ist in fondo die Bestätigung einer alten Ahnung:
> daß auf die südwärts eilenden Träume unserer nördlichen Winter
> eine Wirklichkeit antwortet, die kein romantisches Märchen,
> sondern Wirklichkeit und eine einfache Harmonie ist,
> wert, die besten Stunden unseres Lebens auf sie zu verwenden."[1169]
>
> *(Reinhard Raffalt)*

[1168] Vgl. Privatbesitz Nina Raffalt, Bildbestand Reinhard Raffalt.
[1169] Raffalt, Reinhard: Eine Reise nach Neapel … e parlare italiano. Ein Sprachkurs durch Italien. 16. Auflage. München 2006, S. 478.

IV. Personenregister

Nicht aufgenommen wurden die Absender von einfachen Geschäfts- und Leserbriefen, die Autoren von Zeitungsartikeln und Sekundärliteratur sowie der Name Reinhard Raffalt. Wo der Vorname nicht ermittelt werden konnte, ist nach dem Namen Rang, Titel oder Berufsbezeichnung vermerkt.

Adenauer, Konrad 43, 44, 71, 87, 153, 154
Aicher-Scholl, Inge 129
Aichinger, Ilse 152
Alessandrini, Federico 107
Alt, Werner 168
Althammer, Walter 73
Ambesser, Axel von 118, 119, 120
Amery, Carl 37, 93, 115, 145, 192
Andres, Stefan 152
Aquin, Thomas von 239, 244
Aretin, Heinrich von 71
Bach, Johann Sebastian 34, 36, 43, 82, 133, 137, 187
Bachmann, Ingeborg 152
Balletti, Italo 147
Barcata, Louis 96
Baur-Pantoullier, Franz 168
Bausch, Hans 178
Bayer, Carlo 53
Bayern, Herzog Albrecht von 71, 159
Bayern, Herzog Franz von 53
Bayern, Herzog Max in 71
Bayern, Kronprinz Rupprecht von 80
Bayern, Prinz Konstantin von 76
Bebel, August 150
Beckers *Referent im AA* 116
Beethoven, Ludwig van 38, 94
Benelli, Giovanni 92
Bengsch, Alfred Kardinal 71
Berger, Hans 92, 93
Besold, Anton 62
Bieringer, Klaus 78
Bogner, Gerhard 180, 184
Borghese, Alasia 134
Borghese, Daria 71
Brahms, Johannes 94
Branca, Alexander von 51
Brandt, Willy 73
Brauchle, Georg 78
Braunfels, Wolfgang 92
Brecht, Berthold 151
Brehm, Beppo 118, 119, 120
Brentano, Clemens von 44, 142, 143, 144, 146, 149
Brentano, Heinrich von 71, 139, 150, 153, 157
Brichta, Emil 63
Bruckner, Anton 133, 138
Burckhardt, Jacob 130
Büschges *Referent im AA* 47
Caffarelli, Filippo 134
Carstens, Karl 53, 71
Clarke, Ashley 134
Claudel, Paul 122
Clerici, Mirta Mantero 75
Cochius, Christa 55
Collignon, Ilse 96
Costantini, Celso 174
Cube, Walter von 80, 184
Curtius, Ludwig 46, 47, 75, 82, 124, 141, 203, 215
Dallmayr, Horst 184
Dannecker, Franz Josef 84, 173
Daume, Willi 50
de Margerie, Roland 134
Dechamps, Bruno 97
Di Blasio, Pina 64
Dick, Alfred 53, 75
Diehl, Günter 72
Diergardt, Hertha von 67
Dollinger, Hermann 111
Döpfner, Julius Kardinal 53, 72, 75
Dotterweich, Helmut 184, 189, 192
Dumbois, Gabriele von 155
Dunkelberg, Otto 34, 94
Dürer, Albrecht 239
Eberbach, Heinz Eugen 42, 154
Egk, Werner 15, 49, 53, 238
Ehard, Hans 159
Eisch, Erich 238
Eisenbarth, Ludwig 67
Engels, Friedrich 150
Escrivá de Balaguer, Josemaría 194

Everding, August   48, 53, 89, 113, 114, 117, 125
Feldhütter, Wilfrid   188
Feldmeier, Gustl   72
Fellini, Federico   136
Filbig, Karl   163, 169
Filbinger, Hans   53, 72
Fink, Alois   27, 38, 65, 79, 80, 81, 82, 145, 157, 176, 177, 180, 181, 182, 183, 184, 185
Fodor, Marcel W.   96
Forster, Karl   49
Frahne, Karl Heinrich   143
Fransecky, Alix von   72
Fuchsberger, Joachim   72
Galli, Mario von   109
Gaupp-Berghausen, Georg von   72
Geier, Gabriele   117
Geier, Paul   68
Geisenberger, Karl   49
Geissler, Eva   214
Gerstenmaier, Cornelia   92
Gerstenmaier, Eugen   76
Geyer, Friedrich   66
Glas, Toni   124
Glock, Karl Borromäus   98
Gluck, Christoph Willibald Ritter von   240
Goethe, Johann Wolfgang von   130, 232
Goppel, Alfons   51, 53, 73, 74, 75, 120, 126, 188, 191, 219
Graber, Rudolf   71
Graevenitz, Kurt-Fritz von   142
Grass, Günter   78
Gregoriades, Andrew   95, 96
Gregorovius, Ferdinand   130, 132
Grießer, Max   118
Grimme, Adolf   72, 141
Grimme, Josefine   72
Grisebach, Dorothee   110
Gronchi, Carla   134
Gronchi, Giovanni   71, 134
Grote, Christian   213
Guggenbichler, Otto   193
Gumppenberg, Levin von   60
Gurk, Franz   207
Gutjahr-Löser, Peter   195
Guttenberg, Enoch zu   92
Guttmann, Luisa   115, 116
Guttuso, Renato   53
Habsburg, Otto von   63, 194, 195, 196, 197, 198

Haensel, Peter   111, 114, 117, 118
Hanauer, Rudolf   53, 54, 72, 74
Händel, Georg Friedrich   43, 133, 144
Hartl, Alois   50, 51
Hausenstein, Wilhelm   227
Heerdegen, Edith   64
Heidegger, Martin   150
Heinemann, Gustav   71
Heinrich der Löwe   227
Heintze, Heinz-Adolf von   96
Heisenberg, Werner   126, 150
Hengsbach, Franz   53
Henkel, Christoph   87
Henkel, Gabriele   29, 79, 87, 88, 128
Henkel, Konrad   87, 88
Henrich, Franz   49
Henrichs, Helmut   118, 122, 123, 124
Herbert, Heinz Josef   213
Hermes, Andreas   71, 159
Herzog Albrecht V.   188
Heubl, Franz   52, 74, 75, 84, 126, 167, 188, 194
Heumann, Dieter   98
Heuss, Theodor   71
Hilgard, Hans   141, 143
Hirsch, Hans Ludwig   243
Hirschenauer, Benedikt   60
Hochhuth, Rolf   89, 114, 116
Hocke, Gustav René   137, 138, 148, 154, 158, 202
Hoelscher, Ludwig   139
Hoffman, Kurt   192
Hofmann, Antonius   53, 73, 74, 75
Hohenemser, Herbert   61, 78
Holzamer, Karl   185
Holzer, Johann   242
Hörbiger, Attila   111
Hörl, Gerda   28, 32, 48, 52, 55, 60, 61, 62, 64, 66, 67, 68, 73, 81, 86, 182, 189, 191, 214
Hornsteiner, Walter   57
Hotz, Doris   69, 155
Hubensteiner, Benno   14, 190
Huber, Josef   49
Huber, Ludwig   53, 74, 75
Hübner, Bruno   118
Hudal, Alois   42, 43, 44, 45
Hülsen, Hans von   153, 154
Jahn, Friedrich   53
Jaumann, Anton   53, 75
Jochum, Eugen   67, 126

Jordan, Pascual 154
Jünger, Ernst 150
Kaelin, Bernhard 134, 141
Kahn-Ackermann, Georg 149
Kaiser Augustus 240
Kaiser Heinrich II. 241
Kaiser Karl V. 223
Kaiser Marcus Aurelius 239
Kaiserin Kunigunde 241
Kapfinger, Hans 39, 97, 129
Karajan, Herbert von 67, 78, 125
Karasek, Hellmuth 113
Kaschnitz, Marie Luise 71
Kästner, Erhart 152
Kästner, Erich 78
Keim, Walter 77, 117, 131, 172
Keller, Erich 163
Kersten, Hermann 152
Kiaulehn, Walter 123
Kiem, Pauli 225
Kienlechner, Toni 176
Kierkegaard, Søren 110
Kiesinger, Kurt Georg 72
Kirch, Leo 53, 68
Klaiber, Manfred 134, 137, 139, 144, 149, 158, 161, 162
Klofat, Rainer 78, 98
Knatz, Thomas 162, 163, 164
Kohl, Andreas 78
Köhler *Verlag Felix Bloch Erben* 115
Kolb, Annette 152, 173
König, Franz Kardinal 53, 75
Königin Gisela 237
Kramer, Gerhard 158
Krause, Werner 136
Krieger, Arnold 71
Kuhn, Helmut 92
Kühner-Wolfskehl, Hans 40, 146, 160, 162
Küng, Hans 93
Kusch, Erich B. 28, 150
Kutzschenbach, Irene von 29, 54
Landersdorfer, Simon Konrad 56, 220
Lasso, Orlando di 99, 103, 187, 188, 189, 212, 213
Lehner, Günther 66, 131
Leiber, Robert 137
Lengl, Siegfried 53, 193, 194, 195, 196, 197, 199
Lenz, Carl Otto 207
Leonhardt, Carl 38

Lessing, Gotthold Ephraim 232
Lietzau, Hans 122, 123
Liszt, Franz 38
Lübke, Heinrich 71, 159
Lücker, Hans August 73, 129
Lumbe Edle von Mallonitz, Renata 54
Luxemburg, Rosa 150
Mager, Friedrich 191
Magnus, Kurt 47
Maier, Hans 53, 74, 75
Mann, Thomas 151
Marschall von Bieberstein, Michael 146, 162
Martello, Aldo 100
Martens, Kurt 233
Martino, Gaetano 149
Marx, Karl 150
Marx, Reinhard Kardinal 207, 208
Mayer, Augustin Kardinal 88
Merk, Bruno 73
Metzner, Kurt 148
Meyer, Ernst Wilhelm 141
Miller, Konrad 68
Mindszenty, Josef Kardinal 106, 107
Mollier, Hans 41
Mollier, Madeleine 41, 42, 69, 96, 97
Mozart, Wolfgang Amadeus 43, 168, 193, 239
Mühlenhöver, Josef 146
Mühlfenzl, Rudolf 92, 192
Müller, Josef 28
Müller, Karl Alexander von 76
Müller, Otto Alexander von 75, 76
Müller-Franken, Egon 209
Müller-Gräffshagen, Klaus 131
Münster, Clemens 48, 65, 118, 145, 174, 175, 184, 190
Mussolini, Benito 41
Neumann, Karl 29, 37, 54, 58, 68
Niedeck, Gerda 160
Oeller, Helmut 66, 74, 131, 180, 181, 182, 183, 184, 185, 187, 188, 190, 192, 193
Oppenheim, Friedrich Carl 136
Orff, Carl 78, 125, 126, 193, 225
Ott, Rudolf 133
Palitzsch, Peter 112
Papst Johannes XXIII. 75, 90, 91, 100, 111
Papst Paul VI. 50, 73, 90, 93, 103, 104, 106, 107

IV. Personenregister

Papst Pius XII. 45, 48, 89, 90, 100, 107, 137, 176
Pentzlin, Kurt 136
Peterich, Eckart 146, 152, 157, 162, 171, 172
Pfeiffer, Peter H. 47, 164
Piepenburg, Friedrich Carl 97
Piper, Klaus 103, 110, 189
Pirkl, Fritz 53, 75, 195, 196, 197, 198
Pizzini, Carlo Alberto 187
Ploegsma, A. W. 116
Podewils, Max Graf von 172
Preußen, Louis Ferdinand Prinz von 135
Prusik, Gerhard 32
Prusik, Peter 32
Prusik, Richard 32
Raffalt, Hildegard 31, 32, 55, 75
Raffalt, Michael 31, 32, 33, 35, 55, 57, 58, 75
Raffalt, Nina 14, 15, 26, 28, 32, 52, 53, 54, 55, 62, 63, 68, 82, 85, 86, 127, 182, 216, 218
Raffalt, Reinhard passim
Ramin, Günther 34, 35, 40
Reuschel, Wilhelm 72
Richter, Jochen 192
Riedweg, Franz 63, 76
Ringling, Edmund 184
Rinser, Luise 152
Rodenstock, Rolf 134
Röhreke, Harriet 147
Röhreke, Heinrich 72, 89, 93, 147, 160
Rossi-Longhi, Murileso 149
Rossini, Gioacchino 125
Rudmann, Pater Remigius 29, 52, 68, 88, 90, 92, 93, 108, 124
Ruggeri Laderchi, Ilse 182
Rummel, Friedrich von 146
Sachs, Hans 239
Salat, Rudolf 140
Sattler, Christoph 84
Sattler, Dieter 18, 28, 37, 48, 63, 72, 78, 79, 82, 83, 84, 88, 124, 134, 139, 140, 141, 142, 143, 144, 146, 147, 148, 149, 151, 152, 154, 156, 157, 159, 160, 163, 165, 166, 167, 168, 169, 170, 171, 172, 173, 176, 183, 188, 189, 215, 217
Sawallisch, Mechthild 187
Sawallisch, Wolfgang 67, 125, 187
Scaretti, Enrico 202
Schaedel, Oriol 29, 45, 89, 148, 202

Schäffer, Fritz 76, 77
Schamoni, Victor 209, 212
Schedl, Otto 53, 75
Schering, Helmut 99
Scherpenberg, Albert-Hilger van 137
Schindler, Herbert 187
Schlaaf, Johannes 75, 88, 155
Schlegelberger, Günther 80, 144, 156
Schmid, Carlo 71
Schmitz van Vorst, Josef 28, 98, 138, 150, 154
Scholtz, Rudolf von 44, 75, 79, 174
Schönborn-Wiesentheit, Karl von 189
Schröffer, Joseph Kardinal 53
Schündler, Gullan 42
Schwarz, Manfred 62, 121, 190, 191, 192, 201, 202, 203
Seethaler, Carola 97, 145, 155
Seitz, Arthur 156
Seitz, Martin 145
Siciliani, Francesco 187
Sieburg, Friedrich 151
Siegel, Carl August 53, 75
Silone, Ignazio 152
Singer, Josef 139, 159
Sogno, Edgardo 86
Spies, Hans 180, 183
Spitzeder, Adele 48, 116, 117, 118, 119, 121
Spranger, Eduard 38
Sprovieri, Anna Maria 64, 68, 69, 75, 203
Stiermann, Gisela 29, 68
Stiermann, Walter 68
Strachwitz, Rudolf von 65, 134, 137, 142, 143
Straneo, Carlo Alberto 134
Straßner, Fritz 118
Stratenschulte, Werner 186
Strauß, Franz Georg 29, 84
Strauß, Franz Josef 28, 51, 53, 63, 72, 74, 75, 79, 84, 85, 86, 126, 194, 195, 197, 198
Strauß, Maria 85
Strauß, Marianne 85
Strauß, Max 85
Strauss, Richard 38
Streibl, Max 53, 75
Struß, Dieter 99
Struwe, Ewald 97
Stryck, von *Bankhaus Neuvians* 133, 136

Suenens, Leo Jozef Kardinal 90
Tacitus 241
Tannstein, Kurt von 161
Thedieck, Franz 146, 152
Thierfelder, Franz 127
Thoma, Ludwig 129, 233, 234
Tiepolo, Giovanni Battista 239
Treviranus von Dryander, Elisabeth 45, 65, 216
Treviranus, Gottfried W. 146, 152
Trützschler von Falckenstein, Heinz 144, 154
Uecker, Gerd 124
Umgelter, Fritz 118
Ungaretti, Giuseppe 152
Vaitl, Eva 64, 116, 117, 118
Vaitl, Joseph 75
Verga, Giovanni 233
Vivaldi, Antonio 210
Vogel, Bernhard 73
Vogel, Hans-Jochen 50, 73, 121
Vogelweide, Walther von der 233, 239
Volke, Gregor W. 99
Vöth, Reinhold 193
Wagner, Margit 51, 175, 204
Waldburg-Zeil, Alois Graf 72, 76
Wallenberg, Hans 42, 95, 96
Wallenreiter, Christian 74, 81, 82, 178, 179, 180, 181, 182, 183, 184, 185, 186, 191, 192, 207
Weber, Max 15
Weihs, Peter 114
Weinberger, Jakob 45
Weischedel, Wilhelm 154
Westermann, Hans-Herbert 186
Wiemer, Horst 99
Winckelmann, Johann J. 130, 231
Wüstenberg, Bruno 75, 79, 88, 89, 137
Zöller, Othmar 93
Zorn, Rudolf 75, 136, 159
Zuckmayer, Carl 78

Der BR und seine Geschichte

Georg Karl Maximilian Schulz
DIE STIMME BAYERNS
Der Bayerische Rundfunk zwischen Tradition und Moderne

216 Seiten, Hardcover
ISBN 978-3-7917-2853-7
auch als eBook

1949 gab die US-Militärregierung den Sender als öffentlich-rechtliche Anstalt zurück in deutsche Hände. Der BR wurde seither als Massenmedium und Kultureinrichtung mit einem immer breiteren Programmangebot einer der größten Identitätsstifter Bayerns. Allerdings musste der Rundfunk nach dem Ende des Nationalsozialismus im Spannungsverhältnis von Tradition und Moderne seine Aufgabe erst neu finden, hatte er doch schon vor 1933 als GmbH im Besitz des Bayerischen Staates bestanden und sollte er nach 1945 der Demokratisierung dienen. Diese erste wissenschaftlich verfasste Entstehungsgeschichte präsentiert die Ergebnisse langjähriger Forschungen.

Verlag Friedrich Pustet
Unser komplettes Programm unter:
www.verlag-pustet.de

Tel. 0941 / 92022-0
Fax 0941 / 92022-330
bestellung@pustet.de